KB115741

가족기업, 마음을 잇다

가족기업, 마음을 잇다

발행일 2021년 7월 15일

지은이 고경일
펴낸이 손형국
펴낸곳 (주)북랩
편집인 선일영
편집 정두철, 윤성아, 배진용, 김현아, 박준
디자인 이현수, 한수희, 김윤주, 허지혜
제작 박기성, 황동현, 구성우, 권태련
마케팅 김회란, 박진관
출판등록 2004. 12. 1(제2012-000051호)
주소 서울특별시 금천구 가산디지털 1로 168, 우림라이온스밸리 B동 B113~114호, C동 B101호
홈페이지 www.book.co.kr
전화번호 (02)2026-5777
팩스 (02)2026-5747

ISBN 979-11-6539-868-2 03320 (종이책) 979-11-6539-869-9 05320 (전자책)

기업승계 전문가의
10단계 승계코칭 비법

가족기업, 마음을 잇다

고경일 지음

기업승계는 창업자의 기업가 정신이 후계자에게
자연스럽게 이어지도록 바통을 터치하는 예술이다!

국내 최고의
가족기업 전문가
남영호 회장 추천

승계를 고민하는
창업자와 CEO가
봐야 할 필독서

지속가능 승계
코치들의 코치
고현숙 교수 추천

북랩 book Lab

프롤로그

코칭으로 창업자와 후계자의 마음을 읽다

1986년 여름에 IBK기업은행 ○○지점 외환 담당 대리로 부임해서 일했다.

거래기업이 구성원 문제로 겪고 있는 애로사항을 보게 되었는데, 인적자원관리 전공자로서 돕고자 했지만, 이론과 맞지 않아서인지 큰 도움이 되지 못해 낙심했었다.

경영학 이론이 조직의 상황에 따라서 적용된다는 것과 중소·중견기업은 특수한 환경에 있다는 것을 알게 되기까지 많은 시간이 필요하지 않았다.

중소·중견기업의 실상을 알고부터는 도저히 이론으로 설명을 할 수 없었다. 대기업의 임원 출신이 중소·중견기업에 근무하면서 대기업의 선진 기법과 시스템을 도입하려고 노력하지만 쉽지 않은 이유이기도 하다. 기업문화, 시스템 등 여러 원인이 있겠지만 그중 하나는 대기업과 중소·중견기업의 인적자원이 다르기 때문임을 부정할 수 없다.

우리나라 중소·중견기업 환경이 그렇다. 중소·중견기업이 기업체 수로는 99%, 종사자는 전체 근로자의 86%를 차지하고 있으며, 산업의 허리와 같은 역할을 하고 있다.

대기업과 비교하면 급여나 복지 등 많은 부분에서 열악하다. 중소·중견기업의 경영자는 그런 여건을 감수하고 기업을 이끌고 있는 것이다.

기업은 CEO에 따라서 성장하거나 현상유지를 하며 심지어 사라지기도 한다. 중소·중견기업의 CEO가 기업에 미치는 영향력은 매우 크다. 조직의 힘이라고는 하지만 경영의 모든 것을 외로이 결정하고 책임지고 있다. 승계는 반드시 그런 외로운 길을 기꺼이 걷는 후계자로 이어져야 한다.

중소·중견기업은 환경 때문에 유능한 인적자원을 확보하는 데도 많은 어려움이 있다. 기업 형편대로 필요한 전문 인력을 양성하기 위해 많은 시간과 비용을 투자하고 있지만, 일정한 역량을 갖춘 인력을 유지하는 것도 쉽지 않은 현실이다. 그런 구성원들은 좀 더 좋은 조건의 기업으로 이직하는 경우가 다반사다. 장기근속에 따른 미래의 보장이 없다고 생각하기 때문이다.

중소·중견기업의 인적자원 중에서 후계자를 육성하는 것은 무엇보다도 중요하다. 역량 있는 후계자는 기업의 미래를 담보할 수 있다. 후계자의 그릇만큼 기업의 성장을 기대할 수 있다. 중소·중견기업에서 요구되는 후계자의 역량은 다양할 것이다. 본서에서는 중소·중견 제조기업에서 필요한 역량을 제시했다.

IBK기업은행에 재직하면서 많은 중소·중견기업의 창업자들을 만났다. 창업자의 기업가 정신(entrepreneurship)을 존경한다. 창업자(경영자)의 열정은 흔히 말하듯 '맨땅에 헤딩한다'고 표현하는 것으로도 부족하다. 모든 열정을 기업에 쏟고 혼신의 힘을 다한 창업자의 인생이 곧 기업이고, 기업이 삶의 전부라고 해도 과언이 아니다. 계속기업은 기업의 제반 경영활동이 지속적으로 이루어지는 생명력 있는 조직체를 가정하여 말한다.

창업과 동시에 승계를 준비해야 한다. 기업의 생명력을 잇게 하는 것이 승계다. 승계는 선대 경영자로부터 후계자로 이어지는 바통터치와 같다. 우리나라 중소·중견기업 창업 1세대의 고령화는 이미 진행되었고, 빠른 기업은 2, 3세대의 승계를 진행하고 있다.

후계자의 역량개발은 승계의 여러 요인 중에서 가장 중요하다. 부의 대물림이 아니라 기업의 사회적 기능이 고스란히 다음 세대로 전해져야 하기 때문이다.

나는 2000년대 초에 한국의 중소·중견기업의 승계가 중요한 시기임을 인식했다. 그것이 바로 가족기업 승계 전문가가 된 이유이다. 한국의 중소·중견기업들의 승계 초기에 IBK기업은행의 기업승계연구회 구성에 참여했고 고문으로 활동했다. 많은 지역의 차세대 경영자 모임에서 특강을 하며 후계자들의 역량개발을 도왔다.

거래기업 CEO의 코칭장면을 접한 이후로는 코치의 길을 걷고 있다. 은행원으로서 신용분석에 의한 기업을 평가하던 관점에서 코칭으로 CEO의 니즈와 성장을 위해 함께 하는 파트너로서 인식의 변화를 갖게 되었다.

10년 전부터 대학에서 경영학을 강의하며 코치형 리더 양성을 꿈꾸고 있다. 산업현장의 생생한 경험을 접목하여 후진을 양성하는 데 많은 의미를 두고 있다. 기업승계 전문교수와 코치로서 승계와 코칭을 연계하려는 책임감을 갖고 있다. 그 짐을 조금이나마 내려놓고 싶다.

○○지점장으로 부임하면서 거래처 CEO로 서형석(가명) 사장을 만났다. 서 사장은 16년 전 승계를 시작하여 이제 은퇴 시기만 남겨놓고 있다. 그동안 승계와 코칭, 가족과 기업이라는 주제로 그와 함께 했다.

우리나라 중소·중견기업의 승계가 이루어지는 과정에 많은 어려움이 있다. 산업과 기업의 환경적응, 상속에 따른 조세부담, 후계자의 역량과 가족 및 종업원과 이해관계자들의 지지, 기업의 핵심역량과 리더십 이전 등이 그렇다.

본서에서는 경영환경과 상속에 따른 조세 부분은 생략하고, 후계자의 역량개발과 가족구성원의 지지, 후계자가 조직에서 리더십을 이전받는 과정을 중심으로 이야기를 전개한다.

내용의 특성상 오랜 기간 동안 이루어진 내용을 일일이 기록하지는 못했다. 중소·중견기업의 승계 실패는 공유되지 못하는 경우가 대부분이다. 가족에게 승계하지 못하는 이유가 가족의 불화나 후계자의 역량부족으로 받아들일 것이라는 인식이 팽배하기 때문이다.

중소·중견기업 CEO들은 승계를 한순간의 이벤트로 보고 단기간에 이루려고 하는 경향이 있다. 궁금해서 묻고 코칭을 진행하다가도 지속되지 못해서 안타깝기도 하다.

그런 조건 가운데서도 승계의 시작부터 마무리 단계까지 함께 한 것은 큰 행운이었다. 창업자와 후계자가 받아주고 배려한 공으로 돌리고 싶다. 승계과정에 창업자와 후계자의 고뇌와 아픔 등 속살을 그대로 보게 되어 무척 반가웠다.

본서는 3부로 구성되었다.

1부는 창업자인 아버지 서형석 사장이 거래은행 지점장을 만나서 승계를 시작하게 된 동기와 후계자를 정하고 코칭을 통해서 관계를 인식하는 과정이 그려진다. 후계자인 둘째 아들이 직무를 담당하며 의사를 결정하는 과정에서 후계자와 견해 차이로 인해서 겪게 되는 갈등이 고스란히 기록되었다.

별도의 법인을 설립하고 후계자가 경영하며 사업장 이전 등 중요한 경험을 쌓게 하여 구성원들의 지지를 받게 하며 은퇴를 준비하는 과정의 감정과 생각 등을 엿볼 수 있다.

2부에서는 후계자인 서현국이 아버지 회사에 입사하여 가족들의 지지로 후계자가 되고, 일본 기업에서 선진 경영관리 기법을 습득하여 귀국 후에 직무에 적용하는 과정을 볼 수 있다. 현국은 창업자와 다른 견해로 의사소통과정에서 나타나는 아픔을 경험하며 성장한다.

그는 신설 법인의 대표이사로서 기업을 경영하고 익산산업(가칭)의 이전을 담당하여 인정을 받았지만, 퇴사 위기를 겪기도 한다. 그런 뒤 복귀하여 CEO가 되는 과정을 밟는다.

3부는 저자가 은행 지점장으로서 익산산업의 승계과정을 지켜보면서 전문가로서 조언과 코칭을 했던 내용을 바탕으로 중소·중견가족기업 승계 10단계를 제시했다. 승계가 진행됨에 따라 창업자와 후계자의 역할이 무엇인지 확실하게 정하기를 권한다.

성공적인 승계를 위해서 단계별로 필요한 코칭을 제시하고, 긍정적인 사례와 부정적인 사례를 살펴보면서 가급적 승계의 이론적 접근을 배제하려고 했으나 제한적일 수밖에 없었다.

사업 영역에 관한 것과 주인공의 사적권리에 관한 내용은 정확히 밝힐 수 없는 점은 독자 여러분의 양해를 구한다. 코칭이 진행된 과정에서 공개를 꺼리는 부분은 생략했다. 스토리 구성상 사실 이외의 내용이 포함되고 삭제되었다.

16년간 진행된 승계와 코칭과정을 스토리 형식으로 구성하여 중소·중견기업의 CEO와 후계자가 쉽게 읽을 수 있는 책이 되면 좋겠다.

기업승계에 관심이 있는 비즈니스코치와 컨설턴트들이 승계프로세스를 참고하여 더 나은 코칭과 컨설팅의 단초로 활용하기 바란다.

2021년 6월 봉담골에서

고경일

추천사

건강한 가족과 튼튼한 기업이 되는 방법!

흔히 가업승계는 현 경영자와 후계자의 바통 교환으로 비유된다. 바통 교환인 가업승계가 성공하기 위해서 현재 경영자와 의지가 있고, 능력 있는 후계자와의 끊임없는 대화와 의사소통이 절실히 필요하다. 본서는 성공적인 가업승계를 위한 방법으로 코칭을 제시하고 구체적인 실행방법을 사례로 설명하고 있어 재미와 흥미를 자아낸다. 본서의 제목 '가족기업, 마음을 잇다'는 가족 구성원 모두의 마음이 한마음 한뜻이 될 때 효율적으로 마음이 이어질 수 있다는 의미이다. 나아가 가업승계의 양 당사자인 현재 경영자와 후계자의 마음이 하나로 이어질 때, '기업가 정신(entrepreneurship)'의 이전 역시 성공적으로 이루어지리라 여겨진다.

'가족기업 = 가족 + 기업'이므로 건강한 가족과 튼튼한 기업이 되어야 마음을 하나로 이어나갈 수 있을 것이다. 이를 위해 먼저 건강한 가족이 되어야겠다. 건강한 가족은 건전한 논쟁을 자주 하며, 공유된 규칙과 관례를 지키며, 자유롭게 스스로 의사결정하며, 가족의 공유된 목표를 달성하는 데 관심을 가져야 한다. 또한 건강한 가족은 가족(family)이 기업(firm)의 자원(resource)이 될 때 가능하며, 이로 인해 튼튼한 기업 역시 가능해진다. Habbershon은 가족의 영향력으로 나오는 특이한 자원의 집합을 가족다움(familiness)으로 명명하고, 이 자원을 잘 관리하여야 가족기업은 지속적으로 경쟁우위를 확보, 유지할 수 있다고 여기고 있다.

본서는 성공적인 후계자의 교육을 코칭으로 제시하고, 건강한 가족과 튼튼한 기업이 되는 방법을 쉽게 잘 설명하고 있다. 후계자 육성과 가업승계가 절실한 현시점에, 기업에 아주 긴요한 구체적이고 실무적인 방법을 가르쳐주는 이 책을 감히 추천한다.

2021년 6월

(사)가족기업학회 회장 남영호(건국대 창의융합대학원장)

추천사

기업승계, 바통터치의 예술을 코칭하다

중소기업의 승계는 창업주 가족을 넘어서 수많은 직원들과 산업 생태계에 영향을 미치며, 한국 경제의 경쟁력에도 영향을 미치는 중대 사안이다. 중소·중견기업은 기업 수의 99%, 고용 86%를 책임질 만큼 한국 경제에서의 비중이 크기 때문이다.

나는 창업주들을 존경한다. 고생을 고생으로 여기지 않고 모든 걸 쏟아 붓는 열정, 업에 대한 비전, 산업계에서 살아남고 기업을 성장 발전시킨 그들의 근성은 대체 불가능하게 여겨질 정도로 가치가 있다. 자신의 삶과 기업을 거의 일치시켜왔기 때문에 그들에게 기업이란 곧 자신의 인생일 것이다. 바로 그 지점 때문에, 승계는 단지 부의 대물림이거나 경영자 위치 변화가 아닌 복잡한 다층 구조와 매우 인간적인 요소를 갖게 된다. 승계는 창업주와 후계자의 인간적 강점과 스타일, 성격 특성이 모두 노정되는 과정이다. 또한 각자의 이해관계를 헤아리는 마음과 서로에 대한 신뢰가 필요하다. 그렇기 때문에 승계 전문가의 코칭과 섬세한 과정 관리가 필요한 일이 아닐 수 없다.

저자 고경일 교수는 일찌감치 은행 지점장 시절부터 중소·중견 기업에 애정을 가져온 전문가이다. 그는 중소기업들을 돕고, 자문하고 인간적으로 교류하면서 중소기업과 그 창업주들, 후계자들을 누구보다 깊이 이해해 왔다. 그 스스로 지속적인 학습과 성장의 모델이기도 하다. 경영학 박사 학위를 취득하고 국제코치연맹의 PCC 코치가 되어 많은 기업 리더들을 코칭해 왔으며, 대학의 교수로 후학을 양성해 왔다. 이렇게 갈고닦아 깊어진 지식과 코칭 역량을 그가 가장 애정하는 중소기업의 '승계 코칭'에 접목시킨 것이다. 대상에 대한 애정이 컸기에 끈기 있게 지속해 왔고, 사명감이 있기에 화려하지 않지만 꼭 필요한 일에 헌신해 왔으리라. 그런 면에서 기업 승계 전문가이자, 경영자 코치인 고경일 교수가 이 책을 펴낸 것이 무척 반갑고 고맙다. 이 책을 읽으면서 중소기업 승계의 모델이 어떠해야 하는지를 나 또한 크게 배웠다.

저자는 승계 과정을 '바통터치'에 비유했다. 절묘한 표현이다. 바통을 이어받아 달리면서 결승점으로 나아가는 그 장면을 생각해 보라. 두 주자 간에 호흡이 맞아야 하며, 서로 스피드를 맞추어야 하고 효율적으로 바통을 주고받는 기술도 필요하다. 서로에게 맞춰주는 예술적인 조화가 떠오른다. 승계과정도 그렇지 않을까. 그런 조화와 기술이 없으면 바통은 떨어지고, 우승은 멀어진다.

이 책에는 승계 준비에 16년을 할애한 실제 스토리가 흥미진진하게 펼쳐진다. 승계는 제2의 창업에 비견될 정도로 정성을 쏟아야 한다는 것, 창업자의 자발적인 의지가 가장 중요하며, 가족과 주요 이해당사자들의 이해와 지지가 확보되어야 한다는 것, 후계자의 역량 개발계획이 있어야 한다는 것을 이 책을 통해 배웠다.

특히 창업주의 관점과 후계자의 시각, 코치의 눈이라는 세 가지 관점에서 동일한 과정이 어떻게 받아들여지고 실행되는지를 탁월한 스토리텔링으로 설명한다. 이 책을 손에 잡는 순간 끝까지 읽게 만드는 매력이 있다. 이 책은 한마디로 완벽한 코칭 대화로 이루어진 기업 승계 드라마다.

이 책은 중소·중견 기업의 경영자와 관계자들에게 큰 교훈이 될 책이며, 경영 컨설턴트와 코치들, 교육자들에게는 귀중한 사례 연구이기도 하다. 저자가 한 우물을 깊게 파서 만들어낸 귀중한 결과물인 이 책이 널리 읽혀서 한국의 중소·중견기업의 지속가능성을 더하는 데 큰 기여가 되기를 바란다.

2021년 6월

국민대 경영대 교수 고현숙(코칭경영원 대표코치)

차례

CHAPTER 1 창업자(아버지)

CHAPTER 2 후계자(아들)

CHAPTER 3 승계의 10단계

❖인물소개

서형석: 1955년생. 34세에 익산산업을 창업했다.

서현국: 1979년생. 창업자 서형석의 둘째 아들이다.

김주일: I은행의 지점장. 기업승계 전문가이자 코치이다.

CHAPTER 1

창업자(아버지)

"결국에 바통을 어떻게 넘기느냐에서 승부가 결정되었습니다. 제일 이상적인 것은 앞선 주자와 후속주자가 터치라인 전부터 같이 달리다가 바통을 넘기는 것입니다."

"운동회의 달리기를 떠올리셨군요. 릴레이를 잘하기 위해서는 속도를 조절하고 호흡을 함께하여 바통을 자연스럽게 넘기는 것이지요."

「본문 중에서」

01
산행

2021년 4월

주주총회를 마쳤다.

주총에서 현국이 나와 함께 공동대표이사가 되었다. 나는 대표이사 회장으로 현국은 대표이사 사장으로 직함을 정했다. 현국이 2년 전에 이사가 되면서 대부분의 업무를 총괄하고 있다. 이제는 대표이사로서 모든 업무를 관장하고 리더십을 발휘할 것으로 기대한다. 회사의 지분 모두 우리 가족 소유이므로 주주총회 전에 현국을 공동대표이사로 정하도록 준비시켰다.

겉으로 보기에는 건강하게 보이지만 작년 연말부터 허리가 아파서 힘들 때가 있다. 현재 연구하고 있는 제품개발을 빨리 마무리하고 싶다. 좀 느긋하게 회사에 출근해서 조언만 하고 싶은 마음이다.

관여하지 않겠다고 말했으나 현국은 중요사항은 내게 필히 말씀드리겠다고 한다.

주주총회를 마치고 회사에 돌아오며 회사 뒤편의 야산을 걸어봐야겠다고 생각했다. 계획했던 결과를 얻게 되었는데 허전한 마음을 감추기 어렵다. 예전에 어른들이 하셨던 '시어머니가 며느리에게 뒤주 열쇠를 넘길 때 시원섭섭할 것이다'는 말씀을 이제는 알 것 같다.

무작정 회사를 벗어나 산길로 접어든다.

숙소에서 생활하는 직원들이 가끔 산행을 즐긴다는 이야기를 하곤 했다. 흙길이고 사람이 많지 않아서 좋다는 이야기를 들을 때마다 언제 한번 가봐야지 하면서도 잊고 있었다.

초입을 조금 지나자 진달래가 반긴다. 바람은 아직 차갑지만 봄이 온 것을 느낀다. 살 속을 파고드는 바람을 느껴본다. 사방이 조용하고 지저귀는 새 소리에 생명을 느낀다.

가파른 언덕을 오른 후에 숨을 고른다. 잠시 멈춰 서서 주위를 돌아본다. 항상 자기 자리인 양 좁은 곳에 피어있는 작은 꽃잎이 앙증스럽다.

사업을 시작하고 한가로이 시간을 보낸 적이 언제였는지 새삼스럽다. 벤치에 앉으니 지난 16년간 승계의 순간들이 주마등처럼 스친다.

02
승계와 마주하다

2005년 7월

며칠 전에 거래하는 I은행의 지점장이 부임했다는 연락을 받았다.

전임 지점장이 2년 근무했으니 하반기 인사이동으로 옮길 것이라는 생각은 했었다. I은행의 이업종교류회[1]에서 지점장과 상견례를 겸해서 점심식사를 하자는 것이다.

약속당일에 거래기업과 대화가 길어져서 예정했던 시간보다 늦게 ○○한정식 집에 도착했다. 마침 이업종교류회 총무가 참석자들을 소개하고 있었다. 자리에 앉자마자 '익산산업의 서 사장님!'이라는 총무의 호명과 함께 일어나서 동석한 사람들과 인사를 나누었다.

새로 부임한 I은행의 지점장은 자리를 돌면서 명함을 나누고 통

1) 이업종교류회: 업종이 다른 기업 간의 교류활성화를 위해서 지역별로 구성되는데 IBK기업은행을 비롯한 금융기관과 유관단체 등에서 시행하고 있다.

성명을 하고 다녔다. 깔끔한 외모에 전형적인 은행원의 모습이었다. '지점장 김주일'이라는 이름 밑에 작은 글씨로 '경영학 박사, 기업승계 전문가'라고 쓰여 있었다.

명함을 보면서 속으로 생각했다.

'참 부지런한 사람인가 보다. 은행 일도 바쁠 텐데 경영학 박사 학위를 받고, 기업승계 전문가라니? 그런데 기업승계가 뭐지?'

뒷면에 전문코치라고 쓰여 있는 것은 나중에 보았다.

잠시 후에 지점장의 인사가 있었다.

'S지점에 부임에서 거래기업과 동반 성장하는 지점으로 경영하겠다'는 것과 '창업자 다음 세대로 잇는 승계를 연구하도록 은행의 지원을 받아서 박사가 되었으니 마땅히 기업승계를 돕겠다'는 것이었다. 승계가 무엇인지 도무지 이해를 못했지만 초면이라 궁금해도 묻지 않았다.

이어서 점심식사를 하는데 지점장은 술을 전혀 하지 못하지만 다른 사람들의 이야기에 귀를 기울이는 모습을 보았다. 조용하고 부드러운 사람이라는 인상을 받았지만 고집이 있을 거라고 생각했다. 회사로 돌아가며 이전 지점장들과 뭔가 다른 것을 느꼈다.

요 며칠 무더위가 기승을 부리더니 오늘은 오의도에서 불어오는 바람이 시원하다.

최근에 미국 시장이 개척되어 생산 공장의 증설이 필요하다. 부동산업자의 소개로 급하게 공장 부지를 보러 다니는데 회사 인근의 시화공단 부지 가격이 만만치 않다.

동 업종의 최 사장은 사업장을 확장하기 위해서 H시로 이전했다.

"이전 후에 많은 종업원이 이직했어. 그러니 당연히 생산성이 감소해서 이전한 것을 후회해. 기회가 된다면 다시 돌아오고 싶어."

그의 말을 듣고 난 이후라 다른 지역으로 이전은 엄두도 못 내고 있는 처지가 되었다.

그러던 차에 I은행의 김지점장이 회사를 방문했다. 생산시설과 사무실을 둘러 본 후에 대화를 나누었다.

"사장님! 지점 출발 전에 기업체 현황에 관한 자료를 보고 왔습니다만, 예상했던 것보다 훨씬 활발한 에너지를 느꼈습니다. 그런데 생산현장이 짜임새는 있는데 다소 협소한 느낌이 드는데요. 원자재 창고도 비좁아서 관리에 어려움이 많으시겠네요."

"지점장님! 제대로 보셨습니다. 생산능력이 기존 거래처에 납품하는 것으로는 충분했는데 두 달 전부터 미국에 수출하게 되어 갑작스럽게 물량이 증가하니 생산설비를 24시간 가동해도 납기 맞추기가 쉽지 않네요. 그러다 보니 현장이 분주하게 보이셨을 것입니다. 공장장에게 안전관리를 강조는 하고 있습니다만."

"아, 그러시군요. 축하드릴 일이네요. 미국에 새로운 거래처가 개척이 되신 거잖아요!"

"그래서 겸사겸사 지점을 방문하려고 했었습니다."

지점장은 빙그레 웃으며 다음 말을 짐작하고 있는 것 같았다.

"장기적인 계약이고 물량도 만만치 않네요. 생산 시설도 확충해야 하고, 원자재 확보 등 운전자금도 필요해서 상의 드리려고요"

"당연히 지원해드려야지요. 사업계획서를 작성하셔서 직원 편에 보내주시면 빠른 시일 안에 검토하여 말씀드리겠습니다."

"참, 지점장님 지난번 부임 인사에서 기업승계 전문가라는 말씀을 들었는데 승계가 무엇인지요? 생소해서 여쭈어봅니다."

"그러셨군요. 승계에 관심을 가져주셔서 감사합니다. 승계는 다음 세대를 잇는 것이지요. 릴레이 할 때 앞서 달리던 주자가 후속 주자에게 바통을 건네며 달리는 것과 같습니다."

"그럼 회사를 다음 사람에게 물려주는 것을 말씀하시는 건가요?"

"네, 사장님. 정확하게 말씀하셨습니다. 사장님께서 1989년도에 창업을 하셨고 현재 연세가 50세가 되셨으니 승계에 대해서 생각해 보셔야 할 때입니다. 죄송합니다. 승계에 관심이 있는 지점장이라서 신용조사서에서 창업과정과 내용을 미리 살펴보고 말씀드리는 것입니다."

"회사를 물려주는 것에 대해서 아직 생각은 하고 있지 않지만, 가끔 주변에 나이 드신 사장님들이 갑자기 돌아가셔서 회사가 어려워지는 것을 볼 때면 남의 일 같지 않더라고요. 지점장님도 들어서 아실 텐데요. 서너 달 전에 B공단에서 제일 큰 기업이고 I은행을 주거래로 하는 ○○산업의 창업자가 세상을 떠났습니다. 그런데 한 달도 되지 않아서 동업자였던 친구에게 회사가 넘어갔다고 하네요. 규모도 크고 공단에서 입지가 대단했거든요. 그 사장님을 공단 조성될 때부터 알고 있었는데…. 지금은 매출도 급감하고 소유권 분쟁이 있어서 회사 문 닫게 생겼네요. 이렇게 어렵게 되리라고 생각한 사람은 아무도 없었을 겁니다."

"사장님께서도 계속기업의 중요성을 잘 알고 계시네요. 저도 그 소식 듣고 안타까웠습니다. 기업의 승계는 지속경영을 위해서고 이때 반드시 승계계획이 중요한데요. 작고하신 사장님은 관내 이업종 교류회에서 몇 번 뵌 적이 있습니다. ○○산업은 승계계획이 수립되지 않았던 것 같습니다. 아무래도 시간 여유를 갖고 말씀을 나눠야 할 것 같은데요. 양해하신다면 제가 오늘 다른 기업체 방문 일정이 있어서 다음에 승계에 관해서 말씀 나누도록 연락을 드리겠습니다."

지점장이 떠나고 난 후에 릴레이의 바통터치[2]와 승계라는 단어가 한동안 머릿속을 떠나지 않았다.

---

2) 바통터치(baton touch): 계주에서 선발주자가 후속주자에게 바통을 넘겨주는 것이다.

2005년 8월

둘째 아들 현국의 대학 졸업식 날이다.

아들 고1 때 진로를 놓고 가슴앓이를 한 적이 있었다. 나는 현국이 공대를 나와서 우리 회사 일을 배우면 좋겠다는 생각으로 말을 했다. 하지만 녀석은 교사가 되어서 학생들을 가르치고 싶다며 내 뜻을 따르지 않았다. 아마 창업 초창기에 우리 부부가 고생하는 것을 보았고 IMF 때는 집을 매각하여 간신히 버텼던 기억 때문인지 모르겠다.

고등학교 2학년 말경에 자신의 뜻을 굽히고 공대로 진학하겠다는 말을 들었을 때 무척 반가웠다. 우리 회사에 와서 일을 배우고 나중에 회사를 물려주면 좋겠다는 생각을 했었다. 녀석은 활달한 성격이며 인상도 좋다. 주변에 친구들도 많고 항상 모임의 리더로서 자신의 의사표현도 잘한다.

어머니를 모시고 가족들이 졸업식에 참석한 후에 식사를 했다.

"현국아! 고생했다. 이제 아빠 회사에 와서 좀 도와줘라. 요즘 일이 많아져서 할 일이 많다."

"네, 다음 달 1일부터 출근할게요."

시화공단에서 부지매입과 신축공장을 증설하지 않고 임차공장에 입주하여 추가 생산시설을 확보하는 것으로 사업계획을 결정했다. 자금에 대한 부담을 경감하는 것도 있지만 때마침 인근 동종 사업체가 H시로 이전하면서 기존 공장을 매각하지 않고 임대로 전환한다고 하여 시설 그대로 임차계약을 체결한 것이다.

생산 공간과 시설이 확보되니 안전한 환경에서 매 분기별로 매출이 증대되는 것을 예상할 수 있었으나, 직원도 충원되고 2개의 생산공장을 운영하니 관리에 어려움이 발생한다. 둘째 아들은 현장을 배우는 것이 중요할 것 같아서 2공장의 생산관리를 맡겼다.

"이번 주 토요일에 시간이 되세요?"

I은행 김 지점장의 전화다.

"네, 저는 출근합니다만, 은행은 쉬는 날 아니에요?"

"네, 저희는 휴무입니다. 지난번에 사장님께 미처 말씀드리지 못한 승계에 관해서 말씀드리려고 회사방문을 하고 싶은데요."

"좋습니다. 특별한 약속이 없으니 방문하셔도 좋습니다. 말씀 나누고 점심으로 오의도에서 칼국수 대접할게요."

토요일에 캐주얼 복장으로 방문한 김 지점장의 가방에는 자료들이 가득했다. 정장 차림이 아니라서 그런지 좀 더 편하게 보인다. 아내가 만들어 냉장고에 넣어둔 유자차(나는 특별손님에게 주는 차라고 부른다)를 따뜻하게 마셨다.

지점장이 부임 이후에 업체들을 방문한 느낌과 시화공단의 분위기 등을 나누었다.

"사장님! 제가 승계는 바통을 다음 주자에게 전달하는 것이라고 말씀드렸을 때 어떤 느낌이셨어요?"

"지점장님이 가신 후에 초등학교 시절에 운동회에서 계주를 하면서 경험했던 바통터치의 기억이 났습니다. 앞선 주자가 잘 달리다가도 후속주자에게 바통을 잘못 넘기면 뒤로 처지는 경우가 많았습니다. 최악은 바통을 떨어뜨리는 것이었지요. 그래서 선생님께서는 청군, 백군별로 바통 넘기는 연습을 시켰습니다."

"저도 운동회 때 계주를 했던 기억이 있습니다."

"결국에 바통을 어떻게 넘기느냐에서 승부가 결정되었습니다. 제일 이상적인 것은 앞선 주자와 후속주자가 터치라인 전부터 같이 달리다가 바통을 넘기는 것입니다."

"운동회의 달리기를 떠올리셨군요. 릴레이를 잘하기 위해서는 속도를 조절하고 호흡을 함께하여 바통을 자연스럽게 넘기는 것이지요."

"속도와 호흡이라?"

"릴레이를 기업이라고 생각해 보시지요! 사장님께서는 창업을 하실 때에 언제까지 회사를 하시겠다고 정하셨습니까?"

"정하다니요? 돈 벌겠다고 기술 하나로 아주 작게 시작 할 때는 자금 때문에 힘들었지만 언제까지 하겠다고 생각한 적은 없습니다."

"그럼 지금은 어떻게 생각하십니까?"

"이제는 규모도 있고 틀이 잡혀있으니 몇십 년은 더하지 않겠습니까?"

"물론, 그 이상으로 지속하셔야지요. 단지 사장님의 연세를 생각하신다면 언제까지 하실 것 같으세요?"

'언제까지'라는 말을 듣는 순간 대답을 머뭇거렸다. 건강이 허락하는 한 경영하다가 자식에게 물려주면 좋겠다고 생각은 해오고 있었지만, 천천히 생각해도 될 것 같아서 기한을 정하지 않았기 때문이다.

김 지점장은 가방에서 자료를 꺼내서 보여준다. 중소기업중앙회[3]에서 창업자의 연령과 승계에 관한 내용을 조사한 자료들이다.

중소·중견기업 경영자들의 고령화가 진행되고 있다. 그러나 승계에 대해서 구체적인 계획을 수립하지 못한 기업들이 대부분이다. 따라서 승계를 도울 수 있는 방안들에 대해서 지원이 필요하다는 것이다. 한국의 중소·중견기업은 대부분 가족기업이라는 자료도 보았다.

"지점장님! 가족기업이 무슨 뜻입니까?"

"가족기업은 사장님 회사와 같이 사장님이 창업하시고 창업자

3) 중소기업중앙회, "가업승계기업의 경영특성 및 애로실태조사", 2005

및 그 가족구성원들이 소유권을 가지며 기업경영에 대한 감독과 통제를 하는 사업체를 말합니다. 자료에서 보셨듯이 대부분 가족기업인 우리나라 중소·중견기업 경영자들이 고령화 추세입니다. 따라서 성공적인 승계가 가장 중요한 경영과제가 되었습니다."

"자료를 보니 우리 회사만 해당되는 것이 아니라 대부분 기업들이 승계를 알고 준비해야 하는 것이네요?"

"네. 제가 박사 논문자료로 약 450개의 거래기업에 설문조사를 했습니다만, 약 15% 정도 기업만 승계에 대해 이해하고 있었고, 승계계획을 수립한 기업은 5% 정도였습니다."

"그럼, 승계는 언제부터 시작하는 건가요?"

"창업자가 50세 전후, 후계자가 25세 전후로 봅니다."

"그렇게 빨리 합니까? 기간은 어느 정도 걸립니까?"

"외국 문헌에 의하면 승계기간을 약 14~15년 정도로 봅니다. 승계기간을 현 경영자와 후계자가 같이 근무하는 기간으로 보시면 됩니다. 제가 실증자료에 의해서 분석한 결과에 의하면 우리나라도 비슷한 기간이었습니다."

"지금 내가 50세니 지금부터 승계를 시작하면 65세경에나 마무리되는 것이네요."

"그렇습니다. 회사에서 완전히 손을 떼시고 제2의 인생을 출발하는 것이 승계의 완성입니다."

가족기업은 창업 당시부터 승계계획이 시작되어야 한다. 가족과 기업은 서로에게 영향을 주며 역량 있는 후계자일수록 보다 자연스럽게 승계가 이루어질 것이라고 하는 김 지점장의 설명은 계속되었다. 우리 회사도 해당된다고 하니 지루하지 않았다.

그런데 한 가지 마음에 걸리는 것이 있다. 그것은 기업을 자식에게 물려준다고 하는 것이 부의 대물림이라는 사회의 인식이었다.

대기업조차도 기업을 승계할 때에 적법한 절차를 준수했는지를 확인한다. 후계자 자질 여부에 대한 논란도 끊이지 않고 있다. 과연 우리 같은 규모의 회사가 그런 문제에 자유로울지 염려도 되었다.

그 부분에 대한 지점장의 답변은 부의 대물림이 아니라 생산 단위로서의 지속성 측면으로 보아야 한다는 것이었다. 따라서 적법한 절차에 의한 승계가 이루어져야 하고 기업의 사회적 책임을 다할 수 있는 후계자의 역량 개발이 중요함을 더욱 강조하는 것이었다.

자식을 제대로 교육시켜서 기업을 물려줄 때에는 손가락질 받지 않지 않아야겠다고 생각했다. 사람들로부터 인정받으며 사회에 유익한 기업으로서 입지도 확고하게 하고 싶다는 마음가짐을 더하게 되었다.

"사장님! 자제 분들은 어떻게 되세요?"

"아들만 둘입니다. 큰애는 부산에서 한의원 하고 있고, 둘째는 지난달에 대학을 졸업해서 이번 달부터 우리 회사에 출근하고 있습니다."

"자식교육을 다 마치셨네요. 둘째는 무엇을 전공했나요?"

"공대에게 산업공학을 전공했습니다. 우리 회사에서 일 좀 시키려고요"

"익산산업과 딱 맞네요! 그럼 둘째를 후계자로 생각하고 계신가요?"

"둘째가 아직 어리니까요. 후계자로 거창하게 표현하는 것보다 회사를 물려주면 좋겠다고 생각은 가끔 하고 있습니다. 대학을 진학할 때에도 제 의견을 따랐습니다."

그때 인터폰이 울렸다.

"점심 식사를 어떻게 하시겠느냐?"는 총무과 김 과장의 음성이었다. 시계를 보니 1시에 가까운 시간임을 알게 되었다.

"어이쿠, 시간이 이렇게 되었나. 미안하다. 너희들 먼저 식사해라." 하며 자리에서 일어서야 했다. 총무과 직원들은 내가 사내에 있으면 구내식당에서 함께 식사하기 때문에 기다리다 폰을 울린 것이다. 김 지점장에게 제때 점심을 대접하지 못하는 미안한 마음이 들었다.

회사에서 10분 거리인 오의도 식당에 도착하니 평상시에는 북적대던 사람들이 드문드문 앉아있다. 점심시간이 지나서인지 비교적 한가했다. 간단한 회와 해물칼국수를 먹으며 김 지점장과 건강유지 비결 등 편한 이야기를 나누었다.

중소·중견기업의 CEO 건강은 기업의 건강과 직결된다는 김 지점장의 말을 들었다. 항상 그런 생각을 해 오고 있지만 건강보다는 일을 우선하고 있다. 바쁜 탓에 꾸준히 하지 못한 체력관리를 위해서 헬스장에 나가야겠다고 생각했다. 김 지점장은 평소에는 가볍게 달리지만 한 달에 한 번 정도 하프코스를 뛰고 풀코스도 달리는 마라톤마니아라고 한다. 그래서인지 나이에 비해 군살도 없이 날렵하게 보인다.

점심식사 후에 다시 만날 것을 약속하며 헤어질 때에 김 지점장이 말했다.

"사장님! 승계도 창업입니다."

김 지점장의 뒷모습을 보면서 여러 생각이 들었다.

'기업을 돕기 위해서 자기 시간을 내기가 쉽지 않을 텐데…. 뭐가 저리 즐거울까? 승계가 창업이라니.'

03
창업할 때를 떠올리다

88서울올림픽 이듬해인 1989년 창업 당시를 떠올렸다.

이리(현재 익산시)에서 어렵게 중·고등학교를 다니면서도 공부보다는 친구들과 어울려 놀러 다녔다.

중학교 1학년 때 수업을 마친 후에 학교 운동장에서 축구를 하고 늦게 하교를 하게 되었다. 이리역 앞에 있는 태권도 도장인 무덕관을 지나게 되었는데 여러 사람이 불빛이 비치는 비좁은 창문 틈으로 안을 들여다보는 것이었다.

호기심이 발동하여 까치발로 폴짝폴짝 뛰면서 창문 너머 광경을 보았다. 하얀 도복을 입은 사람들이 일정한 규칙에 의해서 대련하고 있었다. 너무나 멋있어 보였다.

어머니에게 애원하여 며칠 후부터 태권도를 배우기 시작했다. 책가방 가운데에 도복을 넣고 다니는 것이 스스로 멋있게 느껴졌고 목에 힘도 들어갔다. 중학교 3학년 때 유단자가 되어 같은 도장에서 운동하는 친구들끼리 어울리게 되었다. 고등학교 진학 후에는 학교에서 누가 감히 건들지 못했다.

고향 집은 오산면에 소재하여 이리 시내 학교까지는 약 5㎞ 정도 거리였다. 등교는 시내버스를 이용했다. 학교수업을 마치면 태권도를 한 후에 걸어서 귀가했다.

기적소리가 들리면 들판을 가로지르는 기차를 보기 위해서 언덕으로 뛰어 올랐다. 황금물결이 넘실대는 들녘을 달리는 기차를 볼 때마다 종착역까지 가보고 싶은 충동이 생겼다.

석양에 노을이 물드는 지평선과 집집마다 밥 짓는 굴뚝의 연기가 안개처럼 내려앉는다. 가을걷이가 끝난 논으로 연기가 흘러가는 모습은 그야말로 장관이었다. 호남평야의 끝없는 들판에 마을들의 불빛이 희미하게 비친다. 금방이라도 어머니가 아이들의 저녁때를 챙기며 부르는 것 같은 정겨움이 또한 그랬다.

이리 시내를 벗어나서 어둠이 내리는 신작로를 걸으며 한참 유행하던 포크송을 콧노래로 음미하며 걷는 즐거움도 있었다.

고등학교 3학년 초 어느 날, 이리시를 벗어나는 송학리를 막 지나칠 때 동네 청년들이 막아섰다. 시비를 거는 그들과 언쟁이 있은 후에 다투었다. 여러 명이 달려드니 몇 대 맞을 수밖에 없었다.

맞아야 할 이유도 없었기에 도저히 참을 수 없었다. 그들의 사과를 받기 위해서 이튿날 그곳을 찾았으나 당초 의도와는 다르게 또

싸웠다.

그 다음 날 또 갔더니 경찰이 기다리고 있었다. 나에게 맞은 사람이 신고했다는 것이다. 서너 명이 달려들어서 나를 때린다고 했지만, 어설픈 시골 논두렁인 그들 중 한명이 내가 돌려차기 할 때 맞은 것 같았다.

도장 선배 중에 그 동네 출신이 있던 터라 그 선배의 중재로 조용히 마무리되었다. 그 과정에 경찰서에서 학교에 통보했고 학교에서는 유기정학 처분을 내렸다. 경찰이 자전거를 타고 집에 오고가니 가뜩이나 순사(당시 어른들은 일제 강점기의 기억으로 경찰을 순사로 불렀다)라고 하면 무서워하던 동네에서도 좋지 않은 소문이 났다. 이 일로 어머니께서 학교에 오셨다.

우리 동네는 전형적인 농촌마을로 버스가 다니는 신작로까지 나가려면 500m 정도의 논길을 걸어야 했다. 비가 오면 땅이 마를 때까지 신발은 진흙투성이였다. 그래서 어른들은 그 동네 산다고 하면 '마누라 없이는 살 수 있어도 장화 없이는 못사는 동네'라고 놀려대곤 했다.

그날은 비가 내렸다. 찢어진 비닐우산을 쓰시고 허름한 옷에 흙 묻은 고무신을 신고 오신 어머니의 모습이 너무나 창피했다. 선생님 앞에서 두 손을 모으시며 아들 졸업은 시키시겠다는 일념으로 읍소하시던 모습은 평생 가슴에 아픔으로 남아있다.

그런 환경과 처지가 너무나 싫었다. 남들은 예비고사 준비를 한다고 열심이었지만 졸업만 하면 이리를 떠나겠다고 생각했다.

졸업하자마자 공수부대(현 특전사)에 지원을 해서 3년간 군대생활을 했다. 부대가 거여동에 있었기에 자연스럽게 길동을 자주 찾았다.

그러다 그곳의 자동차 운전학원 강사를 친구로 사귀게 되었다. 제대 후에는 친구가 있는 자동차 운전학원 강사로 근무하면서 학원에서 사무를 담당하던 아내를 만났다.

우리는 식도 올리지 않은 채 동거생활을 시작했다. 그때가 23세였다. 길동에 단칸방을 월세로 얻어서 힘들게 살았다. 때마침 1종 운전면허 취득과정의 고객이 자신이 근무하는 회사에 나를 추천해서 취직할 수 있었다. 50여 명이 일하는 하남시의 중소기업인데 생산 현장의 일이 힘들었지만 학원 강사보다 보수가 좋았다. 생산 기술을 익히기 위해서 밤늦게까지 기계 옆에서 살다시피 했다.

일에 익숙해지니 3년 후에 생산 관리직으로 승진했다. 엔지니어로 제품을 개발하여 입사 5년 후에는 생산과장이 되었다. 다음 해에 영업과장을 겸직하여 사장과 함께 거래처를 다녔다.

고객의 요구사항을 직접 듣게 되니 제품개발의 필요성이 절실하게 다가왔다. 고객이 원하는 제품을 개발하고 처음으로 가격을 흥정할 때의 기분을 지금도 생생하게 기억한다. 설레는 마음으로 고객을 만났고 비교적 높은 가격을 제시했지만 고객이 흔쾌히 주문을 할 때, 그 기쁨을 표현할 수 없었다. 거래조건에 따라서 월 급여 이외에 성과급이 있어서 궁핍한 생활은 면했다.

부양가족도 아내와 아들 둘이 되니 단칸방에서 좀 더 큰 집이 필요했다. 어려운 형편에 부은 적금이 만기가 되어 월세를 전세로 바꾸어 방 2개로 늘려서 이사를 했다. 삼각형의 쪽방에서 큰아들을 낳으면서 다음에는 제대로 된 방에서 애를 낳고 싶다고 생각했었다. 둘째를 낳을 때에는 저놈 초등학교 입학 전까지 집을 마련하겠다고 다짐했었다.

입사 8년차에 영업부장이 되었다. 회사도 규모가 커졌고 직원들도 많아졌다. 그해에 명일동에 주택을 구입했다. 일부 대출을 안고 산 것이지만 내 이름의 문패를 다는 순간을 잊을 수 없다. 남의 집에 살 때는 집 주인 눈치를 보느라 아이들을 마당에 나가 놀지 못하게 했다. 이제는 아이들이 마음껏 떠들어도 된다고 생각하니 한결 마음이 편했다.

영업부서에서 근무하면서 영업이 무엇인지를 알게 되니 나가서 창업해도 되겠다는 자신감이 서서히 생겼다. 고객을 섭외하면서 내 돈을 벌고 싶다는 생각을 해 오던 차에 길동의 거래처가 건강을 이유로 회사를 인수할 의향을 타진했다. 입사 11년차 되던 1989년에 다니던 직장을 그만두고 회사를 인수했다.

자금 여유가 없어서 회사 인수 후에 기계 일부를 매각하여 지하실에서 소규모로 창업을 했다. 그때부터 아내가 회사에 나와서 내부 일을 도맡아 했다.

창업 초기에 여름장마로 사업장이 침수되어 아내를 부둥켜안고 울었었다. 매출 1억 달성을 위해서 얼마나 가슴 졸였는지 모른다. 차츰 10억, 30억, 70억으로 성장하고 직원도 3명에서 10명, 20명으로 점점 많아질 때마다 사업장을 옮겼다.

그러던 중에 경기도 시흥시로 자가 사업장을 마련하여 확장했다. 호사다마라고 했던가. 그해에 IMF로 가장 큰 거래기업이 도산되어 물품대금을 받지 못했다. 자금경색으로 파산의 위기를 벗어나기 위해서 집을 급하게 매각했다.

형의 도움과 대출을 받아서 자금을 마련하고, 형과 조카가 회사에 합류하여 똘똘 뭉쳐서 위기를 넘기기도 했다. 어머니께서 아이들 학업 때문에 명일동에서 단칸방으로 이사하셔서 두 녀석을 돌보셨다. 이후에 현재의 사업장인 시화공단으로 이전했던 기억들이 마치 어제 일 같다.

자금이 없어서 쩔쩔매며 고객확보를 위해서 전전긍긍했던 시절이 창업 때이다. 하루에도 몇 번씩 예측 못한 상황 때문에 긴장했었다. 24시간이 부족하여 식사도 제때 못하고 주변을 챙길 여유도 없던 시절이었다. 1인 2역이 아니라 1인 5역을 한 시간이었다.

그래도 젊은 시절에 창업을 잘했다고 항상 생각하고 있다. 그때 머뭇거렸다면 현재의 사업장은 없을 것이다. 승계도 창업과 같이 시기의 선택이 중요하며 실패할 수 없다는 생각을 했다. 우리 회사도 승계를 진행해야겠다고 다짐하며 다음 만남을 기대했다.

04
승계도 창업이다

"사장님! 승계도 창업과 같다는 말씀을 들으셨을 때 어떤 생각이 드셨어요?"

2주 후에 회사를 찾아온 김 지점장이 던진 질문이다.

"참 고생했던 시절을 잠시 돌아보았습니다. 16년 전에 아내와 지하실에서 겁도 없이 시작해서 후회도 해보고 많이 울었습니다."

"그런 아픔을 겪으시고 지금같이 성장하셨네요. 사장님의 집념과 땀방울로 최고의 기술을 추구하신 결과네요. 어떠세요? 지금 다시 창업하실 수 있으시겠어요?"

김 지점장의 질문에 망설임 없이 대답했다.

"절대 아닙니다. 창업 때도 어려웠지만 지나고 보니 운도 많이 따랐고요. 이제는 나이도 있고 해서 겁이 너무 납니다. 지점장님께서 승계도 창업과 같다는 말씀을 하셨는데, 승계는 우리 회사의 제2의 창업과 같이 실패할 수 없는 것이라고 생각했습니다."

생각지도 않던 제2의 창업이라는 말을 불쑥 뱉고 보니 승계를 반드시 진행하여 지속경영을 기하리라고 아랫입술을 꽉 물어본다.

김 지점장의 집념과 최고라는 말은 내가 자주 쓰는 단어라서 뭔가 통한다는 것을 느꼈다.

"2주 전에 승계에 대해 대략적인 말씀을 드렸는데요. 사장님께서는 승계를 진행할 계획이신지요?"

"네, 지점장님! 승계를 시작하고 싶습니다."

지난번에 지점장이 다녀간 토요일 저녁에 아내와 오랜만에 와인을 곁들인 조촐한 시간을 갖고 많은 대화를 나누었다.

그때 유별난 김 지점장에 대한 이야기를 하며 사업 초기의 애환을 돌아보고 세월이 빠름을 실감했다.

승계라는 말을 던졌을 때 아내는 호기심을 갖고 물어보았다. 그리고 가족기업이라서 가족에게 승계하는 것인지를 확인하고는 당연한 듯이 "그럼 빨리 서둘러야겠네"라고 말했다. 그때 무척 아쉬운 마음이 들었던 것이 사실이나 곰곰이 생각해 보니 틀린 말이 아니었다.

"사장님. 잘 결정하셨습니다. 적절한 시기에 승계를 결심하신 것입니다."

"지점장님! 저는 성격이 꼼꼼해서 구체적인 계획과 경우의 수를 항상 마련하면서 진행하는 스타일입니다."

"네. 익산산업의 규모에 맞는 승계 관련 말씀을 드리겠습니다."

김 지점장은 승계의 의미, 가족기업의 특징, 창업자의 의지와 가족구성원의 협조, 후계자의 역량개발과 리더십 이전, 은퇴 등으로 설명했다.

1. 기업승계는 부의 대물림보다는 기업의 사회적 기능의 승계다. 부가가치 창출과 투자 증대, 일자리 창출 등을 통한 국가경제에 기여라는 긍정적인 측면을 강조했다. 기업의 이해관계자 집단에게도 사회적인 책무를 다하는 것이라고 한다.
2. 가족기업의 지분 대부분은 가족이 소유하므로 가족 이외에 경영 간섭을 받지 않는다. 가족기업은 미래를 기대하며 장기적인 투자를 하고 기회와 위험에 유연하게 대처할 수 있는 장점이 있다. 그러나 가족과 기업의 구분이 명확하지 않으면 혈연에 의해서 기업의 원칙을 지키기 어려운 단점이 있다고 한다.
3. 창업자가 자발적으로 후계자에 승계하고자 하는 의지 여하에 따라서 승계의 성패가 결정된다. 가족구성원들의 인정과 지분 확보 등이 필요하다는 것이다.
4. 후계자의 역량개발은 회사내부와 외부에서 단계적으로 이루어져야 한다. 리더십의 이전은 서서히 직무에서부터 진행되어야 한다는 것이다.

5. 은퇴는 승계가 완료되어 창업자(경영자)가 회사를 떠나는 계획을 말한다. 회사와 단절되어 제2의 인생을 시작해야 한다는 것이다. 승계는 일시적인 이벤트가 아니라 15년 정도 예상되는 장기적인 계획이라는 것을 강조했다.

"지점장님! 우리 회사가 제일 먼저 해야 할 것이 무엇인가요?"

승계를 진행한다면 머뭇거릴 이유가 없을 것 같았다.

"현재 사장님의 둘째 자제가 이번 달부터 회사에 출근한다고 하셨지요?"

"네, 그렇습니다."

"현재 가족은 사장님과 사모님, 그리고 아들 둘이신가요? 혹시 회사에 근무하는 친척들은 없습니까?"

"제가 어머니를 모시고 있고 바로 위의 형이 제2공장장으로, 조카가 관리부장으로 근무하고 있습니다."

"그럼 회사에는 가족 4명이 근무하시는군요. 사장님 댁의 가훈은 무엇입니까?"

"사필귀정(事必歸正)입니다."

"사필귀정. 모든 일이 반드시 바른길로 돌아간다는 뜻이네요. 그렇게 정하신 배경이 궁금한데, 어떻게 정하신 것입니까?"

"IMF를 겪고 위기를 넘기면서 결국 땀은 배반하지 않는다는 것을 배웠습니다. 그 후에 글 쓰는 친구에게 부탁해서 집에다 걸어 놨습니다."

"사장님의 성격과 꼭 맞는 말씀이네요. 가족들도 많은 영향을 받고 있겠네요."

"어머니가 좋아하시더라고요. 집 앞의 교회를 다니시는데 성경에 '심은 대로 거둔다'는 구절이 있다며 가훈을 잘 정했다고 하시던데요. 아들을 사랑하시는 부모의 마음을 느꼈습니다."

"어머니를 모시는 것만으로도 효도라고 하는데 어머님에 대한 사랑이 가득하시네요."

'어머니'라는 말만 떠올려도 가슴이 멍해진다.

나를 위해서 모든 것을 희생하신 분이시다. 어머니는 자식 가르치시기 위해서 이웃 논밭에서 품팔이하셨다. 고등학교 다닐 때는 말썽을 부릴 때마다 졸업은 해야 된다고 선생님께 두 손으로 빌며 자식을 용서해달라고 하셨다. 허름한 옷차림에 웅크린 자세로 학교에 오실 때마다 창피했었다. 그런 환경이 싫어서 공수부대에 자원입대를 할 때는 훈련소까지 오셔서 눈물로 말리시기도 했다.

사업을 시작하며 어머니를 모시게 되었다. 어머니 혼자 시골에 계신 것도 그렇고 해서 집으로 오시게 했다. 어머니께서 애들을 돌봐주셔서 아내와 함께 사업장에 나올 수 있었다.

시흥으로 사업장을 이전하고 얼마 되지 않아서 IMF 직격탄을 맞은 우리 부부는 사업장 옆으로 이사를 했다. 어머니께서는 아이 둘을 돌보시느라 명일동에 단칸방을 얻어 생활하시게 되었다.

그때부터 교회에 나가기 시작하셨는데 관절이 좋지 않은 가운데 새벽기도를 시작하셨다. 무척 염려되고 불안하셨을 것이다. 그러나 미소를 지으시며 항상 아들에게 힘을 주시던 모습을 떠올리면 지금도 콧등이 시큰해진다.

문득 지점장의 가훈이 궁금해졌다.

"지점장님은 가훈 있으세요?"

"'예수를 깊이 생각하라'입니다."

"독특하네요. 예수를 깊이 생각하라니."

"신혼 초에 분가하게 되었는데 아버지께서 그때 주신 말씀입니다."

"뜻이 궁금하네요."

"성경 히브리서 3장 1절 말씀인데요. 다음에 기회가 있을 때 말씀드리겠습니다."

김 지점장은 가족의 의사소통과 결정방법 및 형과의 관계, 회사의 지분 등에 대해서 상세히 질문했다.

규모가 있는 가족기업의 경우에는 회사 내에 승계를 담당하는 이사회를 구성하여 승계를 지원한다고 한다. 가족의 참여가 많은 경우에는 가족 내에도 위원회나 회의체를 만들어서 조직적으로 승계를 진행해야 할 필요성이 있다고 한다. 그러나 우리 회사의 규모나 참여가족으로 볼 때는 이사회나 위원회를 구성하지 않고 가족회의를 통해서 결정하고 진행하면 좋겠다는 조언을 했다.

승계는 경영권 승계와 소유권 승계로 구분할 수 있는데, 우선 경영권 승계를 위한 후계자를 정하고 소유권 승계는 향후에 전문세무사와 함께 의견을 나누는 방법을 제시했다.

또 가능하면 빠른 시일 내로 가족이 모여서 승계에 관해서 회의를 하면 좋겠다며, 특별히 어떻게 후계자를 정할지 방법에 대해서 가족들의 의견을 나누도록 권했다.

“사장님. 가족회의를 할 때 가족들의 이야기에 귀를 기울여주세요. 꼭 이번에 결정하지 않아도 된다고 생각하시고 서두르지 마세요.”

“가족들의 이야기에 귀를 기울인다는 것은 잘 들으라는 거지요?”

“네, 경청하시라고 말씀드린 것입니다.”

“제가 다른 것은 다 자신 있는데 가족들의 이야기를 경청하는 것은 잘 못해서요. 아내도 그렇고 아들도 자기들의 이야기를 듣지 않고 일방적으로 이야기한다고 하거든요.”

가족회의는 아니지만 가정의 대·소사를 결정할 때에는 항상 내 의견을 먼저 말하고 따르도록 했다. 심지어 아이들 고등학교 때까지 가족회식 장소와 메뉴도 내 뜻대로 정했다. 답을 뻔히 아는 일에 의견을 듣는 것은 시간낭비라고 생각해서 사전에 내가 정한 대로 따르는 것이 좋다고 판단했다.

최근에는 아내와 아들들이 자신의 의견은 왜 듣지 않느냐며 핀잔을 주곤 한다. 어머니만 유일하게 나를 지지해주신다. 사실, 오늘 아침식사를 할 때 아내가 뭐라고 말을 했는데 지금 전혀 기억이 나지 않는다.

김 지점장은 내가 가족들의 이야기를 경청하지 않는 것을 알고 있는 것처럼 말했다.

"지점장님! 어떻게 해야 경청을 잘할 수 있습니까?"

지점장은 대답 대신 반문했다.

"왜 경청을 잘해야 한다고 생각하십니까?"

"대화할 때 상대 이야기를 잘 듣기 위해서지요."

"이야기를 잘 들으면 어떤 유익이 있으세요?"

"상대방의 생각과 가치관, 그가 원하는 것 등을 알 수 있습니다."

계속되는 김 지점장의 질문에 대답하면서 깨달은 것을 정리해 보았다.

경청을 잘하기 위해서는 의도적인 노력이 필요하다. 미국의 언어학자 메라비언은 '우리가 듣는 것은 말의 내용은 7%고 나머지는 시각적 요소와 청각적 요소에 의해서 93%가 결정된다'고 했다. 상대방과 대화할 때 그의 말하는 태도와 자세, 몸짓과 표정, 억양 등을 놓치지 않아야 한다는 것이다. 회의할 때 내가 제일 나중에 착석하는 그 자체도 이미 내가 가장 상위 직급에 있다는 의사표시라고 하니 새겨볼 일이다.

무엇보다도 경청한다는 것은 상대방 그 자체로 인정하고 받아들이는 것이며 그 사람의 과거와 현재, 미래를 인정하는 것이라고 한다. 사람을 인정하고 받아들이는 것이라고 생각하니 더욱 가슴에 와닿는다.

이번 가족모임부터 가능하면 말을 적게 하고 경청하겠다고 다짐하고 또 다짐했다.

'후계자를 어떻게 정하지?'

'후계자를 누구로 정하지?'

'큰애한테 하라고 할까?'

'둘째한테 하라고 할까?'

'둘째가 대학을 정할 때 공대 졸업해서 우리 회사에 오라고 할 때 동의했었는데….'

'잘 해낼 수 있을까?'

'형님은 뭐라고 하실까?'

'아내는 어떤 생각을 하고 있을까?'

'너무 빠른 것은 아닌가? 내가 아직 정정한데 좀 기다렸다 할까?'

많은 생각들이 복잡하게 얽혀서 떠올랐다.

05
가족의 마음을 듣다

부산의 큰애가 일요일에 휴원하므로 일요일 점심을 함께 하자고 형님과 큰애에게 연락했다. 자세한 이야기는 하지 않았지만 중요한 결정을 할 일이 있다고 말했다.

모처럼 모인 가족들의 식사는 아내가 잘하는 생선매운탕과 LA 갈비 등으로 푸짐했다. 어머니께서 손수 식혜를 만드셔서 후식으로 즐겼다.

식사 후에 가족들이 모인 이유를 설명했다. 아내에게는 사전에 넌지시 승계와 관계가 있다는 언질을 주었을 뿐이다. 김 지점장이 부임한 이래 만났던 일들을 가족들에게 전달했다.

B공단의 리더였던 ○○산업의 창업자 죽음 이후에 발생되는 일련의 이야기를 하며, 우리도 승계를 준비해야겠다고 말하자 형님과 조카가 다소 아쉬운 표정을 지었다.

"우리 가족들의 의견을 듣고 싶습니다. 형님은 어떠세요?"

형님은 "갑작스런 승계라는 말에 당황스럽다. 오랫동안 근무하는 직원들이 동요하지 않으면 좋겠다."고 하셨다. 뒤이어 조카가 머뭇거리며 말을 꺼냈다.

"작은아버지 회산데, 제가 무슨 할 말이 있겠어요."

큰애는 '한의원을 경영하기도 분주하여 아버지 회사에 신경을 쓸 수 없다'며 '아버지의 결정을 따르겠다'고 말했고, 둘째는 '아버지의 의견이 궁금하다'고 했다. 어머니께서는 내가 할 수 있을 때까지 하면 좋겠다고 하시면서 형과 조카를 염려하셨다. 아내는 그간 고생한 이야기를 하면서 세월이 빠르다며 승계 이야기를 한다는 것이 실감이 나지 않는다고 했다.

가족들의 의견을 들으면서 공통적인 마음을 읽게 되었다. 승계는 준비하되 지금 꼭 후계자를 정하지 않는 것과 지분을 상속하는 문제는 좀 시간이 흐른 후에 정하면 좋겠다는 것이었다. 아울러 논의한 내용들은 가족만 공유하기로 약속했다.

가족모임을 마친 후에 아내와 많은 이야기를 나누었다.

아내는 우리 형제의 우애와 어머니에 대한 효도, 큰애와 둘째의 관계 등 여러 형편들에 대해서 자신의 생각을 말했다. 또 후계자를 정하는 것이 우선한다면 지분상속은 나중에 필요할 때 정하기로 하고 먼저 큰애의 의견을 따로 들어보자고 부탁했다.

그날 밤 잠자리에 들기 전에 아내가 말했다.

“오늘은 당신이 내 말을 듣는 것 같아서 기분이 좋네.”

경청은 부부의 대화도 회복시키는 힘이 있음을 알게 되었다.

월요일 저녁에 아내가 권한 대로 큰애에게 전화를 했으나 막상 승계에 관해서 이야기를 하지 못하고 안부를 물었다.

“아버지, 다른 하실 말씀이 있으시지요?”

“…”

“어제 식구들이 모여서 말씀 나눈 후에 부산으로 내려오면서 많은 생각을 했습니다. 아버지께서 피땀으로 일구신 익산산업이 당연히 지속되고 성장해야 하는 것이 우선이었습니다. 다음으로 우리 가족들의 화목과 우애를 떠올렸습니다. 그렇다면 내가 어떻게 해야 옳은 것인가를 생각하게 되었어요. 그런 복잡한 마음을 집사람한테도 얘기했어요. 저희 부부는 무조건 아버지 뜻을 따르기로 했습니다. 아버지! 저에 대해선 절대 부담 갖지 마시고 결정하시면 좋겠습니다.”

“네가 장남으로 항상 가족을 배려하고 책임감 있게 말해 줘서 고맙다. 정은이 애미도 마찬가지고. 막 개원해서 힘든 것은 알고 있지만 충분히 돕지 못해서 미안하다. 그렇지만 항상 너를 자랑스럽게 생각하고 의지하고 있다는 건 알고 있지?”

“그럼요. 친구 분들에게 지나치게 자랑하셔서 미움 받으시겠다고 말씀드리기도 했잖아요.”

"그래, 너는 한 번도 이 애비 속을 썩인 적이 없다. IMF로 부모와 떨어져서 할머니와 동생과 있을 때 현국이의 짜증을 다 받아주고 형 노릇 잘한다고 할머니한테 들었다. 너는 그때 긴장하고 조심해야 하는 고3이었는데도 그랬지."

"당연히 그래야지요. 아버지, 어머니께서 집까지 팔고 모든 것을 사업장에 쏟으신 형편이셨는데요. 더구나 큰아버지와 인구 형까지 정말 온 힘을 다해 익산산업을 살리시려는 것을 알고 있었어요. 제가 잘못하면 안 되고 동생을 잘 돌봐야 한다는 생각으로 그랬지요."

"그래, 이제 아빠의 생각을 말하마. 할머니께서 너희 어릴 때부터 강조하신 것이 형제간의 우애였다. 나는 너희 형제들이 지금과 같이 변함없이 사이좋기를 바란다. 회사도 계속 경영하고 싶다. 그러기 위해서는 너나 동생 중에서 후계자를 정하고 싶구나."

"아버지! 어제 말씀드렸듯이 저는 지금 한의사로서 할 일이 많이 있습니다. 하는 일도 만족하고, 아내도 좋아하고요. 그래서 말씀인데요, 현국이에게 말씀하시지요. 현국이는 전공도 아버지 사업과 연관도 있으니까요. 정말 죄송합니다."

"그래, 네 마음을 잘 알았다. 큰애야! 경영에 관해 후계자를 정하는 것이 회사지분을 넘기는 것이 아님을 알거라. 지분은 나중에 전문가와 상의해서 너희 형제들에게 공평하게 넘길 것이다. 정은이 애미한테도 반드시 전하거라. 아빠가 그때 가면 정리해 줄 것을 약속하마."

"제 지분도 아버지께서 만들어주신 것인데 그것도 아버님께서 결정하시는 대로 하겠습니다. 아버지, 이제 건강 챙기세요. 요즘 아버지 흰머리가 많아지셨어요. 제가 한약 한 제를 보내드리겠습니다."

큰애가 기꺼이 동생에게 양보하려는 진심이 가슴으로 전해져서 통화하는 내내 마음이 편했다.

토요일에 김 지점장이 회사를 방문했다. 자리에 앉자마자 가족회의 결과를 묻는다.

"사장님! 가족들과 승계에 관해서 의견을 나누셨습니까?"

그날의 분위기와 대화 내용을 전달하며 아직 결정된 것은 없으나 승계를 해야 한다는 것은 가족들이 알게 되었다고 말했다. 그리고 둘째 아이의 진학 때부터 회사에서 같이 근무하면 좋겠다는 생각은 했다고 말했다.

지점장은 가방에서 자료를 꺼내면서 우리 회사와 규모가 비슷한 규모의 승계 자료라며 건넨다.

"B공단의 DD산업이 승계를 성공적으로 마무리했습니다. 후계자인 현재 CEO가 사장님과 동년배입니다. 그 사례를 드리겠습니다. 참고하시면 좋겠습니다.

DD산업

○○생산업체

창업주: 19△△년생, 한국 전쟁 때 장비보급부대 근무경험으로 1960년대 ○○공장을 설립하여 현재 매출액 600억, 직원 90명임. 슬하에 아들 3형제, 가부장적임.

후계자: 19△△년생, 3형제 중 장남, H대학교 공대졸업, 고등학교 때부터 방학 동안에는 생산현장에서 알바를 하며 자연스럽게 회사의 제품과 문화를 알게 됨.

대학 진로를 정할 때 아버지와 상의하여 전공을 결정함.

대학 졸업 후 입사하여 47세(3년 전)에 승계완료, 당시 창업자 나이 69세.

후계자의 역량개발 과정: 입사하여 생산부서, 영업부, 무역부, 관리부, 기획부 등을 거쳤으며 영업부서에 과장으로 재직 시에 전국 거래처에 제품을 직접 배송했다.

무역부서 근무 당시에 동남아 수출시장을 개척하여 종업원들의 신뢰를 얻었다.

▲▲대학교 최고경영자과정에서 인적 네트워크를 형성했으며 45세에 전무가 되었고 47세에 대표이사가 되었다.

리더십 이전: 후계자는 전무 시절부터 대외 활동과 자금부분을 제외한 모든 것을 결제했다. 대표이사 취임 이후 창업자는 결재권을 후계자에게 이전했으며 1개월에 1회씩 후에 결제하며 확인했으나 작년부터는 3개월에 1회

중요사항만 가족회의에서 전달함.

주식회사의 지분 정리: 10년 전에 지분을 정리할 당시에 창업자와 부인의 지분을 양도하였으며 두 동생들도 자신들의 지분을 대부분 형에게 양도하여 현 대표이사의 지분은 90%(동생들 지분 10%)이며, 그 과정에 가족들의 전폭적인 지지를 받음.

제품: 단순 ○○에서 전자식 ○○로 제품의 품질 향상, 동남아에 수출함

후계자의 아쉬움: DD산업만 근무하여 규모가 큰 기업의 조직이나 문화를 경험하지 못하여 회사의 성장 통을 힘들게 겪게 되었다고 함.

창업자의 취미: 부부골프, 70세 이후 건강에 약간의 이상 징후가 나타남.

회장으로 일선에서 물러난 후 매주 월요일 사무실 출근 중이나 향후 월 1회 출근하시도록 예정함. 작년에 N골프장 인근에 주택을 마련하여 부부는 골프를 즐기며 소일거리로 작은 텃밭을 경작함.

창업자의 재정: 지분 정리 시 배당금을 연금보험에 가입하여 연금 수령 중이며 파출부의 인건비를 지급하고도 비교적 여유로운 생활이 가능함.

승계성공요인

① 가족 내부

창업자와 후계자의 신뢰관계가 매우 높음

후계자 선정에 따른 갈등 없음, 가족들의 적극적인 지지

소유권 분쟁을 사전에 방지한 창업자의 교육

창업자에 대한 업적인정과 존경심, 후계자에 대한 기대와 신뢰

② 가족 외부

종업원들의 인정과 적정한 보상

제품의 품질과 시장성, 성장 이해관계자와의 원만한 관계

향후 방향: 창업 3세대에 대한 승계계획의 수립이 요구됨.

사례를 읽으며 DD산업이 부럽기도 하고, 둘째에게 마음이 기울기 시작했다. 김 이사에게 아들의 근무 태도를 물었을 때 엄지를 치켜세우며 야무지다고 한 것이 떠오른다.

"사장님! 읽어보신 소감이 궁금하네요."

"DD산업의 창업자가 지혜로운 분이네요. 큰아들 교육도 그렇고 지분 정리를 깔끔하게 하셔서 상속세 부담도 줄이셨어요. 은퇴 후에도 여생을 편하게 보내시고요. 후계자도 아버지의 뜻을 잘 따르고 제품도 개발해서 지속 경영하니 정말 부럽습니다."

"또 어떤 것을 느끼셨나요?"

"우리 같은 회사는 승계하려면 먼저 가족들의 적극적인 지지가 필요하다는 것을 배웠습니다."

"네, 무엇보다도 중요한 것을 알게 되셨습니다. 그것은 후계자가 역량을 충분히 갖추도록 돕는 것입니다. DD산업의 현재 경영자인

후계자와 대화해 보니 창업자인 아버지에 대한 존경심은 이루 말할 수 없었습니다. 심지어 치매 중이신 아버지를 모시고 주거래은행 지점장인 저와 한 달에 한 번씩 동석하여 식사할 때 깍듯하게 공경하는 것을 보았습니다. 창업자께서 아들교육을 잘 시키셨다는 것을 느꼈습니다. 많은 자료들에 의하면 창업자가 다음 세대에 기업승계를 성공적으로 하는 경우가 33% 정도라고 합니다. 기업체 3개 중에서 1개 기업만 승계가 이루어진 것입니다."

"승계가 생각보다 쉽지 않네요. 그래도 준비를 잘해서 해야 하잖아요. 우리 같은 중소기업은 규모가 크지 않아서 상장할 수도 없고 어차피 가족들이 경영해야 하는 것이고."

"그러시군요. 후계자를 정하지 않으셨다고 하셨지만 승계과정을 좀 더 말씀드려도 되겠습니까?"

김 지점장은 DD산업의 기록되지 않은 승계과정을 시간대별로 설명해 주었다. 강조하는 것은 승계에서 창업자와 후계자가 같이 근무하는 기간과 후계자 역량개발에 많은 시간이 소요된다는 것이다. 우리 회사와 유사한 기업의 사례를 알게 되니 승계가 막연한 것이 아님을 깨닫게 되었다.

"사장님! 둘째 아들과 개별적으로 진지하게 승계에 관해서 말씀을 나누시면 좋겠습니다."

"사실 아내와 많은 대화를 나누었고 월요일에 큰애와 통화하면서 마음이 정리가 되었습니다. 둘째에게 속내를 드러내고 싶었지만 선뜻 말을 못 꺼냈습니다. 주중에 야근이 많아서 대화할 시간도 충분치 않았고, 혹시 다른 마음이 있을까 봐서 두렵기도 하고요."

"그래도 말씀을 꼭 해 보시지요. 아버지의 전폭적인 지지를 확인해 주는 것이 중요하지 않을까요?"

김 지점장은 내가 후계자를 누구로 정할지 알고 있었던 것일까?

그날 오후, 퇴근시간에 둘째를 사장실로 불렀다.

"아버지, 퇴근하셔야죠. 웬일이세요?"

"그래, 좀 앉아라. 지난 가족모임 기억하지? 승계가 무엇인지 어렴풋이 알게 되었을 거야. 우리 회사도 내 나이로 볼 때 승계준비를 해야 하는 이유를 알 것이다. 나는 그때 가족들의 의견을 듣고자 했다. 너도 알다시피 가족들이 전적으로 나에게 결정하도록 했는데. 음… 나는 후계자로 너를 마음에 두고 있다. 네가 공대에 진학하겠다고 말할 때부터다. 너는 성격도 원만하고 공대를 나와서 우리 회사에 맞는 것 같다. 네가 대학을 진학할 때도 어쩌면 이런 상황을 염두에 둔 것은 아닌지 모르겠다. 엄마도 동의했고 네 형하고도 이야기를 나누었다."

메모하던 아들의 손끝이 떨리고 한동안 침묵이 흘렀다.

참지 못하고 한마디 했다.

“한 달여 근무해 보니 만만치 않지? 네 눈에 개선할 것이 많아 보이지? 아버지의 큰소리와 주먹구구식 경영에 다들 힘들어하지?”

“아버지, 아닙니다. 아버지께서 무에서 일구어내신 회산데요. 이렇게까지 경영하시느라 얼마나 힘드셨을까 하는 생각을….”

말을 잇지 못하고 꾹 다무는 입술 위로 눈물이 흐른다. 그런 모습을 보는 순간 나도 울컥해지고 민망하여 화장실을 다녀왔다.

“어떠냐? 아버지와 함께 해 볼래? 나는 배운 것도 없이 시작했지만 너는 더 잘할 거다.”

“아버지! 제가 어떻게 해야 할지 모릅니다. 알려주시는 대로 실망시켜드리지 않도록 하겠습니다.”

“그래, 됐다. 나는 너의 능력과 성장을 기대하고 있다. 차차 진행되는 대로 또 이야기하자.”

막상 후계자를 결정하고 나니 할 일이 많아진다는 생각이 든다. 퇴근길에 오랜만에 연습장에 들러서 드라이버로 힘껏 공을 날렸다. 연습장 그물망에 비치는 석양의 노을이 유난히도 곱다.

이튿날 둘째 아들과 가볍게 산행을 하려고 찾았는데, 아이는 아내에게 친구와 약속이 있다며 새벽같이 나갔다고 한다.

06
코칭과 골프

다음 주 수요일에 I은행 이업종교류회의 월례회가 있었다. 제일 CC에서 골프모임을 갖고 식사 후에 재테크특강을 듣기로 했다. 김 지점장과 한 팀이 되어서 라운딩을 즐겼다.

다른 사람들의 방해를 받지 않도록 코스 이동 중에 둘째를 후계자로 정했다고 말했다.

"많은 고민을 하셨겠네요, 가족들의 동의와 자제 분이 마음을 결정하기까지가 쉽지 않으셨을 텐데요. 정하고 나니 사장님의 마음은 어떠세요?"

"막상 결정하고 나니 갑자기 할 일이 많아지는 것 같고 새삼 가족과 기업에 대한 책임감을 느낍니다."

"이제 승계 릴레이가 시작되었습니다. 후발 주자인 자제 분이 사장님과 같은 역량을 갖추도록 준비하는 과정이 무척 기대됩니다. 승계 코칭으로 함께 하겠습니다."

"승계 코칭이라고요?"

"네, 코칭입니다. 사장님, 컨설팅은 아시죠?"

"네, 알고 있습니다."

"잠시 코칭과 다른 점을 말씀드리겠습니다. 컨설팅은 컨설턴트가 솔루션을 제공하는 것입니다. 또한 멘토링은 그 분야의 고수인 멘토의 역량까지 멘티를 성장시키는 것이지만 코칭은 코치가 파트너로서 고객과 함께…."

지점장이 미처 말을 마치기도 전에 뒤따라오던 전 사장이 내용도 모르는 채 말했다.

"김 지점장님! 서 사장한테 골프 코칭 받으려고 하세요? 서 서장은 맨입으로 절대 안 알려줍니다."

그 말에 웃으며 더 이상 대화를 이어가지 못했다. 그러나 코칭을 더 알고 싶어졌다.

라운딩과 식사 후에 I은행 본점에서 왔다는 재테크 전문 강사의 특강이 시작되었다. 이전 지점장들은 월례회 이후에 편한 시간을 갖곤 했지만 김 지점장은 그렇지 않았다. CEO들에게 유익한 정보를 제공해야 한다며 총무에게 시간계획을 알렸다고 한다.

지점장은 강사를 소개하며 말을 시작했다.

"여러 사장님들께서 유익한 시간이 되시기 바랍니다. 돈 좋아하시죠? 남의 돈을 많이 만지는 지점장으로서 돈에 대한 이야기를 잠시한 후에 마이크를 강사에게 넘기겠습니다. 여러분의 지갑에 지폐가 여러 장 있을 때 깨끗한 돈부터 사용하십니까, 아니면 더러운 돈부터 사용하십니까?"

CEO들의 답은 반반으로 나뉘어졌다. 항상 깨끗한 돈을 보관하고 싶은 사람은 깨끗한 돈을 남기고 더러운 돈부터 쓴다고 했다. 항상 깨끗한 돈을 사용하고 싶은 사람은 깨끗한 돈부터 사용한다고 답했다.

지점장이 말했다.

"항상 깨끗한 돈을 사용하십시오. 그런데 그 마음이 상대방에게 깨끗한 돈을 주려는 마음에서 시작하는 것이어야 합니다. 그러면 나는 항상 깨끗한 것을 주게 되고 남아있는 지폐 중에서 깨끗한 것을 고를 수 있습니다. 하나만 더 여쭙겠습니다. 박 사장님! 남에게 돈을 지불하실 때 왜 세시죠?"

박 사장은 어이없다는 듯이 웃으며 대답한다.

"당연히 한 장이라도 더 줄까 봐 셉니다."

"네, 그렇죠. 그럼, 전 사장님! 오늘 버디를 제일 많이 하셔서 축하드립니다. 남에게서 돈을 받으실 때 왜 세시죠?"

"그야 뻔하잖아요! 한 장이라도 덜 받을까 봐 셉니다."

"두 분 사장님께서 정확한 대답을 하셨습니다. 저는 이렇게 권해드리고 싶습니다. 내가 돈을 지불할 때는 상대방에게 한 장이라도 덜 지불할 것 같아서 확인하는 것이고, 반대로 돈을 수령할 때는 한 장이라도 더 받을 것 같아서 헤아리는 것이라고 말씀드립니다."

돈을 지급하고 수령할 때 상대방의 입장을 살펴보라는 것으로 들렸다. 일리가 있는 이야기라고 웃으며 말하는 CEO들 속에서 나 자신과 우리 회사의 자금결제에 대한 생각을 했다.

강사가 서해안 시대가 열린다며 부동산에 대한 전문지식을 파워 포인트로 설명을 하는데 귀에는 하나도 안 들어오고 마음이 편치 못했다. 우리 회사가 어려울 때 자금 수금 조건 때문에 애를 먹었었다. 이제 조금 여유가 있음에도 만약을 대비해서 납품업체에게 불리한 조건으로 지급하겠다고 김 부장이 보고할 때 마치 당연한 듯이 결제한 것이 떠올랐다. 앞으론 반드시 살펴봐야겠다.

"코칭이 무엇입니까?"

김 지점장을 다시 만났을 때 궁금해서 물어보았다.

"코칭은 모든 사람은 온전하게 창조되었고, 스스로 잘할 수 있다는 욕구와 잠재능력이 있다는 믿음에서부터 출발을 합니다. 코치는 코칭을 하는 사람인데요. 코치라는 용어는 중세시대에 마차와 같이 원하는 곳에 데려다주는 운송도구를 코치라고 부른데서 유래합니다, 사장님이 시골에 사실 때 물을 긷는 수동식 펌프 기억나시죠? 한 바가지 물을 부은 다음에 손잡이를 위아래로 반복하면 물이 나왔잖아요. 그때 붓는 물을 마중물이라고 하는데 코치가 마중물과 같은 역할을 하는 것이지요."

"마중물이라!"

"코칭을 받는 고객의 잠재능력을 끌어내는 것입니다. 따라서 컨설턴트가 제시하는 솔루션대로 하는 컨설팅과 고수인 멘토가 자신의 역량까지 멘티가 따라오게 하는 멘토링과는 다른 것이라고 지난번에 말씀드렸었습니다."

"다르다고요? 그럼 답안을 제시하지 않고 가르쳐주지도 않는다는 겁니까?"

"네. 코치의 역량이라는 한계를 넘어서 고객이 원하는 것을 이루도록 함께 춤을 춥니다."

"함께 춤을 춘다고요?"

"파트너로서 함께한다는 의미입니다."

"우리 회사는 그동안 컨설팅을 여러 차례 받았습니다. 몇 년 전에도 중소기업 유관 단체들의 도움으로 품질관리(QC)나 전사적 자원관리(ERP) 등을 컨설팅 받았지요. 컨설팅 기간에는 개선되는가 싶다가도 시간이 지나면 관리하는 데 시간을 많이 허비해서 예상했던 성과를 얻지 못했습니다. 솔루션이 좋다고 해도 사람이 변하지 않으면 꽝이더라고요."

"네, 맞는 말씀입니다. 결국 솔루션을 실행하는 것은 사람이니까요. 컨설팅도 프로세스를 개선하고 시스템을 정착하는 데에 효과적인 방법입니다. 그런데 코칭은 고객 스스로 원하는 목표를 설정하게 하고 목표와 관련한 현재 사실을 객관적으로 인식하게 해서 목표달성을 위한 구체적인 해결방안과 실행계획을 수립하게 합니다.

"목표수립과 실행방법을 고객이 정한다고요?"

"고객이 원하는 대로 정합니다."

"몰라서 코칭을 받는 거 아닌가요?"

"고객이 미처 보지 못하는 시각의 전환이나 의식의 확장을 위해서 경청과 질문을 활용합니다. 고객이 원하는 것을 정하도록 돕습니다."

"경청과 질문이라고요? 지난 번 가족회의 때 지점장께서 경청하라고 권했던 기억이 납니다."

"고객의 실행내역을 피드백으로 함께 합니다. 따라서 코치와 고객은 상호 신뢰해야 하는 것이 중요합니다."

"이제 좀 이해가 됩니다. 그래서 지점장께서 코칭을 말씀하시는 거군요."

"저는 사장님이 요청하시면 코칭을 할 것이며 필요시에는 기업승계 전문가로서 멘토코칭을 할 것입니다."

"코칭은 스스로 실행하게 하는 행동을 중요시하는 거네요. 지점장님 말씀을 듣다 보니 골프를 처음 배울 때가 생각납니다."

문득 골프에 입문할 때 만난 두 명의 레슨 프로가 생각났고 현재의 수준을 유지하는 비결을 말하고 싶었다. 지점장이 물었다.

"아, 골프를 어떻게 배우셨는데요?"

"처음에 거래처 사장들이 가자고 해서 라운딩을 했는데 아무것도 모르고 힘만 쓰다가 창피를 당했습니다. 그래서 회사 인근의 연습장에 등록하고 레슨을 받았지요."

"얼마 동안 레슨을 받으셨나요?"

"처음 8개월 받은 다음에 다른 레슨 프로로 바꿔서 2년 정도 받았습니다."

"레슨 프로를 중간에 바꾸신 거군요?"

"원래는 한 사람으로 하려고 했습니다. 처음 레슨 프로는 자세한 설명은 하지 않고 자세와 공 치는 것을 알려주더니 체중이동과 힘 빼는 것을 강조하더군요. 그때는 막 배울 때고 힘이 팔팔할 때라서 비슷한 연배의 사장들끼리 경쟁이 붙어서 정말 말도 못할 정도로 치열했었지요."

"사장님은 운동신경이 좋으셔서 핸디가 팍팍 줄어들었을 것 같은데요?"

"말도 마세요. 레슨을 받아도 좀처럼 타수가 줄지 않았어요. 좀 시간이 지나면서 다른 레슨 프로가 차트를 작성해서 고객에게 설명하는 것을 보았습니다. 가까이 가서 보니 고객별로 왜 그렇게 해야 하는지를 알려주는 겁니다. 다음 달부터 그 레슨 프로한테 레슨을 받기 시작했습니다."

"그래서 어떻게 되셨습니까?"

"그 레슨 프로는 자세를 왜 그렇게 해야 하는지를 내 체형에 맞게 알려주고 체중이동의 유익함을 설명했습니다. 연습진도를 차트로 보여주며 안내를 했는데 저는 그런 레슨이 좋더라고요. 근거를 제시하니 신뢰가 되고 스스로 해야 하는 이유를 깨닫게 되니까 멀리 보내려는 욕심을 버리고 정확하게 연습하는 것이 습관이 되었습니다."

"아! 코치를 만나셨군요."

"이제 보니 그렇네요. 제가 스스로 하도록 이유를 알게 하는 레슨을 받았으니까요."

"그 후로는 어떠셨나요?"

"한 6개월 정도 지나니까 몰라보게 달라졌습니다. 힘 빼는 데 3년이라고 하잖아요? 제가 공을 멀리 보내려는 욕심을 버리는 것이 먼저라는 것을 깨닫게 되니 힘을 뺄 수 있었지요. 그 다음에 제대로 힘을 쓸 수 있게 되었고요."

"그래서 사장님은 폼이 언제나 일정하시고 샷의 비거리도 상당하시군요. 욕심을 먼저 버리셨다는 말씀이 매우 인상적입니다."

"항상 욕심을 버린다고 하는데 쉽지 않네요. 금세 욕심이 또 생기니 말입니다."

"깨닫는 그것만으로도 어디까지 가야 할 것을 알게 되니 자신을 절제하시는 것이지요. 골프에 대한 욕심은 없으세요?"

"욕심이라고요? 끝이 없습니다. 아직 홀인원을 못했으니까요. 그래도 만족합니다. 항상 80대 초반이고 컨디션 좋으면 70대 후반을 치니까요. 지금도 그 레슨 프로한테 원 포인트 레슨을 받고 있습니다."

언제나 동반자들에게 결례를 하지 않고 충분한 대화를 하며 골프를 즐기고 있는 비결이다.

코칭에 대해 어렴풋이 이해하게 되자 코칭에 대한 호기심이 발동했다.

"지점장님, 코칭 한번 해주시겠습니까?"

"좋지요. 말씀보다는 코칭을 받아보시면 충분히 아시게 될 겁니다."

"다음 주 토요일에 선약 있으세요?"

"저는 특별한 약속은 없습니다. 사장님은 어떠세요?"

"제가 제일 CC에서 첫 타임으로 라운딩하고 나면 오후 2시 이후에는 시간이 됩니다."

"그럼 이동시간을 감안해서 오후 4시는 어떠세요?"

"좋습니다. 그럼 어디서 뵐까요? 제가 준비할 것은 없나요?"

"코칭 받으실 주제만 정하시고 오시면 됩니다. 그리고 제가 토요일에는 필요할 때마다 친구 사무실을 이용합니다. 이곳으로 오시지요."

지점장이 '테헤란로 ○○빌딩 1004호'라고 적힌 메모를 건넸다.

07
코칭을 만나다

2005년 11월

제일 CC에서 조합회원들과 라운딩 후에 점심식사를 마치고 서울로 향했다. 주말이라 교통량이 많았지만 여유 있게 출발했기 때문에 3시 40분경에 ○○빌딩 지하주차장에 도착했다.

"지점장님! 방금 주차장에 도착했습니다. 약속시간보다 이른데요."

"엘리베이터 타고 올라오세요. 지금 오셔도 괜찮습니다."

1004호. '□□가족기업경영연구원'이라는 팻말이 붙은 문을 노크한 후 사무실에 들어서니 책상 두 개와 상담테이블이 눈에 들어오고 잔잔한 음악이 흐르고 있었다. 김 지점장은 투명한 유리문 안쪽에서 책을 보고 있다가 문을 열고 나를 맞이했는데 마치 연구실처럼 책장에 책이 가득했다.

상담테이블에 마주 앉으니 회사에서 대화할 때와 사뭇 분위기가 다르다.

“어떤 차를 드릴까요?”

김 지점장이 건네는 차림표를 보니 몇몇 차 이름이 적혀있고 가격은 따로 표기되어 있지 않았다.

“오시는 분들 취향이 다양해서 몇 가지 차를 준비해서 드리고 있습니다. 고르시지요.”

“따뜻한 생강차를 부탁합니다.”

생강차를 호호 불며 마시니 운동으로 인한 피곤함이 사라지는 것 같았다.

김 지점장이 임차료가 비싼 테헤란로에서 사무실을 이용하는 이유가 궁금해졌다.

“어떻게 이런 곳을 사무실로 사용합니까?”

“여기 오시는 분들마다 꼭 물어보시더라고요.”

김 지점장의 입가에 미소가 번진다.

“오실 때 바로 옆 사무실 보셨지요? 사실은 1001호부터 1004호까지가 제 친구가 하는 세무사 사무실입니다.”

“그렇군요. 세무사 사무실이 크다고 생각은 했습니다.”

“그런데 그 친구가 사무실 일부를 기업승계에 관심 있는 사람들끼리 모이는 장소로 제공해 줘서 이렇게 편하게 이용하고 있습니다.”

“좋은 친구를 두셨네요. 딱딱하지 않고 편한 분위기라 너무 좋습니다.”

"다행이네요. 그런 기분을 느끼시니 오히려 제가 고맙습니다. 오늘 라운딩은 어떠셨어요?"

"조합회원사끼리 정기적인 모임이 있는 날이었는데요. 산에 단풍이 빨갛게 들고 바람도 선선해서 운동하기 좋은 날씨였습니다. 오늘은 공도 잘 맞고 퍼팅감이 좋아서 동반자들이 애 좀 먹었을 겁니다."

"사장님께서 퍼팅감까지 좋으셨다니 동반자들의 표정이 짐작이 가네요. 항상 원칙을 정하시고 유지하시는 것이 골프에서도 드러나는 것 같습니다. 또 지는 건 못 참으시잖아요, 하하!"

김 지점장은 내 승부욕을 알고 있다. 나는 경쟁자와 비교하며 자신을 채근하는 것을 힘들어하지 않고 그것이 지금의 나를 있게 해 준다고 생각한다.

"오늘 어떤 주제로 말씀을 나눌까요?"

"최근에 승계라는 말을 자주 듣게 되어서 기업승계에 관해서 코칭을 받고 싶습니다."

"기업승계요! 최근 몇 달간 제가 자주 말씀드린 내용이네요. 기업승계의 어떤 부분에 코칭이 필요한지 구체적으로 말씀해 주시겠습니까?"

"기업승계 범위가 넓은 것 같아요. 예를 들면 가족, 종업원, 이해관계자 등도 있고요, 또 경영권이나 회사 지분 등도 있어서요. 거래처나 종업원들이 우리 회사가 승계를 한다고 하면 어떻게 받아들일지도 염려되기도 합니다. 사회에서는 자식에게 회사를 물려준다고 하면 부의 대물림이라는 안 좋은 여론도 형성되고요."

나는 김 지점장을 만나고 승계의 필요성을 알게 된 후 지난 몇 개월간 경험하게 된 일련의 내용들을 이야기했다. 김 지점장은 상당한 시간 동안 내 이야기를 듣는 내내 내가 말한 중요한 단어를 반복해서 말하며 확인하고 계속 말을 할 수 있도록 시선을 집중해서 들어주었다. 간혹 고개를 끄덕이며 나를 향해 몸을 기울여 그가 온 마음으로 듣고 있음을 알게 되었다.

"사장님의 말씀을 듣고 보니 자본 없이 기술력 하나로 창업하셨고, IMF 때는 어려움과 위기를 견뎌내셨네요. 규모를 키우셔서 시화공단으로 이전하셨고 현재의 익산산업을 일구신 말씀을 듣다 보니 한 편의 대하드라마를 보는 것처럼 감동적입니다."

"대하드라마요? 듣고 보니 맞는 말씀인데요. 지난 일이라 말을 편하게 하는 것이지, 순간마다 우여곡절이 많았습니다. 그렇지만 아직도 집필을 마치지 못한 대하드라마입니다."

"사장님 말씀대로.아직 마치지 못한 대하드라마네요. 어떻게 쓰고 싶으세요?"

"우리 회사가 승계를 마쳐서 우리 회사에 속한 사람들이 행복하도록 계속 사업을 하는 것입니다. 우리 회사가 사회에서도 인정받고 우리 가족과 회사만이 아니라 종업원, 종업원 가족, 거래처, 관계기관, 공단 등 모두 행복하도록 쓰고 싶습니다."

"익산산업에 관련된 이해관계자에게도 행복한 승계를 말씀하시는군요. 좀 더 자세하게 말씀해주시겠어요?"

김 지점장은 대화 중간중간에 질문으로 말하고자 하는 내용을 명료하게 했다.

가족기업은 가족과 기업이 복합된 조직이라는 말을 들었을 때부터 우리 회사 직원들과 그 가족들을 떠올렸다. 회사가 잘못되면 직원들은 직장을 잃게 되고 그 자녀들의 학업과 생활도 어려워질 것이다. 그러므로 절대로 부의 대물림이 아니라 역량 있는 후계자로 회사가 승계되어야 한다는 것을 새삼 인식하게 되었다

우리 회사에 원자재를 납품하는 거래처나 우리 제품을 수입하는 독일과 미국 기업 등도 우리 회사의 승계와 관련이 있고, 공단이나 시청, 조세당국 등에도 영향을 미치므로 정직하게 승계하며 후계자를 제대로 육성하겠다고 말했다. 말을 하면 할수록 승계는 단순히 우리 회사만의 일이 아니라는 사실을 새삼 깨닫게 되었다.

"익산산업의 승계는 회사 직원뿐만 아니라 이해관계자 모두에게 행복을 주어야 한다는 말씀이시죠? 결국 기업의 사회적, 경제적 책임과 기능에 대해서 말씀하시는 것이네요. 말씀을 하시면서 어떤 마음이 드셨나요?"

“제 생각이 정리가 되네요. 승계는 우리 회사만의 일이 아니라 이해관계자에게도 영향을 주니 반드시 승계를 성공적으로 해야겠다고 다짐하게 되었습니다.”

“승계의 긍정적인 영향을 말씀하신 것이지요? 그럼. 성공적인 승계가 이루어지면 어떠시겠어요?”

“방금 말씀드린 대로 모두가 행복해질 것 같습니다. 특히 우리 직원들이요.”

“모두가 행복해진다고 하는 것은 사장님께 어떤 의미인가요?”

“내가 회사를 설립해서 지금까지 해 온 것이 나 혼자 한 것이 아니었다는 생각이 드네요. 그동안 정말 뼈 빠지게 고생한 것이라고 생각했는데 직원들, 거래처 등과 함께 했다는 것을 미처 몰랐어요. 고생이 헛되지 않았고 함께한 것이라는 생각이 듭니다.”

“네. 고생은 헛되지 않았고 함께하는 행복을 위해서 승계를 진행하시는 거군요”

“네, 맞는 말씀입니다.”

“그것이 사장님께서 익산산업의 대하드라마를 계속 쓰기 원하시는 것이기도 하네요. 코칭을 시작하실 때 기업승계 범위가 넓다고 말씀하셨는데요. 지금은 어떠세요?”

승계와 관련해서 창업과 가족, 이해관계자, 사회적 책임 등에 대한 말을 하면서 승계가 많은 부분에 영향을 미치는 것을 알게 되었다. 그렇지만 우리 회사가 할 수 있는 것은 가족기업의 특성상 후계자를 정해서 역량개발을 하는 것이 제일 먼저라고 생각했다.

"범위가 넓다고 말씀드렸지만 코칭을 받으면서 승계를 위해서 우리 회사가 해야 할 일, 아니 제가 할 일의 우선순위를 정하게 되었습니다."

"우선순위라면, 가장 먼저 해야 할 일을 말씀하시는 것입니까?"

"네. 후계자로 정한 둘째 현국이의 역량을 개발하는 것입니다."

"제일 먼저 하실 일을 현국 군의 역량개발로 정하신 것은 탁월한 선택이십니다. 사장님! 지난번에 승계에 대해 말씀드렸던 것이 기억나십니까?"

"승계와 가족기업의 특징에 대해서 설명을 들었습니다. 그리고 창업자의 의지와 가족구성원의 협조가 필요하다는 것이 생각납니다."

"네. 그것이 후계자에게 동기부여 요인이 되고 역량개발에 영향을 미친다고 말씀드렸었습니다. 현재로서는 둘째 아들에게 긍정적인 영향을 주었다고 생각됩니다만."

"그렇지요. 저나 아내, 그리고 큰애까지도 현국이가 우리 회사 후계자로 정하는 것을 지지했으니까요."

"그동안 익산산업의 대하드라마를 사장님이 혼자 쓰셨다면 이제는 현국 군과 공동 집필을 준비하시는 거네요."

'익산산업의 대하드라마를 현국과 공동 집필하도록 준비하는 것

이라!’

그동안 익산산업의 드라마를 나 혼자 써왔다면 앞으로는 현국과 같이 쓰고 향후에는 현국이 혼자 완성해 가야 한다는 생각이 든다.

김 지점장은 현국의 성격, 강점과 기대하는 것이 무엇인지 등을 질문했고, 2주 후에 코칭을 진행하기로 했다. 그동안 해야 할 실행 계획으로 현국의 강점 10개를 발견하는 것과 현국에게 기대하는 것이 무엇인지, 그리고 현국이 나에게 기대할 것으로 예상하는 것이 무엇인지를 각각 5개씩 정리하는 것으로 정했다.

“사장님! 오늘 나눈 대화를 생각나는 대로 말씀해주시지요.”

나는 승계의 영향에 대한 광범위한 생각에서 회사로 초점이 옮겨지고 우선순위가 정해진 것 등을 말했다. 지점장이 말한 대하드라마라는 단어를 생각할 때는 울컥하는 감정을 숨기기가 쉽지 않았다.

“말씀하시면서 어떤 느낌이 드셨나요?”

“승계의 중요성과 필연성을 스스로 깨달았습니다. 특히 대하드라마는 계속되어야 한다는 것입니다.”

김 지점장은 자신을 신뢰해서 속마음을 드러낸 것에 감사하며 2주 동안 실행할 계획에 대해서 어떻게 진행될지 기대한다고 말했다.

코칭 후에 지점장이 추천한 식당에서 생선구이와 젓갈로 쌈을 싸먹는 독특한 저녁식사를 하게 되었다.

식사 중에 지난 이업종교류회 이야기를 꺼냈다. 라운딩 후에 특강을 준비한 것도 독특했지만, 특강 전에 지점장이 돈에 대한 이야기를 한 것을 듣고 회사의 자금결제 기일을 단축했다고 말했다. 그러자 갑자기 지점장이 두 손을 덥석 잡으며 고마움을 표시했다.

오후 4시가 좀 지나서 코칭을 시작했는데 저녁시간 될 때까지 시간 가는 줄을 몰랐다. 최근에 그렇게 집중했던 시간이 없었던 것 같다. 현국도 다음 주 토요일에 코칭을 진행하기로 했다.

귀가하면서 코칭을 잘 받았다고 생각하며 김 지점장의 코치로서 모습이 편안하고 믿음직스러웠다. 다음 코칭이 기다려진다.

김 지점장의 코칭을 받은 지도 어느덧 일주일이 지났다.

오늘은 외부와 저녁약속을 하지 않고 회사에서 며칠 동안 곰곰이 생각해 오던 코칭과제를 작성했다. 첫 번째로 현국의 강점 10가지를 작성하는 것이었다.

현국의 강점

1. 성격이 무척 활달하여 자기의사 표현을 잘한다.

2. 자기 할 일을 스스로 정하고 전체적인 그림을 그린다.

3. 상대방을 생각하는 마음이 깊다.

현국이 초등학교 2학년 때 인천 누나 댁에 가기 위해서 가족들이 강변역에서 지하철을 탔다. 지하철을 타기 전까지는 형과 떠들던 현국이 갑자기 조용해지더니 나를 바라보며 슬픈 표정을 지었다. 나는 다소 의아했지만 이유를 묻지는 않았다.

며칠 후에 아내가 그때의 일을 말했다. 현국이가 '아빠의 흰머리가 몇 개 보이는데 갑자기 우리 아빠가 늙으셨다는 것을 알게 되니 슬프더라' 고 했다는 것이다.

그 말을 듣는 순간에 사업을 시작한 지 얼마 되지 않을 때라 아내와 집에서 자주 사업의 어려움으로 대화를 하곤 했는데 그때 아이가 듣게 되어서 그런 감정들이 뒤섞였을 것이라고 생각하니 마음이 편치 않았다. 어린 줄 알았던 아이의 마음을 헤아리며 속이 깊다고 생각했다.

4. 말에 대해서 책임을 지려고 한다.

중학교 때 학원을 가지 않고 게임방을 간 것을 알게 되어 심하게 꾸지람을 하면서 아이에게 육두문자를 쓰게 되었다.

엉겁결에 나온 말이 "××자식, 그렇게 거짓말…"이었는데, 사실 나는 그 말이 아이에게 그렇게 상처가 되는 것인지 알지 못했다.

다음 날 현국은 나에게 드릴 말씀이 있다고 했다.

"어제 친구들과 노느라고 거짓말한 것은 제 잘못이에요. 그런데 아빠가 ××자식이라고 하셨을 때 아빠 없이 막 자란 애가 된 것 같아서 괴로웠어요. 저는 엄연히 아빠가 계시니 그런 말은 하지 않으셨으면 좋겠어요. 앞으로 학원은 절대 빼먹지 않겠습니다."

순간 아이에게 무척 미안한 마음이 들어서 '앞으로는 너에게 절대 그런 말을 하지 않겠다'고 약속했다. 그 후에 현국은 학원을 성실하게 다녔다.

5. 항상 밝은 미소를 짓는다.

6~10가지의 강점을 작성하는 것이 쉽지 않았다. 강점을 발견하기 위해서 아이에 대한 관찰이 필요했고 아이와의 경험과 기억을 반추했다. 그리고 평소에 충분한 시간을 함께 하지 못했다는 것과 현국에 대해서 더 알지 못하고 있다는 사실을 깨달았다. 또 내가 자식에게 사랑을 베푸는 아버지의 입장이지만 아들이 지금까지 나에게 충분한 기쁨을 주었다고 생각하니 이미 베푼 사랑 이상을 받았다고 느껴졌다.

다음으로는 현국에 대한 기대하는 것과 현국이 나에게 기대할 것으로 예상하는 것을 작성했다.

내가 현국에게 기대하는 것

1. 익산산업에 필요한 역량을 갖추는 것

차분하게 서두르지 않으며 우리 회사의 전 부서에 대해서 파악하고 필요한 부분을 개선할 수 있는 역량을 갖추도록 노력하고 인내하며 반드시 성취하는 것이다.

2. 부모에 대한 효도와 형과 우애

할머니와 우리 부부에 대한 존경심이 변함없어야 하며 형제간에 우애를 하여 우리 가족이 지금과 같이 변함없이 화목한 가정을 이어가는 것이다.

3. 익산산업의 경쟁력을 높이는 것

우리 회사는 제품에 대한 기술력이 핵심역량이라고 생각하고 있으므로 기술을 개발하고 프로세스를 개선하여 보다 체계적으로 경쟁력을 높이는 것을 기대한다.

4. 종업원들에게 리더로서 인정받는 것

창업자의 아들에서 종업원들의 리더로 성장하여 그들로부터 인정을 받아야 한다. 실력 있고 성실한 태도와 겸손한 자세가 있어야 한다.

5. 이해관계자들에게 신뢰를 받는 것

우리 회사의 이해관계자들에게 회사의 안정과 성장을 담보할 수 있다는 신뢰를 받아야 한다.

현국이 나에게 기대할 것으로 예상하는 것

1. 아버지로서 믿고 지지해 주는 사랑

나는 인정과 칭찬을 많이 하도록 노력한다. 내가 경험했던 외로움을 자식에게는 물려주고 싶지 않다. 항상 믿고 지지하겠다.

2. 성장을 위한 피드백

현국이의 성장을 위해서 필요한 것을 말해 주기 원할 것이다. 다소 아픔이 있더라도 아들의 계발을 위한 쓴소리도 아끼지 않겠다.

3. 어떤 의견도 나눌 수 있는 관계

상황을 판단하고 인식하는 현국이의 어떤 의견도 기꺼이 받아주길 원할 것이다. 기탄없이 말하는 분위기를 만들도록 노력하겠다.

4. 내 고집을 너무 부리지 않는 것

내가 경영하던 방식만 고집부리지 않기를 바랄 것이다. 합리적으로 판단하도록 내 방식을 버려야겠다.

5. 기다려주는 것

일정한 기간 동안 시행착오를 겪더라도 기다려주기를 원할 것이다. 처음부터 잘하지 못하더라도 일정한 수준에 이를 때까지 오래 참겠다.

내가 아들에게 기대하는 것은 우리 회사와 가족, 현국에 대한 것이다. 사장의 아들이라는 말보다 실력 있고 신뢰받을 수 있는 리더가 되어서 가정의 화목과 회사의 성장을 이어가기를 간절히 바라기 때문이다. 기회가 되면 아이와 그런 이야기를 나누고 싶다.

아들이 기대하는 것에 대한 내용을 작성하면서 동시에 내가 어떻게 하는 것이 아들의 기대를 충족시킬 수 있는가를 곰곰이 생각하였다.

나는 익산산업이 아무것도 없을 때 시작했다. 얼마나 많은 외로움과 힘든 시간을 거쳤는가! 현국은 나와 같은 전철을 밟지 않기 원한다. 모든 부모의 마음은 한결같을 것이다.

현재 익산산업의 모든 것은 나의 손을 거치지 않은 것이 없다. 60평에서 100평, 200평, 700평, 1,500평 등으로 성장시켰다. 화물차를 운전하며 전국의 거래처로 배달을 다녔다. 다른 생각을 할 겨를도 없이 정신없이 매달렸다. 그것이 나의 과거 성공 경험이다.

그러나 내가 창업하던 1980년대 후반과 현재의 경영환경은 너무나 다르다. 과거에 성공했던 경험이 반드시 현재에도 성공한다고 주장하는 것은 터무니없는 것이라는 생각이 든다. 아들이 나와 반대되는 의견을 제시하면 왜 그런 말을 하게 되었는지 이유를 들어야겠다.

두 번째 코칭

지난 코칭 이후에 2주가 지난 토요일에 테헤란로 사무실에서 김 지점장을 만났다. 근황을 나눈 후에 김 지점장이 말문을 열었다.

"사장님! 지난 코칭 이후에 어떤 변화가 있으셨습니까?"

"변화요? 변화라기보다는 코칭 숙제를 하느라 현국을 더 관찰하게 되었습니다. 오랜만에 숙제를 해서 그런지 쉽지 않던데요."

"그러셨군요. 회사 일로 분주하셨을 텐데 과제를 드린 셈이 되었네요."

"하기는 했는데 제대로 했는지 모르겠습니다."

꼼꼼하게 적은 다이어리를 지점장 앞으로 밀었다.

"사장님! 여기 빨간 펜으로 기록하신 것은 무엇입니까?"

"작성하면서 떠오른 기억이나 내가 할 것은 빨갛게 표시해서 구분했습니다."

김 지점장은 현국이의 강점이 기록된 내용을 구체적으로 설명하도록 질문을 했다. 그리고 그때의 기억이 지금은 어떤 감정으로 남아있는지를 물었다.

"참 잘 자라 주었다. 고맙다. 내가 베푼 사랑 이상으로 이미 받았다는 것을 깨달았습니다."

"지금의 현국 군을 신뢰하신다는 말씀으로 들리는데요. 사랑을 이미 받으셨다는 말씀을 들으니 부자지간의 사랑이 느껴집니다. 사장님께서는 기억력이 탁월하시고 아들에 대한 사랑과 배려가 많으신 분이시네요. 현국 군이 아버지를 닮아서 상대방에 대한 배려가 많군요."

"하하, 그렇습니까! 덕분에 아이의 강점을 발견하기 위해서 자세히 관찰했습니다."

"아들의 10가지 강점을 자세히 말씀해주셨는데요, 지금 느낌은 어떠세요?"

"말하기 전에는 나만의 관찰에 의한 강점이었다면, 이제는 정말 현국의 강점이라는 확신이 들었습니다."

기록하기 위해서 기억을 소환했고 관찰하며 아이의 새로운 모습을 보게 될 때 많이 깨달았다. 기록한 것을 말한다는 것이 또한 이렇게 다른 것일까? 마치 김 지점장에게 우리 아들은 이런 강점이 있다고 자랑하며 선언한다는 느낌이 들었다.

다음으로는 내가 아들에게 기대하는 것과 아들이 나에게 기대하는 것 등에 대한 대화를 나누었다. 김 지점장은 양해를 구하고 로젠탈효과[4]에 대해서 말하며 기대한 만큼 성장한다고 했다. 현국에 대한 긍정의 기대가 나의 시선과 관점에 영향을 미치고 대하는 태도를 결정한다고 하니 되새겨볼 일이다.

"아들에 대한 기대를 작성하면서 다음 줄에 적으신 것은요?"

"기대에 맞는 나의 행동을 적은 것입니다."

"사장님께서 그 기대에 부응하시기 위해서 하실 일을 적으셨군요?"

---

4) 하버드대 심리학과의 로젠탈 교수는 샌프란시스코의 한 초등학교에서 무작위로 20%의 학생을 뽑아 교사에게 그 명단을 주고 이들이 IQ가 높다고 말했다. 그리고 8개월 후에 조사해 보니 명단에 있는 아이들의 점수가 평균보다 높았다. 이는 교사들이 해당 학생들을 긍정적인 시선과 기대로 대했고 학생들도 그에 따른 노력을 한 결과라고 볼 수 있다.

"네. 아이에게 확인은 안 했지만 그렇게 기대한다면 내가 해 줄 것이 무엇인가를 간단히 적은 것입니다."

"역시 사장님다우십니다. 계획하고 실행하려는 목적의식과 소신이 뚜렷하시네요. 작성하면서 결심하신 것이 있다면 무엇인지요?"

"우리 회사를 만들고 지금까지 해 온 모든 것을 아들에게 물려주고 싶은 마음이 강합니다. 회사에 자료로 만들어지지 않은 그런 것도 모조리 알려주고 싶습니다. 그런데 그것이 제 고집이 되어서는 안 된다는 것입니다."

"사장님의 고집이라고요? 무척 궁금한데요. 구체적으로 말씀해 주시겠어요?"

"제가 창업했을 때처럼 아들이 힘든 과정을 겪지 않기를 원하기 때문에 내가 성공했던 경험과 노하우를 알려주고 싶다는 욕구가 앞서면 나의 고집이 될 수 있겠다는 생각을 하게 되었습니다. 현재의 경영환경은 이전과 다르다는 것을 항상 염두에 두어서 대화하겠다고 결심했어요."

"사장님! 매우 중요한 것을 말씀하셨습니다. 승계이론에서도 창업자가 과거의 성공경험을 고집하지 않아야 한다고 강조하고 있습니다."

"저도 그렇지만, 창업자가 고집을 버린다는 것이 쉽지 않지요. 그것 때문에 성공해서 지금까지 왔다고 생각하기 때문에 더 그럴 겁니다. 그렇지만 그것을 조심하고 현국의 의견도 듣겠습니다.”

나의 지나친 욕심에 집착하여 고집으로 나타나지 않도록 경영환경과 산업의 요구에 대해서 최근의 자료와 정보를 자주 접해야겠다. 그리고 현국의 의견을 받아들이는 유연성을 갖도록 노력해야겠다.

“사장님! 오늘은 어떤 주제로 말씀을 나누시면 좋겠습니까?”

김 지점장이 승계에 관한 전체적인 설명을 할 때 후계자를 정하는 것이 우선이고 다음은 후계자의 역량개발이라고 했던 기억이 났다.

“현국이의 역량개발을 어떻게 할 것인가에 관해서 코칭을 받고 싶습니다.”

“현국 군의 역량개발이 사장님에게는 어떤 의미입니까? 또 그것이 익산산업에는 왜 필요하지요?”

김 지점장은 승계의 목적에 대해서 다시 돌아보게 하고 그것이 가족과 기업에 필요한 이유를 정리하게 했다. 그는 현국의 역량개발계획을 익산산업 회사 내적인 것과 외적인 것으로 구분했다.

우리 회사의 외적인 역량개발은 이미 진행되었고 계속되는 것이었다. 가정의 밥상머리 교육에서부터 학교에서 배운 지식과 태도, 경험 등이 그것이다. 내적인 것으로 우리 회사의 핵심인 제품의 품질개발 및 영업과 재무, 총무, 기획 등을 순차적으로 배울 수 있도록 계획해야 했다.

승계에서 빼놓을 수 없는 것은 창업 이후에 지켜오는 가치관이 지속적으로 이어져야 하는 것이다.

"사장님께서 사업을 하시면서 가장 소중하게 여기시는 것은 무엇입니까?"

"'늘 처음처럼'입니다. 저희 사무실에 크게 쓰여 있는 글 보셨지요?"

"네, 봤습니다. 무슨 뜻인지 구체적으로 말씀해주시겠어요?"

"'초심불변'이라고 처음 먹은 마음이 변치 말자는 것입니다. 사업을 처음 시작할 때 마음도 변하지 말아야 하고 입사할 때 마음가짐도 변함이 없어야 합니다."

"그렇게 생각하시게 된 배경이 궁금하네요."

"직장생활을 하다 보면 실수를 할 수 있습니다. 그것이 고의가 아니라면 저는 언제나 덮어주었습니다. 신뢰의 표현이지요."

"실수한 직원, 그래도 너를 믿는다는 말씀이시네요."

"네. 그렇습니다. 예를 들면 제품에 불량이 발생하면 원인분석을 해서 다시는 그런 일이 재발하지 않게 하는 것입니다."

"실수했더라도 즉시 원인을 분석해서 개선하라는 말씀이시군요."

"네! 그렇지 못하면 회사의 손실이 커지고 처음부터 시작하니 시간도 많이 소요되거든요"

"직원들이 반드시 지켜야 할 원칙이군요."

늘 처음처럼 한다면 우리 회사나 거래처들이 상생할 수 있다고 생각한다.

직원들도 서로 신뢰할 수 있으므로 생산성도 높아진다고 확신하여 회의 때마다 강조하고 있는 가치관이다.

"사장님께서는 현재 익산산업에 가장 필요한 것이 무엇이라고 생각하세요?"

"회사가 성장하니까 매출규모에 맞는 조직구성도 필요하고, 제품 품질을 개선하는 연구도 계속하는 것이라고 생각은 합니다만, 쉽게 되지 않더라고요.

"왜 쉽지 않다고 생각하세요?"

"제가 큰 회사에서 근무한 경험이 없어서 그런 것 같습니다. 그렇다고 많이 배우지도 못했고요. 그래서 가끔 내가 더 큰 기업에서 근무했던 경험이 있었다면 좋았을 텐데 하는 아쉬움을 갖게 됩니다. 그것이 지금 우리 회사에도 필요하고요."

"조직이 성장하니 한눈에 안 들어오는 것이네요."

"네, 맞습니다. 직원도 100명이 넘어가니 파악하는 것도 어렵고, 거래처의 요구사항도 직접 듣지 못하다 보니 혼선이 올 때도 있고요. 더구나 사업장이 두 군대로 분산돼서 더 그렇습니다."

"사장님의 애로사항을 충분히 이해하겠습니다. 지난번에 승계 성공사례로 드린 DD산업의 후계자도 가장 힘든 것이 성장에 따른 애로사항이었습니다. 대부분 CEO께서 겪게 되는 성장통이지요. 현국 군이 어떤 경험을 쌓으면 좋을 것 같으세요?"

"현국인 좀 큰 회사에서 근무하고 우리 회사로 오면 좋겠다는 생각을 하게 되었습니다."

"좀 큰 회사라고요?"

"네. 규모도 크고 조직이 정비되어 시스템을 잘 갖춘 기업이지요. 기술력까지 있으면 더 좋고요."

"사장님께서 염두에 두신 기업이 있으십니까?"

김 지점장은 동 업종에서 선두기업도 좋지만 필요하다면 경쟁관계에 있는 기업근무 경력도 유익하다고 말했다.

"국내 기업은 좀 그렇고요. 몇 년 전부터 협업하고 있는 일본의 L사가 있기는 합니다만, 애를 보내서 근무시키겠다는 생각은 미처 하지 못했습니다."

"규모는 익산산업과 비교해서 어떻습니까? 기술력은요?"

"매출액은 한 10배 정도, 종업원은 약 5배 정도 많고, 기술력은 우리가 한참 따라가야 하는 회사입니다. 몇 년 전부터 관리자들을 견학시키고 있는 기업입니다."

"그런 기업이 있으시다면 참 좋습니다. 어떻게 진행하면 좋으시겠어요?"

"제가 그쪽 사장에게 연락해 보겠습니다. 작년에 L사의 야마나까 사장이 아들인 상무와 함께 우리나라에서 개최된 박람회에 왔었고 저희 회사도 들렀었습니다. 나이가 70세라는데 정정해 보였습니다."

야마나까 사장이 아들에게 기본을 강조하는 것을 보았다. 그가 아들을 현장 밑바닥에서부터 배우게 했다는 이야기를 듣기도 했다.

김 지점장은 가능하면 현국의 자격과 능력으로 일본 L사의 정식 채용절차를 진행하면 좋겠다고 말했다. 그것은 향후에 대외적으로 현국이의 경력을 인정받기 위해서라고 했다. 이제 현국의 코칭도 진행하기로 했다.

오랜만에 야마나까 사장과 통화를 했다. 최근 세계시장의 동향에 대한 정보를 나누었으며 김 지점장을 만나 승계코칭을 받고 있음을 말했다. 야마나까 사장은 자신도 승계가 거의 마무리되어가는 단계지만 시작이 중요하다고 공감했다. 나는 둘째 아이를 후계자로 정했으며 L사에서 정식 근무할 수 있도록 협조를 부탁했다.

현국에게도 L사와 진행하고 있는 내용을 이야기했다. 이미 김 지점장의 코칭을 받은 현국은 우리 회사보다 큰 기업을 경험해야겠다는 생각을 갖게 되었다고 말했다.

며칠 후에 L사의 인사팀에서 둘째 아이에게 입사에 필요한 증빙자료를 요청했다. 후에 입사통지서를 받아서 2006년 1월부터 근무하기로 확정되었다.

현국이는 일본으로 출국하기 며칠 전에 김 지점장에게 두 번째 코칭을 받고 왔다. 그 손에는 여러 권의 책이 들려 있었다. 무슨 대화를 했느냐고 묻는 말에 현국이가 전한 내용은 이렇다.

김 지점장은 1차 코칭 이후에 어떤 변화가 있었는지 질문했고, 코칭 내내 온화한 미소와 인정하는 말로 현국의 마음을 열게 하여 편하게 해줬다. 특히 사장의 아들로서 사무실에서 겪게 되는 외로움을 충분히 이해해 줘서 넋두리를 많이 했다고 한다.

첫 번째 코칭에서 실행하기로 한 내용을 점검한 후에 현국은 스스로 코칭주제를 '일본 L사에서 잘 배우기'로 정하여 코칭을 진행했다. 김 지점장은 현국의 이야기를 들으며 중요한 단어를 반복하고, '왜?'라는 질문을 많이 했다고 한다.

현국은 코칭과정을 통해서 L사에 가는 목적이 뚜렷해졌고 그 이후에는 무엇을 더 해 보고 싶은지를 생각하게 되었다. 목적 달성을 위해서 해야 할 행동이 명확해졌고 스스로의 영역 안에서 실천 가능한 구체적인 계획을 수립하게 된 것이다.

당분간 일본에 있게 되므로 김 지점장이 지정한 도서를 읽고 독서노트를 작성하며 전화로 코칭을 진행하기로 했다. 그리고 코칭 후에 서점에 들러서 김 지점장의 추천도서를 구입해서 귀가한 것이었다.

08
아들의 손 편지를 받다

2006년 1월

현국이 출국한 다음 날, 아내가 편지를 건넸다. 아이가 출국하기 전날 손으로 작성한 것이었다.

사랑하고 존경하는 아버지께!

저는 내일 일본으로 건너가서 2년간 L사에 가서 근무하게 되었습니다.

부족한 저는 그동안 아버지의 가르침과 보살핌에 지금까지 잘 지내왔습니다. '사필귀정'이라는 가훈을 정하시고 아들들에게 바른 길을 걷도록 가르쳐 주셔서 감사합니다.

대학 졸업 후에 3개월 정도 우리 회사에 근무를 하면서 많은 생각을 했습니다. 아버지께서 무에서 유를 창조하신 기업이고 사업장 곳곳에 아버지의 땀이 서려있음을 느꼈습니다. 김 이사님을 비롯한 모든 직원들이 아버지의 결정을 따르는 것을 보았습니다. 생산현장의 중요함을 강조하시며 제품 하나 하나에 정성을 쏟으시는 모습을 보면서 '그동안 아버지께서 혼자 힘드셨겠다'는 생각을 갖게 되었습니다.

아버지!

저는 고등학교 1학년 때 진로를 정하려고 할 때 안정적인 직업을 원했습니다. 사업을 시작한 부모님께서 하루도 마음 편한 날이 없으셨던 것 같았고, IMF로 이사하게 되면서 늦은 사춘기였던 저에게는 큰 충격이었기 때문입니다. 고등학교 2학년 때 시흥 사업장에서 온 가족이 열심히 일하는 것을 보고 공대로 진학하기로 결정을 바꾸었습니다.

저에게 회사를 물려주기 위해서 후계자로 정한다고 말씀하실 때 만감이 교차했습니다. 아버지께서 흘리신 땀과 눈물이 얼마나 값진 것이며, 모든 것을 외롭게 결정하셨을 아버지의 짐을 생각하니 눈물이 나왔습니다.

내가 잘할 수 있을까 하는 걱정이 큽니다. 그렇지만 잘 감당하도록 열심히 배우겠습니다.

아버지!

두 번의 코칭을 통해서 아버지께서 후계자를 정하신 과정을 알게 되었으며 후계자로서 어떻게 역량을 갖추어야 하는지를 정하게 되었습니다.

코칭과정에서 지점장님과 아버지에 대해서 나누었던 내용입니다.

경영자로서 아버지를 존경하는 10가지 이유

1. 가족을 무척 사랑하신다.

2. 익산산업과 직원들을 항상 아끼신다.

3. 카리스마가 있으시다.

4. 하겠다고 결심하면 반드시 이루신다.

5. 책임감과 배짱이 있으시다.

6. 할머니께 효도하신다.

7. 주변 사람들을 잘 챙기신다.

8. 일을 꼼꼼하게 계획하신다.

9. 만약을 대비하신다.

10. 합리적이고 지혜로우시다.

아버지께서 저에게 기대하실 것으로 예상하는 것

1. 할머니와 부모께 효도하고 형제간에 우애하는 것

2. 익산산업에 필요한 모든 역량을 갖추는 것

3. 회사 직원들한테서 리더로서 인정받는 것

4. 순종하며 배우려고 하는 긍정적인 자세를 갖는 것

5. 언제든지 기탄없이 말씀드리는 것

제가 아버지께 기대하는 것

1. 건강 챙기시고 일찍 퇴근하시는 것

2. 익산산업 일의 일부를 임원들에게 맡기시는 것

3. 언제든지 성장을 위해서 가르쳐주시는 것

4. 제 의견을 경청해주시는 것

5. 저를 믿고 기다려주시는 것

아버지!

코칭을 받으면서 아버지께 존경한다는 말씀을 구체적으로 드린 적이 없었고 아버지를 더 이해하기 위해서 노력하지 않았다는 것을 깨달았습니다. 죄송합니다. 부족한 저를 항상 사랑해 주시고 격려해 주셔서 감사합니다. 아버지의 아들답게 열심히 노력하겠습니다.

일본에 도착하면 연락드리겠습니다. 건강하게 잘 다녀오겠습니다. 안녕히 계세요

2006년 1월

불효자 현국 드림

현국의 편지를 읽으며 아이에게 고마움을 느꼈다.

현국이 초등학교에 다닐 때 어버이날에 받아본 이후에 처음 보는 손 편지로 자신의 결심을 전해 주니 무척 고맙고 대견스러웠다.

09
현국이 귀국하다

2008년 1월

김 지점장의 코칭을 통해서 현국의 직무에 의한 역량개발 계획을 수립했다. 현국의 향후 회사의 담당업무는 생산부서에서 3년, 영업부서에서 3년, 그 후에 기획·재무팀에서 4년 근무 등으로 정했다. 직무를 통해서 우리 회사에서 필요한 역량을 갖추게 될 것이다.

현국이 2년 만에 귀국한 것인데 생산부 대리로 발령을 냈다. 엔지니어 출신인 나는 우리 회사에서 가장 중요한 곳은 생산부서라고 생각하고 있다. 현국이 근무하는 첫날 그런 나의 마음을 전달했다.

작년 여름휴가에는 아내와 현국이 있는 동경으로 가서 함께 여행을 했다. 현국과 동경 관광 중에 우에노 공원을 걸었다. 고목이 즐비한 길을 지나는 곳에 ○○벅스 카페가 있는 것을 보았다. 과거와 현재가 공존한다는 느낌이 들어서 그곳에 들어갔다.

호수가 보이는 창가에서 많은 이야기를 나누었다. 창업할 때 결심과 할머니에 대한 아픈 기억, 현국을 낳을 때의 소원, 기술을 배우기 위해서 겪었던 고초, 절대 포기할 수 없었던 익산산업에 대한 집념, 그리고 현국의 강점과 기대 사항 등에 대해서 자세하게 말했다. 사업을 시작하고 성장할 때마다 느꼈던 기쁜 일 등도 말해주었다. 가족과 사업의 희로애락을 말한 것이다.

현국은 들으면서 결심을 다지듯 눈을 들어 먼 곳을 바라보기도 하고 나를 응시하며 눈시울을 붉히기도 했다. 사업의 어려움과 성취감을 이제 좀 이해하는 것 같았다.

현국은 궁금한 것들은 질문을 하며 아버지와 해외에서 여행하는 것은 처음이라고 말했다. 생각해 보니 그렇다. 회사직원들과 단체 여행은 했지만 정작 가족과 해외 여행한 기억은 나지 않는다. 현국과 흉금을 털어놓고 말을 할 수 있어서 속이 후련하다.

일본 국내선으로 홋카이도에 가서 풍부한 해산물을 먹으며 관광지를 둘러보던 시간들이 아직도 기억에 생생하다. 일본 여행 중에 현국이 안내를 했는데 일본어가 막힘이 없었다. 대학에서도 일본어를 공부했고 주말에 어학원을 다녔다고 한다. 노력하는 자세를 지지해 주었다.

일본에서 귀국하기 전날, L사의 야마나까 사장의 가족과 함께 식사를 했다. 그들은 이구동성으로 현국을 인정했다. 현국의 근무 태도가 모든 것을 자기 것으로 만들려고 하는 스펀지처럼 받아들이는 것이어서 매우 훌륭하다는 칭찬을 듣게 되니 흐뭇해졌다.

현국은 야마나까 사장의 배려로 1년 동안은 생산부서에서 품질관리를 배웠다. 그 후 1년 동안은 기획부서에 기획과 연구에 관해 노하우를 쌓고 회사에 복귀한 것이다.

현국이 생산부서에 출근하는 날, 두 가지를 당부했다. 첫째는 '늘 처음처럼 하라'는 것으로 자세한 배경까지 설명했다. 둘째는 '직원에게 잘하라'는 것이었다.

현국이 생산부서에 근무한 지 1년이 경과한 즈음에 생산설비의 재배치와 생산부서의 팀 단위 조직개편이 있었다. 그 진행과정에 현국과 갈등이 있었다.

생산부서 책임자회의에서 사전에 충분한 논의가 있었고 변경 전과 후를 비교하여 생산성 향상을 예측했었다. 하지만 생산설비의 재배치에 장기근속 직원들의 반발이 만만치 않았다. 기존 방식을 고집하는 그들을 설득하는 데 애를 먹었다. 종전대로라면 내 스타일대로 그냥 밀고 나갔을 것이다.

그러나 현국은 접근하는 방법이 나와 달랐다. 아침에 일찍 출근하여 작업준비를 하며 생산직을 선배 대우했다. 자판기에서 커피를 뽑아서 생산 주임들에게 서비스를 했다. 고참 생산직원들과 모여 그들의 의견을 듣고 이해시키려는 노력을 했다. 현국이 아이디어를 내고 자신의 방법으로 실행하려고 하는 것인데, 내 눈에는 자주 머뭇거리는 것처럼 보였다.

다른 직원이 눈치채지 못하도록 개인적으로 아이에게 몇 번 충고를 했다. 그때마다 현국은 그들이 자발적으로 협력하도록 노력하고 있으니 시간을 달라고 했다.

내가 작성한 코칭과제에서 '현국이 나에 대해서 기대할 것으로 예상했던 것' 중에서 '기다려주는 것'이 생각났다. 또한 현국이 '나에게 기대하는 것 중'에서 '현국의 의견을 경청하는 것'을 동시에 떠올렸다.

이전의 의사결정방법과 다르게 진행한다는 것이 무척 어렵다는 것을 실감했다. 사장인 나도 바꾸기 어려운데 하물며 직원들은 변화되기가 얼마나 힘들까?

결국 생산직원들을 팀제로 조직 개편하는 것으로 마무리되었다. 현국은 생산설비 재배치의 모든 공을 팀장들에게 돌렸다.

원자재의 품질제도를 마련했다. 종전에는 생산제품에 이상이 없으면 기존의 원자재를 납품받아서 생산에 투입했다. 현국이 원자재 구매를 담당할 때부터 매 분기별로 원자재 품질을 검사해서 주문을 넣도록 바꾸었다.

원자재 구매 담당 과장이 공장장인 형님에게 일의 진척이 늦어진다고 말했다. 내용을 알게 된 형님께서 현국에게 자초지종을 들으셨다. 그리고 제품의 품질은 소재의 질부터 시작된다고 하는, '기본에 충실하기 위해서'라는 현국의 말을 듣고 미소를 지으셨다고 한다. 기존 업체들이 원자재 질에 대해서 관심을 갖고 품질을 개선하려고 노력하게 된 것은 당연한 결과였다.

또 적정재고 시스템을 구축해서 원자재 구입의 적정량 유지와 제품재고 관리를 마련했다. 생산부서는 매일 제품의 생산량과 판매량, 재공품의 수량, 재고입고와 사용 등을 실시간으로 확인 가능하도록 하여 영업부서와 연계했다.

나는 현국에게 오래 거래해 온 기업에 대해서는 우리 회사와 함께 성장했다는 것을 배려하도록 요구했다. 창업 때부터 거래한 기업은 소중하다고 말했다. 하지만 현국은 제품의 질에 대한 의견을 말했다.

김 지점장에게 코칭을 받으며 현국의 다른 의견에 서운함을 드러냈다. 김 지점장은 내 마음을 충분히 헤아리며 공감했다.

그런 말을 하게 된 현국의 마음과 생각은 무엇인지 물었을 때에는 그 당시의 내 기준에 의해서 듣게 되어 미처 몰랐음을 깨달았다.

코칭 중에 김 지점장이 윈도우(window)라는 단어를 물었을 때 무슨 뜻인지 몰랐다. 곰곰이 생각하며 나만의 윈도우로 보고 있는 자신을 바라보았다.

이전에 수족관에 물고기를 키웠었다. 윗부분에 고구마 등 식물을 심고 아래는 물고기가 사는 공간으로 되어있는 수족관이었다. 아랫부분의 물고기 배설물이 펌프작용으로 윗부분의 고구마 뿌리로 오면 자연스럽게 물이 정화되어 다시 아래로 흐르게 되는 구조였다.

어느 날 물이 탁하게 보여 아랫부분을 청소했으나 깨끗해져야 할 물이 금세 더러워졌다. 자세히 보니 윗부분에 있는 물이 정화되어 내려가는 관이 오염되었음을 알았다. 관을 깨끗이 청소하고 난 후에는 물고기들이 맑은 물에서 놀게 되었다. 그때 기본에 충실해야 한다는 것을 알았다.

현국에 대한 나의 마음이 어떤 상태인지를 돌아보았다. 더러운 관 같은 마음은 아니었을까? 나의 욕심과 의도가 앞서서 현국의 의견을 이해하지 못한 것이었다.

그러던 중 김 지점장이 ○○공단 기업금융지점장으로 발령을 받았다. 이제는 주거래 지점장이 아니므로 자주 만날 기회가 줄어들었다.

"지점장님. 이제 다른 점포로 발령 나서서 자주 연락을 드리지 못하게 되었습니다. 그동안 수고 많으셨습니다."

"사장님, 감사합니다. 자주 뵙지 못하더라도 승계가 마무리될 때까지 코치로서 함께하겠습니다."

"그렇게 말씀해 주시니 감사합니다. 저희 회사 승계에 관해서 이제는 거래은행 지점장이 아닌 전문가로서 꼭 도와주시면 좋겠습니다."

"물론이지요. 내내 같은 은행이니 거래는 종전대로 하시고요. 단지 승계에 관해서 말씀을 나눌 때에는 업무 시간 이외에 뵙도록 하겠습니다."

10
나와 다른 고객관리

2011년 1월

현국을 영업부서 과장으로 배치했다. 기존 수출고객의 유지와 신규 수출처 개척을 위해서 현국의 어학실력에 기대하는 바가 크다.

우선, 수출처인 독일과 미국기업의 한국지사를 현국과 동행하여 방문했다. 그곳의 책임자들에게 향후 영업에 관한 파트너로서 현국이 역할을 담당한다고 공지했다. 현국에게 이들과의 유대관계를 위해서 특별히 많은 관심을 갖도록 부탁했다.

현국은 정기적으로 한국지사 책임자들을 만나 식사를 하며 유대를 강화했다. 업무 이외에도 그들이 원하면 주말에 고궁해설사의 도움을 받아서 경복궁 등을 관람하며 자세히 한국 문화를 소개했다. 유명산에 가서 행글라이딩을 하는가 하면 정동에서 난타공연을 관람하고 그들의 전통 음식을 함께하며 어울렸다. 말이 통한다는 것이 의사소통뿐 아니라 그들과 함께하며 삶의 폭을 넓힐 수 있는 것임을 알았다.

김 지점장의 코칭을 받은 이후에 현국은 국내 매출처를 다변화했다. 국내 매출 중에서 한 기업이 매출비중을 20% 이상을 초과하지 않으므로 안정성을 기할 수 있었다. 매출 비중이 높던 기업에 갑작스럽게 매출규모를 축소하면서 외상을 줄이게 되니 나에게 전화를 했다. 사정을 설명했지만 업계에서 관행대로 하지 않는다는 말을 듣지 않을까 염려됐다.

그러던 중에 김 지점장이 추천한 『결정적 순간의 대화』[5]라는 책을 읽게 되었다. 기계를 보며 개발하기 위해서는 며칠 밤을 새워도 힘든지 모른다. 하지만 책을 보는 것은 무척 힘들다. 단어 이해도 쉽지 않고 무엇보다도 읽을 때는 이해가 되지만, 책을 덮으면 무엇을 읽었는지 기억나지 않는다.

'대화할 때 당신의 의도를 설명하라'와 '상대방의 생각을 물어보라'는 글에 공감하고 밑줄을 그으며 다음에는 그렇게 해야겠다고 생각했다. '상대방의 생각이 당신의 것보다 더 옳다는 결론이 내려지면 당신의 생각을 과감히 버릴 수도 있어야 한다'는 것도 또 한 번 깨달았다.

5) 『결정적 순간의 대화』, 조셉 그레니 외 3, 시아, 2007

현국이 말을 할 때 현국의 생각과 마음을 읽어야겠다. 옳다고 결론이 내려지면 내 생각을 바꾸겠다고 다짐한다. 소통의 중요성을 새삼 깨닫게 된다.

현국이 기존과 다른 방식으로 변경할 때에는 나에게 의견을 구하도록 정했다. 나는 그것을 '상의'라고 했다. 이전에는 내가 지시하면 따르는 것이었다면 이제는 함께 의논해서 결정하자는 것이다.

현국은 생산부서에서 근무하며 경험했던 원가와 품질에 관해서 잘 알고 있기 때문에 그들과 상담할 때도 많은 유익함이 있었다.

○○공단의 차세대 경영자클럽에서 김 지점장이 특강을 한다고 알려왔다. 아울러 현국도 인적네트워크형성을 위해서 꼭 참여하면 좋겠다고 했다.

○○공단의 차세대 경영자클럽은 우리와 같은 제조업 중심의 모임이다. 차세대 경영자클럽에 다녀온 현국을 통해서 모임의 성격과 분위기, 참여하는 사람들이 대부분 창업 2세대들임을 알게 되었다. 차세대 경영자클럽 회장은 몇 년 전에 승계를 완료한 J기업의 대표라고 한다. 선대 사장인 아버지 정 사장과 안면이 있으니 궁금한 것을 알아봐야겠다

김 지점장의 추천으로 K대학의 차세대 경영자과정에 현국이 나가도록 했다. K대학의 차세대 경영자과정은 참여한 사람들의 업종이 다양하므로 현국에게 인맥을 형성하는 데 도움이 될 것 같았

다. 교수와 전문가들로 구성된 강사진의 깊이 있는 지식과 경험을 배울 수 있는 좋은 기회가 될 것이다. 후계자들이 겪게 되는 아픔과 경험을 공유할 것이라는 생각을 해 본다.

2011년 9월

김 지점장이 명예퇴직을 했다. 두어 달 전에 명예퇴직을 신청했다는 이야기를 어렴풋이 듣고 만난 적이 있었다.

퇴직을 신청하기 전에 많은 생각을 하게 되었다고 한다. 김 지점장 표현을 빌리자면 '하나님 다음으로 I은행을 사랑하기 때문에 퇴직을 결정하면서 아쉬움이 많았다'며 은행에 대한 감사함을 잊지 않았다. 현재의 자신이 있도록 성장시켜준 은행이라는 것이다. 김 지점장의 말을 들으면서 행복한 직장생활을 했다는 것을 느낄 수 있었다.

퇴직을 앞두고 있을 즈음에 제2금융권인 저축은행과 미소금융에서 재직할 것을 제안받았으나 거절했다고 한다. 이제는 조직의 힘이 아니라 개인적으로 좀 더 자유롭게 중소·중견기업을 코칭과 컨설팅으로 돕고 싶다고 했다.

"지점장님! 이제 퇴직하시면 김 박사라고 부르겠습니다."

"사장님 편하신 대로 부르시면 좋습니다."

김 박사는 퇴직 후 I은행의 선배가 경영하는 컨설팅회사에 합류했고 코칭 펌의 파트너 코치로 활동을 시작했다. 대학에서 강의를 한다는 소식도 들려왔다.

11
다름을 인정하다

2011년 10월

김 박사에게 직원관리를 주제로 코칭을 받았다. 직원들이 많아지고 사업장을 전부관리하지 못하게 되어서 그런지 이전과 같지 않다. 항상 생각하고 있었지만 최근에 직원들의 개성이 다르다는 것을 느끼고 있다. 김 박사는 공자의 예를 소개했다.

어느 날 공자에게 제자인 자로가 "생각이 떠오르면 바로 실행해야 하는지요?" 라고 물었다. 공자는 "좀 더 신중하게 생각하고 실행하라"고 답했다. 또 다른 제자 염유가 똑같은 질문을 하자 이번에는 "생각이 떠오르면 곧바로 실행하라"고 했다. 곁에서 보고 있던 자화가 공자에게 "똑같은 질문에 답이 다른 이유가 무엇입니까?" 하고 물었다.

공자는 "자로는 성격이 급하니 신중하라는 것이고, 염유는 신중하니 과감하게 실행하는 것이 필요하기 때문이다"라고 말했다. 제자들의 다름을 인정하고 가르쳤다는 것이다.

나는 공자가 제자를 대하는 것처럼 직원의 특성에 따라서 관리하는 방식이 달라야 하는 것을 깨달았다.

김 박사는 직원들의 선호경향을 과학적으로 파악하고 이해할 수 있는 방법으로 MBTI[6] 검사를 제시했다. 과장 이상의 간부들에게 MBTI 특강과 검사를 실시했다. 검사 결과를 알게 된 이후에 간단한 워크숍으로 서로의 다름을 인정하는 시간을 마련했다.

사물을 인식하고 판단하는 것도 타고난 선호경향이 있다. 선호하는 성격의 16가지 유형을 다 이해하지는 못하지만 직원들의 개별 유형을 알게 되니 주먹구구식으로 대하지 않고 직원관리에 참고를 할 수 있어서 좋았다.

처음부터 계획을 수립하여 꼼꼼히 업무를 챙기는 것이 내 스타일이다. 나는 내 스타일과 다른 사람을 보면 이해를 하지 못했다. 반면에 상황을 충분히 고려하여 언제든지 조건이 변할 수 있다는 업무 태도를 선호하는 사람도 있다. 그런 직원들은 나태한 업무태도를 가진 사람이라며 부정적으로 평가한 적도 있었는데, 꼭 그렇지 않다는 것을 알게 된 것은 나에게도 큰 수확이다.

간부들도 서로 다름에 대해서 이해하고 MBTI 선호 경향에 따라

---

6) MBTI 개발과 활용. 이자벨 브리그스 마이어 외 1, 어세스타. 2011.5

서 협업할 수 있는 방법 등을 논의했다. 총무팀에서 대상자 전원의 MBTI 검사결과를 작성해서 서로 공유하도록 했다. 김 박사의 도움으로 간부들의 의사소통방법과 리더십 등에 대해서 개별적으로 정리했다. 직원들이 선호하는 대화 방식 등을 알게 되니 서로 이해하는 대에 매우 유용할 것이라고 생각한다.

나는 현재 일어나는 사실과 경험에 초점을 맞추어 인식하여 구체적이고 실제적인 것을 잘 기억한다. 현국은 나와 다르게 가능성, 의미, 관계로 인식을 한다는 것을 알게 되었다. 나는 나무를 자세히 본다면, 현국은 숲을 본다는 것이다. 현국과 대화할 때에는 너무 세세한 것보다 큰 그림을 그리게 하는 것이 좋겠다고 생각한다.

2012년 3월

이제 김 박사는 화성 봉담에 소재하는 H대학의 경영학과 교수로 학생들을 가르친다. 학교에 적을 두었기 때문에 컨설팅 활동은 중지했으나 코치로서 지속적인 활동은 하고 있다.

회사에 찾아온 김 박사는 비교적 여유로운 모습이었다.

"이제 김 교수님이라고 불러야겠네요! 김 교수님! 학교에 가시니까 은행하고 비교해서 어떠세요?"

"은행은 분주하고 마감시간 때문에 급박한 긴장감이 있어서 나름대로 좋았고요, 학교는 분주하지는 않지만 차분하게 스스로 결정하는 것이 너무나 좋습니다."

"은행 퇴직하시고 바로 취업하셔서 좋으시겠네요?"

"그랬네요. 은행에서 성장시켜 주셔서 교수가 되었습니다. 제가 은행에서 경험한 기업체 현장의 생생한 느낌이 경영학 강의에 접목이 되도록 노력해야지요."

"코치로서도 계속 활동하시는 거죠?"

김 교수는 변함없이 비즈니스 코치로도 활동하며 학교에서도 학생들을 개인코칭과 그룹코칭으로 돕고 있다고 했다.

12
회의방법을 바꾸다

2012년 3월

매주 갖게 되는 업무회의에서 4곳의 사업장별로 진행되는 내용을 확인하는 것이 번거롭다. 일일이 확인하는 것도 그렇지만 도무지 먼저 하려고 하지 않는다. 직원들이 회의 시간에 충분히 말해서 의견이 정해지면 좋겠다. 회의를 시작하면 다들 얼굴이 굳어지고 말을 하지 않아서 답답하기도 하다.

김 교수에게 회의의 활성화에 대한 코칭을 받았다. 첫 질문이 회의를 하는 이유를 물어보는 것이었다. 회의에서 얻고자 하는 것이 무엇인지를 정리했다. 회의 목적대로 회의를 진행하는 것이 필요함을 깨달았다.

김 교수가 회의에 참관했다. 사전에 김 교수가 참관할 것을 참석자들에게 공지했다. 김 교수는 한 마디도 하지 않고 간혹 기록을 했다. 회의를 마친 후에 코칭을 받았다.

회의에서 활발하게 대화가 이루어지지 않는 가장 큰 이유는 나에게 있음을 알았다. 회의 서두에 거친 언어로 몰아붙이고 있으니 직원들이 무척 불편했을 것이다. 매주 시간에 쫓겨서 회의 자료를 작성하는 직원들의 마음을 돌아보았다. 회의가 힘든 시간이 아니라는 인식을 갖도록 시간을 정해서 필요한 내용만 다루겠다.

앞으로는 사전에 공장별로 공장장이 검토한 내용만 확인한다. 가능하면 말을 적게 하되 반드시 경어를 사용한다. 회의에 참석한 사람은 누구나 편하게 말하도록 지원한다. 나와 다른 의견이 개진되면 즉시 반대하지 않고 검토한다. 결정된 사항을 공지하는 것에서 의견을 듣고 공유하는 회의문화로 바꾸기 위해 노력한다.

김 교수에게 과장 이상 전 간부가 MBTI 검사 결과로 코칭을 받았다. 업무 시간에 개인적으로 일대일 코칭시간을 내는 것이 쉽지 않았지만 코칭에 우선순위를 두도록 배려했다. 직원들이 처음 받는 코칭이라 어떤 내용으로 진행될지 궁금했다.

그들이 코칭 중에 회사와 나에 대한 불만을 말하지 않을까라는 염려를 했다. 현재 근무환경에 불만족하여 원하는 것을 얻기 위해 이직하지 않을까 하는 걱정이 되기도 했다. 김 교수로부터 코칭 내용은 확인하지 못했지만 긍정적인 태도로 참여한다고 들었다.

간부들의 그룹코칭은 그들이 공통적인 관심사를 주제로 정해서 진행되었다. 의사소통과 리더십이라는 단어가 코칭의 주제라고 하니 흐뭇하다. 직급별로 정해지는 주제가 비슷한데 놀랐다.

그룹코칭 내용을 보고 받으면서 실행되는 내역을 확인했다. 그룹코칭에서 해결방안을 찾아가기 위해서 노력하는 모습이 엿보인다. 동일직급이 공통주제로 함께 시행착오를 줄이고 우리 회사에 적합한 내용으로 실행하고 있다. 집단 지성을 활용한 그룹코칭이 현장에 적용할 수 있는 효율적인 방법임을 알았다. 당초보다 횟수를 늘려서 진행했다.

2013년 11월

김 교수가 경영학과 학생들과 회사를 방문하면 어떻겠냐고 문의했다. 가을행사로 산업체 시찰을 하는데 그동안 대기업을 갔다고 한다. 학생들에게 생생한 현장을 보여주기 위해서 중소·중견기업을 다녀가고 싶다는 것이다. 김 교수가 부탁하면 당연히 오케이다.

많은 학생들이 우리 회사를 견학하는 것도 처음이었다. 현국에게 안전에 유의해서 준비하도록 했다. 특별히 아내에게 부탁해서 구내식당에 맛있는 음식을 푸짐하게 준비했다. 그것이 김 교수에게 보답하는 것이라는 마음이었다.

현국은 처음부터 끝까지 생산부터 관리과정 전체를 설명했다. 점심식사 후에는 우리 회사를 대표해서 특강을 했다. 학생들과 대화의 시간에는 신입사원 ○○이 자신의 경험을 말했다.

학생들이 만족한 모습으로 떠나는 것을 보며 흐뭇했다. 직원들도 분주했지만 보람 있는 시간이었다고 말하는 것을 들었다.

13
내 말이 맞다?

2014년 1월

현국을 차장으로 승진시켜서 재무와 총무를 담당하게 했다. 현국이 산업공학 이외에 부전공으로 경영학을 배운 것이 많은 도움이 된다.

회계를 중심으로 필요한 자금을 조달하고 결산을 통해서 이익을 중시했었는데, 김 교수의 코칭을 통해서 회계의 분석방법을 이전과 다르게 했다.

먼저 재무제표를 활용하여 현금흐름을 중시하며 유동성을 확보했다. 자본조달에서는 타인자본 조달과 자기자본 조달 비용을 계상하여 수익성을 파악하며 자금의 흐름을 현가로 계산하여 장기자본조달에 관한 원칙을 수립했다.

나는 직원을 채용할 때 1인당 생산성으로 채용한다. 주문수량이 많으면 직원들이 야근을 해서라도 물량을 맞추는 방식이다. 현국은 그런 방식은 결국 생산성이 저하된다면서 필요한 인원을 채용해서 인재를 양성하자는 의견을 제시했다. 또한 인적자원개발을 위해서 외부교육을 지원하고 인사고과에 반영하자는 것이었다.

창업 초창기에 인원도 많지 않고 업무가 분주함에도 몇몇 직원들의 교육을 지원한 적이 있었다. 그러나 일정한 기간이 경과하자 그들은 경력직으로 대우가 좋은 회사로 옮기곤 했다. 그들이 떠날 때마다 회사가 잡지 못하는 조건이 아쉬웠지만 배신당한 것 같은 마음의 상처가 남았다. 특히 기대를 하고 많은 정성을 쏟은 직원이 이직할 때에는 사람에 대한 자신감마저 잃었던 경험을 현국에게 말했다. 경기가 좋을 때에는 동 업계에 스카우트되는 경우가 많아져서 조합에서 타 회사 직원 빼가기를 하지 말자고 결의한 적도 있었다.

현국은 조직의 발전은 구성원들의 성장부터 시작된다고 강조하여 교육계획과 평가반영을 허락했다. 과장급 직원들은 현국의 또래로 매우 의욕적으로 컴퓨터를 활용하여 자료를 제시한다. 컴퓨터 세대가 아닌 우리 연배는 자료를 쉽게 알지 못한다. 간혹 김 이사도 이해를 하지 못해서 소통에 어려움이 있는 것 같다.

14
별도의 법인을 설립하다

2015년 1월

H기업으로부터 새로운 품목의 개발을 수주하여 현국에게 제품 개발과 관련 업무를 총괄하도록 했다. 지속적인 매출이 예상되어 새로운 사업장을 구상했다.

김 교수와 코칭 중에 현국에게 별도 법인을 설립하여 운영하도록 하는 것이 리더십과 역량을 인정받는 좋은 기회라는 것을 깨달았다. 현국에게 익산메탈이라는 법인을 설립하게 했다. 그리고 현국이 대표이사가 되었다.

H기업이 소재한 C시의 공단에 사업장을 마련하는 데 1년이 걸렸다. 사실 별도의 법인이지만 사업의 모든 것을 관여해야 했다. 익산메탈에서 기초 가공하여 익산산업으로 옮겨서 완성하는 데 물류비도 만만치 않았다.

현국을 익산산업의 부장으로 승진시켰다. 총무와 재무 이외에 4

개 공장을 아우르는 기획 일을 맡겼다. 익산메탈과 생산 프로세스가 같기 때문에 충분히 잘하리라 기대한다.

현국이 C시의 공단에서 익산메탈을 운영하면서 발생하는 물류비와 관리의 비효율성 등을 자주 말했다. 우리 회사도 1개의 자가공장과 3개의 임차공장을 운영하는 어려움이 있었다. 임차료를 지급하는 금융비용도 그렇지만 사업장이 떨어져 있어서 관리도 비효율적이다.

현국은 C시의 공단은 입주 기업에게 좋은 조건을 제시한다고 한다. 우리 회사도 C시의 공단으로 이전하면 어떻겠냐며 관련 자료를 만들어 제안했다.

사업장 이전에 대한 전반적인 검토를 예정하고 김 교수에게 코칭을 받았다. 당연히 코칭주제는 사업장 이전에 관한 것이었다. 김 교수는 사업장을 이전하려는 이유를 물었다. 나의 대답은 매출액, 당기순이익, 회사의 규모에 관한 것이었다.

그것이 나에게 어떤 의미가 있는지를 물을 때에는 회사의 구성원들과 연결된 많은 생각이 떠올랐다. 그리고 코칭 중에 눈물을 흘리고 말았다.

코칭 전에 김 교수와 점심식사를 하고 회사로 돌아올 때였다. 직원들 몇 명이서 인사를 하고 지나쳤다.

김 교수가 "날씨도 따뜻한데 저 친구는 왼손에 장갑을 끼고 있네"라고 말했다. 얼마 전 현장 사고로 손을 다친 최 주임이 일행 중에 있었던 것이다. 사업장을 이전하면 직원들의 복지에 힘쓰겠다는 대답을 하다가 갑자기 최 주임이 떠올라서 그의 앞날을 생각하며 울고 만 것이다. 김 교수가 눈물지은 연유를 묻고는 뜻 없이 한 말이었다고 미안해했다. 오래전에 코칭을 받을 때 우리 회사가 이해관계자들과 함께 성장했다는 것이 기억났다.

사업장 이전을 위해서 무엇을 검토할지, 어떻게 준비할 것인지에 대해서 정리가 되었다. 특별히, 사업장을 이전할 때 인적자원관리에 대한 계획을 더욱 면밀히 살펴봐야겠다.

코칭을 받으며 그동안 잊고 지냈던 직원들에 대한 애틋함이 되살아났다. 사업 초기에는 직원들의 숟가락 숫자까지 알고 있었다. 어려운 가정사를 해결해 주려고 노력했고 직원들은 그런 내 마음을 알아주었다.

예상되는 자본투자금액이 산정되고 이에 따른 자금조달의 방법과 이전 후의 예상되는 영업이익 등을 계상했다. 4만 평의 부지를 매입하고 공장을 신축하는 자금조달은 현 공장의 매각대금과 일부 금융기관 차입으로 충당해도 금융비용이 감소하는 것으로 나타났다.

염려되는 것은 직원들의 이직이었다. 시흥과 안산에 생활근거지가 있는 직원들이 자녀교육 때문에 이사하기가 쉽지 않은 것으로 예상했다. 그래서 공장 본 건물에 직원들의 숙소를 마련하기로 했다. 기혼 직원들도 입주하여 생활비를 절약할 수 있고 주말에 집에 올 수 있도록 배려했다. 다행히 90% 이상의 직원들이 함께 하기로 했다.

익산산업과 익산메탈의 사업장은 한곳으로 모으기로 했다. 현국에게 모든 것을 일임했다. 김 이사에게 현국을 돕도록 했다. 현국은 인·허가와 대출신청을 위해서 사업계획서를 수립했다. 시청과 I 은행 등 관련 기관을 다니면서 많이 배웠을 것이다. 김 이사의 경험으로 현국은 시간과 비용을 절약할 수 있었다. 부지를 매입하고 공장을 설계하는 데 현국의 의견이 반영되었다.

일은 비교적 빠르게 진행되었다. 내 숙소도 사업장 인근에 마련하고 주중에 기거할 것이다.

15
창립 25주년 행사, 틈이 보이다

괴산의 한 팬션을 빌려서 1박 2일로 창립 25주년 기념행사를 했다. 관계기업의 CEO 등 20여 명을 초청하고 200여 명의 직원들이 함께 하는 큰 행사다.

첫날은 전 직원이 체육대회를 하고 저녁에 초청 인사들과 저녁식사를 하며 여흥을 즐기는 것으로 계획했다. 다음날 오전에 전체 행사를 마치고 초청 인사들은 인근 골프장에서 라운딩을 하기로 했다. 오전부터 오후 5시까지 공장별로 체육대회를 했으며 저녁식사 전에 특강을 했다.

김 교수의 특강은 '의사소통과 화합'이라는 주제로 진행되었다. 직원들이 운동 후 피곤해서 집중을 하지 못했다. 하루 내내 운동하고 적당히 음주도 했을 터, 특강을 듣는 자세는 말할 것도 없고 조는 사람이 많았다.

김 교수는 특강을 멈추고 모두에게 노래를 들려주었다. 직원들이 박수를 치며 환영했다. 지쳐있는 그들에게는 강의보다 노래를 하는 것이 오히려 좋았다.

김 교수에게 축사를 부탁했더니 사업장 이전에 관해서 코칭했던 내용을 말했다. 사전에 특강시간에 코칭 내용을 공유해도 좋겠느냐고 묻기에 동의했었다. 코칭 내용을 직원들에게 전할 때 김 교수의 진심이 느껴져서 마음에 깊은 울림이 있었다.

이번 기념행사가 진행되는 과정에서 김 이사와 현국의 불협화음을 느꼈다.

총무팀의 계획은 오전에 공장별로 워크숍을 하고 오후에 체육대회를 하는 것으로 추진했다. 사업장별로 향후 목표를 정하고 구성원들이 토론하는 시간을 마련한 후에 간단하게 체육대회를 하려는 목적으로 추진한 것이다.

김 이사는 4개 공장의 직원들이 서로 알고 단합하는 시간이 필요하다며 오전부터 오후까지 체육대회를 하는 것으로 계획을 수정하여 나의 의견을 구했다. 우리 회사가 처음으로 하는 큰 행사이므로 모든 직원이 함께하는 것이 좋겠다는 생각이 들어서 김 이사가 결재한 대로 진행하도록 했다.

현장에 도착해서 보니 직원이 많아 통제가 효과적으로 이루어지지 않았다. 또 사업장별로 승부에 집착해서 지나치게 운동에만 열을 올리고 있었다. 당초의 단합목적보다 소속 공장을 위해 소리를 지르는 것으로만 보였다. 총무팀의 계획대로 시행하지 못한 아쉬움이 남았다.

저녁식사는 김 교수를 비롯한 관련기업 CEO 등과 한 테이블에서 하게 되었다. 창립 25주년에 대한 덕담과 축하의 연회가 이어졌다. 참석자 대부분이 술이 얼큰해졌을 때 사방을 둘러보았다. 초청된 CEO들은 다음 날 운동을 위해 숙소로 이동했는지 보이지 않는다.

김 교수는 멀쩡한 정신으로 술 취한 임원들과 담소를 하고 있었다. 김 이사 주변에는 오래 근무한 직원들이 모여 있고 현국은 과장 등 젊은 직원들과 진지하게 이야기하는 것을 보았다.

잠시 자리를 빠져나와 김 교수와 산책을 하며 현국과 김 이사의 불협화음에 대해서 의견을 구했다. 김 이사의 공헌에 대해서 잘 알고 있는 김 교수는 우정과 부정 사이에서 갈등하는 내 마음을 충분히 공감해 주었다. 그는 '승계의 한 부분으로 후계자에게 짐이 되는 창업 공신에 대해서는 선대 사장이 둘을 아름답게 이별시키는 것이 중요하다'고 말했다.

김 이사와 진정성 있는 대화의 시간을 갖는 것과 정년 퇴직이후의 예우에 대해서 계획을 세우는 것이 필요함을 느꼈다.

다음 날 아침 식사 후에 전 직원 행사는 마쳤다. 초청된 인사들과 차장 이상 직원들은 동반라운딩을 했다.

김 이사의 정년

김 이사가 정년이 되었다. 그는 창업하고 3년 되었을 때부터 친구의 소개로 우리 회사에서 근무하고 있다.

연하지만 친구처럼 회사를 위해 진정으로 열심히 해 줘서 고맙게 생각한다. 햇수로 26년이라는 세월을 회사와 부침을 함께 한 것이다. 성실하고 책임감 있게 근무하는 것이 언제나 미더웠다. 우리 회사가 사업장을 이전할 때마다 김 이사가 다 마무리했었다. 작년에 회사를 옮기도록 결정하고 지금까지 현국을 도와서 잘하고 있다.

하지만 지난 몇 년 동안 현국 등 젊은 간부들과 갈등이 있는 것을 느꼈다. 컴퓨터세대와의 차이라고 하기에는 좀 지나친 면이 없지 않았다. 김 교수는 '창업 세대의 이별은 창업자가 반드시 해야 할 일'이라고 했다.

김 이사는 김 교수에게 코칭을 받았다며 자신의 정년에 대한 이야기를 했다. 김 이사가 어떤 것을 원하는지 듣게 되었다. 정년퇴직은 정상적으로 처리하고 2018년까지 2년간 고문으로 회사를 돕기로 했다. 김 고문은 정년 이후에도 출근했으며 변함이 없다.

16
사업장을 이전하다

2017년

첫 삽을 뜬 지 2년 6개월 만에 공장이 완공되었다. 공장 6개 동과 본사를 완성하고 일부 부지는 사업 확장에 대비하여 정비했다.

준공식을 할 때 감개무량했다. 김 고문에게 감사의 뜻으로 부부 해외 여행티켓을 선물했다. 가장 애쓴 현국에게는 개인적으로 수고했다고 말을 했지만 '내 일이다'는 마음을 갖기를 바라는 마음에서 선물은 하지 않았다. 대신 현국은 직원들로부터 '큰일을 해냈다'는 말과 '그럴 줄 알았다'는 인정과 칭찬을 자주 들었다. 회사 내에서 현국의 입지가 견고해지는 것을 느꼈다.

좀 특별한 순서가 있었다. 고향에서 이장을 하고 있는 초등학교 친구에게 격려사를 부탁했다. 친구의 격려사는 유창하지는 않았지만 진심이 전해져서 가슴이 먹먹해졌다.

고향의 어르신들을 버스 한 대로 모셨다. 고향 어르신들에게 따뜻한 밥 한 끼라도 대접하라는 어머니의 말씀이 있었기 때문이다. 어르신들은 내가 코흘리개 때의 모습과 고등학교 다닐 때 다툼이 있었던 일 등을 말씀하시며 무척 고마워하셨다. 고향에 대한 마음의 짐을 벗은 것 같았다.

•

17
늘 처음처럼 하라

2018년

익산산업과 익산메탈의 사업장이 옆 건물에 소재하고 넓은 공간이 확보되었다. 효율성과 적시성이 무척 좋아졌고, 추가 투자에 대한 계획수립이 용이하게 되었다. 기숙사와 구내식당을 같이 이용하고 책임자 회의도 함께 했다.

회의에서는 익산산업 책임자와 익산메탈 책임자의 의견이 엇갈렸다. 익산산업은 나와 함께 한 사람들이지만, 익산메탈은 현국이 채용하고 근무 연한이 짧은 젊은 사람들이다.

나는 '늘 처음처럼'이라는 경영철학으로 직원들은 처음 먹은 마음의 변함이 없어야 한다고 강조하고 있다. 어느 날에는 회의를 진행하다가 현국을 비롯한 익산메탈 책임자들이 내 의견에 반대했다. 도저히 참을 수 없었다. 계속되는 의견대립이 불편했다.

젊은 녀석들이 파벌을 형성하는 것인가? 현국이 익산메탈은 '내 회사'라고 생각하는 것은 아닌가? 아버지가 쓸데없이 관여한다고 생각하는가? 내 뜻보다 현국을 더 따르는 익산메탈 책임자들에게 경종을 울릴 필요성도 있다고 생각하던 차였다. 여러 감정이 뒤섞여서 현국에게 험한 말을 하게 되었다.

"너! 내일부터 나오지 마."

엔지니어의 고집을 부리며 다음 날부터 현국에게 연락도 하지 못하게 했다.

일주일이 지난 즈음에 김 고문이 마음을 다독인다. 이제 현국을 다시 나오도록 하자는 것인데 나는 동의하지 않았다. 아내도 그런 마음을 내비쳤지만 나는 요지부동이었다. 회사에서나 집에서 마음이 편치 못하다.

김 교수와 그런 상황을 말하며 코칭을 받았다. 그가 현국과 상의를 하겠다는 개념과 범위가 무엇인지 묻는다. 내가 생각하는 것과 현국의 생각이 다를 수 있다는 것을 깨달았다. 그런 현국의 마음은 어떤 상태일지 돌아보았다. 나는 현재 선택할 수 있는 것이 무엇인지 정리했다.

현국을 나오지 못하게 한 보름 후에 김 고문을 통해서 다시 나오도록 했다. 현국은 아버지의 경험과 결정에 따르겠다고 말하며 죄송스러워 했다. 나는 자신을 돌아보는 계기가 되었으며 다소 지나쳤다고 생각했던 것을 끝내 말하지 않았다.

회원사 월례회 운동 중에 나와 같은 시기에 창업한 권 사장과 아들에 대한 이야기를 나누었다.

"권 사장! 아들 둘이 회사에 나온 지 6년쯤 됐지? 지금 잘하고 있어?"

"얼마 전에 그만뒀어. 회사가 지들 적성에 맞지 않다고 하더라고."

"그래? 마음이 편치 못하겠네."

"어떻게 해. 내 마음대로 안 되네."

"최근에 확장하면서 자식한테 물려줄 거라고 좋아했잖아."

"그러니까 미치겠어. 우리 회사는 금형이 핵심인데 금형기술을 배울 생각을 하지 않고 힘만 든다고 해서 나도 사실은 불안했었거든

"그럼 어떻게 하려고?"

"회사 불러서 매각해야지 뭐. 다른 방법이 없네."

힘없이 대답하는 권 사장이 외롭게 느껴졌다.

"서 사장은 좋겠다. 아들 잘 가르쳐서 승계가 착착 진행되니."

권 사장 말대로 현국이 경영에 참여하고 도와줘서 고마운 마음이 들었다.

18
바통터치

2019년

현국이 익산산업의 이사가 되었다.

김 교수의 코칭대로 결재라인을 통해 리더십의 이전을 시작한 것이다. 현국에게 익산산업의 업무 대부분을 결재하는 권한을 주었다. 창업 때부터 거래하고 있는 거래처관계와 자금에 관한 업무만 예외로 했다. 현국이 결재한 것은 후결로 진행 후에 확인하는 것으로 정했다. 결재하는 업무와 결재하는 횟수를 서서히 줄여야겠다.

현국이 부지 일부를 매각하자고 상의한다. 1만여 평은 향후에 내가 구상하는 개발과 연구를 위해서 예비한 것이었다. 작년부터 연구동에서 건설부품 연구를 해오고 있다. 기존 제품과 다른 분야지만 관심이 있어서 계속 개발하고 있다.

구체적인 것은 아니어서 현국에게 말을 하지 못하고 있던 차였다. 이전과 다르게 자신의 속내를 드러내지 못하는 자신을 발견했다. 유동성 확보를 위해서 매각하겠다는 의견에 동의하면서도 유쾌하지 못했다.

2020년

코로나 19로 원자재 조달이 용이하지 못하다. 수출 주문량이 감소하고 국내 매출도 전망이 밝지 않다. 긴축 경영을 해야 한다. 숙련된 외국인 근로자들이 재입국을 하지 못해서 생산도 원활치 못하다. 작년에 부지를 매각하여 유동성을 확보하지 못했다면 견디기 힘들었을 것이다. 현국 덕분에 지급할 자금이 부족하지 않게 되어 조금이라도 안심이다.

현국은 "이번 기회에 사업의 뚝심을 배웠습니다"라고 말한다. 사업의 어려움을 체감하면서 많이 느꼈을 것이라고 생각한다.

김 교수와 승계에 관해 계획을 수립할 때 65세가 되면 은퇴를 하는 것으로 정했었다. 그렇지만 그렇게 하지 못하고 있다. 김 교수에게 은퇴 시기에 대해서 다시 코칭을 받았다. 모든 결정은 내가 하기로 했지만 막상 시기를 확정하기가 쉽지 않다.

아직도 제품개발에 관해서 연구하고 있다. 우리 업계 CEO 대부분이 동년배로 왕성하게 활동 중이다. 우리들은 만나면 사업에 관한 이야기를 하고 제품개발의 정보를 나눈다. 업계의 동향이나 사업에 대한 의지와 건강 등에 관한 의견을 공유한다.

김 교수는 건강과 향후 계획 등을 구체적으로 물었다. 며칠 전에 제품연구를 위해서 부품을 이동하다가 허리에 통증을 느꼈다. 최근에 몸이 마음처럼 따라주지 않는 것을 느낀다. 우선 건강을 챙기기 위해서 지속적으로 트레이너한테 피티를 받기로 정했다.

좀 더 마음의 정리를 할 시간이 필요할 것 같다고 일정을 미뤘다. 지금 내가 가장 원하는 것은 지나온 것에 연연하지 않고 마음이 편한 상태라고 말했다.

김 교수는 언제나 평안함을 갖고 있다. 지점장 재직 시절에 어려운 시기를 겪을 때나 퇴직할 때나 항상 감사하며 미소를 잃지 않은 모습을 보았기 때문이다. 그런 모습을 유지할 수 있는 비법이 무척 궁금했다.

"김 교수님! 항상 평정심을 유지하는 비결이 무엇입니까?"

"비결이요? 사장님과 오래전에 가훈에 대해 말씀을 나눈 적이 있는 걸 기억하세요?"

"기억합니다. 저희 가훈은 '사필귀정'이라고 말씀드렸고요. 김 교수님은 그때 예수 뭐라고 하셨는데…."

"'네. 예수를 깊이 생각하라'라고 말씀드렸었습니다."

"맞습니다. 저는 이해를 못해서 여쭤봤는데 대답을 듣지 못했습니다."

"성경에 나오는 말씀인데요. 예수를 깊이 생각하라는 말씀을 영어 성경에 보니 '저의 모든 생각이 예수님께 고정되어 있어야 한다'는 뜻이었습니다. 그래서 예수님께 마음과 생각을 고정하기 위해서 매일 큐티[7]를 하고 있습니다."

"큐티가 뭔데요? 그리고 매일 한다고요?"

"네. 매일 말씀 보고 묵상하며 말씀대로 살기 위해서 하나님의 은혜를 구하는 시간입니다."

"매일 하는 거 힘들지 않으세요?"

"처음에는 힘들었지만 이제는 자연스럽습니다. 오히려 하지 않으면 하루를 시작하기 어렵습니다."

"김 교수님은 그래서 항상 평온하시군요."

7) QT: 'Quiet Time'의 약자로, 크리스천들이 매일 조용한 시간과 장소에서 하나님을 일대일로 만나고 성경 말씀을 묵상하며 삶에 적용하여 성숙을 이루어가는 경건훈련을 말한다.

19
새로운 준비를 하다

2021년, 승계 16년차: 창업자 66세, 후계자 42세

김 교수의 코칭을 받았다. 근황을 묻는 말에 주총 이후에 회사 뒤편 산을 오르면서 많은 생각이 교차했다고 말했다.

김 교수는 내가 알고 있는 ▲▲기업의 사례를 들려주며 의견을 물었다.

“창업자가 80대 중반이 되고 후계자가 60대가 되었으나 아직도 승계를 진행하지 못하고 있습니다. 이른바 노노(老老) 승계가 될 것 같은데 회장님은 어떻게 생각하세요?”

“우리 또래들도 만나면 가끔 그 회사 이야기를 합니다. 회장님도 잘 알고 자제 분도 친분이 있습니다. 거기는 규모가 큰 기업인데 직원들이 다른 회사보다 평균연령이 높아서 거래처들과 대화하기도 쉽지 않다고 하네요. 아직도 창업자의 가신(창업 때부터 근무하는 구성원) 때문에 후계자인 아들의 입지도 그렇고.”

"아마 창업자께서도 많은 생각을 하실 것입니다. 회장님이시라면 어떻게 하시겠어요?"

"늦었지만 승계를 서두르겠습니다."

가족과 회사를 위해서 시기를 놓치지 않는 것이 최우선 순위로 정해져야 하는 것임을 알기 때문에 그렇게 대답했다.

막상 대답을 했지만 16년간 승계를 진행하면서 공동대표이사가 되어 회장이라는 직함으로 불리게 될 때 서운함이 있었는데 ▲▲기업의 회장님은 갑자기 승계를 하게 되면 어떤 마음일지를 돌아보았다.

김 교수의 질문이 회사를 언제 어떻게 떠나야 할지를 정하라는 무언의 메시지로 들린다.

"김 교수님! 제가 정확한 시기를 정하지 못해서 하시는 말씀으로 들리네요. 왜 머뭇거리는지 그 배경을 말씀드릴게요."

나는 최근에 지인 기업 중에 승계 이후에 창업자와 후계자의 관계가 악화된 사례를 몇 가지 말했다.

○○기업은 지분 상속이 완료된 후에 현 경영자가 창업자인 아버지를 회사에 나오지 못하게 했다는 소식을 듣고 무척 괘씸한 마음이 들었던 일이 있었다.

○○회사는 후계자가 아버지의 회사를 물려받은 후에 제3자에게 매각하고 금융업에 뛰어들었다. 수익성이 없어서 업종을 전환한 것이라고 말하지만 창업자는 자신이 만든 회사를 타인이 경영

하는 것을 보기 싫다며 아주 멀리 이사를 했다고 한다. 사전에 말도 없이 그랬으니 창업자가 정든 곳을 떠나면서 얼마나 참담했을까? 그 심정을 헤아려 본 일들을 말한 것이다.

그리고 말미에 생각지도 않은 말을 불쑥 꺼내고 말았다.

"설마 우리 아들은 그렇게까지 하겠어요?"

그만큼 현국을 신뢰한다는 표현이기도 했지만, 현재의 내 마음을 나타낸 것이다.

김 교수는 내 이야기에 공감하며 은퇴 이후에 현국과 회사 등과 어떤 관계를 원하는지를 물었다. 나는 회사를 떠나도 더 성장한 익산산업에 가끔 들러서 현국과 지난날을 이야기하며 함께하는 시간을 갖는 것이라고 했다.

또 한 가지, 회사를 떠나면 할 것이 없다고 말했다. 그러자 김 교수는 어릴 적에 해 보고 싶었던 것이 무엇인지 물었다. 나는 그림을 그리고 싶다고 했다.

그 배경을 말할 때 지난 기억들이 되살아났다. 초등학교 때 미술에 소질이 있었지만 그림을 그릴 형편이 되지 못했다. 교내 그리기 대회에서 불조심 포스터로 교장 선생님이 주는 상을 받은 적이 있다. 군 생활 중에서도 지형 지도를 잘 그린다고 상사에게 칭찬을 받았다. 언젠가는 그림을 그려보겠다고 마음먹었지만 까맣게 잊고 있었다. 엔지니어로 기계를 배울 때에도 다른 사람들보다 도면을 쉽게 이해하고 편하게 잘 그렸다. 그것이 기술을 빨리 배우게 된 이유 중 하나였다.

열어둔 사립문 사이로 부엌이 보이고 굴뚝의 연기가 마당에 내리는 고향집이 눈에 아른거린다. 수건을 머리에 두른 어머니께서 자식의 귀가를 기다리시는 모습이 그려진다. 넓은 들의 황금물결과 고향을 그릴 것을 상상만 해도 가슴이 뛴다.

나는 3년 후인 2024년에 회사의 등기 이사를 물러나고 지분양도를 마치겠다고 약속했다.

김 교수는 그 이후에 정신적·신체적 건강을 유지하기 위해서 어떻게 할 것인지, 재정적인 준비와 문화생활에 대해서 묻고, 가족과 함께 할 수 있는 여가활동의 의미가 무엇인지에 대해서도 질문을 던졌다.

나는 CEO가 아닌 개인으로서 지역사회에 참여하여 봉사하는 것도 생각했다.

그림을 그릴 수 있는 준비를 위해서 화방에 들렀다. 지인을 통해서 알게 된 그림 동호회에 가입해서 주기적으로 그림을 배우기 시작했다. 집에서 가까운 곳에 화실을 마련해서 주중 3일은 그림을 그려야겠다.

회사의 실적, 성장, 이해관계자들 관계 등으로 얽혀있던 삶을 이제는 단순화하겠다. 그림에 몰입하고 싶다. 화목하고 평온한 삶을 위해 준비하겠다.

후계자(아들)

"아버지께 마음으로 다가가기 위해서 어떻게 할 것인가?"라는 질문을 받았다. 내 마음을 몰라주신다고 생각했지만 나도 아버지의 마음을 이해하려고 하지 않았다는 것을 알았다. 그것이 내 의견을 잘 이해하지 못하시는 아버지께 서운한 감정으로 나타난 것이다. 나도 아버지의 의견을 듣는 것을 소홀히 했음을 깨달았다.

「본문 중에서」

01
아버지 회사에 출근하다

2005년 8월

대학을 졸업하자마자 다음 달 1일부터 아버지의 회사에 출근했다. 공학을 전공했다고 생산부서에 배치를 받았다. 출근 첫날부터 직원들의 시선이 느껴졌다. '사장 아들이라고 대충 할 것이라.'는 그들이 생각을 불식시켜야 한다.

아버지께서 회사에서는 개인적인 일로 찾지 말라고 하셨다. 공장장이신 큰아버지께서도 먼발치로 바라보고 계시는 것 같아서 서운하다. 아버지의 오랜 친구인 김 이사님이 가끔 어깨를 두드리고 가시는 것이 그나마 위안이 되었다.

직원들은 휴게실에서 떠들고 이야기하다가 내가 들어가면 조용해지니 괜히 머쓱해지곤 했다. 그래서 휴식시간에는 아예 휴게실에 가지 않고 마당의 벤치에 앉는 것이 편했다. 그렇다고 이런 마음을 누구에게 말할 수도 없었다.

창업하면서 부모님께서 고생하신 기억이 난다. 사업을 시작하신 지 얼마 되지 않아서 장마로 지하실 사업장이 물에 잠겼었다. 부모님의 한숨과 눈물을 보았다. 거래처 한 군데라도 개척하실 때에는 두 분이 나누는 대화에서 희망을 보았다.

아버지 회사에 IMF 위기가 찾아왔다. 아니, 우리 가정이 직격탄을 맞은 것이다. 구미의 제일 큰 거래처가 도산되어 자금부족으로 연쇄부도가 날 형편이 되었다. 서울의 명일동 집을 처분하고 그동안 저축했던 모든 자금으로도 부족했다. 큰아버지 집도 매각하고 겨우 대출을 받아서 간신히 위기를 넘겼다.

매출이 증대되어서 사업장을 확장하여 시흥으로 이전한 지 얼마 되지 않아서다. 형은 고3이고 나는 고1 때였다.

할머니와 형, 그리고 나는 명일동에 단칸방으로 이사하여 할머니께서 우리를 돌보셔야 하는 형편이 되었다. 형은 처음부터 한의사에 대한 꿈이 있었기에 항상 상위의 성적을 유지하여 부모님의 자랑거리였다. 나는 공부를 못하는 것은 아니었지만 가끔 형과 비교되어 속상했다.

나는 그때 늦은 사춘기로 매사에 형에게 시비를 걸었었다. 그럴 때마다 할머니는 형제간에 우애하고 어려울 때일수록 서로 의지해야 한다며 꾸짖으셨다. 형은 한 번도 화를 낸 적이 없이 나를 받아주었다.

아버지께서는 공대를 목표로 공부하라고 하셨다. 나는 부모님이 창업하시고 고생하시는 것을 보았기에 안정적인 교사가 되고 싶어서 교대로 진학하고 싶다고 말씀드렸다. 그때 아버지의 실망하시는 모습을 보았다.

그러다 고등학교 2학년 10월 어느 주말에 시흥 공장을 간 적이 있었다. 직원들 사이에 어머니와 큰아버지, 사촌 형의 모습을 보고 가슴이 아팠다. 온 가족이 합심하여 힘든 시기를 넘기는 것을 보고 아버지께 공대로 진학하겠다고 말씀드렸다. 그것이 아버지를 돕는 것이라고 생각했다. 아버지는 미소를 지으시며 잘 결정했다고 하셨다.

사업이 회복되고 제일 먼저 아버지께서 하신 것은 큰 아버지께 주택을 마련해 주신 것이다. 이전 집보다 훨씬 큰 집이라고 큰아버지께서 무척 고맙게 생각하셨다. 아버지 형제의 우애는 할머니의 영향이 무척 크다고 느낀다.

대학 1학년을 마치고 군대에 가게 되었는데 한의대를 다니던 형이 자주 면회를 왔다. 사춘기 때 내 짜증을 다 받아준 형에 대한 존경심을 갖게 된 것이 군 생활할 때부터다.

02
가족이 지지하다

입사한 지 한 달쯤 지난 어느 일요일. 아버지께서 가족들을 모이게 하셨다. 부산에서 형까지 올라오고 오랜만에 가족 모두 모였다. 식사를 함께 하시는 것이라고 하시지만 중요한 결정을 하실 것 같은 느낌이 든다.

아버지께서는 I은행의 김 지점장을 만나신 이후에 승계가 필요하다는 것을 알게 되셨다고 말씀하셨다. 급하지는 않지만 승계가 15년 정도 필요하므로 후계자를 정해야 할 것 같다고 하시며 가족들의 의견을 구하셨다. 존경하시던 B공단의 ○○산업 창업자가 세상을 떠난 후에 회사가 친구한테 넘어가고 도산 위험까지 가게 되었다고 말씀하실 때는 목소리까지 떨리셨다.

모두 의견을 말씀하셨다. 특히, 형이 말할 때 주의 깊게 듣게 되었는데 형은 평소에 강조한 그대로 자신의 삶에 대한 소신을 말했다. 나는 승계에 15년 정도 필요하다는 것이 궁금했지만 아버지의 말씀을 듣고 싶었다.

그날은 이전의 가족모임과 완전히 달랐다. 아버지께서는 필요한 말씀 이외에는 하시지 않았고 다른 가족이 말할 때는 말을 계속하도록 배려하셨다.

많은 이야기 후에 경영권 승계를 위한 후계자는 지금 정하지는 않겠지만 승계준비는 하겠다는 것과 주식지분에 대한 승계는 향후 필요시에 전문 세무사와 협의해서 진행하는 것으로 결론을 내렸다. 당분간 가족회의의 내용은 함구하기로 했다.

큰아버지와 사촌 형, 형이 돌아가고 난 후에 한동안 거실에서 부모님의 대화소리가 들렸다. 어머니의 염려 섞인 말씀이 대부분이었다.

그날 밤 잠자리에 들었지만 마음은 복잡해져서 잠이 쉽게 오지 않았다.

아버지께서 우리 형제 중에서 누구를 후계자로 생각하고 계신 것인가? 나에게 공대로 진학을 강요하셨던 것은 후계를 염두에 두셨던 것인가? 형은 아버지의 뜻을 따른다고 했는데 회사 전체에 관심이 없다는 것인가? 만약, 나를 후계자로 정하신다면 15년 정도를 버텨내서 승계를 잘할 수 있을까? 다른 회사에 근무하지 않고 우리 회사에만 있게 되면 좋은 것인가? 앞으로 어떻게 해야 좋을까?'

토요일에 I은행의 김 지점장이 회사에 오는 것을 볼 수 있었다.

오늘도 아버지와 구내식당에서 식사를 했다. 아버지께서 자주 지점장을 말씀하시는데 어떤 사람인지 궁금하기도 하다.

그날 오후 늦게 아버지의 호출로 사장실로 갔다. 출근할 때 어머니께서 "현국아! 마음의 준비를 하라"고 말씀하셨었다. 출근시간에 쫓겨서 여쭈어 보지 못했지만 혹시 지금 아버지께서 부르시는 것과 관련이 있었을까?

총무과를 비롯한 직원들은 다 퇴근한 이후였다.

아버지께서는 어머니와 상의하셨고 형과도 이야기가 끝났다고 하신다. 나를 후계자로 생각하셔서 함께 해 보자고 말씀하실 때 많은 생각이 교차했다.

형이 가장 먼저 떠오르는 이유는 무엇일까? 미안한 마음이 앞선다.

내가 잘 해낼 수 있을까? 두렵다.

무엇보다 익산산업은 무에서 이루신 아버지의 땀이 아니었던가? 아버지와 같은 리더십이 아니면 경영이 되지 않을 환경임을 근무하면서 알았다.

창업 때부터 현재에 이르기까지 아버지께서 모든 정성을 쏟으신 기업이라는 생각에 뜨거운 눈물이 가슴으로부터 흘러내렸다.

아버지께서 잠시 자리를 비우신 사이에 눈물, 콧물을 훔치고 심호흡을 하며 마음을 가다듬었다. 경영에 대한 두려움이 있었지만 시간을 두고 배우고 익히겠다는 생각으로 아버지께 실망시켜드리지 않겠다고 말씀드렸다.

다음 날 새벽에 어머니께 친구와 약속이 있다고 말씀드리고, 부산으로 형을 만나러 내려갔다. 부산에 도착하여 조카 정은이가 좋아할 곰 인형을 샀다.

형과 형수께 먼저 미안하다고 말했다. 오히려 형이 너한테 짐을 맡기는 것 같다며 힘내라고 말하니 조금은 마음이 편해진다. 돌 지난 정은이가 곰 인형을 좋아하고 재롱을 부리니 너무나 귀엽고 사랑스럽다. 형과 형수의 진심어린 대화는 형네 집에 내려오기를 잘했다는 생각이 들게 했다.

처음에는 형네 집에 가는 것을 머뭇거렸었다. 아버지께서 정하신 것이니 서두르지 말까 생각했었으나 그래도 형 내외와 대화를 하고 나니 훨씬 마음이 가벼워졌다. 사춘기 때 형에게 괜히 짜증을 부렸던 일과 군대에 면회 온 것을 말하며 형에게 고마움을 표현했다. 한의원을 개원한 지 얼마 되지 않았지만 경영에 대한 많은 아이디어를 말하는 형의 눈이 반짝였다.

집으로 돌아오면서 익산산업은 우리 가족의 회사이며 최선을 다해서 능력 있는 후계자가 되도록 노력하는 것이 형의 고마움에 보답하는 것이라고 다짐했다.

03
첫 코칭을 받다

2005년 11월

아버지께서 코칭을 받으신 다음 주 토요일에 코칭을 받았다.

약속장소인 사무실에 들어서니 한껏 느긋해지는 분위기에 놀랐다. 클래식 음악이 잔잔하게 흐르는 가운데 김 지점장이 청바지와 가벼운 재킷차림으로 맞이해서 그렇다. 이전에는 전형적인 깔끔한 정장차림의 김 지점장을 보았기 때문에 더 그런 기분이었는지 모르겠다.

김 지점장은 코칭에 대해 아는지를 묻고 코칭을 소개했다. 학부 때 경영학을 부전공으로 선택해서 리더십을 수강했지만 코칭은 금시초문이다.

코칭은 고객이 원하는 것을 목표로 정하고 코치는 파트너로서 고객이 원하는 곳까지 함께 간다는 것이다. 전문가로서의 조언이 아니라 내가 원하는 것을 스스로 정하게 한다는 말이 흥미롭다. 그는 상담과 컨설팅, 그리고 멘토링과 다른 점을 간결하게 설명했다.

또 코치와 고객이 나눈 대화는 고객이 허락하지 않은 한 타인에게 말하지 않고 비밀을 보장한다는 약속에 안심이 된다. 아마 아버지께 전달될까 두려워서 마음에 있는 말을 하지 못할까봐 배려하는 말로 들린다.

현재의 나의 심정을 누구하고도 나누기 어려웠다. 아버지께서 코칭을 받으라고 말씀하실 때는 왜 코칭을 받아야 하는지 궁금했었다. 내가 코칭을 받아야 할 이유를 이제는 조금은 알 것 같다.

김 지점장은 코칭을 받는 동안 불편한 것이 있으면 주저하지 말고 언제든지 말하라고 하며 나를 위해 코칭하겠다고 한다. 코칭을 진행하는 동안의 호칭은 상호 간에 '지점장님, 현국 군'으로 정했다.

"현국 군. 코칭을 받으라고 할 때 어떤 느낌이었지?"

나는 최근에 겪게 된 일련의 일들을 생각하며 승계와 후계자라는 단어가 연결되었다고 말했다. 그리고 코칭에 대해서 모를 때는 뜬구름 잡는 것으로 생각했는데, 설명을 듣고 나니 코칭을 적극적으로 받겠다는 마음이 생겼다고 했다.

김 지점장은 생소한 것에 대한 도전과 잘하겠다는 욕구를 발견하고 지지해 주었다.

"현국 군. 부친께서 후계자로 마음을 정하셨다고 말씀하셨을 때 어떤 감정이었는지?"

"당황스럽고 두려웠습니다. 익산산업이 있기까지 고생하신 아버지를 생각하며 울컥해졌습니다. 회사를 이어받아야 한다는 중압감도 있고요. 형도 떠올랐습니다."

"당황스럽고 두렵다고 했는데 구체적으로 어떤 부분에서 그런가?"

"지점장님. 한 가지 여쭤보고 싶습니다. 아까 말씀하신 대로 어떤 말씀을 드려도 괜찮습니까?"

"그렇다네. 현국 군과 나눈 대화는 비밀을 보장할 것을 약속하네. 단 아버지께 코칭주제는 말씀드리겠네. 현국 군 코칭의 스폰서시니까. 코칭 진행 중에 궁금한 것이 있으면 언제든지 말해 주게."

즉시 대답을 하지 못하고 머뭇거리며 잠시 생각에 잠겼다.

아버지 회사에 입사한 지 2개월이 지나면서 많은 경험을 하게 되었다.

회사 직원들과의 관계를 비롯해서 상사들도 다른 직원들과 다르게 대하는 것이 나를 힘들게 했다. 아버지와 오랫동안 함께한 고참 직원들은 나를 어떻게 볼까? 코흘리개 때의 내 모습을 그들은 기억하고 어린애처럼 대하지는 않을까? 과연 내가 이런 능력으로 회사를 물려받아서 경영할 수 있을까 하는 의구심과 함께 자신감도 없어졌다.

김 지점장은 그런 나를 기다려 주었다.

나는 마음을 정리하여 떠오른 감정과 생각을 전부 말했다.

"현국 군의 당황스럽고 두렵다는 감정은 회사에 입사하고 겪은 일들이네. 직원들과 관계에서도 다른 것 때문에 그렇고 현재의 능력으로는 경영에 자신감이 없다는 것이네. 그런데, 그 안에 정말 잘해 보겠다는 욕구가 보이는데 어떤가?"

말을 꺼냈지만 내 자신의 연약한 부분이 드러나지 않을까 하는 염려가 있었는데, 김 지점장은 현재의 감정 그대로 받아들이며 인정을 했다. 그리고 정말 잘해 보겠다는 마음이 앞서서 그런 말을 하게 되는 내 속마음을 알아주었다.

"네, 맞습니다. 현재로서는 그런 감정이지만 차차 준비해서 잘해야겠다는 마음도 있습니다."

"현국 군의 말에서 책임감과 목적의식을 느꼈다네."

나만 그런 감정을 가지는 것이 아니며 대부분의 후계자가 같은 심정일 것이라는 말에 위안이 되었다.

아버지께서 최종적으로 말씀을 꺼내시기 전에 어머니께서 마음의 준비를 하라고 넌지시 이르신 것을 말했다. 아버지께서 후계자라고 말씀하신 다음 날 부산의 형 집에 다녀온 것도 이야기했다.

"현국 군. 가족의 적극적인 후원은 후계자에게는 큰 힘이 된다네."

"네. 그래서 오늘은 '승계를 잘 받는 후계자가 되기'라는 주제로 코칭을 받고 싶습니다."

"승계를 잘 받는 후계자가 되는 것이 현국 군에게 어떤 의미지?"

"우선은 아버지의 회사를 이어받아서 익산산업을 경영할 수 있는 역량을 잘 갖추는 것입니다. 아울러 자식으로서 부모님의 기대대로 효도하는 것이라고 생각합니다."

"경영자로서 역량을 갖추고 부모님께 효도하는 후계자가 되는 것에 공감하네. 그런 후계자가 된다면 삶의 어떤 변화가 있을 것 같은가?"

"그렇게 되면 경영자로서 외로운 길을 두려움 없이 걸을 것입니다."

"경영자로서 외로운 길이라면?"

"아버지께서 창업을 하시고 겪으셨던 외로움이 두렵지 않다는 의미입니다."

"현국 군의 의지와 용기가 느껴지네. 그 이후에 더 해 볼 것은 무엇인가?"

"더 큰 회사로 성장시키고 경영자로서 활동할 것입니다."

생각만 해도 힘이 난다. 손짓을 하며 힘 있는 목소리로 미래의 모습을 말했다.

"그러면 어떤 보람을 느끼겠는가?"

"아버지를 이어서 회사를 잘 경영한다는 자부심을 갖게 될 것입니다. 남이 인정하지 않더라고 자랑스럽게 여길 것입니다."

김 지점장은 내가 말하지 않은 욕구와 가치관, 태도 등에 대해서도 공감해 주었다.

후계자로 나를 보는 것이 아니라 나 자신을 인정해 주고 받아들인다는 느낌을 갖게 되었다.

김 지점장은 승계과정에는 15년 정도가 필요하고 그 과정에서 후계자가 역량을 갖추어가는 것이라고 말했다. 바통을 이어받는 릴레이의 다음 주자와 같이 준비하는 것이라고 한다.

"현국 군. 지금 익산산업의 눈높이가 아니라 미래의 익산산업의 관점으로 본다면 후계자는 어떤 준비를 더 해야 하는가?"

"모든 면에서 더 큰 시야를 갖고 있어야 할 것입니다."

"왜 그렇게 생각하는가?"

"그럴 때 기업이 성장할 것입니다."

"후계자의 그릇만큼 회사가 성장할 것이다? 그럼, 현국 군이 할 수 있는 것은 무엇인가?"

"…."

"기업은 성장통이라는 것이 있는데, 양해한다면 잠시 내 이야기를 들어주게."

김 지점장은 기업의 성장통은 기업이 성장하면서 겪게 고통이라고 말한다. 아이가 자라면 옷을 몸에 맞추어 입듯이 조직과 구성원의 변화가 있어야 한다는 것이다. 무엇보다도 CEO가 과거의 리더십으로는 성장에 한계가 있다는 것이다.

"이야기를 듣고 어떤 느낌이 들었는가?"

"CEO가 먼저 변해야 기업이 성장할 수 있겠다고 느꼈습니다. 우리 회사보다 큰 회사는 어떤 과정으로 성장했는지 알고 싶고 우리 회사에도 적용하고 싶습니다."

"CEO가 먼저 변해야 기업이 성장한다는 말은 언제든지 명심하기 바라네. 익산산업보다 큰 회사의 성장과정을 어떻게 알 수 있겠는가?"

"대기업에 취업해서 경력을 쌓든지 관련 자료를 많이 보는 것도 좋을 것 같은데요. 지점장님께 조언을 구하고 싶습니다."

김 지점장은 규모가 있는 관련 기업에 근무하는 경험도 필요하며 심지어 경쟁기업에 근무하는 것도 좋다고 말했다. 그리고 아버지와 상의할 것이니 그런 내용을 사전에 알면 좋겠다고 귀띔해 주었다.

김 지점장은 '경영자로서 아버지에 대한 존경은 어떻게 표현할 수 있는가?', '그것이 왜 필요하다고 느끼는지?'를 호기심을 갖고 질문했다. 그 질문에 답하면서 나는 아버지를 CEO로서 더 알아가는 것이 중요함을 인식하게 되었다.

후계자로서 아버지와 관계설정이 필요해서 다음 코칭 때까지 다음 3가지가 실행과제로 주어졌다.

1. 경영자로서 아버지를 존경하는 이유 10가지
2. 아버지께서 나에게 기대하실 것으로 예상하는 것 5가지

3. 내가 아버지에게 기대하는 것 5가지

코칭을 마무리할 때에 나 스스로 코칭과정을 정리하게 했다.

'승계를 잘 받는 후계자가 되기'라는 주제로 코칭이 진행되면서 '그것이 나에게 어떤 의미인지?', '어떤 보람을 느끼겠는가?'로 다가왔다.

코칭을 통해서 후계자로서 향후 일들을 기꺼이 감당해야겠다는 결심이 굳어졌다. 15년 이상 걸리는 장기 레이스를 잘 견뎌내겠다고 다짐했다.

코칭장소를 떠나며 주먹을 불끈 쥐었다. 승계 후계자로서 나 혼자 걷는 것이 아니고 함께하는 사람이 있다는 것이 외롭지 않다고 느껴진다. 우리 회사가 승계가 필요한 시기에 김 지점장 같은 분을 만나게 된 것도 결코 우연이 아니라는 생각이 든다. 내 마음과 감정을 온전히 받아들이고 인정하는 김 지점장의 코칭에 힘이 난다.

한 달쯤 지났을 때 아버지께서 일본 야마나까 사장 회사에 가서 2년 정도 근무하면 어떻겠냐고 말씀하셨다. 김 지점장과 코칭 중에 후계자가 익산산업보다 큰 규모의 동종기업에 근무하는 경험이 조직의 성장과 발전에 많은 도움이 될 것이라는 것을 깨달으셨다는 것이다. 아버지께서도 사업을 하시면서 절실하게 느끼신 것이라고 강조하신다.

복학 후에 사귄 장래를 약속한 여자 친구에게 자초지종을 말했다. 승계를 위해서 2년 동안 일본기업에 근무하지만 동경에 있기 때문에 가끔 볼 수 있다는 것을 위안으로 삼자고 위로했다.

L사 견학을 다녀온 직원들은 야마나까 사장은 깐깐하기로 유명하고 회사도 깨끗하다고 했다. 근무하기가 쉽지 않다는 메시지를 넌지시 전하는 것이다.

두 번째 코칭

취업비자절차가 완료되어 출국을 며칠 앞둔 어느 날, I은행 김 지점장의 두 번째 코칭을 받게 되었다.

"현국 군. 지난 번 코칭 이후에 어떤 변화가 있었는지 궁금하네."

"코칭 이후에 승계에 대해서 더 잘하겠다는 마음으로 좀 더 조심스러웠습니다. 회사 전체를 보려고 노력했습니다. 일본에 2년간 나가게 되어서 준비하느라 바쁘기도 했습니다."

"더 조심스럽다고 하는 것은 무슨 의미지?"

"직원들의 관심대상이 될 것이고 피할 수 없는 것이기에 소리 없이 열심히 하겠다는 것입니다."

"현국 군은 이미 소리 없이 강한 사람이야. 그런 마음가짐이니…."

'소리 없이 강한 사람'이라는 칭호는 지금의 나에게는 딱 어울리는 말이다

김 지점장은 지난 번 실행계획을 어떻게 정리했는지를 확인했다.

경영자로서 아버지를 존경하는 10가지 이유

1. 가족을 무척 사랑하신다.
2. 익산산업과 직원들을 항상 아끼신다.
3. 카리스마가 있으시다.
4. 하시겠다고 결심하시면 반드시 이루신다.
5. 책임감과 배짱이 있으시다.
6. 할머니께 효도하신다.
7. 주변 사람들을 잘 챙기신다.
8. 일을 꼼꼼하게 계획하신다.
9. 만약을 대비하신다.
10. 합리적이고 지혜로우시다.

"정리하면서 어떤 느낌이었는가?"

"아버지께서 애쓰셨고 지금도 무척 힘드시다는 것을 느꼈습니다. 존경하는 이유를 찾기 위해서 아버지를 자세히 바라보게 되었

습니다. 직원들이 잘 따르도록 회사 문화를 만드셨습니다. 주저함이 없으십니다. 경영자로서 아버지를 다시 보게 되었습니다. 존경합니다."

아버지께서 나에게 기대하실 것으로 예상하는 것 5가지

1. 할머니와 부모께 효도하고 형제간에 우애하는 것
2. 익산산업에 필요한 모든 역량을 갖추는 것
3. 회사 직원들한테서 리더로 인정받는 것
4. 순종하며 배우려고 하는 긍정적인 자세를 갖는 것
5. 언제든지 기탄없이 말씀드리는 것

"그렇게 예상하는 이유는 무엇인가?"

"저를 후계자로 정하시며 가족과 기업을 같이 생각하셨을 것입니다. 직원들에게도 인정받는 리더가 되기 원하실 것입니다."

내가 아버지께 기대하는 것 5가지

1. 건강 챙기시고 일찍 퇴근하시는 것
2. 익산산업 일의 일부를 임원들에게 맡기시는 것
3. 언제든지 성장을 위해서 가르쳐주시는 것

4. 제 의견을 경청해 주시는 것

5. 저를 믿고 기다려주시는 것

"왜 그렇게 생각하는가?"

"아버지께서는 엔지니어로서 고집이 있으십니다. 모든 것을 혼자 하시는 것 같아서 임원들에게 일을 맡기시면 좋겠습니다. 제 의견을 들어주시고 가르쳐주시기 바랍니다."

2차 코칭주제는 'L사에서 잘 배우기'로 정했다.

"왜 잘 배워야 하는가?"

"승계의 롤 모델 기업에 근무하면서 후계자가 필요한 역량이 무엇인지 잘 알기 위해서입니다."

"잘 안다는 것은 구체적으로 무엇을 의미하는가?"

"무엇을 모르고 있는 것인지 알아가는 것이고, 모르고 있는 것을 배우는 것입니다."

"현국 군! 후계자에게 필요한 역량이 무엇인지 모르고 있다는 것을 아는 것부터 출발하는 자세를 적극 지지하네."

계속되는 질문과 대답을 통해서 내 것으로 만들기 위해서는 머리로 이해하고 끝나는 것이 아니라 가슴으로 느낄 때 실천할 수 있음을 깨달았다.

"현국 군의 깨달음대로 현국 군은 가슴으로 경영을 배우기를 바라네."

이어지는 김 지점장의 '어떻게 배울 것인가?'라는 물음에 '목적의식과 열린 마음으로 궁금한 것은 무조건 묻는 겸손함으로 배우겠다'고 말했다. '무엇을 배울 것인가?'라는 질문에는 '후계자의 역할과 조직의 형태와 운영 및 연구개발과 업무시스템 등을 배울 것이다'라고 대답했다.

일본에서 근무하게 되면 만나기 어려울 것으로 예상하여 김 지점장이 작성한 도서목록에 따라 2개월에 1권씩 책을 읽고 독서노트를 작성해서 보내기로 했다.

그는 맨 처음으로 『성공하는 사람들의 7가지 습관』[8]이라는 도서를 주며 독서노트를 작성하는 방법을 스스로 생각해 보라고 했다. 책을 읽고 깨달은 것과 적용해 볼 것을 담아내는 작업이 필요하다고 말했다.

이번 코칭을 통해서 지난 코칭과제를 확인할 때 아버지에 대한 존경심을 다시 한번 깊이 느꼈다.

'가슴으로 경영하는 것'이 무엇인지 잘 알아가고 싶다.

---

8) 『성공하는 사람들의 7가지 습관』, 스티븐 코비, 김영사, 1994

04
일본으로 향하다

2006년 1월

일본으로 출국하기 전날 저녁에 아버지께 손 편지를 썼다. 초등학교 이후에 처음 써 보는 것이라 어색하여 몇 번이고 문구를 수정했다. 아버지께서 정성을 쏟으신 익산산업의 후계자로서 다짐이었다. 코칭에서 다루었던 경영자로서 아버지를 존경하는 이유 등을 기록하며 아버지께서 공감해 주시기를 간절히 바랐다.

마치 군대 입대하기 전의 마음과 같이 잘하고 건강하게 오겠다는 다짐을 해 본다. 출국 후에 아버지께 전달되도록 어머니께 부탁드렸다.

L사에서 근무하는 첫날, 상무와 함께 회사 전체를 둘러보았다. 짜임새 있는 규모에 구성원들이 여유 있게 근무한다는 것을 느꼈다. 야마나까 사장은 기대와 함께 성실히 근무할 것을 주문했다.

직원들과 같은 건물 숙소에서 생활했다. 회사의 배려로 1인실을 사용하여 상대적으로 넓은 공간이라 비교적 자유로웠다. 고등학교 때부터 제2외국어로 일본어를 선택했으나 막상 대화하려니 통하지 않았다. 퇴근 후에는 학원에 등록하여 회화중심으로 일본어를 배웠다.

생산부서에 배치를 받아서 1년 동안 품질관리와 제품개발에 관한 업무를 담당했다. 원칙에 충실한 기업문화를 본받고 싶다.

그 후 1년 동안 기획부서에서 기획과 연구에 관해서 많이 배웠다. 기업의 역량이 문서화되어 있고 구성원이 공유하는 것이 놀랍다.

2년차 여름휴가는 부모님이 일본에 오셔서 함께 보냈다. 부모님과 함께 동경시내를 관광하며 우에노 시장에 들러 다양한 국적의 인파 속에서 노점의 음식을 맛보았다.

우에노 공원을 거닐다 카페에 들어가 아버지와 대화를 했다. 아버지께서 창업하실 때부터 지금까지 익산산업에 관한 말씀을 하셨다. 사업의 기쁨과 슬픔을 말씀하시는 아버지의 심정을 헤아릴 수 있었다. 아버지는 코칭을 받으실 때 나누었던 나의 강점과 기대사항은 무엇이었는지를 알려 주셨다. 아버지께서 속마음을 다 드러내시는 것 같아서 너무나 감사했다.

국내선으로 홋카이도로 모시고 갔다. 부모님께서 풍부한 해산물을 무척 맛있게 드시는 것을 보며 모시고 오길 잘했다고 생각했다.

부모님께서 여름휴가를 마치고 귀국하시기 전날, 야마나까 사장 가족과 식사를 했다. '내가 스펀지 같은 태도로 일한다'는 야마나까 사장의 칭찬에 부모님은 무척 흐뭇해하셨다.

나는 L사에서 2년 동안 근무하면서 얻게 된 것을 꼼꼼히 기록했다. 기록한 것 내용만 대학노트 2권 정도의 분량이다. 우리 회사에도 적용하고 싶은 마음이 간절하다.

[경영진]

- 본을 보이는 리더십이다.
- 사훈은 일심(一心)으로 한마음을 강조한다.
- 회의시간에 정해진 것은 경영진이 먼저 지킨다.
- 야마나까 사장이 일찍 출근하고 늦게 퇴근한다.
- 후계자인 상무는 사장보다 더 일찍 출근하고 늦게 퇴근한다.
- 경영방침에서 정한 대로 의사결정을 한다.

[전략, 공유]

- 사내 연구소에서 많은 자료를 분석하여 제공한다.
- 비전이 수립되고 비전달성을 위해서 장기 전략이 마련된다.
- 전략을 수립할 때 조직 내외 환경과 역량을 분석한다.
- 전략의 실행을 위해서 연간 계획을 수립한다.

- 계획 수립과 실행방법을 정할 때 구성원들의 의견을 수렴한다.
- 실행방법은 각 부서의 예산과 연계되고 직무 담당자가 정해진다.
- 일상의 업무를 연간 계획과 연계하며 피드백을 통해서 개선한다.
- 시스템에 의해서 업무가 진행된다.
- 업무 담당 책임자 중심으로 회의가 진행된다.
- 분기 회의 때는 진행되고 있는 사업을 공유하며, 지속해야 할 것을 정한다.
- 구성원들이 목표달성 현황을 알고 있다.
- 균형성과표[9]에 의해서 평가한다.

[인적자원관리]

- 전략적 인적자원관리[10] 방식을 택한다.
- 직원을 채용할 때 부서별로 요구한 역량과 수요에 의해서 직무와 인원이 정해진다.
- 채용과 배치 및 평가가 공정하고 피드백이 이루어진다.

---

9) 균형성과표(Balanced Score Card): 학습과 성장, 내부프로세스 개선, 고객만족, 재무의 4가지 관점에 의한 균형적인 성과관리제도이다.

10) 전략적 인적자원관리(Strategic Human Resource Management): 인적자원관리제도가 조직 전체목적을 잘 반영하여 경영전략과 인적자원관리가 완전히 통합되는 과정이다.

- 업무의 권한과 위임이 규정과 방침으로 명확하게 정해진다.
- 정년이 있으나 정년 이후에도 대부분 근무하고 있다.
- 급여 이외의 복지제도가 좋다.
- 직원들의 역량개발을 위해서 인건비 대비 교육투자 비율이 높다.
- 사내 교육이 활성화되어 있다. 사외교육을 신청받아 지원한다.

[영업, 마케팅]

- 영업부 직원들이 외부고객을 만날 때 연구부서 직원들이 동행한다. 현장의 소리를 제품에 반영하기 위해서다.
- 업무 진행되는 과정이 단계별로 되어 있어서 담당자가 부재중에도 처리가 가능하다.
- 기업분석을 통해서 거래처의 신용과 거래액을 정한다.
- 신규고객 개척에 따른 손실 책임소재가 분명하다.

[생산]

- 생산부서의 원자재, 공정관리는 모두 전산 시스템을 활용한다.
- 원자재 품질관리를 위해서 매 분기마다 품질검사를 한다.
- 전사적 자원관리 제도를 잘 이용한다.

- 활동기준 원가계산[11]으로 부가가치 활동을 높인다.
- 수치의 오차를 줄이기 위해서 가장 기본에 충실하다.

[재무, 회계]

- 현금흐름을 중시하여 유동성을 확보한다.
- 장기투자에 따른 자금 투자와 유입을 현가로 추정한다.
- 경영의사결정을 자료를 활용한다.
- 종합예산을 편성하고 경상예산과 재무예산으로 구분한다.
- 예산편성은 기획부서와 각 부서의 의사소통 과정으로 활용한다.

11) 활동기준 원가계산: 생산에 필요한 세부적인 업무프로세스인 활동을 분석해서 제품원가계산이나 의사결정에 사용하는 원가계산 방법이다.

05
회사로 돌아오다

2008년 1월

귀국을 해서 익산산업에 생산부 대리로 출근했다.

아버지께서 향후 담당하게 될 역량개발 계획을 알려주셨다. 우선 생산부서에서 3년을 근무하게 된다고 말씀하셨다. 그리고 두 가지를 당부하셨다. '늘 처음처럼 하고, 직원에게 잘하라'는 것이었다.

업무를 담당하면서 체계적인 방법과 절차가 없는 것에 놀랐다. 담당자가 없으면 어디까지 진행되고 어떻게 진행해야 하는지를 모른다. 일본에 가기 전에는 보이지 않던 것이 보이는 것이다. L사와 너무나 다른 것인데, 시스템에 의한 업무 프로세스가 없이 업무가 수행된다. 내가 담당하는 업무부터 차례로 시스템을 만들어야겠다.

생산과정을 개선하기 위해서 생산설비의 재배치를 계획했다. 종전 과정을 고집하는 고참 직원들을 설득하기 위해 시간이 필요했다. 아버지께서는 계획한 대로 서두르라고 하시지만 처음부터 밀어

붙이는 것이 아니라는 생각이 들어서 기다려주시도록 말씀드렸다.

코칭을 통해서 생산을 담당하는 직원들의 마음과 생각 가운데서 그들의 욕구를 발견하는 것이 중요하다는 것을 깨달았다. 그들과 관계개선의 실행방법 등을 정하고, 그들에게 먼저 다가갔다. 현장에 먼저 출근하여 자판기에서 모닝커피를 뽑아서 드렸다. 그들의 현장 경험을 존중했다. 무조건 그들의 말이 끝날 때까지 인내하며 들었다. 개선을 요구하면 내 영역 내의 사항이면 즉시 반영했다. 상사의 도움이 필요할 때에는 요청했다.

그들의 의견을 듣기 시작하자 그들도 내 의견에 귀 기울였다. 팀제로 생산부서를 변경하면서 생산설비의 재배치를 마무리했다. 생산라인의 구성원들과 상당한 신뢰를 쌓은 계기가 되었다.

원자재 구매를 담당하면서 품질제도를 만들었다. 분기별로 원자재 품질검사를 통해서 주문을 넣었다. 담당 과장에게 원자재 관리에 대해서 사전에 설명을 한 후에 시행을 했다. 거래처들과 관계로 어려움이 없는 것은 아니었지만 변함없이 추진했다. 공장장이신 큰아버지께서 궁금하게 생각하고 계셔서 자초지종을 말씀드렸다. 당연한 일이라고 응원해 주셨다.

적정재고 시스템을 구축해서 원자재 부족으로 생산이 지연되는 일은 발생하지 않았다. 원자재 과잉 확보로 인한 손실을 방지할 수 있었다. 생산팀과 연계해서 매일 수급과 사용 등을 실시간으로 확인 가능하게 했다.

아버지께서 '늘 처음처럼' 창업 때부터 거래한 기업에 대해서는 배려를 하라고 하신다. 우리 회사와 성장을 함께 한 기업이라고 강조하신다. 아버지께 제품의 품질에 대해서 말씀을 드렸는데 당신의 뜻을 따르지 않는 것으로 느끼신 것 같아서 마음이 편치 못하다.

김 지점장에게 '마음으로 다가가기'라는 주제로 코칭을 받았다. 최근에 겪게 되는 아버지에 대한 느낌을 말하게 되었다. 구체적인 배경을 들은 김 지점장은 아버지께서 내 마음을 충분히 헤아려 주시면 좋겠다는 욕구를 긍정적으로 인정해 주었다.

"아버지께 마음으로 다가가기 위해서 어떻게 할 것인가?"라는 질문을 받았다. 내 마음을 몰라주신다고 생각했지만 나도 아버지의 마음을 이해하려고 하지 않았다는 것을 알았다. 그것이 내 의견을 잘 이해하지 못하시는 아버지께 서운한 감정으로 나타난 것이다. 나도 아버지의 의견을 듣는 것을 소홀히 했음을 깨달았다.

아버지께서 내가 진행하는 내용을 충분히 이해하시리라고 생각한 나의 잘못이 크다. 아버지의 말씀을 충분히 들으며 말씀 가운데 원하시는 것을 여쭤보는 것을 잊지 않겠다.

06
고객관리를 새롭게 하다

2011년 5월

영업부서의 과장으로 고객과 유대를 강화하기 시작했다.

해외 거래처인 독일과 미국 기업의 한국지사를 아버지와 함께 방문했다. 한국지사의 책임자들과 관계유지를 위해서 개별적인 관심사를 파악했다.

한국 문화에 호기심이 많은 친구들이라서 고궁을 관람하고 난타공연을 보았다. 그들은 조선시대에 백성들이 나라를 위해 헌신한 것을 이해하지 못했다. 그들의 나라에서는 왕이 먼저 전쟁터에서 싸웠다고 한다. 퇴근 시간에 광장시장의 먹자골목에서 그들과 한국음식을 즐겨먹었다. 이태원에 가서 그들 나라의 음식을 먹는 것도 그들이 좋아했다.

유명산에서 행글라이딩을 하고 뚝섬에서 윈드서핑도 하며 같이 땀을 흘렸다. 잠실야구장에서 프로야구를 관람하면서 많은 이야기를 나누었다. 한국인들의 열정적인 응원과 하나 되는 모습을 그들도 좋아했다.

독일 기업 덕분에 스페인에도 조금씩 수출하게 되었다.

매출처 증대를 위해서 김 지점장에게 코칭을 받았다. 재무팀의 자료를 근거로 손익분기점 분석[12]을 실시했다. 신규 거래처를 개척하기 위한 전략과 구체적인 실행방법을 정했다.

업무를 처리하는 프로세스를 정해서 진행되는 내용을 확인 가능하게 했다. 국내 기업의 매출처는 한곳으로 집중되지 않도록 관리했다. 1개 기업의 최대 매출을 국내 총 매출의 20% 미만으로 관리했다. 아버지께 위험을 분산하기 위한 것이라고 사전에 말씀드렸더니 좋다고 하시면서 무리가 없도록 진행하라고 하셨다.

매출규모를 조정함에 따라 외상 매출 대금도 축소했다. 일부 업체에서는 아버지께 전화를 하며 기존의 관행대로 하지 않는다고 서운함을 표시했다고 한다.

아버지께서 안정적인 매출을 위해서 잘했다고 칭찬하실 줄 알았는데, 기존과 다른 방식으로 변경할 때는 꼭 '상의'하자고 하신다. 서운한 마음이 드는 것을 지울 수 없었다.

12) 손익분기점(BEP: Break Even Point)은 기업의 총수익과 총비용이 같게 되어 순이익이 0이 되는 점을 말하며, 손익분기점 분석은 단위당 변동비가 일정하다는 가정에서 매출액과 매출량에 의해서 분석하는 기법이다.

○○공단의 차세대 경영자클럽 모임에 나갔다. 상공회의소 회의에 참석했을 때 참석을 권하는 사람이 있었지만 결정하지 못하고 있었다. 매월 모임은 특강을 듣고 난 이후에 주제를 가지고 토론한다고 들었다. 아버지께서는 이번 달 모임에 김 지점장의 특강이 있다고 하시며 참여하도록 하셨다. 참여하는 사람들이 공단 내 기업의 후계자들이다.

김 지점장의 특강 주제는 '인간관계'였다. 후계자와 창업자, 가족, 직원관계 등으로 접근을 했다. 참여자들의 질문은 내가 가장 궁금하게 생각하는 것들이었다. 김 지점장은 기업승계 전문가로서 이론적으로 설명했다. 또한 코치로서 창업자와 후계자의 관점 등으로 대답했다. 사람들의 판단과 비교에는 관점의 차이가 존재한다는 것을 알았다.

차세대 경영자클럽 회장은 J기업의 정 사장이다. 정 사장은 미국 유학 중에 IMF로 회사가 어려워서 귀국하여 경영에 참여했고 몇 년 전에 승계를 완료했다고 한다. 창업 2세대들이 공통적인 관심사를 나눌 수 있어서 좋다.

후계자 수업을 일찍 시작한 사람들은 자신의 경험을 말하며 조언을 해 준다. 자기 아버지와 관계가 좋지 않은 후계자들 말의 표현은 듣기도 거북하다. 창업자인 아버지에 대한 존경심과 자기 회사에 대한 애정이 있는 후계자들에게 관심이 간다.

회사의 규모에 따라서 후계자 수업도 다르게 진행된다는 것을 알았다. 대부분 제조업이라서 동병상련의 심정이다. 필요할 때마다 자문을 구하고 싶다.

K대학에서 단기로 운영하는 차세대 경영자과정에 나갔다. 김 지점장의 적극적인 추천으로 주 2회 교육과정에 참여했다. 업종이 다양해서 인적네트워크 형성에 도움이 되었다. 교수들의 전문 지식을 들으며 우리 회사에는 어떻게 적용할 것인가를 생각했다.

학부 때 공부하는 것보다 더 집중해서 듣게 되는 이유는 직접적인 사안들과 연관이 있기 때문이다. 무엇보다도 승계에 성공한 CEO들이 그들의 경험을 공유하는 시간이 가장 흥미로웠다. 우리나라뿐 아니라 해외기업들도 승계에 성공하는 경우가 많지 않다고 하니 승계가 쉽지 않은 것은 확실하다.

2011년 10월

김 지점장이 은행을 퇴직하고 프리랜서가 되었다.

우리 회사의 과장 이상 간부들을 대상으로 MBTI 특강과 MBTI 검사를 실시했다. 선천적인 성격 선호경향을 알게 된 것은 큰 수확이다. 남과 틀린 것이 아니라 다르다는 것을 알게 되었다. MBTI

검사 이후에 성격유형별로 나누어 워크숍을 했다. 성격 유형에 따라 선호하는 의사소통방법과 리더십도 다르게 나타나는 것이 흥미롭다.

아버지의 선호경향을 알게 되니 유익함이 있다. 나는 사물을 인식할 때 보이는 것 너머에 무엇인가 있다고 생각하고 있으나 아버지께서는 사실 중심으로 사물을 인식하신다는 것을 알았다. 삶의 태도도 모든 것을 계획적으로 준비하시므로 중간에 상황이 변하면 즉시 말씀드려야겠다.

예를 들면, 아버지께 말씀드릴 때에는 구체적인 사실을 제시해야겠다고 생각했다. 그리고 일의 진행되는 내용을 자세하게 정리하여 보고를 드리도록 해야겠다.

총무팀에서 과장 이상의 직원들의 MBTI 결과를 공유해서 서로 이해하는 데 도움이 된다.

07
코칭으로 변하다

2012년 3월

김 지점장이 경영학과 교수가 되었다. 미래를 위해 꾸준히 준비한 좋은 결과라고 생각한다.

업무회의 시간에 김 교수가 함께했다. 우리 회사의 회의문화를 알기 위해서 참관할 것이라고 아버지께서 사전에 말씀하셨다.

아버지께서 회의 때마다 말들 좀 하라고 하신다. 직원들은 아버지의 큰소리에 입을 다물고 굳은 표정이 된다. 실적관리와 계획에 차질이 없는지 확인하는 과정이 마치 토끼몰이 하는 것 같다는 생각을 한다. L사처럼 우리 회사도 회의를 개선했으면 좋겠다고 생각했지만, 아버지께 감히 말씀을 드리지 못하고 있던 차였다.

김 교수는 회의 중에 아무 말이 없었다. 아버지께서 회의 문화를 바꾸기 위해서 코칭을 받으신 것이다. 이후에 우리 회사 회의는 완전히 바뀌었다. 가장 큰 변화는 아버지께서 경어를 사용하시고 말씀을 적게 하시는 것이다. 정말 놀라운 일이다.

공장별로 책임자 중심으로 회의가 진행된다. 일방적인 지시에서 구성원들의 의견을 듣는 것으로 바뀌었다. 진행되고 있는 업무내용을 전달하고 공유하는 것으로 주요 내용이 정해졌다. 회의 자료 작성이 줄고 회의 시간이 대폭 단축된 것은 당연한 결과다.

직원들이 회의에 참석하는 태도가 달라졌다.

김 교수가 과장 이상 전 간부를 MBTI 조사 결과로 코칭을 진행했다. 매주 목요일에 회사에 와서 일대일로 개인 코칭을 했다. 라이프 코칭이나 비즈니스 코칭 등으로 주제는 다양했다.

코칭을 받는다고 하니 간부들은 처음에는 긴장하더니 조금씩 변하는 것을 느낄 수 있었다. '직장을 다니면서 속에 있는 이야기를 처음 해 본다'며 의미 있는 시간이라고 말한다. '자신들이 존재로서 직장에서 인정받는 느낌'을 받았다고 하니 코칭을 받기를 잘했다고 좋아한다. '자신이 원하는 모습을 그려보며 실행할 것을 정하는 것'도 자기 주도적으로 하니 적극적으로 참여하는 것이다.

나는 '효과적인 의사소통'이라는 주제로 코칭을 받았다. 결국 나의 경청과 공감능력 수준을 알게 되었다. 상대방의 느낌과 욕구를 전심으로 듣지 못하는 자신을 돌아보았다. 경청과 공감을 위한 방법을 정하고 실행하려고 노력하고 있다.

김 교수가 추천한 『비폭력대화』[13]라는 도서를 읽으며 많은 것을 깨달았다. 타인을 공감하기 위해서는 다른 사람이 나를 어떻게 생각할까라는 생각을 내려놓는 계기가 되었다.

개인 코칭 후에 간부 5명씩을 한 그룹으로 편성하여 그룹코칭을 진행했다. 코칭주제는 그룹 참여자들이 브레인스토밍으로 정했다.

내가 속한 그룹은 현장에서 사용하는 언어라는 주제를 정했다. 현장에서 하지 말아야 할 언어와 사용할 언어로 시작했다. 회차를 거듭하면서 현장에서 인정받는 언어로 연결했다. 결국 현장에서 상호 존중하는 문화가 왜 필요한지를 알게 되었다.

아버지께서는 업무회의 시간에 그룹코칭 결과를 보고받으시면서 횟수를 늘리도록 지시하셨다.

---

13) 『비폭력대화』, 마셜 B. 로젠버그, 한국NVC센터, 2011

08
회사를 대표하다

2013년 11월

김 교수가 재직하는 대학의 경영학과 학생들이 우리 회사 현장에 왔다.

산업시찰로 대기업의 현장을 다녔는데 학생들이 이해하고 접근하는 데 한계가 있다고 했다. 생산 현장을 보며 직접 궁금한 것을 알고 싶다는 욕구로 우리 회사를 찾은 것이다.

아버지께서 모든 진행을 맡기셔서 안전에 무척 신경을 썼다. 어머니께서 구내식당에 오셔서 학생들을 위해서 정성껏 점심을 준비하셨다. 김 교수는 아버지께서 배려해 주셔서 감사하다는 말을 여러 차례 했다.

점심 식사 후에 특강을 했다. 특강을 준비하고 진행하는 과정에서 회사를 대표한다는 책임감을 느꼈다. 회사 직원들도 회사의 리더로서 외부 사람들에게 발표하는 것을 보았을 것이다.

학생들은 그들이 배우는 경영학 이론이 어떻게 현장에서 적용되는지 궁금해서 질문했다. 김 교수가 추천해서 우리 회사에 근무하는 그들의 선배인 ○○이 자신의 경험을 말했다. 학생들의 진로설정에 도움이 되는 것 같아서 흐뭇했다. 직원들도 자신들이 느끼는 우리 회사의 위상 때문인지 상당히 고무되었다.

09
제 마음을 알아주세요

재무와 총무를 담당하는 차장으로 승진했다.

과거 3년간의 결산서와 자금운용계획표를 꼼꼼히 살펴보았다. 단기적인 수익증대와 현금수급에 관한 것이었다.

김 교수에게 수익성 증대를 주제로 코칭을 받았다. 재무관리의 목적[14)]을 깨달았다.

과거의 실적 기준인 회계를 바탕으로 자금의 흐름을 현재가치로 평가하기 시작했다. 회사의 가치를 증대시키기 위해서 자금을 조달하고 자산에 투자하는 계획을 수립했다. ROI[15)]에 의해서 목표를 정하고 부서별로 관리하도록 했다. 생산과 영업부서도 엑셀을 활용해서 지표를 항상 반영했다.

---

14) 재무관리의 목적은 기업의 가치를 극대화하는 것이며, 이는 자기자본의 가치를 극대화하는 것이다.

15) ROI(Return on Investment): 투자수익률로서, 순이익을 총 투자액으로 나눈 것이다. 재무요인들을 분석한 ROI차트를 활용하면 여러 재무 요인의 분석과 통제를 할 수 있다.

자금운용은 현금 흐름을 중시하는 것으로 개선했다. 과거에는 투자가 필요하면 은행대출과 자기자금으로 조달했었다. 장기 자본 조달을 위해서 타인자본[16]과 자기자본의 조달비용과 예상되는 기간별 현금 흐름을 계산하는 방식을 택했다. 투자 초기의 수익성과 영업연도의 흐름에 따라 다르게 나타나는 효과를 예측할 수 있는 체계로 바뀌었다.

회계 담당직원들이 처음에는 단순히 결산하는 업무를 하다가 재무가 추가되니 힘들어했다. 어느 정도 시간이 지나서 재무에 익숙해지니 자신들의 역할이 중요함을 인식했다. 나에게 '차장님이 담당하시고 자신들이 성장하고 있다'고 자신들의 속마음을 드러낸다.

한편으론 조심스럽기도 하다. 김 교수에게 코칭을 받으며 그런 상황을 나누게 되었다. 그때 내가 깨달은 것은 첫째는 아버지의 마음을 헤아리는 것이고, 둘째도 아버지의 뜻을 벗어나지 않는 것이 우선해야 한다는 것이다.

아버지와 직원 채용에 관해서 이견이 있었다. 나는 L사처럼 부서에서 사업계획에 따라서 필요한 인원을 요청하여 담당 직무별로 충원하는 과정으로 진행하겠다고 말씀드렸다. 아버지께서는 가급적 직원을 적게 고용하고 야근수당 등으로 생산량을 늘리라고 하

16) 타인자본 조달에 따른 재무레버리지 분석을 시행한다.

셨다. 나는 그들의 피로에 의해서 생산성이 감소할 것이 예상되니 필요인원을 충원하면 좋겠다고 다시 의견을 드렸다.

이전에 김 교수에게 독서코칭을 받았던 『인재전쟁』[17]을 다시 읽어 보았다.

나는 아버지께 우수한 인력을 확보하기 위해서 채용기준을 강화하고 임금을 더 지급하며, 직원들의 성장을 위해서 고용보험료 환급과정의 외부교육과 자격증 취득 등을 지원하는 연수계획을 수립하겠다고 말씀드렸다. 자기계발 결과를 피드백하기 위해서 인사고과에 반영하는 체계도 포함시키는 것이다.

아버지께서는 직원들이 성장하면 이직했던 기억들이 떠오른다고 하면서 염려하신다. 얼마 전에 동 업계 다른 회사로 이직한 김 과장의 경우를 말씀하시면서는 무척 서운한 마음을 드러내셨다.

과장급 이상이 이직하면 새로운 사람이 업무를 파악하고 역량을 발휘하는 데 상당한 시일이 요구되어 어려움을 많이 겪고 있다. 회사의 발전을 위해서 꼭 필요한 제도로 도입하자고 재차 말씀드렸다. 아버지께서는 허락하시며 '직원들에게 잘하라'고 하셨다.

몇 년 전에 결산오류가 있어서 세무사무실을 변경하게 되었다. 이때 회계팀이 완전하게 처리하지 못해서 손실을 본 것을 말씀하

17) 『인재전쟁』, 에드 마이클스 외 2,, 세종서적, 2002

시며 구성원들의 성장이 반드시 필요하다고 하신다.

회계와 재무뿐 아니라 인사 관련 데이터를 컴퓨터 자료로 보여드렸다. 의사결정의 근거로 활용하시면 좋겠다. 아버지께서 경험에 의해서 결정하신다고 생각하기 때문이다.

10
신설법인의 대표이사가 되다

2015년

C시에 소재한 H기업에 신제품을 납품하는 기회가 주어졌다. 익산산업 기존 제품을 거래하고 있었는데 새로운 아이템이 추가된 것이다. 아버지께서 제품개발과 관련 업무를 총괄하도록 맡기셨다.

계속 매출이 예상되고 생산시설이 필요해서 익산메탈이라는 법인을 설립했다. 그동안 모은 자금과 아버지께서 일부 출자해 주셔서 자본금을 마련했다.

나는 신설 법인 익산메탈의 대표이사가 되었다. 아버지께서는 '내 회사'라고 생각하라며 경영을 잘해서 익산산업 직원들에게 뭔가를 보여주기를 바라셨다.

사훈은 익산산업과 같이 '늘 처음처럼'으로 정했다.

김 교수는 코칭과정에 『나는 왜 이 일을 하는가?』[18]라는 도서를 추천했다. 그 책을 읽으며 경영철학이 왜 필요한지를 알게 되었다. 일을 하는 이유와 원칙, 그리고 일관성에 대해서 정리했다.

승계가 완료되면 미션과 비전 등을 정해서 경영해야겠다. 아직은 아버지의 큰 틀을 벗어나서 독립적으로 결정하는 것에 한계가 있음을 느낀다.

NCS[19] 기준으로 직무를 정하고 그 기준으로 인력을 선발하는데 김 교수의 도움이 컸다.

C시의 인력을 중심으로 신입사원을 채용했다. 앞으로 나와 함께할 직원들이다. 역량개발에 투자하여 성숙된 구성원으로 성장하도록 도울 것이다. 신입과 경력직원으로 구성했으며 익산산업에서도 생산직 일부를 지원받았다. 대기업에 근무하던 대학 선배가 이직을 희망하여 부장으로 영입했다. 오래전부터 아는 형님이라 내 마음을 잘 이해하고 많은 도움을 줄 것으로 기대한다.

익산메탈의 사업장을 준공하는데 1년이 걸렸다. C시에서는 공단에 입주하는 기업에게 많은 편의를 제공한다.

익산메탈에서 기초 가공한 제품을 익산산업에서 완성한다. 익산

---

18) 『나는 왜 이 일을 하는가?』, 사이먼 사이넥, 타임비즈, 2013

19) NCS(National Competency Standards): 국가직무능력표준으로 산업현장에서 직무를 수행하기 위해 요구되는 지식·기술· 태도 등을 체계화한 것이다.

산업 회의에 참석할 때마다 아버지께 익산메탈의 업무현황을 보고 드렸다.

아버지께서는 익산산업의 부장으로 총무와 재무 이외에 기획과 4개의 공장을 관리하는 책임도 맡기셨다.

제품생산과정에서 익산메탈에서 익산산업 물류이동에 따른 비용이 만만치 않다. 익산산업의 4개 공장에서 발생하는 자본비용과 관리에 대한 자료를 모았다. 아버지께 비효율적인 현황을 보고드리고 익산산업의 사업장 이전을 건의했다. 아버지께서는 이전에 따른 전체적인 계획수립을 요구하셨고 검토 후에 승인하셨다.

익산메탈을 설립할 때에는 신설기업으로 규모가 작아서 수월했던 것 같다. 익산산업은 규모가 있고 생산을 계속하면서 이전을 해야 하는 어려움이 있다. 이전에 따른 소요자금예상액을 산정하고 자금조달방법을 계상했다.

시화공단 공장을 매각하면 C시의 공단 부지를 10배 정도 더 구입할 수 있다. 매각대금으로 부지 매입대금과 공장신축 자금 일부를 충당할 수 있다. 부족한 자금은 주거래 은행에서 일부 차입하기로 계획했다. 현재 임차공장 3곳에 지불하는 임차료 수준이면 금융비용을 감당할 수 있다. 익산메탈과 익산산업이 근접해 있으면 물류비를 절약할 수 있다.

문제는 종업원들이 이직하지 않고 함께 옮겨갈 것인가라는 것이다. 생활기반이 시화공단 주변인 종업원들이 C시까지 이사를 해야 할 형편이었다.

본사 건물에 직원들의 숙소를 마련하기로 했다. 아버지께서 특별히 관심이 많으신 부분으로 편의시설을 충분히 갖추어야겠다. 김 이사님께서 사업장 이전 경험이 많으셔서 유익한 도움을 주신다.

11
창립 25주년 행사, 당초 계획대로 했으면…

2015년

회의에서 많은 책임자들이 창립 25주년 행사는 뜻깊은 시간으로 마련하면 좋겠다는 의견을 제시했다.

총무팀이 주관하고 각 공장별로 추진위원을 구성했다. 우리 회사 창립 이래 최대의 행사이므로 내실을 기해야겠다고 생각했다. 1박 2일 행사를 위해서 괴산의 한 펜션을 전체 임대하기로 했다. 관계사 CEO 등을 초청하니 참석 예상 인원이 250여 명이 된다.

첫날에는 각 공장별로 오전에 워크숍을 하고 오후에는 전 직원 체육대회를 계획했다. 저녁식사 전에 김 교수에게 특강을 부탁했다. 이후에는 저녁식사와 이벤트 회사에서 진행하는 전 직원의 여흥 시간이 마련될 것이다. 다음 날 아침에는 전날에 직원들이 음주할 것을 예상하여 10시경에 아침식사를 하고, 공장별로 잠시 티타임을 가진 다음, 마치는 것으로 계획했다.

공장별로 추진위원들이 워크숍 주제를 정하고 어떻게 진행할 것인지 서로 논의하는 과정을 보며 회사가 한 단계 성장하는 것을 느꼈다. 외부 손님들에게 초대장을 발송하며 차질이 없도록 준비사항을 확인했다.

행사 일주일 전 업무회의에서 전체적인 일정을 공유했다.

김 이사님이 다른 의견을 제시하신다. 당황스러웠다.

첫날에는 오전부터 체육대회를 하자는 것이다. 4개의 공장 직원들이 서로를 알아가는 단합이 중요하다고 강조하는데, 결재할 때 언급이 없으셨으니 더욱 그렇다.

공장별 추진위원들의 어이없어하는 표정을 보았다. 행사 책임자로서 그동안의 과정과 종전 계획의 유익함을 말할 수밖에 없었다. 잠시 어색한 분위기가 되었다. 젊은 과장들은 나를 지지할 것이라고 생각했다. 향후에 함께 일할 사람들에게 지지를 받는 것은 필요한 것이다.

아버지께서는 계획을 수정하도록 지시하셨다. 김 이사님의 주장대로 계획이 변경되었다. 아버지께서 결정하시면 따르는 것이 타당하지만 아쉽기도 했다. 워크숍을 추진하던 공장별 추진위원과 총무팀에게 미안하다고 말하면서도 마음이 편치 못했다.

창립기념일 행사 당일에 버스는 한 대가 운행되고 대부분 개인차량으로 예정된 장소에 도착했다. 두 시간 전에 도착하여 행사장소의 구석구석을 살펴보았다. 오랜만에 직원들이 즐기는 시간이 되기를 간절히 바랐다.

오전부터 공장별로 축구와 배구 예선을 진행했다. 운동 중에는 가급적 음주를 하지 않도록 전달했지만 뜻대로 되지 않았다. 대부분 술잔을 나누며 지나치게 취해서 큰 소리로 웃고 떠드는 모습들이다. 푸짐한 시상을 약속한 탓이지 모르겠지만 대표로 나선 직원이나 응원하는 직원들이 과열되었다. 아버지께서 다니면서 분위기를 조정하라고 하셨지만 그렇게 할 수 없었다.

오후에는 축구와 배구 결승과 릴레이와 줄다리기를 진행했다. 큰 사고 없이 체육행사를 마치게 되었으나 당초 단합의 목적달성은 어떤지 미지수다.

김 교수가 특강을 시작했으나 직원들은 음주와 피곤함으로 대부분 졸았다. 10분 정도 경과한 후에 특강을 멈춘 김 교수는 노래를 불렀다. 직원들은 박수를 치며 환호성을 지른다.

김 교수는 축사를 대신해서 아버지를 코칭했던 내용 중에서 일부를 전했다. 코칭 중에 아버지께서 눈물을 흘리신 일을 말한 것인데 듣는 내내 아픔과 고마운 마음이 교차되며 시야가 흐려졌다.

저녁식사 후에 여흥을 즐겼다. 초청된 관계사 CEO들은 다음 날 라운딩계획이 있어서인지 대부분 숙소로 올라갔다. 젊은 직원들이 준비하느라 수고했다며 술을 계속 권한다. 지나치게 음주를 하게 되면 내일 김 교수와 한 팀이 되어 운동할 때 실수할까 봐 조심스럽다. 아버지와 김 교수가 행사장 밖으로 나가신다. 두 분은 참 잘 통하는 친구 같으시다.

행사를 마치고 숙소에 오니 새벽 2시다. 아침 일찍 김 교수를 모시고 골프장으로 가야 한다는 생각에 숙면을 취하지 못했다.

2016년(후계자 11년, 37세)

김 이사님께서 정년퇴직을 하셨다. 아버지와 함께 익산산업을 일구신 분이시다.

힘들 때 하소연을 하면 편하게 들어주셨다. 거래처나 직원관계에서 어려움이 있어 조언을 구하면 꼼꼼하게 알려주셨다. 컴퓨터를 활용하는 우리와 같은 세대가 아니시라 소통의 어려움은 좀 있다.

공장 이전 일로 많은 도움을 주고 계셔서 이전될 때까지 계셨으면 하는 바람이 있었다. 2년간 고문으로 더 근무하시게 된 것은 다행이다.

12
드디어 준공이다

2017년

익산메탈을 설립하고 익산산업도 이전하려는 계획을 수립한 것이 엊그제 같은데 드디어 준공을 했다.

회사의 일을 하면서 공장건설현장을 다니는 것도 쉽지 않았다. 공사 진행 중에 관공서와 문제가 발생하면 해결하기 위해서 애를 썼다.

한시도 한가할 틈이 없었다. 공장설계와 기계 배치는 아버지의 의견도 있었지만 대학 동문들의 도움을 받았다. 준공필증이 떨어지고 기계 이전과 증설로 정신없는 시간이었다. 지난 몇 주 동안 공장 이전을 하는 데 모든 직원이 분주했다. 처음에 아버지께 공장을 이전하자고 말씀드릴 때만 해도 이렇게 힘들 줄 몰랐다. 오늘 그 고생이 나에게 큰 자양분이 되어 회사 직원들이 인정하니 무척 흐뭇하다.

준공식 당일에 지역 인사들과 고향의 어르신들이 오셔서 축하하셨다.

13
아차! 이게 아닌데

2018년

공장 6개 동과 본사를 완공하고 나니 외주를 주던 일이 줄어들어서 원가 절감이 된다. 공간이 확보되고 연구소를 설립하여 제품 개발과 추가 확장도 용이해졌다.

익산산업과 익산메탈이 한 지붕 두 가족의 형태가 되었다. 구내식당은 물론 기숙사도 함께 사용했다. 책임자 회의도 같이 하면서 시너지 효과를 얻을 수 있었다.

익산메탈은 피드백 방식의 회의를 해 왔다. 주간별 진행내역을 SNS로 사전에 확인하고 비교적 회의를 짧게 했다. 실적을 점검하고 지속할 것과 버릴 것 등으로 개선했다.

익산산업은 이전 방식 그대로 회의를 진행했다. 익산산업의 임원들은 익산메탈의 회의 방법을 쉽게 이해하지 못했다. 아버지께서 주장하셔서 익산산업의 방법대로 회의를 하게 되었다.

언제부턴가 C공장 직원들과 시화공장 직원들이라는 말이 돈다. 의사소통방법이 많이 다른 것이다. 모두 C공장으로 이전했으니 그런 말조차도 염려스럽다.

아버지께서는 오래전에 나와 '상의'하시겠다는 결정방법을 여전히 고수하신다. 회의시간에 익산산업과 익산메탈의 책임자의 의견이 엇갈릴 때가 많아졌다. 아버지께서 항상 강조하시는 '늘 처음처럼'이라는 말씀이 무색해지는 것이다.

아버지께서 익산메탈의 매출처 관련으로 의견을 제시하셨으나 익산메탈의 책임자들이 반대했다. 익산메탈 책임자들의 주장이 일리가 있으므로 그들의 생각이 옳다고 재차 말씀드렸다.

드디어 터지고 말았다.

아버지께서 "너, 내일부터 나오지 마."라고 언성을 높이셨다. 표정과 몸짓을 보면서 '아차!' 했지만 이미 늦었다. 회의실을 나가시는 아버지의 뒷모습을 바라보며 아무 정신이 없었다.

아버지께서 설립을 하도록 도우셨지만 엄연히 내가 익산메탈 대표이사 아닌가! 매출처 40% 이상을 내가 신규 개척했는데…. 내가 채용한 익산메탈 직원들에게 너무 심하게 하시는 것은 아닌지…. 그 직원들이 내 말을 잘 따라야 하는데 이제 어떡하지?

사장실에 돌아와서 한참을 생각하고 있었다. 눈물이 흐르고 억울하고 안타까운 마음이 가득하다. 김 고문님이 아버지께 잘못했다고 말씀드리라고 하신다. 아무 말 없이 시흥 집으로 돌아왔다.

평일 낮에 귀가하는 나를 보는 아내는 의아한 표정을 짓는다. "당분간 회사에 나가지 않겠다."는 말에 짐작을 하는 듯 어머니와 통화한다.

다음 날 어머니를 모시고 점심식사를 했다. 아버지의 성미를 아시는 어머니께서는 '잠시 기다리라'고 하신다. 차세대 경영자클럽 모임에서 알게 된 ○○케미컬 대표 ▲▲형을 만나 자문을 구했다. 경험에 의한 그의 요지는 '아버지를 이기려고 하지 마라. 일단 아버지의 말씀에 수긍하라. 다른 방법으로 결과를 보여주면 신뢰하신다'는 것이었다.

익산메탈 직원들은 아버지의 결재를 받으면서 애로사항이 많은 것 같다. 자료 확인과 전달방식이 다르기 때문에 어렵다고 전화를 한다. 마음은 회사에 가 있으니 좀이 쑤셔서 안달이 난다. 아버지께서는 전화 한 통이 없으시다.

2주 후에 김 고문님이 내일부터 출근하라는 아버지의 뜻을 전해 주셨다. 회사에 출근하여 아버지께 죄송스럽다고 말씀드렸다. 앞으로는 아버지의 경험과 뜻을 따르겠다고 다짐했다. 내 의견과 다르더라도 좋은 의견이라고 말씀드린 후에 내 의견을 검토해서 말씀드려야겠다고 결심했다.

14
아버지, 잘할게요

2019년

익산산업의 이사가 되어 모든 업무를 관장하고 결재하도록 아버지께서 위임하셨다.

아버지께선 작년에 김 고문님 은퇴 이후에 회사 전체의사결정의 대화상대가 없으셨다. 창업 시기부터 거래하던 기업들과 자금에 관해서는 아버지께서 결재권을 갖고 계신다. 다른 업무는 확인하시는 의미로 집행 후에 결재하시기로 했다. 결재하시는 업무를 서서히 줄이시고 기간을 정해서 결재하시는 것 등을 말씀하셨다.

계획한 대로 매출달성이 되지 못해서 자금의 여유가 없어졌다. 재무팀의 자료로 유동성비율인 방어기간[20]이 줄어든 것을 확인했다. 공장 이전에 따른 고정자산 투자와 설비를 확충한 이후 매출

---

20) 당좌자산을 1일 평균 현금지출비용액으로 나눈 것이다.

이 증대되지 못한 것이 원인이다.

사업계획을 수정하여 긴축 경영 예산을 수립했다. 먼저 유동성확보를 위해서 유휴부지 1만 평을 매각하자고 아버지께 말씀드렸다. 아버지께서는 '계획이 있으시다'며 결정을 미루셨다. 연구동에서 연구하고 계시는 제품 때문에 그러시는지 여쭈어 보려다 멈췄다.

매일 자금 관련 자료를 제시했으며 어느 날 부지매각을 허락하셨다. 마침 부지를 필요로 하는 기업체와 연결이 되어 빠르게 매각했다.

15
강점코칭을 받다

2020년

김 교수로부터 갤럽 강점코칭을 받았다.

며칠 전에 갤럽사의 초대메일을 받고 설문에 응했었다. 설문결과에 따른 자세한 여러 파일을 출력하여 보았다. 김 교수는 재능과 강점의 개념을 설명하며 약점은 개발하는 것이 아니라 관리하는 것이라고 말했다.

보고서[21]에 나의 34개의 재능테마 순서가 정해지고 대표적인 테마 TOP5에 대해서 나만의 고유한 이유와 극대화하기 위한 행동방법을 제시하는 것이 흥미롭다. 내가 왜 끌렸고 짧은 시간 안에 효과를 낼 수 있었는지, 그리고 자연스럽게 느끼고 행동했는지를 이해하는 데 많은 대답을 제시했다.

21) 갤럽사의 강점설문 결과 나의 CliftonStrengths 34 결과 보고서이다.

재능을 알게 되었으니 의도적인 시간과 노력을 투자해서 강점이 되도록 해야겠다. 우선 TOP5 중 1개씩 재능테마를 매일 적용하는 계획을 수립했다. 다음 코칭 때까지 『강점으로 이끌어라』[22]라는 책을 읽고 회사에 적용할 것이 무엇인지 정리하기로 정했다.

우리 회사의 핵심인력들이 강점 코칭을 접하도록 진행해야겠다.

코로나19로 인해서 한 치 앞을 내다볼 수 없다.

원자재 조달이 원활하지 못해서 확인해 보니 소재 공급이 되지 않아서란다. 산업 전반적으로 침체되었고 불안한 환경이다. 비자 만료로 작년에 출국했던 숙련된 외국 근로자들이 입국을 하지 못하고 있다. 관계당국의 협조를 구하고 건의를 했지만 방역이 우선이므로 어찌하지 못할 형편이다. 국내 매출은 물론 수출 물량이 급격히 감소했다.

작년에 부지매각대금으로 유동성이 확보되어 견디고 있는 것은 그나마 다행이다. 종업원의 급여 일부도 정책적인 지원을 받았다. 아버지께서는 '사업을 하면서 겪게 되는 어려움이라고 생각하며 버티는 것이 중요하다'고 강조하신다. '사업을 하면서 쉽게 지난 적은 없으셨다'고 하시니 아버지의 뚝심을 배우고 싶다.

아버지께서 65세가 되시는 올해 승계를 완료하는 것으로 계획되

22) 『강점으로 이끌어라』, 짐 클리프턴 외 1, 고현숙 역, 김영사, 2020

었었다.

하지만 아버지께서는 아직도 정정하시다. 신제품 개발을 위해서 연구동에서 작업하시는 것을 자주 보고 있다. 동 업계 CEO들이 동년배시고 아직도 왕성하게 활동하신다.

얼마 전에 ○○케미칼 대표가 갑작스럽게 사망했다. 아들이 승계를 받았는데 아버지의 건강을 살피지 못했다며 자책하는 것을 보았다. 그런 불효를 하지 않겠다고 다짐을 하고 있으나, 언제 은퇴하실 것인지 여쭈어 보지 못하고 있다.

16
아버지와 공동대표이사가 되다

2021년 4월

아버지와 함께 익산산업의 공동대표이사가 되었다. 주주총회 며칠 전에 가족이 모여 아버지의 결정사항을 알게 되었다.

대표이사가 되니 책임감도 컸지만 흥분되는 감정을 숨기기 위해서 조심했다. 익산메탈의 대표이사가 될 때와 다른 기분이다. 정말 잘해야겠다고 굳게 다짐한다. 업계에서 중위권을 차지하고 있는 지위를 상위권으로 성장시키고 싶다. 모든 업무를 책임지고 진행해야 한다.

직원들이 대표이사실로 축하인사를 하러 다녀간다. 아버지께 어떻게 보일지 조심스러워서 업무시간에는 축하인사를 오지 못하도록 했다. 아버지께서는 회사 뒤편 산에 다녀오시겠다고 나가시는데 어깨에 힘이 없으신 것처럼 느껴진다.

당장 코로나19 이후 작년에 감소한 물량 이상으로 추가 주문이

들어와서 투자계획을 세우는 것이 급해졌다. 진행되는 중요한 내용들을 아버지께 말씀드리겠다고 했지만 아버지께서는 괜찮다고 하신다.

L사에서 학습했던 시스템으로 바꾸려는 의욕을 앞세웠지만 김 교수는 여유 있게 준비하라고 한다. 리더십이 완전히 이전된 이후에 급격한 것보다 충격을 흡수할 수 있을 때 진행하라는 것이다.

CHAPTER 3

승계의 10단계

모든 겸손과 온유로 하고 오래 참음으로 사랑
가운데서 서로 용납하고

『에베소서 4:2』

Be completely humble and gentle; be patient,
bearing with one another in love.

「Ephesians 4:2」

은행원으로서 기업을 바라보는 관점은 신용분석가로서 거래기업의 상환능력과 수익성 중심이었다. 영업활동을 통해서 현금흐름을 파악하고 유동성이 확보되는지를 검토했었다. 중소·중견기업을 판단할 때 신용조사서에 의한 평가를 벗어나지 못했다.

은행퇴직 이후에 비즈니스 코치로서 활동하면서 경영의 어려움을 체감할 수 있었다. 항상 외롭게 결정하는 CEO의 고민에 공감하며 기업에 대한 인식이 바뀌었다.

경영은 만들어지는 것이 아니라 만들어내는 과정이다. 경영의 모든 활동이 부가가치를 더하는 가치사슬[23]로 이어진다. 중소·중견기업의 CEO가 역량 있는 후계자를 육성하는 것이 가장 가치 있고 보람 있는 경영활동이라고 한다면 지나친 표현일까?

---

23) 마이클 포터는 핵심역량으로 기업의 제품생산의 경우에 원재료 구입부터 제품생산과 매출에 이르는 제반 경영활동으로 부가가치를 창출하는 과정을 가치사슬이라고 한다.

중소·중견기업 CEO들은 승계에 대해서 할 말이 많다.

▲▲그룹 모 회장께 가족기업 승계에 대해서 집필하고 있다고 말씀드렸더니 중소·중견기업 승계에 대해서는 몇 시간이라도 할애해서 말씀하시겠다고 한다. 승계의 제도적인 부분인 조세의 변경이 요구되고 선대 경영자와 후계자 관계 등으로 평소 생각을 말씀하시는 것이다.

선대 경영자는 후계자가 같은 마음으로 사업을 지속하기를 원한다. 그것은 창업당시의 기업가 정신이 이어지기를 바라는 것이다. 주변 많은 기업의 승계사례를 들으며 승계의 어려움을 공감한다. 승계의 성공보다 실패나 중도에 매각하는 사례가 더 많음이 안타깝다. 매각을 선택하는 것이 아니라면 승계를 피할 수 없다.

가족기업의 승계에서 창업자와 후계자관계를 생각하면 떠오르는 이야기가 있다. 경영은 이보다 더 많은 변수와 환경이 있지만, 단순하게 묘사해 보겠다. 대부분의 무협지에서 자주 접하는 내용이다.

어느 소년이 악의 세력에 의해서 희생되는 아버지의 죽음을 목격한다. 우여곡절 끝에 원수를 갚겠다며 검술이 뛰어난 스승을 찾아 입산한다. 스승은 소년에게 칼을 쥐어주는 것이 아니라 청소와 밥 짓는 일을 수년 동안 시킨다. 인내하지 못하는 소년은 중도에 포기할까 생각도 많이 한다.

스승은 깊은 뜻이 있었다. 복수하겠다는 마음을 다스리게 하며 살기를 없앤 후에 검에 대한 태도를 갖게 한다. 스승의 가르침에 많은 깨달음을 얻으며 소년은 성장한다.

검을 다루는 것보다 중요한 것은 마음을 다스리는 것임을 깨닫게 된 순간부터 소년은 사람을 살리는 무사를 꿈꾼다.

세월이 흐른 후에 검술을 통달한 소년이 하산하겠다고 스승에게 이야기한다. 처음에는 반대하던 스승과 몇 차례 갈등을 겪는다. 스승은 제자가 하산할 때가 되었다고 생각하면 말한다.

“하산하려거든 나를 이기고 가라.”

스승과 결투해서 실력을 검증받은 제자는 스승이 주는 보검을 들고 하산한다.

소년이 검술을 익히기까지 겪게 되는 아픔과 갈등이 승계에서도 나타난다.

제자로 삼기 위해서 검에 대한 태도를 갖추도록 기다리는 스승이다. 창업자(혹은 선대 경영자, 이하 창업자)는 후계자가 기업과 경영에 대한 태도를 지니도록 가르치고 기다려야 한다.

살기를 버리지 못하고 검술을 배우면 생명을 빼앗는 검객 이상이 될 수 없다. 경영에 대한 태도와 마음가짐이 우선될 때 후계자가 될 수 있다. 리더가 되어 외로운 길을 사명감으로 걷겠다는 후계자의 결심이 요구된다.

창업자는 스승으로서 모든 것을 후계자에게 전수해야 한다. 주저하지 않고 아낌없이 후계자에게 바통을 넘겨야 한다.

후계자는 역량을 갖추기 위해서 정금과 같이 단련받는 기간을 거쳐야 한다. 기꺼이 창업자를 따르는 것에서 창업자를 뛰어넘는 역량을 갖추어야 한다.

가족기업 승계의 많은 사례를 접하면서 승계의 순서를 10단계로 정리했다.

1단계: 승계계획을 수립하라.

2단계: 후계자 진로를 정할 때 승계에 대해서 의견을 나누라.

3단계: 가족화목과 가족의 지지를 확보하라.

4단계: 후계자가 규모가 큰 기업에서 근무경력을 쌓게 하라.

5단계: 핵심역량과 가치관에 중점을 두라.

6단계: 후계자가 직무별로 3~4년씩 근무하도록 하라.

7단계: 리더십 이전을 하라.

8단계: 공동경영을 하라.

9단계: 떠날 준비를 하라.

10단계: 아름답게 떠나라.

1단계: 승계계획을 수립하라

중소·중견기업의 CEO는 매일 의사결정을 해야 하기 때문에 시급한 일에 몰입하고 있다. 『성공하는 사람들의 7가지 습관』[24]에서는 개인관리 원칙으로 '소중한 것부터 먼저 하라'고 제시한다.

중소·중견기업의 가장 우선되어야 하는 소중한 사명은 승계다. 경영현장의 어려움을 안고 승계를 진행하기는 쉽지 않은 현실이다.

많은 중소·중견기업이 승계에 대한 계획이 수립되어 있지 않다.[25] 그렇지만 승계는 장기적인 기간이 요구되므로 계획수립을 미룰 수 없다. 창업할 때부터 승계를 준비하는 것이 옳다. 창업자가 50대 후반에, 후계자 30대 이전에 시작해야 한다. 익산산업은 승계계획을 창업자가 50세에, 후계자가 26세에 수립했다.

승계계획은 기업의 규모와 업종에 따라 차별적이어야 한다. 기업의 규모가 클수록 승계위원회, 승계협의회 등을 구성해서 회사 차원에서 준비하는 것이 필요하다.[26]

제조업과 유통업 및 서비스업의 승계절차는 시작부터 달라야 한다. 익산산업은 제조업으로서 현장의 리더십을 확보하기 위해서 후계자가 모든 업무를 담당했다.

---

24) 『성공하는 사람들의 7가지 습관』, 스티븐 코비, 김영사, 1994
25) 일정한 규모 이하의 많은 기업이 승계에 대한 구체적인 계획수립을 하지 못하고 있는 실정이다.
26) 『가족기업경영』, 남영호, 형지사, 2016

후계자 선발기준 등을 명확하게 정해야 한다. 후계자를 조기에 선발하느냐, 일정기간 경과 후 선발하느냐에 따라 기준이 달라진다. 전자의 기준으로는 후계대상자의 태도, 사업마인드, 후계자의 성장가능성과 회사의 관련성 등을 예로 들 수 있다. 후자의 기준으로는 일정기간 동안 후계대상자들을 기업에 참여시켜 경쟁을 거치게 하고, 주변의 의견을 참고하는 것도 고려할 만한 사항이나 어디까지나 창업자의 의중이 가장 큰 기준으로 작용한다. 반드시 장남과 아들을 고집할 필요는 없다.

후계자가 제한적일 경우에 선발기준에 미달한다면 어떻게 할 것인가? 해결되지 않는 고민이 된다. 승계계획으로 후계자가 역량을 갖추도록 준비하는 기간 동안 유능한 CEO를 영입하여 경영하는 방법도 계획에 포함된다.

승계계획에 의해서 역량을 강화하는 것도 기대할 수 없다면 어떻게 할 것인가? 가족을 우선할 것인가? 회사를 위해서 정할 것인가?

회사의 성장을 위해서 필요한 기준을 정하는 것이 필요하다.

익산산업에 둘째 아들이 출근했다는 말을 듣고 그를 만났다. 현장에서 기름 묻은 옷을 입고 일하는 모습이 인상적이었다. 밝은 얼굴과 맑은 눈 속에서 긍정의 미소를 보았다.

왜 일하냐고 물었을 때 그는 '아버지를 돕기 위해서 나왔으며, 사장 아들이라고 설렁설렁한다는 말은 듣지 않겠다'고 답했다. "현장에서 아버지나 큰아버지께서 관심을 갖지 않는다는 느낌을 갖기도 하지만, 회사의 분위기를 파악하고 직원들과 똑같이 일하고 있다."는 말 속에서 아버지에 대한 이해와 회사에 대한 책임감을 느꼈다.

익산산업의 후계자는 선택의 여지가 없었다. 산업공학을 전공하고 경영에 대한 태도가 뚜렷한 둘째 아들 현국 군으로 정해진 것은 당연한 것이었다.

가족기업은 가족과 기업의 합성어다. 가족이 기업에 영향력을 미치는 기업으로 가족과 기업문화를 생각해야 한다. 가족기업의 승계는 가족의 화합과 더불어 가족의 일원이 기업의 경영권을 이어가는 것이다. 가족의 참여가 많은 경우에는 가족 내에서도 공개적으로 논의할 수 있는 회의체를 만들어야 한다. 가족 내에서 인정받는 후계자가 정해지는 것은 가족의 불화를 최소화하기 위해서다. 익산산업도 가족회의에서 승계의 필요성이 논의되었다. 가족들이 현국 군을 후계자로 정하는 것으로 의견을 모았다.

승계를 시작한 후 일정기간이 경과하면 회사 구성원들에게 승계가 진행되고 있음을 알려야 한다. 후계자가 담당하는 직무를 개발하고 결정하는 데 필요하기 때문이다.

승계를 계획할 때 창업자(현 선대 경영자)의 은퇴에 필요한 재정계획 수립은 필수이다. 창업자가 은퇴 후에는 회사와 완전히 단절된 제2의 삶을 위해 필요한 물질적인 계획에 관한 것이다.

승계코칭의 시작은 대부분 창업자(경영자)의 요구에 의해서 비즈니스 코칭으로 시작한다. 스폰서가 기업이 되어서 창업자부터 코칭이 진행된다. 비즈니스 코칭으로 시작되지만 가족관계 등이 포함되어 라이프 코칭을 함께 한다.

대부분의 중소·중견기업의 창업자는 업력이 쌓인 후에 승계를 생각할 수밖에 없다. 그렇지만 늦더라도 승계에 관한 계획을 수립하는 코칭부터 시작해야 한다.

승계코칭을 시작할 때 반드시 선행되어야 할 것은 언제까지 승계코칭을 진행할 것인지 계약을 해야 한다.

중소·중견기업의 CEO들은 승계 전체 계획을 수립하는 과정만을 코칭대상으로 생각하는 경우가 많다. 승계계획은 승계를 위한 출발이지 목적이 아님을 명심해야 한다. 승계 시작단계에는 코칭과 컨설팅을 원하지만 전 과정을 함께하는 것은 쉽지 않다.

단기간이 아니라 계획에서 요구되는 기간까지 코칭을 진행하는 것을 권한다. 승계의 목적과 의미, 이유 및 가족관계 등에 대해서 전반적인 코칭계획을 수립해야 한다. 승계계획 수립단계에 많은 코칭시간이 필요한 것이다.

2단계: 후계자 진로를 정할 때 승계에 대해서 의견을 나누라

승계는 아버지와 자녀에서 CEO와 후계자 관계로 시작되는 것이다. 창업자는 자녀가 진로를 정할 때 기업을 염두에 두고 정하도록 대화를 해야 한다. 자녀들이 많지 않은 경우가 대부분이므로 후계자를 선택할 수 있는 경우의 수가 많지 않다. 특히 고등학교 진학할 때부터 대학 전공을 고려해야 한다. 가족기업의 업종 관련 전공을 선택하는 것이 이상적이다.

승계성공사례인 DD산업은 창업자와 아들인 후계자(현 경영자)가 고등학교 때부터 승계에 대한 의견을 나누었다. 후계자는 대학 진학 후 방학 때는 생산 현장에서 알바를 하며 기업을 이해했다. 그것이 전공을 선택하고 학업의 목표를 정하게 되어 기업을 성장시키는 원동력이 되었다.

후계자 역량에 따라 기업이 한 단계 진보된 제품이나 품목으로 전환하며 기업의 성장을 기약할 수 있다. 기업과 전혀 다른 영역에 관심을 가진 자녀라면 가족기업 승계의 시기가 늦어지거나 승계의 중단도 우려된다.

중소·중견기업인 경우에는 반드시 후계자의 대학 진학 목적과 학업의 방법, 기업의 향후 방향 등에 대해서 구체적인 이야기를 나누는 것이 바람직하다. 후계자가 다른 진로를 선택한다면 어느 시기에 기업에 참여할 것인지 정하는 것이 필요하다.

3단계: 가족화목과 가족의 지지를 확보하라

창업자의 가정교육이 중요하다.

경영자 이전에 인간으로 갖추어야 할 덕목을 강조해야 한다. 밥상머리 교육으로 기업을 경영하는 것이 무엇인지 알게 해야 한다. 창업 당시의 기업가 정신[27]을 틈나는 대로 전한다. 조직의 유지와 성장, 투명한 경영으로 이해관계자들에게 사회적 책임을 다하는 것이 포함된다. 어릴 적부터 기업과 사회에 대한 긍정적인 마인드를 갖게 하는 것이다.

경영의 힘든 부분을 공유하는 것도 필요하지만 때로는 경영의 보람도 함께 나누어야 한다. 가훈을 선택한 배경을 가족이 이해하고 함께 하도록 권장할 필요가 있다.

가족의 화목은 승계를 잡음 없이 진행할 수 있는 필수불가결한 요소이다. 익산산업은 후계자를 정할 때에 창업자가 아내와 큰아들의 의견을 수렴했다. 그들이 적극 지지하는 것을 확인한 후에 후계자를 정한 것이다. 익산산업의 서형석 회장은 말한다.

"사실 현국이 중학교 때 아버지 사업에 관심이 있는지 물어본 적이 있는데, 큰애는 회사에 관심이 없다고 했고, 둘째 현국이는 아버지 회사에서 돕겠다고 말했습니다."

27) 창의와 도전으로 기업의 이윤을 확보하고 사회적 책임을 다하기 위한 기업가의 정신이다.

어렸을 때부터 회사에 관한 이야기에 호기심을 갖고 듣고 묻고 했다는 것이다.

가족들의 응원은 출발선에 서는 후계자에게 큰 힘이 된다. 익산산업은 승계의 시작부터 가족들의 이해와 지지가 있었다. 부모와 형제들의 지지는 매우 중요하다. 승계과정의 어려움을 가정이 화목하면 단합된 의지로 극복할 수 있다.

익산산업도 후계자가 정해질 때도 그랬지만 중간에 창업자인 아버지와 관계에 어려움이 있었다. 그때마다 할머니와 어머니, 그리고 형까지 많은 조정자 역할을 해 주었다. 승계가 진행된 지 13년 차에도 퇴사를 해야 할 것 같은 결정적인 위기도 있었지만 잘 넘길 수 있었던 것은 '가족의 화목과 변함없는 지지 덕'이었다고 서현국 사장은 말한다.

가족들의 지지가 승계에 긍정적인 영향을 준 사례를 제시한다.

> 저는 ㅁㅁ대학에서 기계공학을 전공하고 무역회사에 근무하고 있었습니다.
>
> ○○산업을 운영하고 계신 아버지는 제가 대학에 진학할 때 저의 의사를 존중하고 자유롭게 전공을 선택하게 하셨습니다. 부품을 생산하는 아버지의 회사를 딱히 염두에 둔 것은 아닌데 제가 공대로 진학했습니다.
>
> 그래도 아버지의 사업에 관여하고 싶지는 않았습니다. 위로는 누나가 3명 있는데 누나들이 아버지 사업을 도우라고 했지만 저는 그러고 싶지 않았습

니다. 대학 졸업할 당시에 어머니께서 돌아가시고 아버지가 재혼하시면서 관계가 멀어졌습니다.

아버지 회사보다 급여를 1.5배나 더 받고 무역회사에서 기계 업무를 담당하면서 3년 정도 근무하고 있을 때에 누나들이 아버지께 승계 이야기를 꺼냈습니다. 외아들인 제가 회사를 빨리 맡아서 일을 배우도록 아버지께 간청한 것입니다. 제가 아버지 회사로 오게 된 동기입니다.

아버지께서는 저를 혹독하게 훈련시키셨습니다. 급여는 줄어들고 일은 더 많아지니 버겁기도 했지만, 무엇보다 밀어붙이는 아버지의 성격 때문에 힘들었습니다. 회사에 제일 먼저 출근하고 제일 늦게 퇴근해야 했습니다. 모든 것을 아버지께서 관여하시고 저에게 권한을 주지 않으셔서 쉽지 않았습니다.

아버지와 갈등이 있으면 누나들이 많은 역할을 했습니다. 아버지가 모든 것을 이해하시고 저한테 도장을 맡기기까지 13년이 걸렸습니다. 현재도 회장으로 출근하십니다.

그때 누나들이 적극적으로 나서지 않았다면 저와 아버지의 관계는 회복이 어려웠을 테고, 우리 회사도 승계문제를 겪게 되었을 것입니다.

가족기업의 승계에서 꼭 필요한 것은 가족들의 성원이다. 그래서 가족의 화목과 교육 및 가풍 등을 주제로 코칭을 진행한다.

창업자를 코칭할 때에는 후계자로서 자녀의 성장을 기대하는 코칭이 필요하다. 이때 후계자에 대한 기대는 현재의 모습보다는 리더십이 이전되는 시기의 후계자를 그려보는 것이 매우 중요하다. 후계자를 코칭하게 되면 창업자(경영자)로서 아버지에 대한 관점의 전환이 요구된다.

승계진행 중에도 필요에 따라서 가족의 코칭을 실시한다.

4단계: 후계자가 규모가 큰 기업에서 근무경력을 쌓게 하라

후계자가 아버지(현 경영자)의 기업 이외의 회사생활을 경험하는 것은 반드시 필요하다. 업종이 전혀 다른 기업에 근무하는 것도 무방하며 심지어 경쟁기업에 근무하는 것도 괜찮다. 대기업이나 경쟁력 있는 기업에서 근무한 경력은 기업 구성원들로부터 객관적인 실력을 인정받을 수 있는 요인이기도 하다.

규모가 있는 조직에서 겪게 되는 조직의 문화와 경영시스템은 가족기업의 성장과 발전에 많은 유익을 준다. 규모가 큰 기업의 재직 경험은 가족기업이 성장할 때 조직의 편성이나 직무의 구성에 많은 도움이 된다. 많은 구성원들의 인간관계와 업무프로세스를 경험하며 인적 네트워크를 형성하기도 한다.

서현국 사장은 일본 L사에서 2년간 재직하며 많은 것을 배웠다. 의사결정과정과 업무 프로세스, 체계 등 익산산업에서 볼 수 없는 것을 알았다. 야마나까 사장의 배려로 현장부터 연구·기획까지 직무를 담당하며 익산산업의 성장을 위해서 어떻게, 무엇을 배울 것인가를 항상 생각하며 정리했다.

조직이 성장할 때 멀리 보는 시야를 갖게 되므로 중소·중견기업 창업자들이 필연적으로 거치는 성장통을 줄인다. 중소·중견기업 창업자들이 자신의 리더십이 상황에 적합하지 않음에도 고집하는 것을 방지할 수 있다.

후계자가 가족기업에 입사하기 전에 타 조직에서 근무경력을 쌓게 될 때에는 분명하게 목적을 정해야 한다. 창업자의 동의를 구해 후계자를 코칭하며 목적과 목표에 부합하는 피드백 코칭을 주기적으로 실시하는 것을 권한다.

격지인 경우에는 줌 등 온라인으로 코칭을 진행하고 필요 도서를 지정하여 진행하는 독서코칭도 바람직하다.

5단계: 핵심역량과 가치관에 중점을 두라

후계자는 기업의 핵심역량을 내 것으로 만들기 위해서 부단한 노력을 해야 한다. 기업의 경쟁력은 핵심역량에서 나온다. 핵심역량을 확실히 알고 있을 때 현장에서 리더십을 확보할 수 있다.

핵심역량이란 고객에게 제공하는 제품이나 서비스에서 경쟁업체에 비하여 고객에게 더 효율적으로 그 가치를 전달하는 능력을 말한다.

예를 들면, 금형제품을 제조하는 기업에서는 금형에 대해서 잘 알아야 한다. 창업할 때 핵심역량이 무엇이었는지 정의를 하고 후계자에게도 중점적으로 전해야 한다.

일반적으로 창업자가 지닌 역량을 핵심역량으로 오해하는 경우가 있다. 영업을 잘해서 설립한 기업의 창업자는 영업을 강조하고 기술로 창업한 기업의 경영자는 기술이 중요하다고 하는 것이 그 예다.

기업의 가치관이 차세대에도 일관되게 이전되어야 한다. 창업자가 경영을 하면서 가장 소중하게 여기고 있는 것이 무엇이고 반드시 지키는 것은 어떤 것이 있는지 후계자가 알아야 한다. 창업할 때부터 겪었던 많은 경험과 사례가 후계자에게 전달되는 노력이 필요하다. 타인에게 말 못 할 것까지도 후계자에게 전하려는 용기가 필요한 것이다.

후계자는 경영의 어려움도 있지만 보람도 느낀다는 것을 창업자를 통해 들어야 한다. 후계자는 아무리 사소한 것이라도 창업자의 이야기에 귀 기울여야 한다.

창업과 승계 시기의 기업환경이 다를지라도 기업의 가치관은 변함이 없는 것이어야 한다. 후계자는 창업 당시의 가치관을 인식하고 받아들여야 한다.

익산산업은 후계자가 현장에서 생산 업무를 담당하며 창업자의 '늘 처음처럼'이라는 자세를 본받으려고 노력했다. 산업공학을 전공했고 현장의 일은 또 다른 것이었지만, 배움의 즐거움으로 임했다.

후계자가 핵심역량을 배우려는 자세와 가치관을 대하는 마음가짐은 중요하다. 후계자의 승계에 대한 태도라고 표현할 수 있다.

창업자가 후계자의 태도를 신뢰하지 못하면 승계는 많은 비용[28]이 발생한다. 후계자의 태도를 신뢰하지 못해서 승계가 멈춘 사례를 보자.

<table><tr><td>

중학교를 졸업하고 ○○기술을 익힌 ▲▲공업 창업주 W사장은 △△제품 ○○의 국내 일인자로서 60대 후반이다. 아들은 해외 유학파로, 40대 초반이다. 평소 W사장은 ○○기술을 배우려는 의욕이 없는 아들에게 불만이 많다.

어느 날 W사장은 △△제품을 납품하는 대기업의 담당자와 일식집에서 식사를 하게 되었고, 아들을 소개할 겸 식사에 동행했다. 평상시와 같이 W사장은 다다미방에서 무릎을 꿇고 식사를 하며 정중하게 담당자를 접대했다. 자기 나이 또래의 담당자를 대하는 아버지의 모습을 본 아들은 충격을 받았다.

</td></tr></table>

28) 『신뢰의 속도』, 스티븐 M. R. 코비, 김영사, 2009

W사장: △△제품을 납품하는 대기업에게 잘 보이는 것이 영업의 핵심이므로 그런 모습은 당연한 것이다. 30년 동안 그렇게 해 왔으니 담당자가 바뀌어도 변함없이 거래하는 것이다.

아들: △△제품을 대기업에 납품할 수 있는 것은 ▲▲공업의 역량 때문이다. 대기업에서 평가를 해서 결정하는 것이므로 지나치게 접근할 필요는 없다. 내 또래의 담당자에게 존댓말을 하며 굽신거리는 것이 보기 힘들었다.

W사장: 그런 느긋한 태도가 문제다. ○○기술을 배우려 하지 않는다. 엔지니어에게 맡기기만 한다. 엔지니어들이 이직하면 어떻게 할 것인가?

후계자는 기업의 핵심역량에 관해서 어떻게 이어갈지를 염려하는 창업자와 다르게 합리적인 경영으로 계획을 수립하고 구성원들에게 위임하여 기업을 경영하겠다는 의지가 강해 승계의 갈등이 지속되고 승계가 멈춰있다.

기업의 핵심역량을 파악하는 코칭과 이에 요구되는 지식과 기술 및 태도 등을 정하는 코칭을 한다.

창업자(경영자)에게 강점코칭으로 성공경험을 돌아보게 한다. 기업의 경쟁력 있는 핵심역량을 정하며 후계자가 이를 학습하는 코칭이 지속되어야 한다. 창업자(경영자)가 강조하는 가치관을 후계자의 시선에서 바라보게 하는 것이 중요하다.

창업자와 후계자를 같은 주제로 코칭을 진행한 후에 함께 대화하는 시간을 마련하는 것을 권한다.

6단계: 후계자가 직무별로 3~4년씩 근무하도록 하라

기업의 핵심역량은 기업 구성원들이 보유하고 있는 지식과 기술, 태도 등의 총합으로 기업의 현재에 이르게 한 것이다. 기업의 경쟁력이라고 말하기도 하지만 중소·중견기업의 창업부터 지금까지 축적된 노하우라고 할 수 있다.

제품을 기획하고 생산하며 판매한 후에 대금을 회수하는 일련의 제반활동 등으로 핵심역량을 구분할 수 있다. 경영관리 분야로 구분한다면 생산-연구-영업-마케팅-재무-관리-기획 등이다.

중소·중견 가족기업의 규모에 따라서 접근을 다르게 해야 한다. 일정한 규모 이하의 기업[29]은 후계자가 현장에서 직무를 담당하는 것이 이상적이다.

고객의 정보는 현장에 있다. 후계자가 현장을 아는 것은 고객과 접점을 알아가는 것이며 직무를 개선할 때 유익하다.

제조업의 경우에 핵심역량부서에 근무하는 것을 시작으로 다른

29) 객관적인 자료를 제시할 수 없지만, 제조업의 경우에 매출액 2,000억 이하의 기업을 일컫는다.

부서의 직무를 3~4년씩 경험해야 한다. 부서별로 이동할 때마다 직급을 상향시켜 배치한다.

익산산업은 후계자가 생산부서에서 3년은 대리로, 영업부서 과장으로 3년, 이후에 재무와 총무부서의 차장으로 각각 3년씩 재직했다. 후에 부장으로 승진, 기획 등을 포함하여 4개 사업장을 총괄했다.

창업자는 후계자가 담당하는 직무에 대해서 권한을 주어야 한다. 또한 후계자는 담당하는 직무에서 개선할 것을 찾는 열심을 내야 한다. 조직의 위계범위 이내에서 직무의 노하우를 습득하는 것 이외에 향후 후계자로서 지위를 확보해 주어야 한다. 그러기 위해서 후계자의 상위 책임자 및 기업의 임원들에게 승계에 관해 내용을 공유해야 한다.

익산산업은 새로운 제품으로 사세를 확장할 기회가 주어졌고 신제품을 생산하기 위해 익산메탈이라는 신규법인을 설립하여 후계자를 대표이사로 선임했다. 승계가 시작된 지 10년차였다. 규모는 작지만 자연스럽게 후계자가 독립법인을 경영하기 시작한 것이다. 또한 익산산업의 부장으로서 부서 간의 조정과 통제를 시작했다.

후계자가 승계계획에 따라서 직무를 담당할 때 종전의 방식을 따르되 개선할 것이 무엇인지 바람직한 모습을 그려보는 코칭을 한다.

후계자가 무조건 과거의 방식을 부정하면 기존 직원들이 반감을 갖기도 한다. 이를 예방하기 위한 구성원들과 소통 및 일의 속도를 조절하는 코칭이 효과적이다. 또한 개선에 따른 창업자(경영자)를 움직일 수 있는 의사소통방법이 후계자에게 요구된다.

7단계: 리더십 이전을 하라

후계자가 직무를 담당하면서 개선하는 긍정적인 효과는 조직 구성원들이 후계자를 따르는 것으로 나타난다.

리더십의 귀인[30]이론에 따르면 창업자가 후계자를 어떻게 평가하는가는 매우 중요하다. 직무별로 부서의 책임자로 결제를 하고 역량을 갖추도록 임파워먼트해야 한다.

임파워먼트는 '조직의 상층부에서 권한을 쥐고 통제중심의 관점에서 조직을 운영하기보다는 권한 위양을 통해 구성원의 자율적이고 적극적·능동적인 활동을 유도하는 개념'이다.[31]

창업자가 과거의 성공경험을 강조하면 오히려 리더십 이전에 걸림돌이 될 수 있다. 후계자가 담당하는 직무를 통해서 자연스럽게

---

30) 귀인(歸因): 어떤 행동의 원인을 추론하여 귀속하고 결정하는 것을 말하며 리더십에서는 리더나 부하가 상대방의 행동을 추리하여 생각한 후에 평가하는 것이다.

31) 『임파워먼트 실천 매뉴얼』, 박원우, 시그마컨설팅그룹, 1998

리더십이 이전되도록 고려해야 한다.

창업공신들과 후계자 세대의 갈등은 피할 수 없다. 컴퓨터 세대와 그렇지 않은 세대, 의사표현이 간접적인 세대와 직접적인 세대로 대별할 수 있다.

창업공신들은 창업자와 회사의 성장을 함께 했다. 그들이 정년이 되면 퇴직시켜라. 창업자 은퇴 이후에 가족기업에 계속 근무하는 창업 세대는 없어야 한다. 후계자에게는 젊은 세대들의 지지가 필요함을 인식해야 한다.

리더십이 이전되는 과정을 아쉬워하지 않아야 한다. 이른바, 승계음모의 한 형태로 나타날 수 있는 것인데 조직의 규모가 커지면 보이지 않은 힘에 의해서 파벌이 형성되고 화합이 저해되는 현상들이 나타난다. 의사결정의 방법과 인식에 의한 것으로 받아들여질 수 있지만 새로운 것을 쉽게 받아들이려는 세대와 과거에 잘해오던 방법을 고수하려는 기존 세대의 일하는 방식의 차이일 수 있다.

리더십을 이전하는 과정에서 반드시 겪게 되는 과정이 익산산업에서도 나타났다. 익산산업도 C시로 이전한 후에 '시화파, C시파'로 은연중에 구분하는 일들이 있었다. 승계를 진행한 지 13년차에 창업자가 후계자를 회사에 출근하지 못하게 하지 않았던가!

창업자는 평소에 강조하는 '늘 처음처럼'이 후계자에게도 지속되기를 간절히 바라는 마음이 앞섰던 것을 깨달았다.

리더십을 조직에서 힘(power)이라고도 표현한다. 그래서 실세라는 말이 나오는지 모르겠다. 리더십 이전은 실세가 바뀌는 것이 아니라 창업자의 리더십이 서서히 후계자에게 옮겨지는 과정으로 반드시 인식해야 한다. 리더십 이전이 이루어지는 분야는 후계자가 회사의 대표성을 갖게 한다.

익산산업은 승계 14년차에 후계자가 상무이사로 대부분의 결재권한을 행사했다.

다음 그림에서 보는 바와 같이 승계 초기(A)의 리더십은 창업자가 100, 후계자는 전혀 없는 상태이고, 승계가 진행됨에 따라 승계중기(B)에는 창업자가 50, 후계자가 50을 발휘한다. 그리고 승계가 완료되는 시점의 리더십은 후계자는 100, 창업자는 전혀 없는 것이다.

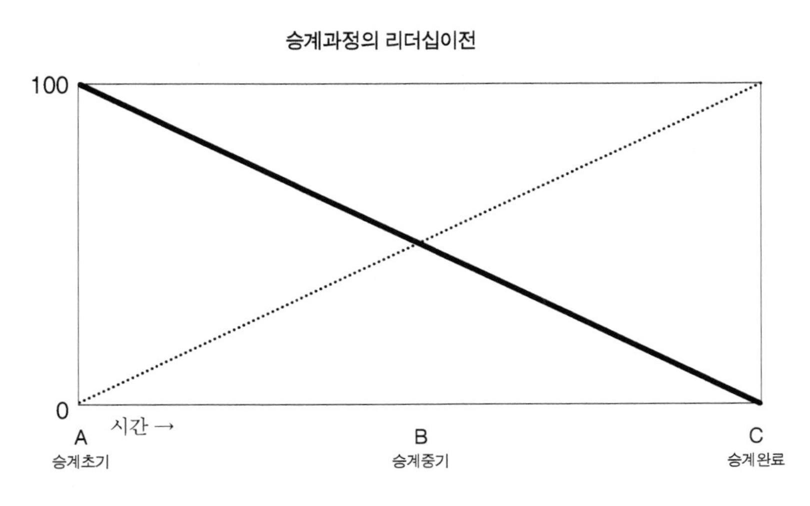

승계시기 / 리더십	초기(A)	중기(B)	완료(C)
창업자 ━━━	100	50	0
후계자 ···········	0	50	100

리더십 이전에 따라서 관점이 달라져야 한다. 현국 군이 익산메탈의 대표이사가 된 순간부터 호칭을 '현국 사장'으로 정한 이유다. 당연한 것이지만, 코칭을 진행하면서 쉽게 받아들이지 못한 부분이기도 하다. 승계를 진행한 지 10여 년이 지나면서 후계자는 신입사원에서 임원으로 성장했다. 코치가 여전히 승계를 처음 시작하던 눈높이로 후계자를 바라보지 않도록 조심스럽게 권한다. 이전에는 창업자에게 코칭에 더 많은 시간을 할애했다면 향후에는 후계자에게 코칭이 더 필요한 시기이다.

창업자에게 내려놓음과 자신을 돌아보는 코칭이 필요하다. 후계자에게 코칭을 할 때에는 리더십과 의사결정 및 경영분석과 전략 등이 주제가 된다.

8단계: 공동경영을 하라

후계자를 대표이사로 등기하여 공동경영을 일정 기간 한다. 창업자는 대표이사 회장으로, 후계자는 대표이사 사장으로 역할을 구분한다.

결재권한을 업무별로, 시기별로 정하라. 업무의 일부분에서 업무 전체로 확대하는 결재권한을 준다. 창업자는 후계자에게서 결제시기를 매일에서 매주, 매달, 분기별로 하고, 나중에는 후결(後決)로 보고만 받는다. 익산산업은 후계자가 상무이사로 결재권을 행사한 지 2년이 경과한 승계 16년차에 대표이사로 등재되었다.

대표이사 사장인 후계자가 의사결정에 깊숙이 개입하여 리더십을 발휘해야 한다. 후계자는 기업의 이해관계자 및 대외 활동에서 기업을 대표하는 리더로서 상징성을 갖게 된다.

승계계획 수립 당시에 공동경영시기를 정하고 반드시 지켜라. 공동경영기간 동안 창업자(혹은 선대 경영자)와 후계자는 CEO로서 형식과 실제에 있어서 마음을 함께하는 노력이 절실하게 요구된다. 공동경영이 종료될 시기에는 후계자가 경영의 모든 책임을 져야 한다.

승계과정에 기업의 형편에 의해서 은퇴 시기를 조정할 수 있다. 그때에도 승계완료 시기를 명확하게 정해야 한다.

코치가 승계완료 시기를 간섭하는 것은 불가능하다. 단지 코칭을 통해서 창업자(경영자)가 은퇴 시기를 결정하도록 돕는다. 승계를 왜 시작했는지 승계계획을 수립할 당시를 돌아보게 한다.

코치는 창업자가 승계계획을 수립할 당시에 예상했던 환경과 조건이 현재와 다름에 주저하고 있음을 인식해야 한다. 특히, 창업자의 건강에 이상이 없다면 수명연장에 따라 승계 시기는 자연스럽게 탄력적으로 정해질 것이다. 후계자에게는 리더십을 적극적으로 행사하고 기업의 리더로서 상징성과 책임감을 강화하는 코칭이 필요하다.

9단계: 떠날 준비를 하라

은퇴 시기를 정하는 것과 은퇴 이후에 무엇을 할 것인가를 생각해야 한다. 고령화로 인해서 은퇴 시기가 점점 늦어지고 있다. 은퇴 시기를 반드시 정하는 것이 필요하다.

익산산업은 후계자와 공동경영을 3년 하고 은퇴를 계획하고 있다. 은퇴 후에 무엇을 어떻게 할 것인가에 대한 준비를 하는 시기다.

서형석 회장은 어릴 적부터 해 보고 싶었던 그림 그리는 것을 준비했다. 그림 동호회에 가입해서 주기적으로 그림을 배우기 시작했다. 집 인근에 화실을 마련해서 주중 후반 3일은 습작활동에 집중하려고 계획하고 있다.

은퇴 이후에 무엇을 어떻게 할 것인가는 창업자(혹은 선대 경영자)가 정하지만, 그러한 준비가 가능하도록 하는 것은 전적으로 후계자의 몫이다. 이 시기에 후계자와 반드시 확인할 것은 승계계획 수립과 동시에 진행된 은퇴자금 확보에 관한 것이다. 제2의 삶에 필요한 재정적인 부분을 확실하게 해야 한다.

은퇴 준비를 하지 못한 기업의 사례에서 창업자의 눈물을 보라.

장비생산업체 ○○산업의 창업주는 1960년대에 창업하여 슬하에 2남 3녀를 두고 있다.

장남이 사장으로 경영하고 있던 중에 차남이 결혼과 동시에 대기업을 퇴직하고 부친의 회사에 입사하여 과장으로 재직했다.

이후에 ▲▲ 전공의 장남과 □□을 전공한 차남이 의사결정과정에서 갈등이 반복되니 창업자는 직원들에게 창피하고 가족의 불화가 걱정되었다. 평소에 맺고 끊는 것이 확실한 창업자는 두 아들에게 '3개월의 말미를 줄 테니 구정 전까지 어떻게 할 것인지 정하라'고 말했다..

장남이 퇴사의사를 표현하고 차남은 양보할 생각이 없었다. 19××년도에 장남은 퇴사하고 차남을 대표이사로 정했다. 이때 창업자는 기업(법인) 이외의 재산 1/2를 정리해서 장남이 ▲▲업체를 설립하도록 지원했다. 그리고 IMF외환위기 때 장남의 사업체는 도산되었다.

○○산업이 20××년 T시로 사업장 이전 당시 사업장 규모를 확장하기 위해서 창업자의 개인 재산을 추가로 출자했다. 기업성장을 대비해서 사업장 인근의 농지를 매입하면 좋겠다는 사장의 의견을 듣고 창업자는 나머지 전재산을 차남에게 증여하여 농지로 부지를 확보했다. 사업장 이전 후 지속적으로 성장하여 사세가 확장되었다.

어느 날 셋이 만난 자리에서 회장께서 "○사장은 그만 회사에 들어가보고,

지점장은 나랑 술 한잔합시다"라고 말씀하셨다. '내가 술을 한잔도 못 하는 것을 아시는 분이 왜 저런 말씀을 하실까'라는 생각에 오후 일정을 변경하고 오랜 시간을 함께 하게 되었다.

회장은 사업장 이전 후의 성장 과정을 말씀하시더니 술을 거푸 몇 잔을 드시고는 한숨을 쉬셨다.

"사업장을 이전한 후에 매일 출근했는데, 언젠가 ○사장(차남)이 불쑥 던지는 말이 '아버지! 이제 회사에 그만 나오셨으면 좋겠어요. 직원들이 힘들어 해요'라고 하네요."

"회장님! 무슨 일이 있으셨습니까?"

"무슨 일이 있겠어요. 내가 공장을 지나다니다가 재고관리가 허술하거나 생산 현장이 산만하면 큰소리로 직원들을 좀 나무란 것뿐이지요. 옛날에는 그러면 불호령을 내렸지만 지금은 그래도 목소리도 줄이고 그러는데…."

매출규모가 커지고 종업원의 수가 많아졌으나 회장의 시선은 당신이 경영하던 시절을 생각하며 회사를 위한다고 말을 하게 된 것이다. 현 대표이사와 구성원들은 쓸데없는 잔소리로 달가워하지 않은 것이리라.

"회사에 안 나오면 나는 어디를 가요? 회장실을 잘 만들어줘서 매일 회사 나오면 힘이 나는데…. 공장 한다고 한참 어려운 시절에 형제들을 도와주지 못해서 의절하고 사업에만 매달렸는데, 참!"

회장은 독한 소주를 또 들이키신다.

"그렇다고 이 나이에 친하지 않은 친구를 찾는 것도 그렇고, 내가 젊었을 때 골프나 취미생활을 할 여유도 없었지만 통 그런 것은 재미가 없어서 사업에만 매달린 것은 지점장도 잘 알 거 아니에요?"

현재의 사업장이 있기까지 창업부터 모든 것을 결정하고 진행한 사항을 충분히 공감하는 터였다.

"지점장! 그런데 또 그런 것은 내가 2남 3녀를 두었는데 이 녀석들이 우애를 못한단 말이에요."

회장의 목소리가 떨리며 표정이 어두워지신다.

"그래도 장남이 대표이사를 할 때에는 명절에 아내에게 별도로 용돈을 주면서 동생들 오면 챙겨주시라고 하는 정이라도 있었는데, 돈이 많고 적어서가 아니라 이제는 그런 것도 일체 없어요. 아들들이 다툴 때 장남을 남기고 ○사장(차남)을 퇴사하라고 했어야 했는지…. 능력은 차남이 낫고, 또 장남이 자기 사업을 하겠다고 해서 ▲▲동에 있는 건물을 팔아서 사업밑천으로 주었는데 지금은 그것이 후회가 돼요."

그렇게 선택할 수밖에 없는 상황에 대해서 위로를 건네는 것밖에는 할 수가 없었다.

"그것이 잘못되는 바람에 큰아들이 몇 년 전부터는 가족의 일에 영향력이 없으니 자식들이 각각이라 더욱 안타깝습니다."

그러다 결국 회장은 눈물까지 흘리셨다.

"공장 이전할 때 남은 재산이라도 그대로 뒀어야 했는데 그러지 못해서 여생을 어떻게 해야 할지 모르겠습니다."

그 말씀이 가슴을 먹먹하게 했다.

창업자가 창업을 할 당시처럼 구체적으로 은퇴준비를 하도록 코칭한다.

제일 먼저 영적인 건강과 육적인 건강을 돌아보게 한다. 그리고 후계자와 함께 제2의 삶에 충분한 재정이 확보되었는지를 살펴본다. 여가와 문화생활에 대해서 계획을 수립하며 봉사활동을 포함한 사회생활을 개인으로 참여하게 한다. 창업자가 사업 때문에 미뤘던 일을 찾아서 보람된 삶을 꿈꾸게 한다.

10단계: 아름답게 떠나라

창업자는 회사를 완전히 떠나라. 기업의 주식도 은퇴 이전에 전부 이전해라. 우리네 정서상 은퇴한 회장에게도 이해관계자가 요청하는 일이 발생할 수 있다. 과감하게 단절하라. 현 경영자가 마음껏 경영할 수 있도록 의사결정에 관여하지 않겠다는 결심을 확고히 하는 것이 요구된다.

가족기업의 소유권과 경영권의 승계가 완료되는 시점에 반드시 확인할 내용이 있다. 창업자가 설립한 기업의 존속에 관해서 향후 계획을 후계자(현 경영자)와 약속을 하는 것이다.

창업자가 젊음을 바쳐 이룬 기업의 미래가 불투명하다면 가족기업 승계의 의미가 퇴색한다. 불가피하게 업종을 전환하거나 매각하려는 계획이 있다면 창업자 은퇴 이전에 충분한 논의를 거쳐서 결정하는 것이 바람직하다. 창업자를 가족의 어른으로 배려하는 것이다.

창업자는 은퇴 이후에는 뒤돌아보지 말아야 한다. 그것이 아름답게 떠나는 것이다. 창업자의 마음이 머무를수록 후계자에게 짐이 된다는 생각을 하는 것이 필요한 것이다.

가장 불행한 것은 후계자(현 경영자)가 부족하다고 판단하여 은퇴한 창업자가 복귀하는 것이다.

창업자가 경영권을 승계한 후에 복귀한 사례를 보자.

> ▲▲제품을 생산하는 ☆☆산업의 창업자는 60세가 되어 심장질환이 나타났다.
>
> 자녀는 아들과 딸을 두었는데, 두 사람 모두 부친의 사업과 무관한 전문가 자격증 취득 후에 각자의 사업을 하고 있다. 한참 호황기에 사업을 접을 수도 없었다. 그래서 형의 아들을 후계자로 생각하여 5년 동안 함께 근무했다.
>
> 창업자는 65세 되던 해에 은퇴를 했다. 경영에는 손을 뗐지만 지분을 후계자(조카)에게 양도하지 않았다.
>
> 은퇴 후에는 건강도 돌볼 겸 ○○에 전원주택을 짓고 평상시에 해 보고 싶었던 목공기술을 배웠다. 틈틈이 작품을 만들어 지인들에게 선물도 하고 아내와 여유롭게 생활을 했다.

은퇴 후 3년이 지났을 때에 세계금융위기 여파로 회사는 정상경영이 어렵게 되었다. 창업자의 눈에는 현 경영자인 조카가 책임감을 갖고 경영하지 않는다고 생각했다. 그래서 다음 해에 회사에 복귀했다.

은퇴 후에 악화된 재정 상태를 정상으로 회복하기 위해 많은 손실을 감수했지만, 무엇보다도 창업자의 건강 문제로 기업의 전망은 불투명하다.

은퇴 이후에는 제2의 삶을 누려야 한다. CEO가 아닌 개인으로서 가정과 지역사회참여와 봉사활동 등도 포함된다.

어떻게 살 것인가를 구체적으로 정하라. 정신과 육체의 건강, 재정적, 문화적 부분 등의 계획을 실천한다. 승계 시작과 동시에 준비해 온 은퇴 이후 재정이 집행되어야 한다.

승계가 완료된 이후에도 창업자(선대 경영자)와 후계자(현 경영자)의 관계는 돈독해야 한다. 가족기업 이전에 가족관계는 변함이 없는 것이며, 창업자가 가족과 기업을 위해 흘린 땀과 눈물을 이제 후계자가 흘려야 한다.

에필로그

가족기업의 자연스런 바통터치를 위하여

가족기업의 승계는 창업자와 후계자에게 주어진 명제이다. 가족기업이 가족과 기업의 합성어인 것처럼 승계는 가족과 기업이 다음 세대로 이어지는 바통터치와 같다. 창업자가 단독으로 달려온 길을 후계자가 함께하는 기간이 승계기간이며 승계가 완성되면 향후에는 후계자 혼자 달려야 하는 것이다.

창업자 서형석 사장을 만났을 때가 50대 초반이었으나 이제 60대 중반이다. 은행거래기업으로 만났기에 지점장에서 교수로 호칭이 바뀌었다.

서 사장은 이제는 어엿한 4개 회사의 회장으로 승계초기와 다른 큰 기업을 경영하고 동종업계의 선배로서 많은 영향력을 주고 있다. 후계자 서현국 사장도 이제 익산산업을 대표하는 CEO다. 아버지의 기업을 이어서 경영하는 것이 특혜가 아니라 더 잘해야 한다는 다짐을 항상 하고 있다.

서 회장과 첫 만남에서 승계가 필요한 기업이라는 것을 알게 되었지만 지점장으로서 승계를 쉽게 말하지 못했다. 은행 지점장 본연의 직무에 충실해야 하는 책임감이 우선했고 불필요한 오해를 받을 소지가 충분했기 때문이다.

그렇지만 승계를 적극적으로 권하고 진행했던 이유는 크게 두 가지이다.

첫째는 서 회장의 진실된 마음과 신뢰를 느꼈기 때문이다. 지점장 부임 인사차 회사를 방문했을 때 사업 확장에 따른 자금여력이 충분하지 않았는데도 "지점장님! 무엇을 도와드릴까요? 필요한 것이 무엇이에요? 편하게 말씀하세요."라는 말에서 진심을 느꼈다. 서 회장은 16년이 지난 지금도 변함이 없다.

CEO들과 통성명할 때에 '기업승계 전문가'로 쓰인 명함을 건네는 이유는 자연스럽게 승계에 대한 대화를 하기 위해서다. 승계가 필요한 기업이나 막연하게 승계를 생각하던 기업조차도 관심을 보이며 묻다가 정작 승계를 진행하지 않는 경우가 대부분이다. 승계가 궁금하지만 거래 지점장에게 기업의 모든 것을 드러내고 싶지 않은 마음이 앞섰을 것이다. 기업사정뿐 아니라 가정사까지 말해야 하니 더 망설였는지 모르겠다.

중소·중견기업 CEO들은 기업의 평판에 부정적인 내용들은 확인되기 전까지 먼저 말을 꺼내지 않는다. 심지어 자신의 건강에 이상이 있음에도 기업에 도움이 되지 않는다고 판단하여 말하지 않는 것을 많이 보았다. 어려운 환경에서 창업하여 지금까지 지켜오며 쌓아온 중소·중견기업 CEO특유의 경험에 의한 선택일 것이다.

그런 와중에 익산산업은 승계에 관해서 기업의 모든 것을 다 드러냈다.

익산산업이 가족기업으로서 승계할 시기가 되었다고 설명할 때 긍정적으로 검토하며 준비하는 과정에서 기업승계 전문가로서 신뢰하고 있음을 알 수 있었다.

둘째는 기업형편에 맞게 다른 기업과 함께하려는 CEO이기 때문이다.

지점에 부임하고 첫 이업종교류회 특강에서 헌 돈과 새 돈으로 예를 들어 설명했다. 그때 당시 IBK기업은행을 비롯한 중소기업 관련 기관들은 대기업과 중소·중견기업의 대금 결제에서 불합리한 것을 개선하려고 노력하고 있었다. 그런데 중견기업의 대금결제도 협력기업에 불리한 것으로 나타났다. 지점장으로서 이업종교류회에 참석할 정도의 연륜이 있는 기업 CEO들에게 협력업체의 대금결제 조건을 개선했으면 하는 바람으로 예를 든 것이었다.

유일하게 속내를 알게 된 서 회장이 협력업체에 도움이 되는 결제조건으로 바꾸었다는 것을 알고 무척 고마웠다. 건강한 기업생태계를 위해 함께 하는 기업이기에 성공적인 승계에 대한 바람을 갖게 되었다. 그래서 승계를 적극적으로 권하고 함께 하였다. 승계 코칭에 임하면서 조직의 이익에 반하거나 개인의 이익을 위해서 접근하지 않겠다는 신의 성실의 원칙을 새롭게 인식하고 지키려고 노력했다.

IBK기업은행 재직 중인 2000년대 초는 경제연구소를 중심으로 뜻있는 구성원들이 승계연구회를 조직하여 기업승계를 연구하고 지식을 공유하기 시작한 시기였다. 고문으로서 승계의 의미와 필요성 및 기업을 돕기 위해 은행원이 무엇을 어떻게 해야 하는지를 구성원들에게 알리기 위해서 미력이지만 힘을 보탰다.

승계 초기 3년은 기업승계 전문가로서 조언하는 것부터 시작하였다. 승계이론에 치중해서 승계과정을 진행했으니 멘토링에 가까운 것이었다. 승계의 경험이 없는 서 회장에게 요구한 것은 결정을 하면 반드시 실행하자는 것이었다. 승계의 전반적인 목표와 계획을 수립할 때에는 창업자의 욕구를 파악하여 접근하였다. 창업하고 현재까지 이른 것을 항상 인정했다. 중소·중견기업 CEO들이 부침이 심한 환경가운데서도 지금까지 경영해 온 자체만으로도 인정받기에 충분하지만, 잘했다는 평가가 아니라 창업자의 성품과 가치관 및 의욕과 노력 그 자체를 지지하며 받아들였다. 나가서 기업이 산업에서 차지하고 있는 기능과 가치를 생각했다. 서 회장의 니즈가 파악되고 목적과 목표를 정한 후에는 그것이 이루어진 모습을 그려보게 하고 그곳에 머물게 하는 코칭을 했다. 승계를 왜 해야 하는지, 그것이 어떤 의미가 있는 것인지, 고객 스스로 원하는 것을 정하게 했다. 실행방법을 정함에도 SMART[32]한 방식으로 구체적이고, 측정 가능하며, 달성할 수 있는 목적과 연관성 및 시간을 정한 계획을 수립하였다. 기업 내부적인 역량을 중심으로 계획을 수립하여 실행 가능성이 높도록 하였다. 계획 중에 피드백을 포함시켜 기간별로 점검하여 개선 및 수정을 하려고 했으나 실행되지 못한 아쉬움은 남았다. 승계 진행 중에 KIKO[33]와 세계금융위기[34]로 외부 환경이 급격히 변해서 승계 이전에 기업의 생존의 문제까지 염려하는 상황이었다.

지점장 재직 시에 거래기업을 방문했다. 중견그룹에 속한 기업이었는데 그룹사 회장과 기업의 CEO와 함께 분기에 한 번 회사 구내식당에서 식사를 하는 자리를 갖기 위해서였다. 마침 CEO를 코칭한 코치와 동석하게 되었고 코칭을 어렴풋이 알게 될 때의 마음은 오래 기다리던 친구를 만나는 기쁨과 같았다. 그날 저녁에 장문의 이메일로 더욱 궁금해진 코칭에 대해 물었다. 중소·중견기업을 돕

32) SMART란 (Specific, Measurable, Attainable, Relevant, Time based)의 약자다.

33) KIKO(Knock-In, Knock-Out)는 환율변동에 따른 위험, 즉 환율하락에 따른 환차손위험을 보전하기 위한 파생금융상품으로 2007년 당시 환율하락을 염려한 수출기업들이 가입하여 손실을 보았다.

34) 리먼브라더스사태라고 일컫는데 2008년 미국의 서브프라임모기지론 부실과 파생상품의 손실여파로 세계금융시장이 겪게 된 위기를 말한다.

는 전문가로서 반드시 필요한 것이 코칭이라는 것을 인식하고 구체적인 로드맵의 조언을 구했다. 그 조언대로 코치의 길을 걷고 있다. 2년여의 코칭훈련 심화과정을 마칠 때 향후 '어떤 코치가 될 것인가?'라는 미션을 적는 순서가 있었다. 이른바 코치로서의 사명인데, 나는 '비즈니스 코치로서 기업을 돕겠다(중소기업 전문코치가 되겠다)'고 기록했다. 그것이 코칭훈련을 받은 이유였고 목적이었다.

은행에 재직 중일 때에는 신용분석자로서 기업을 평가하는 한계를 벗어나지 못했다. 승계 진행도 그러한 제한적인 인식에서 자유롭지 못했음을 고백한다. 코치로서 활동을 업무시간 이외에만 해야 하는 한정적인 조건 때문이지 모르겠으나 거래기업을 코칭하며 완전히 몰입하지 못했다. 은행 퇴직 이후에 중소·중견기업의 환경과 어려움을 체감하고 나니 그 이유를 알 수 있었다. 거래기업의 CEO와 코칭고객을 분리하지 못한 채 라포를 형성하려고 한 자신의 부족함을 발견했다.

전문코치로서 훈련을 받고 온전한 코칭을 지향하며 비즈니스 현장의 욕구에 부응하는 많은 주제로 코칭을 했다. 비즈니스 코칭은 CEO개인의 요구에 의한 것도 있지만 일반적으로 기업체의 요구에 의해서 실시된다. 특별한 이슈나 주제에 의해서 진행되는데 짧게는 5회 이내, 보통 10회로 진행을 한다. 세션기간을 2주로 정하면 20주 이상이 소요되니 보통 6개월 정도 코치와 고객으로 만나는 것이다.

•

승계코칭은 이와 다른 특징이 있다. 비즈니스 코칭으로 스폰서가 기업이 되지만 중소·중견기업의 승계코칭은 창업자(경영자)가 요구하는 것이다. 자신도 코칭을 받기도 하지만 후계자도 참여하고 필요하면 조직의 구성원도 코칭에 포함한다. 1년 이내 10회로 코칭을 마치는 것이 아니라 10년 이상 회수를 정할 수 없는 장기 코칭이다. 코치가 정해지면 승계를 마칠 때까지 모두 다 함께하는 것은 아니라고 생각한다. 코칭계약이 체결되었다고 하더라도 고객이 만족하지 않고 실행이 없다면 코치는 언제든지 스스로 고객의 동의를 구하고 코칭을 멈춰야 한다. 처음부터 승계코칭을 실행하지 않았더라도 고객의 요청에 따라서 승계과정 중인 승계초기단계와 중간단계 및 마지막 단계에 코칭을 진행할 수도 있다.

승계코칭을 진행 중에 필요하면 전문영역이 다른 코치와 분야별로 협업하여 코칭을 진행하는 것도 필요할 것이다. 중요한 것은 승계코칭에 참여하는 코치는 코칭을 부분으로 보지 않는 것이다. 승계전체적인 맥락에서 큰 그림을 그려보는 관점에서 출발해야 한다.

모든 코치들이 그렇듯이 승계에 참여하는 코치들도 슈퍼비전[35]으로 자신을 성찰하고 지속적인 학습으로 성장을 꿈꿔야 한다.

후계자 코칭을 시작하면 대부분의 창업자는 코칭과정을 궁금하

---

35) 『코칭, 멘토링, 컨설팅에 대한 슈퍼비전』, 피터 호킨스 외 1, 고현숙 역, 박영story, 2018.

게 생각한다.

코치는 창업자(선대 경영자)에게 후계자 코칭은 신뢰와 안전한 환경이 확보되어야 함을 말하고 코칭계약을 해야 한다. 후계자가 모든 코칭내용을 선대경영자가 알게 된다고 인식하면 효과적인 코칭이 이루어질 수 없음을 항상 염두에 두어야 한다.

익산산업도 예외는 아니었다. 후계자 코칭을 시작하면서 창업자인 서형석 회장에게 코치다움에 관한 약속을 해야만 했다. 승계코칭은 코치와 고객이 장기적인 동반자와 같다. 오랜 시간 함께하니 코치와 고객 이전에 우정이 생기고 남의 일 같지 않게 여기기도 한다. 그런 과정에 조언자로서 관여하지 않고 코치로서 합의한 사항을 지키는 태도가 중요하다.

창업자와 후계자의 직무에 대한 인식과 견해 차이로 인한 갈등은 상존한다.

기업의 성장을 위한 갈등은 회피하는 것이 아니라 관리해야 하는 필수적인 것임을 인식해야 했다. 익산산업도 그런 과정을 거쳤으며, 그럴 때마다 창업자와 후계자가 충분한 상의를 하여 개선했다. 창업자는 경청을 하며 후계자에 대한 기대를 드러냈고 후계자는 끊임없이 질문하며 왜 직무를 그렇게 담당해야 하는지를 자신에게 묻고 또 물었다. 창업자와 후계자의 효과적인 의사소통방법은 신뢰에 바탕을 두는 경청과 인정으로부터 출발해야 한다.

리더십 이전은 직무영역에서부터 시작되어 전략적 의사결정까지 자연스럽게 이루어졌다. 선대 경영자(창업자)의 경영환경과 후계자가 겪게 되는 기업환경의 변화에 대한 인식을 같이 해야 한다. 익산산업의 경우에 승계 초기에는 두드러지지 않았지만 승계를 마무리하려는 현시점에 산업디지털로 인한 빅블러(Big Blur) 현상으로 업종의 경계가 사라지고 있는 것을 그 한 예로 들 수 있다. 본서에서 다루지 않았지만, 환경의 변화에 대응하기 위해서 후계자는 산업과 기업에 관한 전문성과 합리적 의사결정능력 및 창의성을 갖추기 위해 더욱 힘을 쏟아야 한다.

승계초기에는 서 회장이 대부분의 결정을 했다. 승계가 진행되면서 서 회장은 서서히 '서 사장하고 이야기했어? 어떻데?'라고 물었다.

시간이 흐를수록 창업자에서 후계자로 리더십이 이전되는 것을 코칭 중에 경험했다. 어떤 때는 편치 못한 감정 때문에 혼란이 오기도 했다. 조용히 스스로 질문해 보았다. 그것이 기업승계에 관한 일인지, 아니면 개인적인 감정인지를 성찰했다. 그때마다 코치로서 현재에 머무르며 스스로 승계코칭 목적을 명확하게 했다.

익산메탈을 신설법인으로 설립했을 때 후계자 역량강화를 위해서 후계자 서현국 사장을 경영자로 세웠다. 그가 역량을 발휘하고 익산산업의 사업장을 이전까지 마무리하므로 구성원들에게 리더십을 인정받았다. 그 과정에서 창업자인 서형석 회장으로부터 후계자를 신뢰하고 맡기도록 코칭이 진행되었다고 고맙다는 말을 들었을 때에는 교만하여 우쭐해지는 자신을 경계했다.

비즈니스 코치로서 중소기업전문코치가 되겠다는 당초 목적과는 달리 대기업 코칭을 많이 하고 있다. 대기업은 코칭 문화가 비교적 자연스러운 것이며, 시스템과 조직이 체계적으로 마련되어 리더가 코칭을 받으면 자신의 성장뿐만 아니라 구성원을 육성하는 일거양득의 효과를 얻기도 한다. 대기업의 리더에게 코칭으로 적용했던 많은 기준과 방법 등을 중소·중견기업에는 적용하지 못하는 안타까움도 있다. 그중에 하나는 중소·중견기업구성원들은 오히려 비즈니스 코칭이 더 필요함에도 코칭을 접할 수 있는 시간적·물질적인 여유가 없다는 것이다.

익산산업의 경우에 승계코칭으로 변화를 기하며 실행했음에도 시간이 흘러서 이전의 모습이 드러날 때는 무척 실망했다.

창업자가 구성원들의 의견을 경청하고 그들의 욕구를 파악하여 경영에 반영하겠다는 인식의 변화를 갖게 되었었다. 그러한 과정으로 당연히 대안을 선택하고 실행하므로 구체적인 변화된 모습을 느꼈었다.

그렇지만 몇 년이 지나서 우연한 기회에 이전의 모습으로 대화하는 것을 목격하고 한동안 아쉬웠다. 코칭이 일시적인 것이 아닌가 하는 의구심과 함께 기업 내에서 변화된 것들이 지속되도록 체계를 마련하는 것이 필요함을 알게 되었다.

그런 시행착오를 겪으면서 승계를 계획대로 진행할 수 있었던 것은 창업자인 서형석 회장과 후계자인 서현국 사장의 마음이 승계에 관한 한 한결같았기 때문이다.

신뢰를 바탕으로 창업자와 후계자가 승계의 과정을 함께 하는 것이다. 창업자의 기업가 정신과 익산산업의 핵심역량이 고스란히 후계자와 기업에 이어지도록 바통터치되어야 한다는 마음이었다. 그래서 가족기업의 승계는 마음을 잇는 것이라고 정의한다.

나이가 들면서 자식에게 집안의 일들을 맡기고 의지하고 싶은 마음이 드는 것을 숨길 수 없다. 개인으로서 바람이 그럴진대 하물며 중소·중견 가족기업의 창업자(혹은 선대 경영자)의 마음은 더할 나위 없을 것이다.

한국의 수많은 중소·중견 가족기업이 성공적인 승계를 통해서 창업자의 마음이 후계자에게 이어지기를 간절히 바란다. 또한 한국의 건강한 산업 생태계를 위해서 중소·중견기업의 승계에 많은 코치와 컨설턴트들이 관심을 갖고 참여하기 바란다.

지금까지 함께하신 하나님 아버지께 감사드린다. 기도로 후원하시는 어머님과 형제들, 그리고 사랑하는 아내 선식과 아들 욱에게 감사의 마음을 전한다.

꿈꾸는 목련

꿈꾸는 목련

발행일 2016년 5월 16일

지은이 손 용 상
펴낸이 손 형 국
펴낸곳 (주)북랩
편집인 선일영 편집 김향인, 서대종, 권유선, 김예지, 김송이
디자인 이현수, 신혜림, 윤미리내, 임혜수 제작 박기성, 황동현, 구성우
마케팅 김회란, 박진관, 김아름
출판등록 2004. 12. 1(제2012-000051호)
주소 서울시 금천구 가산디지털 1로 168, 우림라이온스밸리 B동 B113, 114호
홈페이지 www.book.co.kr
전화번호 (02)2026-5777 팩스 (02)2026-5747

ISBN 979-11-5987-057-6 03810(종이책) 979-11-5987-058-3 05810(전자책)

이 도서의 국립중앙도서관 출판예정도서목록(CIP)은 서지정보유통지원시스템 홈페이지(http://seoji.nl.go.kr)와 국가자료공동목록시스템(http://www.nl.go.kr/kolisnet)에서 이용하실 수 있습니다.
(CIP제어번호 : CIP2016011820)

꿈꾸는 목련

손용상 장편소설

야누스의 그늘에 가리어진
한 여인의 기구한 삶과 사랑

북랩 book Lab

추천의 글

고희古稀를 맞은 '문학건달' 내 동생!

연극배우 손숙

손용상은 나와 두 살 터울의 내 동생이다.

이 녀석(미안! 허나, 나이 70이라도 동생은 동생이니 독자들의 양해를 구한다)은 우리 집안 11대 종손으로 어릴 적엔 온 집안에서 '도련님'으로 귀하게 자랐다. 그래서 그런지 '다부진 것' 없이, 실속 없이 그냥 '착한 아이'였는데, 어쩌다 머리가 굵어지면서 울 어머니 속을 무던히도 썩이던 문제(?) 학생 중의 하나로 변했다. 고등학교 때는 당시 학생 잡지인 《학원》에서 문학상을 받는 등 글깨나 쓰는 척하더니, 웬걸! 무슨 건달 서클에 가입해 설치다가 정학을 두 번이나 맞았고, 덕분에 대학은 삼수생이 되어 제 동기들보다 2년이나 늦게 학교에 들어갔다.

그리곤 무슨 낭만(?)을 어떻게 구가했는지 모르지만, 주야장천 친구들과 술독을 헤매다가 불쑥 지원입대하여 몰래 월남전에 참전해서 울 어머니를 혼비백산시키고 결국 춘천 역두에서 실신하게 했던 나쁜 아들이고, 동생이었다. 그리고 이 녀석은 제대하고 복학을 하고서도 뭔가 속이 안 찼는지 또 몰래 휴학(사실은 등록금 까먹고)을 하고는 느닷없이 이천의 조그만 암자에 들어가 생뚱맞게 절집 행자 노릇을 8개월이나 하며 중 공부를 했다.

중 공부? 내가 보기엔 소가 웃을 일이었지만, 어쨌건 이 녀석은 그 길로 스님의 길보다는 소설을 썼고, 그해(1973년) 단 한 번에 조선일보 신춘문예 당선이라는 고생길의 가시관(?)을 하나 걸쳤다.

그리고 녀석은 대학 졸업 후 결혼을 하고서도 한 3년 잠깐 기자 생활을 하더니 팽개치고, 몇 군데 큰 기업으로 옮겨가 1~2년씩 맛만 보고는, 마치 무당 쫓아가듯 건설회사에 입사해 열사의 중동으로, 인도네시아로, 멕시코로 돌아다니며 가족을 뒤로 하고 혼자 돌아다녔다. 원! 젊었을 때 고생은 많이 할수록 좋다나? 그때 그 녀석의 변명이었다.

이는 선천적으로 우리 아버지의 DNA를 타고난 탓이지 모르겠으나, 50살이 넘어 미국에 정착하더니 이제는 나이가 들어 올케에게 제대로 반항(?)도 못하고 건강도 상한 채 뒷방 늙은이로 살고 있다. 아무튼 내 동생 손용상은 천성적으로 방랑벽과 바람벽이 타고났지 싶다. 희로애락喜怒哀樂 생로병사生老病死는 인간의 상정이기에 어쩔 도리가 없겠지만… 어쨌거나 이 얘기는 벌써 50년에서 20년 전의 일이다.

지금 내가 이 책의 서문을 빌어 내 동생 얘기를 하면서 독자들은 뭔 그리 사설이 많다고 생각할지 모르지만, 그 이유는 간단하다.

단 한 가지, 내 동생 용상이는 그 와중에서도 평생 '쓰고자' 하던 희망을 버리지 않고 속 깊이 움켜쥐고 있었음을. 그리고 그의 말마따나 지금까지의 살아온 역정은 그의 소설적 자산이 되었음을 이번에 비로소 깨달았기 때문이다. 이는 그가 6년 전 풍風을 맞고, 그래도 버티며 6년 동안 10권의 책을 쓴 것으로 누나에게 증명해 보였기 때문이기도 하다. 비록 내 동생이 겪은 한 세월 동안의 삶에 대한 끝내기가 특히 단맛은 없지만, 그래도 그리 허무하지도 않았다고 누나는 생각한다.

이번에 출간되는 내 동생 손용상의 11번째 장편소설집 『꿈꾸는 목련』은 얼핏 보니 용상이의 친구였던 故 최인호의 『별들의 고향』같이 추억의 멜로 소설 같은 느낌이 있어 감개가 있었다.

내 동생, 손용상 파이팅!

누나 손숙

새로이 출간하는 장편소설 『꿈꾸는 목련』은 한마디로 '내가 사는 이웃'에서 자주 벌어지는 '가정폭력과 남녀 간의 애증'을 주제로 한 소설이다.

요약하자면, 이 소설의 줄거리는 지난 한 시절, 한국에서 철없이 살아가던 한 여인이 고교 시절 수영 코치와의 불장난으로 인생의 첫 쓴맛을 본 후, 여러 곡절을 거쳐 두 번째 남자를 만나 미주로 이주하여 곤곤한 이민생활을 거치며 닳고 길들여지는 과정을 그린다. 그러면서 그녀는 이민 생활의 고달픔을 견디지 못하는 남편과의 애증적 갈등이 심화되고, 못내 남편의 멘탈리티가 성도착증을 겸한 야누스적 가해자로 변함으로써 여인은 어쩔 수 없이 가정폭력의 희생자로 빠져들고 만다. 그리고 가정을 뛰쳐나와 세 번째 만난 남자와도 결국은 어쩔 수 없이 헤어짐으로써 힘든 삶을 마감하는, 아날로그 시대의 멜로 형식의 소설이다.

첫 남자인 근육질의 수영 코치는 풋풋한 능금 같은 처녀 수란을 범한 후 사랑과 배신과 그리고 섹스를 가르쳤다. 두 번째의 영일은 착하고 여린 반면 '천방지축'의 일종의 문제아이긴 했지만, 그래도 수란에게 지극한 남녀 간의 애정을 알게 함으로써 비록 삶의 방향은 어긋났지만 진정 부부의 연緣이 무엇인가를 알게 한다. 그리고 세 번째의 남자 - '나' 정동민을 만난다. 결과적으로 작가는 이 소설에서 내레이터를 겸한 '나'를 비롯한 서너 명의 남자들을 등장시켜 정도의 차이는 있을지언정 하나같이 심정적으로 '야누스'의 체질을 모두 갖추고 있음을 일깨워줌으로써, 독자들이 소설을 읽어 가는 동안 그들의 이중성을 스스로 느낄 수 있도록 얘기를 끌고 간다. 그러면서 마무리 부분에서는 반전을 시도했다.

즉, 처음의 구성과는 달리, 마지막 부분을 삶의 '좌절'보다는 '빛'을 보여주는 그림으로 끝내려고 노력했다. 왜냐면 독자들에게 한 여인의 삶이 애증, 분노, 슬픔으로만 마감되기보다는 불가佛家적인 '방생放生'의 개념으로 그녀와 함께 '나' 정동민도 자유롭게 풀어주고 싶었다. 그러면서 새로이 등장하는 민정옥이란 여인을 통해 상징象徵적으로나마 윤회輪廻하듯 새로이 만나고, 헤어지고, 또 만나는 긍정적인 마무리가 오히려 바람직하다고 느꼈기 때문이다. 그러나 소설이란 특성상 그러한 구성이 잘 맞을지는 모르겠지만, 암튼 판단은 독자들의 몫이다. 다만 재미있게 읽고 책장을 덮을 때 '화'가 나기보다는 공감이 가는 소설이기를 기대한다.

끝으로 이 책이 나오기까지 북랩의 스태프들, 표지 그림을 그려준 달라스의 소희님과 불편한 몸 말없이 꾸준히 챙겨준 아내와 딸애들에게 감사와 사랑을 보낸다.

손용상

차례

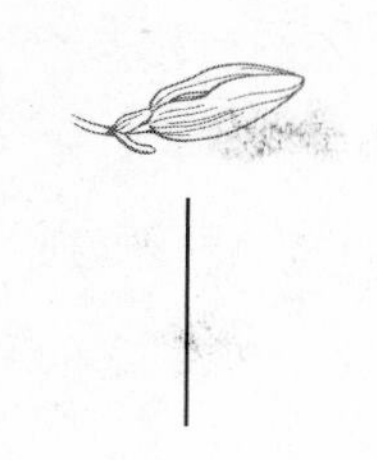

프롤로그

오수란吳秀蘭.

모가지가 사슴처럼 길고 목덜미가 희고 매끄러운 여자였다. 그녀는 결코 빼어난 미모는 아니었지만, 뱅긋이 미소를 지을 땐 볼 보조개가 마치 꼬마 손님(마마) 자국처럼 입가에 배어났고, 철없이 웃을 땐 덧니 한 개가 빼죽이 얼굴을 내밀어, 보는 이로 하여금 그냥 미소가 저절로 떠오르게 하는 마력이 있었다. 훌쩍 큰 키에 하이힐을 신으면 나보다 반 뼘이나 커 보여 내가 키스라도 할라치면 나를 내려다보며 못내 캐득캐득 웃음을 터뜨리곤 했었다.

"내가 쪼금만 줄어들었으면 좋겠지요?"

"아니야, 그런대로 됐네…."

내가 쑥스러움에 못 이겨 우물대기라도 할라치면 그녀는 이렇게 말하곤 까르르 티 없이 웃음을 머금곤 했었다.

"영화에서 보면요, 남자가 눈높이만큼만 여자보다 커야 키스 포옹이 어울리거든요. 아아, 인제 당신이랑 뽀뽀할 때면 하이힐 벗고 내가 쪼금만 다리를 구부려야 할까 봐요."

그러면서 그녀는 소나기처럼 내 입술을 빨아 젖히곤 했다. 그러면 그녀는 잠깐 사이 입속이 달구어져 내게 끝 모르는 용솟음을 솟구치게 했었다.

아아, 그런데 이제 그녀는 내 곁에 없다. 아니, 어디에서도 그 모습이 보이지 않는 천사가 되어 멀리 떠나고 말았다. 하지만 그녀가 생애 마지막으로 진정 날 사랑했다면 어쩌면 지금 이 순간에도 내 주변에 서성거리며 "아저씨, 이젠 술 좀 그만 먹어요. 맨날 맨날 그렇게 마시면 저 못 예뻐해주잖아요…." 이렇게 속삭이고 있는지도 모르겠다.

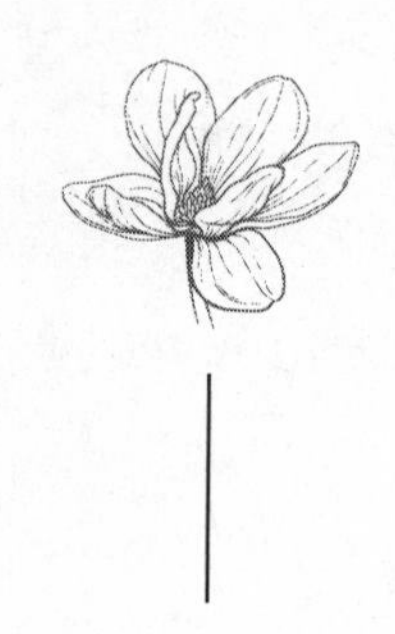

제1장
우울한 새벽

1

H시의 가톨릭 부속 병원에서 내게 전화가 걸려온 것은 새벽 여섯 시 오 분경이었다. 간밤엔 얼마나 술을 퍼 마셨는지 아직 숙취 상태에 빠져 있던 내게 따릉따릉 울리는 전화벨 소리는 마치 악마의 나팔소리 같았다.

"에잇, 제길! 누구야? 도대체…."

투덜투덜 욕지기를 섞어 송수화기를 낚아채듯 거머쥐며 나는 목이 타는 갈증으로 마른침을 억지로 모아 삼켰다.

"여보쇼!"

“아 유 데이빗 정?”

웬 여자였다. 나는 흘깃 엊저녁에 가져다 놓은 자리끼 사발로 손을 뻗으며 비실비실 일어나 앉았다.

“누구세요?”

“여기는… H시 다비드 가톨릭 병원 암병동인데요… 한 환자분이 당신께 연락을 부탁하네요.”

‘가톨릭 병원? 환자?’

나는 잠깐 말문을 닫은 채 꿀꺽꿀꺽 찬물 한 사발을 다 비운 다음 송수화기를 고쳐 잡았다.

“무슨 일이지요?”

“데이빗 정… 정동민 씨 맞습니까?”

“그렇습니다만….”

“혹 오수란 씨라고 아시나요?”

나는 순간 가슴이 덜컥 내려앉으며 덜 깬 잠이 싸악 달아남을 느꼈다. 갑자기 목소리와 손끝이 동시에 떨려왔다.

“수란이가… 왜요? 거기 있나요?”

잠깐이나마 파노라마로 스쳐 가는 그녀와의 생활이 신기루처럼 눈앞에 떴다가 사라졌다. 나는 눈을 들어 화장실 쪽을 보았다. 그녀가 막 샤워를 마치고 물기 젖은 머리칼을 타월로 비비며 알몸에 헐렁한 내 셔츠를 걸치고 서 있는 모습이 얼른 떠올랐다가 사라졌다. 그녀는 비누 거품 한 방울이 앙증맞게 묻어 있는 귓속을 닦아내며 내게 삐죽이 입술을 내밀어 뽀뽀 시늉을 하고 있었다.

'이놈 자식이 그냥….'

나는 혼자서 벌떡 일어났다가 털썩 침대에 주저앉고 말았다. 저쪽 여자가 조심스럽게 말을 이었다.

"네에. 오수란 씨는 장기이식 대기 환자인데… 인제 하느님께 돌아갈 시간이 얼마 안 남은 듯해서 당신에게 꼭 연락을 부탁한다고…."

나는 완전히 잠이 달아나 송수화기를 든 채 거실로 나와 커피포트에 전원을 꽂았다.

거실 창밖으로 조용히 실비가 내리고 있었다. 이른 새벽의 서늘한 공기가 다소 눅진거리며 거실을 덮고 있었다. 그래서일까? 간밤에는 하루에 한 번 부근 철길을 지나는 기차 소리도 유난히 젖어 있다는 느낌이 들었었다.

나는 쇳소리를 내며 끓기 시작하는 커피포트의 전원을 잡아 빼며 가만히 담배 한 대를 피워 물었다. 그리곤 천천히 커피 한 스푼을 잔에다 넣곤 물을 부어 젓기 시작했다. 구수한 커피 냄새가 코를 자극하자 나는 몹시 시장기를 느끼곤 냉장고를 뒤져 먹다 남은 카스텔라 반쪽을 찾아 우적우적 입에 넣고 씹으며 홀짝홀짝 커피로 목을 축였다.

"아저씨, 속 쓰리지? 술 마시고 나서 맨날 맨날 그만 쓴 커피만 먹지 말고 뜨끈한 국물 좀 끓여 먹어라."

문득 주방 조리대 앞에서 수란이 불쑥 나타나 나를 쳐다보며 쫑알쫑알 잔소리를 날려 보내고 있었다.

"그래, 이놈아. 니가 좀 끓여 봐라."

내가 빙긋 웃을라치면 그녀는 이내 입을 삐죽하며 이렇게 말했었다.

"세상에, 먹을 만한 재료가 있어야 뭐든 만들지. 냉장고엔 술 하고 철사밖엔 없잖아요, 씨이…."

나는 피식 쓴웃음을 짓곤 나머지 식은 커피를 얼굴을 찡그리며 입속으로 털어 넣었다. 그리곤 머리를 흔들어 정신을 일깨우며 우두커니 창밖을 내다보았다.

바깥엔 가는 빗줄기가 유리창을 핥으며 잠깐잠깐 똬리를 틀었다가 주르룩주르룩 눈물처럼 흐르고 있었다. 아아, 나는 기지개를 켜며 비로소 일어나 조금 열려 있던 거실 커튼을 활짝 열어젖혔다. 뿌연 안개비 속에서 서서히 어둠이 벗겨지고 있었다. 마치 기다렸다는 듯이 온몸에 배었던 술기도 스럼스럼 가시고 있었다.

2

혼자 산다는 건 외로운 일이었다. 더군다나 남들이 모두 잠든 새벽 시간에 깨어서 서성인다는 것은 무척 고독한 일이었다. 하지만 내겐 그러한 일상이 익숙해져 있었기에 혼자서 청소하고 빨래하고 아침이면 대충대충 끼니를 때우고 하는 것에 대해 별로 귀찮아 한 적은 없었다. 언제부터인지는 기억도 없었다. 아니, 기억하고 싶지 않아서인지도 몰랐다.

내가 지금껏 40년 가까이를 살아오는 동안 생각해 보면 대부분 나는 혼자였다. 30대 초반 지극히도 사랑했던 한 여인을, 잠깐 꿈처럼 동거를 했다가 배 속에 든 아이와 함께 처절히 떠나보낸 후부터는 나는 그야말로 줄곧 혼자서 살았다. 때로는 차디찬 석쇠 위에 나를 올려놓고 술로 몸을 달구며 내 몸이 타올라 재가 되길 바라기도 했었고, 때로는 미친놈처럼 창녀촌을 헤매며 여자를 사서 밤이 하얗게 지새도록 그녀를 학대해 본 적도 있었다.

그런가 하면 몇 날 며칠을 아파트 방구석에 꼼짝 않고 처박혀 천장 도배지의 사방 무늬를 가로로, 세로로 세면서 마치 죽음을 앞둔 전장의 병사처럼 죽기 살기로 수음을 해대곤 한 적도 있었다. 그러다 훌쩍 마흔을 넘겼고, 어느 날 깜짝 정신을 차린답시고 여행을 떠난 것이 이 밑도 끝도 없이 광활한 아메리카 대륙에 실뿌리를 내리게 된 동기라면 동기가 된 것이었다.

그러나 내겐 솔직히 아무런 감흥이 없었다. 남들은 꿈의 나라라고 희망이 철철 넘치는지 모르지만, 내겐 도무지 그게 그것일 뿐이었다. 다만 어쩌다 이곳에 살아야겠다는 마음이 들면서부터는 이전에 내가 살던 고향 마을 그리고 죽은 아내의 무덤과 서울 거리는 참 쉽게도 내 머릿속에서 서서히 지워져 가고 있는 것이 신기할 뿐이었다.

그렇다고 밥을 굶을 수는 없었다. 다행히 서울을 떠날 때 지니고 있던 작은 아파트 한 채를 판 돈이 얼마간 있었기에 처음엔 그놈만 까먹고 있었지만, 그것도 한계가 있었기에 나는 일자리를 찾았고, 배운 도둑질이 사진과 상업 디자인이었기에 의외로 어렵잖게 동포가 운영하는 한글과 영문을 함께 편집하는 한 잡지사에 몸을 담을 수가 있었다. 그러다가 만난 것이 수란이었다.

3

그날, 막 마감을 끝낸 잡지사의 편집실은 그야말로 폭격 맞은 도서실처럼 온 바닥에 종이 쪼가리가 마치 망명정부의 지폐처럼 너저분하게 널려 있었다. 사람들 모두는 원고를 인쇄소로 보낸 직후라 잠시 차 한잔씩을 마시며 휴식을 취하고 있던 중이었다.

그때였다. 편집실 문이 빼꼼하게 열리며 예쁘게 생긴 꼬마 아이 둘을 앞세운 수란이가 얼굴을 내밀었고, 마침 복사기 앞에 서 있던 나와 첫 번째로 눈이 맞았었다. 수란이 빤히 나를 쳐다보며 입을 열었다.

"저기…."

나는 그녀를 흘깃 쳐다보다가 마치 감전된 사람처럼 찌릿 온몸에 자극이 옴을 느꼈었다. 뭐라 할까? 처음 맞닥뜨린 그녀의 얼굴은 해사한 피부였지만, 눈가에 무언가 그늘이 드리워져 있었고, 그 알 수 없는 분위기가 내게 이상한 아픔을 주었었다. 나는 갑자기 말이 더듬어졌다.

"무… 무슨… 일로?"

수란은 공연히 당황해하는 나를 또 한 번 빤하게 쳐다보다가 갑자기 쿡쿡 웃었다.

"…?"

내가 어리둥절한 표정을 짓자 그녀는 표정과는 전혀 다른 목소리로 대뜸 나를 아저씨라고 부르며 엉뚱한 질문을 던졌다.

"아저씨는 닭띠세요?"

"네?"

"닭띠 맞죠? 꼭 놀랜 장닭 같아요!"

그녀는 그리곤 연신 캐득캐득 웃었다. 사무실 안의 사람들이 그녀의 비음 섞인 목소리에 나른한 표정을 풀면서 하나둘 호기심 어린 눈초리로 이쪽을 쳐다보고 있었다.

'뭐… 이런 여자가 다 있어?'

나는 순간적으로 얼굴이 달아오르며 눈에 힘을 모았다. 그리곤 그녀를 똑바로 쳐다보며 무뚝뚝하게 입을 열었다. 그녀가 데리고 온 꼬마 녀석들은 어른들이 무슨 말을 하건 아랑곳없이 응접용 소파에 걸터앉아 다리를 흔들거리며 모니터용 TV 채널을 이리저리 돌리고 있었다. 나중에 나와 그녀가 함께 살게 되자 수란은 두고두고 이날의 내 표정을 얘기하며 캐득거렸었다.

"보세요, 내가 얼마나 도사였는지 아시죠? 내가 금방 아저씨 띠 알아맞히고 딱 아저씨랑 살 줄 알았다니깐…."

그녀는 여간 재미있어 하지 않았었다.

"무슨 일로… 오신 거죠?"

"아, 네에…."

수란은 내 얼굴이 굳어진 것 같자 얼른 표정을 바꿨다. 그리곤 잠시를 망설이다가 또박또박 입을 열었다.

"저기… 제가 쉘터를 찾고 있거든요. 여기 옛날 잡지 봤는데 혹시나 해서…."

"쉘터요?"

"네에."

내가 얼른 이해가 되지 않아 고개를 갸웃하자 그녀는 가방을 뒤져 달 지난 우리 잡지 한 권을 꺼내 불쑥 내밀었다. 그리곤 한 섹션을 펼쳐 보였다.

나는 잡지를 받아 들며 흘깃 내용을 훑어보았다. 내용인즉 가정폭력 사례를 다룬 기획 기사였는데, 피해 여성들을 위해 우리 잡지사가 그들의 피난처를 소개하고, 도와줄 수 있다는 내용이 담겨 있었다. 나는 책에서 눈을 들어 그녀와 그녀의 아이들을 다시 찬찬히 쳐다보았다.

"소개시켜 주실 수 있나요?"

그녀가 소파의 아이들 틈을 비집고 앉으며 단도직입적으로 물어왔다. 나는 난감했다. 왜냐면 그 기사는 내가 아닌 다른 기자가 다룬 것이었기에 나는 솔직히 아는 바가 없었다. 나는 고개를 돌리며 이쪽을 쳐다보고 있는 한 여기자에게 눈으로 도움을 청했다. 그녀는 나와 눈이 마주치자 가볍게 머리를 흔들었다. 그리곤 눈길을 딴 곳으로 돌리며 귀찮다는 표정이 역력했다. 나중에 안 일이지만, 그 기사가 나가고 잡지사 측에서 몇몇 피해자들을 거들고 나섰다가 오히려 절도사건에 휘말린 적도 있었고 또 상대방 가족에게 골치 아픈 소송을 당한 적도 있었기에, 실무자들의 의견과는 달리 윗선에서 '쓸데없는 짓' 하지 말라는 핀잔을 들은 적이 있었기 때문이라 했다.

나는 또다시 난감해졌다. 더구나 고만고만한 아이들 두 놈이 빤하게 나를 쳐다보고 있자 나는 공연히 손바닥에 땀이 배어 나왔다. 나는 직답을 피한 채 그녀를 향해 뚜벅 물었다.

"글쎄요… 지금 그쪽 담당자가 없는데… 왜, 무슨 일 때문에 쉘터를 찾으시나요?"

내가 다시 말을 더듬거리자 그녀는 돌연 눈에 물기가 돌며 시선을 내리깔았다. 그리곤 입술을 잘근 깨물었다가 소나기처럼 말을 뱉어냈다.

"저 지금 타주에서 도망왔어요. 도저히 애들 아빠 등쌀에 견딜 수가 없어서 어젯밤에 무작정 집을 뛰쳐나왔거든요. 그냥 이 회사 잡지책만 믿고 왔는데…."

그녀의 말이 사실이라면 나는 더 듣지 않아도 알만했다. 비록 처음 본 여자였지만, 눈빛과 표정엔 거짓이 없어 보였고 더구나 두 손목 부근에 벌겋게 줄에 긁힌 상처가 나 있는 것이 눈에 들어왔기에 마음이 편치 않았었다. 그것은 분명히 무언가에 묶였던 자국이 확실했기 때문이었다.

나는 한 남자가 여자를 묶어 놓고 허리띠로 매질을 하는 상상력이 펼쳐지면서 가슴 밑바닥에서 공연히 부글부글 분노가 치솟아 오르기 시작했다. 내가 불쑥 갈라진 목소리로 물었다.

"그 친구가 묶어 놓고 팼나요?"

그녀의 눈동자가 갑자기 커다랗게 확대되었다가 이내 고개를 푹 수그리며 조그맣게 머리를 끄덕였다. 그리곤 후드득 청바지 무릎 위로 눈물 한 방울을 떨어뜨렸다. 가만있던 아이 두 놈이 그녀의 손을 감싸 쥐며 함께 울먹이기 시작했다. 갑자기 실내가 조용해졌다.

"그 인간이요, 발가벗겨 놓고 아이들이 보는 앞에서 마구 매질을 했어요."

울먹이며 웅얼웅얼 뱉어내는 수란의 목소리에 실내는 돌연히 움직임이 멎어버린 듯한 느낌이었다. 나는 그들의 모습을 가만히 지켜보며 또다시 심한 분노가 치밀었다. 그리고 도대체가 이해가 되지 않았다. 이 대명천지에 그녀의 말대로 그러한 매질이 있었다면 왜 가만히 당하고만 있었을까.

미국이란 나라는 제 자식 말 안 들어 뺨 한 대만 때려도 경찰을 부르면 그 부모가 잡혀간다는 나라가 아닌가. 그런데 아이들이 보는 앞에서 제 아내를 발가벗겨 놓고 매질을 하는 그 정신병자를 왜 가만히 두고 도망질을 했다는 것일까. 나중 내가 수란에게 그 의문을 제시하자 그녀는 이렇게 말했었다.

"그 인간은요, 사시미칼을 내 목에 대놓고요, 전화기를 주면서 911을 누르라고 해요. 그리곤 안 걸면 안 건다고, 걸면 건다고 때렸어요. 어쩔 수가 없었어요. 아아, 생각하기도 싫어요. 그 인간은…."

나는 잠시 망연한 심정이다가 무심코 그들 옆으로 다가가 아이 두 녀석을 가만히 감싸 안았다. 계집아이가 훌쩍임을 멈추고 내 가슴에 얼굴을 묻었다. 내가 그녀의 머리를 쓰다듬으며 물었다.

"밥은 먹었니?"

아이가 도리도리 고개를 저었다. 나는 시간을 보며 그녀를 향했다.

"나가시죠! 여기서 이럴 게 아니라… 어디 식당에라도 가시죠. 그리고… 쉘터는 내일 알아볼 테니까 우선… 괜찮다면 우리 집에라도 가시죠."

수란이 천천히 고개를 들었다. 그리곤 믿기지 않는다는 표정으로 나를 물끄러미 쳐다보았다. 그 눈길이 마치 꿈이라도 꾸는 듯 동공이 깊었다.

4

수란과 나는 이렇게 인연이 맺어졌다. 그날 내가 오지랖 넓게도 그녀에게 우리 집에 갈 것을 제안했을 때 그녀가 크게 망설임 없이 나를 따라온 것은 그만큼 당시 그녀의 사정이 다급했기 때문일 것이었다.

회사 직원들은 나더러 '어쩌려고 그러냐?'고 비아냥거렸지만 나 자신도 뭘 어쩌겠다는 생각 없이 불쑥 뱉은 말을 주워 담지 못했기에 그저 동료들에게 피식 웃어줄 수밖엔 도리가 없었더랬다.

마침 내 집은 방이 두 개나 비어 있었고, 그녀가 아이들과 함께 살아가기엔 그리 불편치 않겠다고 느꼈음인지 수란은 집으로 오자마자 불쑥 돈 500불을 내게 내밀었었다.

"뭐예요, 이거?"

"집세예요. 나 그냥 아저씨 집에서 살고 싶어요. 그러면서 아저씨 밥도 해주고 할게요. 안 돼요?"

천성적으로 밝은 성격을 타고났음인지 그녀는 언제 매 맞은 사람인가 싶을 정도로 표정이 맑았었다. 나는 심히 난감해졌다. 그냥 하루 이틀 묵다가 쉘터가 정해지면 데려다주려 했던 마음이었는데, 그녀가 이렇게 나오자 나는 자연 망설일 수밖엔 없었다. 더군다나 여자의 근본도 정확히 모르는 데다가 아이가 둘씩이나 딸렸고, 특히나 그 건달 같은 남편이 나중에 무슨 핑계를 잡아 해코지를 할 지 알 수가 없었기에 나는 고개를 가로저었었다.

"그냥… 넣어 두시고 제가 내일 쉘터를 알아볼게요. 그리고… 제가 할 말은 아니지만… 애들 아빠란 사람이 그러면 쉘터 사람들에게 얘기해서 빨리 헤어지는 게 좋을 것 같네요."

"안 그래도 그럴 거예요. 오는 길에 경찰에다 리포트도 했고요, 그 인간 나한테 접근 못 하게 조치도 취했거든요. 이제 변호사 만나 이혼 수속 시작할 거예요."

수란은 남편 얘기가 나오자 고개를 설레설레 흔들며 끔찍하다는 표정을 짓다가 이어 나를 빤히 쳐다보며 또박 말을 이었다.

"아저씬… 내가 귀찮죠?"

"아니… 그런 게 아니라…."

내가 우물거렸다. 수란은 '네 마음 다 알아.' 하는 얼굴로 혀를 날름 내밀었다.

"아니에요, 귀찮을 거예요. 더구나 내가 애도 있고, 또 유부녀고 그러니깐 겁이 나서 그렇죠?"

"글쎄… 그렇다기 보다는…."

내가 또다시 딱 자르지 못하고 우물거리자 그녀는 뱅긋 웃음을 흘리며 소파 위에 재킷을 벗어 놓곤 집구석을 이리저리 돌아다니기 시작했다. 그리곤 아주 정해진 것처럼 아이들 짐을 빈방 한곳에 갖다 놓곤 제멋대로 방 배치를 하며 흥얼흥얼 천진하게 콧노래를 부르기 시작했다.

종달이 노래 듣고 봄 나비 한 쌍
팔랑팔랑 춤을 추는 봄 나비 한 쌍
민들레가 방긋 웃고 할미꽃이 손짓하네
예쁜 꽃에 앉아서 잠깐 쉬다 다시 춰라 봄나비야

나는 멍하니 그녀를 바라보며 가슴 한구석으로 무언가 운명의 그늘이 덮여 오는 것을 막을 수가 없었다.

5

그 운명의 그늘을 느낀 것은 내게 있어 굳이 따진다면 생애 두 번째쯤 될 것이었다. 그 첫 번째는 20대 후반의 젊은 시절 죽은 내 연인 윤희를 처음 만났을 때였다. 그때 나는 군대 말년을 피 튀는 전장 베트남에서 보내고 허벅지에 부상을 입어 병원으로 후송되었다가 갓 제대한 상이용사 복학생이었다. 당시 윤희는 새내기를 막 벗어난 같은 과 2학년생이었는데, 계집아이치곤 아주 맹랑한 '데모꾼'이었다.

그 시절엔 픽 하면 머리에 띠 두르고 주먹 휘두르며 정권 퇴진, 총장 퇴진, 심지어는 지도교수까지도 마음에 안 들면 집단행동으로 강단에서 몰아내려고 하는 가히 데모 만능 시대였다고 할까. 아무튼 명분이 옳든, 그르든 거의 매일 일어나는 당시의 데모 행렬은 내게 있어 정말 짜증 나는 일이 아닐 수가 없었다.

나는 내 나름대로 목숨이 왔다 갔다 하는 피비린내 나는 전장에서 인간의 밑바닥을 볼 만큼 본 처지였기에, 도무지 후배들의 철없는 집단행동이 마음에 들지 않았음이 사실이었다. 특히 그들을 뒤에서 조종하는 이른바 리더그룹에 속해 있는 작자들의 행동거지를 어느 날 우연히 알아낸 이후로는 오히려 나는 때때로 당시의 타도 대상이었던 부도덕한 정권과 한편이 되기도 했었고, 결과적으로 '다 그놈이 그놈'인 이 바닥의 정치 행태에 심한 혐오감을 느끼고 있을 때였다.

다름이 아니었다. 어느 날 내가 목격한 데모 리더들의 행동거지란 한마디로 당시 위정자들과 한 개도 다르지 않은 부도덕한 행위였었다. 이를테면, 내가 속한 대학의 총단(총학생회)에 파견 나와 있는 정보부 및 경찰 정보원들과 그들 리더 그룹들은 후배들은 바깥에서 머리 터지게 데모를 하고 있을 때 자기들은 그들과 함께 사우나에서 목욕을 하며 고스톱을 치는가 하면, 용도 불분명한 자금을 받아 정보원들과 뭔가 뒷구멍 거래를 하고 있었고, 사찰 팀의 사주로 데모의 수위를 때에 따라 강약으로 조절하는 사이비가 되고 있었기에 나는 우연히 그 사실을 알고 난 후부터는 그야말로 아무도 믿지 않게 된 것이었다.

당시 나와 무척 친했던 한 친구는 꿈이 국회 진출이었는데, 그때 그 녀석은 데모꾼의 리더로서 당국의 감시를 받으면서도 비교적 여유 있게 호의호식을 하고 있다가 진실을 묻는 나에게 '정치란 그런 거 아니냐'고 나불거렸다가 내게 오지게 술잔을 뒤집어 쓰곤 한 때 절교 상태에 있었던 일도 있었다.

어쨌든, 그렇게 암울했던 시절 나는 윤희를 만났었다. 그것도 아이러니컬하게도 어느 날 교정을 습격한 데모 진압군을 피해 도서관 책상 밑에 숨어있다가 만난 것이 첫 인연이었다.

최루탄을 쏘며 진압봉을 조자룡 헌 칼 쓰듯 휘두르는 그날의 진입군들은 완전히 앞뒤 좌우가 없었다. 교정과 강의실을 쑥밭으로 만들며 온 캠퍼스를 장악한 그들은 퇴로를 완전히 봉쇄한 채 그들 용어로

'쥐새끼' 소탕작전을 벌이고 있었는데, 윤희는 그들의 마수를 피하고 피하다가 숨어들어 온 곳이 내가 있던 도서관 교수실이었다.

당시엔 그래도 학교 도서관은 비교적 온건론자들인 주로 복학생 파들이 모여 세상 시끄러움과는 멀리한 채 공부만 하던 곳이었기에 설마 그들이 그곳까지 난장판을 만들지는 않을 것이란 순진한 생각들을 가지고 있었지만, 그것은 그야말로 오해였었다.

"어마, 아저씨 여기 계셨네. 얼렁 나 좀 숨겨줘요."

숨을 헐떡이며 문을 박차고 들어온 윤희가 나를 보자 다소 안심이 되는 듯 이마에 송글송글 맺힌 땀방울을 닦으며 내 등 뒤로 다가섰을 때 나는 왜인지 그렇게 그녀가 안쓰러울 수가 없었다.

"야, 넌 뭐 어쩌겠다고 그렇게 설치냐? 아까 보니 자네가 앞장서서 뭔가 구호도 낭독하고 그러데? 왜 그러냐? 다 큰 처녀가?"

그때까지만 해도 나는 그녀를 그냥 과 후배로서 귀엽게 보는 정도였기에 정말 딱한 마음에서 정색을 하며 야단을 치면서도 순간적으로 '이놈을 어떻게 숨기나' 걱정을 안 할 수가 없었다.

그러나 상황은 점점 악화되었고, 급기야는 같은 층 복도에서 숨어 있다가 끌려가는 학생들의 아우성이 들리기 시작하자 나는 심히 난감한 마음이 되어 물끄러미 그녀를 쳐다만 보고 있었다. 그때 그녀가 갑자기 입고 있던 셔츠를 벗어 던지며 매달리듯 내 품을 파고들며 책상 밑으로 자빠뜨렸다. 그리곤 겁에 잔뜩 질린 눈망울을 이리저리 굴리며 떨리는 목소리로 말했었다.

"아저씨! 우리 키스해요, 그냥."

"뭐라고?"

미처 내가 어쩔 사이도 없이 그녀는 내게 덥석 안기며 내 입술을 덮었고 그 순간 우당탕 문이 열리며 진압군 몇이 실내로 들어서다가 멈칫 머쓱한 표정을 짓는 것이 눈에 들어왔었다.

"뭐야, 너희들 뭐하는 거야? 이런, 씨팔!"

그중 한 놈이 눈을 부라리면서도 실실 웃으며 진압봉으로 책상을 땅땅 두드렸다. 완전히 무슨 영화의 한 장면 같은 연출이었다. 한편으론 우스웠지만, 어쨌든 나는 그 이후로 윤희를 여자로 느끼기 시작했고, 그리고 그 인연으로 근 2년 동안 우리는 불같은 연애와 사랑을 했다. 그러던 어느 날 결혼식을 얼마 안 남기고 임신을 하고 있었던 그녀가 불의의 교통사고로 세상을 떠나는 바람에 그때부터 내 인생이 엇갈리기 시작했다고 할까….

6

"아저씨! 뭐해요? 얼른 이리 와 봐요. 나 등에 로션 좀 발라줘요!"

나는 깜짝 정신을 일깨우며 창밖을 내다보던 눈길을 얼른 안방으로 돌렸다. 환청이었다. 나는 혼자 피식 웃음을 머금으며 담배 한 대를 피워 물었다.

저녁 나절, 가끔 일찍 퇴근한 내가 차 한 잔을 들고 멍하니 베란다 창밖을 내다보고 있을라치면 수란은 내가 일찍 집에 온 것이 못내 즐거운 듯 서둘러 샤워를 하곤 소리소리 질러 나를 목욕탕으로 불러들이곤 했었다. 그리곤 입술을 쫑긋이 내밀곤 잘 불지도 못하는 휘파람을 휘휘 불었다. 그녀가 좋아하는 노래는 주로 동요였는데, 한번은 '기찻길 옆 오막살이'를 부르다가 엉뚱하게도 나를 향해 화를 낸 적이 있었다.

"말도 안 돼! 기차 소리 요란한데 어떻게 아기가 잘도 자냐? 안 그래요? 그리고 아저씨, 기찻길 옆 부부들이 왜 아기가 많은지 알아요?"

"글쎄다…."

"아이고 참, 아저씬 도대체 뭘 모른다니깐…. 왜 그러냐하믄요, 기차 소리 때문에 자다가 깨면요, 맨날맨날 둘이서 뽀뽀하기 때문에 아기가 많은 거예요. 알았어요?"

그녀는 별 신통한 우스개도 아닌 걸 진지하게 말하곤 제풀에 까르르 웃음을 터뜨리곤 했었다.

나는 머리를 흔들어 기억을 지우며 문득 수란과 윤희가 왜 이렇게 이른 새벽에 함께 생각이 났는지 고개를 갸웃했다. 굳이 둘의 공통점을 찾는다면 첫 만남이 얄궂었고 두 여자의 하는 짓이 숨김없는 무구하다는 점이 닮았다고나 할까. 다만 다른 점이 있다면 수란은 현실을 곧바로 부딪쳐 나가는 적극성이 없었고, 반대로 윤희는 옆 사람이 깜짝깜짝 놀랄 정도로 뭔가 하고자 하는 일에는 저돌적인 면이 있음이 서로 간의 차이라면 차이였다.

나는 고개를 들어 벽시계를 보았다. 시곗바늘이 일곱 점 반을 가리키고 있었다. 나는 서둘러 목욕탕으로 들어가 치카치카 이빨을 닦기 시작했다. 그리곤 거울 앞에 서서 면도칼로 하룻밤 새 거멓게 자라 버린 수염을 밀기 시작했다. 충분치 못한 잠으로 인해 눈을 벌겋게 충혈

되어 있었고, 이른 아침인데도 불구하고 새삼 피로가 밀려옴을 느끼며 나는 뜨거운 샤워 꼭지에 몸을 들이밀었다.

7

H시로 가는 하이웨이는 한적했다. 길옆으로 스쳐 지나는 너른 목장들에는 소와 말들이 한가로이 풀을 뜯고 있었다. 초여름의 녹음과 더불어 그 풍경은 한 폭의 그림이었다. 나는 휴대폰으로 회사에 전화를 걸어 사정을 말하고, 어쩌면 이틀쯤 출근하지 못할 것 같다고 그 사유를 간단히 얘기했다. 국장은 공연히 깜짝 놀라는 목소리로 물어왔다.

"그래? 캐시 엄말 찾았다고? 거참, 어떻게 된 거래?"

"글쎄요, 아직 잘 모르겠어요. 나도 가봐야 알겠네요."

"거차암, 알아서 하겠지만 편집 지장 없도록 해요."

나의 어정쩡한 대꾸에 국장은 금방 못마땅한 목소리로 바뀌며 중얼중얼 몇 마디 덧붙이곤 소리 나게 전화를 끊어 버렸다. 나는 다시금 피식 혼자 웃음을 머금곤 국장이 왜 그러는지 알만해 고개를 끄덕였다.

국장은 나의 대학 선배였다. 그는 내가 우여곡절 끝에 수란과 동거관계를 맺기 시작하자 "인마, 너 왜 그러냐? 여자는 괜찮은 것 같은데… 나이 차이도 있고 아이도 딸렸고. 너 나중에 엿 먹으면 또 상처

입을 것 아니냐. 잘 생각해서 해."라고 충고를 했었지만, 그땐 이미 그의 말이 내 결심을 뒤집기엔 늦은 시기였다.

"아이요? 내 새끼 만들고 그리고 가능하면 또 하나 낳지요, 뭐."

내가 히죽 웃으며 이렇게 대답하자 국장은 딱한 듯 연민의 표정으로 나를 바라보다가 입맛을 쩍 다시며 이렇게 말했었다.

"에라 이놈아, 니 꼴리는 대로 해라!"

그러던 어느 날, 수란이 내 곁에서 홀연히 사라져 버리고 내가 다시금 방황하기 시작하자 그는 나 모르게 잡지에 그녀를 찾는 광고를 낸 적이 있었는데, 쓸데없는 짓을 했다는 나의 불평 때문에 그와 한판 거세게 붙은 적이 있은 후로는 지금까지 한마디도 그녀에 관해 내게 얘기한 적이 없었더랬다. 그런데 오늘 느닷없이 내가 그녀의 소식을 전하자 그는 적이 당황한 듯했다.

나는 새로이 담배 한 대를 붙여 물며 차 속도를 줄이고 카세트의 테이프 버튼을 눌렀다. 테이프에서는 이름이 기억나지 않은 어느 여가수의 '그리움만 쌓이네'란 노래가 처연하게 흘러나오기 시작했다.

다정했던 사람이여 나를 잊었나
벌써 나를 잊어버렸나
그리움만 남겨 놓고 나를 잊었나
벌써 나를 잊어버렸나

아 이별이 그리 쉬운가
세월 가버렸다고

이젠 나를 잊고서

멀리멀리 떠나가는가

오 네가 보고파서 나는 어쩌나

그리움만 쌓이네

그리움만 쌓이네

아아, 나는 한숨을 몰아쉬며 지금껏 쌓인 그녀에 대한 그리움에, 그리고 그녀를 곧 볼 수 있다는 불안한 해후에 손끝이 저려 왔다.

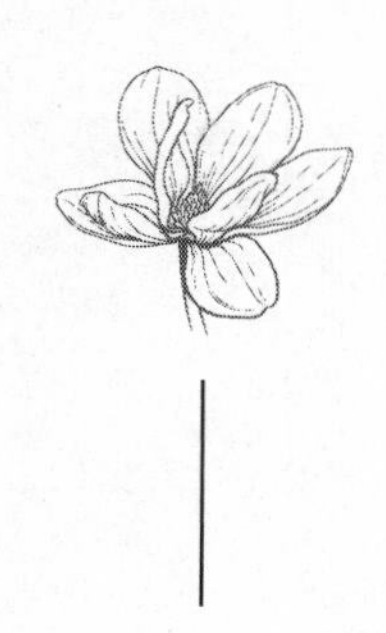

제2장
그녀의 첫 남자

1

"그것이 그냥 사랑인 줄 알았어요."

그녀의 얘기는 이렇게 시작되었다.

수란이 우여곡절 끝에 건달 남편과의 이혼을 끝내고 나와 동거를 시작하며 이른바 첫날밤에, 그녀는 그녀의 첫 남자 얘기를 조금도 스스럼없이 내게 말해주었었다. 우스개 보태서, 태우면 사리가 나올 정도로 금욕 생활을 해왔던 내가 참으로 오랜만에 처절할 정도로 그녀와의 섹스를 끝냈을 때 수란은 잠깐 숨을 고르다가 무슨 생각을 했는지 불쑥 그녀의 첫 남자 얘기를 꺼냈다.

들어보면 흔하디 흔한 스토리였다. 꿈 많던 소녀 시절 누구나 한번쯤 음악 선생님이나 국어 선생님, 또는 체육 선생님을 짝사랑 안 해본

사람이 있을까. 그녀도 그 범주를 못 벗어난 경험담이었다. 다만 다른 소녀들은 그저 먼발치에서 혹은 교실 뒤쪽에서 연정을 숨기며 호흡을 가빠했지만, 그녀는 의외로 상대 선생님을 적극적으로 공략해 그 선생님을 '가졌다'고 했다.

"재주도 좋네."

내가 말하자 그녀는 캐득캐득 웃었다. 그리곤 전혀 꾸밈없이 마치 추억을 연상하듯 말을 이었다.

"있잖아요. 제가 키가 크잖아요. 고등학생 때 키가 지금도 그대로예요. 그래서 울 엄마가 날 운동을 시켰어요. 태권도도 시키고 수영도 시키고 했는데… 저는 수영이 좋았거든요. 더구나 우리 학교엔 국제 규격 풀장이 있었는데…."

"그럼 수영 잘하겠네?"

"그럼요. 제가요, 그때 바람만 안 났으면 최윤희나 최윤정보다 훨씬 먼저 이름깨나 날렸을지도 몰라요."

"그랬어? 그 정도였어?"

"그럼요! 근데 이 아저씨 봐! 지금 제가 거짓말하는 것 같아요? 물어버릴까 보다."

그녀는 말하다 말고 발딱 일어나 앉아 갑자기 내 코를 거머쥐곤 젖꼭지를 아프게 물었다.

"얌마, 아프다."

"그럼 제 얘기 들을 거예요?"

"그래, 그래라. 근데 그게 뭐 그리… 지금 와서 새삼 늘어놓을 자랑거리라고?"

내가 짐짓 눈살을 찌푸리며 싫은 내색을 보이자 그녀는 침상 옆에 놓인 담배를 한 대 붙여 내 입에 물려주며 표정을 가다듬었다.

"왜냐면요? 아저씬 내가 뭘 한 년인지, 어떻게 살아왔는지… 뿌리도 모르잖아요. 그래서 말인데요, 저는 지금부터라도 제 모든 걸 말해드리고 아저씨한테 신뢰받고 싶거든요. 안 돼요?"

나는 그녀가 붙여준 담배를 한 모금 빨았다 뱉으며 잠깐 생각을 모아 보았다. 그녀의 행동거지나 표정으로 봐서는 거짓말 같지가 않았다. 그리고 미상불 그녀와 앞으로 함께 살 생각을 굳힌 만큼 그녀의 말마따나 둘 사이에 뭐나 찜찜한 숨김이 있다면 그 또한 바람직하지 않을 것 같았다. 내가 뚜벅 물었다.

"그래서 어찌 됐는데? 수영 코치 선생님이랑 썸씽이 벌어졌다?"

"맞아요, 맞아. 아저씬 머리가 빨라."

그녀는 마치 아이처럼 손뼉을 치다가 손으로 입을 가리며 천진하게 웃었다.

2

얘긴 즉 이러했다. 어느 날 학교로 늘씬하고 잘생긴 총각 수영 코치가 부임해 왔는데, 그 선생님은 오는 날부터 모든 여학생의 시선을 사로잡았다고 했다. 물이 무서워 수영장 근처엔 얼씬도 안 하던 여학생들이 너도나도 수영부에 들어오고 싶어 안달을 했을 정도로 그의 인기는 가히 폭발적이었다는 것이었다.

더구나 방과 후 수영 실습이 있는 날에는 아무 관계없는 저학년 학생들까지 풀장에 들어와 그 선생의 균형 잡힌 몸매와 시범을 구경하느라 그야말로 뭇 소녀들이 '헬렐레'했다는 것이 그녀의 표현이었다. 그러나 수란은 오히려 '관심 없는 척' 작전을 쓰면서 코치의 관심을 다른 각도에서 끌고자 했다며 캐득캐득 웃었다.

"어떻게?"

"내가 있잖아요, 수영부 부주장이었어요. 주장 언니는 키도 작고, 좀 못생긴 편이라 적수가 안 되었거든요. 더구나 나는 학교 대표선수라 연습 땐 내가 빠지면 앙꼬 없는 찐빵이고, 김빠진 맥주 같다는 걸 저는 잘 알고 있었어요."

"잘난 척하긴!?"

"옴마나, 이 아저씨 봐. 제가요. 지금은 이래도 그때는 얼마나 싱싱했는지 알아요? 제가요, 수영복 입고 물에 들어가면 모두 나더러 여자 물개라고 그랬다고요, 치이!"

내가 입을 삐죽하자 그녀는 마구 내 팔을 꼬집듯 하며 어이없을 정도로 공연히 억울한 표정을 지었다.

"그래그래, 잘났다. 그래서?"

"그래 첫날 인사만 하고서, 그다음부터 며칠간 연습엘 안 가버렸지요. 왠지 알아요?"

"왜?"

"아저씬, 차암. 이럴 땐 똑 바보 같다니까? 왜냐면요, 그 선생님이요, 첫날 부임 인사할 때 난 그때 이미 첫눈에 뿅 가서 속으로 콕 찍었거든요. 그런데 그 선생님도요, 절 보는 눈길이 팍 필이 오더라고요. 그래서 생각을 했지요."

"어떻게?"

나는 속으로 이 녀석의 속에 가끔 백치 같은 구석이 있음을 웃음으로 얼버무리며 그녀의 말마따나 똑 바보같이 물었다.

"그러니까 들어 보래도요. 딴 애들처럼 헬레레하는 것처럼 보이면 저 사람은 그냥 도매금으로 볼 것이다. 좀 다르게 보이려면 어떻게 해야 할까, 며칠간 연구를 거듭했어요."

"그래서?"

"선생님 스케줄을 슬쩍 훔쳐보니까 어느 날 숙직이더라고요. 그래서 그날을 디데이로 잡고 혼자서 수영장으로 가 못다 한 연습을 하는 척했죠."

그녀는 그런 앙큼한 작전으로 코치 선생님을 시쳇말로 꼬셨다는 것이었다. 나는 웃을 수도 울 수도 없는 표정으로 물끄러미 그녀를 바라보다가 문득 이 녀석이 나에게도 그때처럼 여우 짓을 하는 게 아닐까 하는 생각에 쓴웃음이 나왔다.

3

나는 부스럭거리며 침대에서 몸을 일으켜 베개를 허리에 받치고 비스듬히 기대앉았다. 그리곤 눈웃음을 머금은 채 그녀를 물끄러미 쳐다보았다. 그녀는 발가벗은 몸으로 내 옆에 엎드려 누운 채 턱을 고이곤 어린아이처럼 종아리를 흔들흔들 나를 올려다보며 눈가에 가득 장난기를 담고는 종알종알 수영 코치의 얘기를 잘도 얘기 하고있었다. 나는 문득 심통이 올랐다.

"그 새끼… 몇 살이었어? 그리고 이름이 뭐야?"

스스로 생각해도 쓸데없는 질문이었다. 당시 수란을 범했던 수영코치가 몇 살이면 어떻고 이름이 아무갠들 이십여 년 전의 해프닝이 지금에 와서 무슨 의미가 있을까? 하지만 나는 이상하고 야비한 상상을 하며 공연히 목소리를 갈랐다. 가라앉았던 남성이 불끈 다시 머리를 들었다. 그녀는 그러는 나를 잠시 말갛게 쳐다보더니 갑자기 손바닥을 딱 마주치며 까르르 웃었다. 그리곤 팔딱 일어나 앉아 책상다리를 하면서 입을 열었다.

"옴마나! 아저씨… 질투하시나보다. 그렇지? 으응?"

"…."

"그렇지? 샘난 거지? 어마, 얘 좀 봐…."

수란이 다그쳤다. 그리곤 캐득거리며 성난 내 남성을 꽉 거머쥐었다. 나는 그녀의 모습에 어이없이 또다시 무너지며 바로 눈앞에 눈부시도록 하얗게 다가와 있는 봉긋한 그녀의 젖가슴에 얼굴을 묻었다.

나는 불꽃처럼 일어나는 정염을 다시금 주체치 못하고 그녀 깊숙이 뿌리째 쏟아붓기 시작했다.

"아아, 좋아요. 이럴 땐 그냥… 당신 속으로 스며들고 싶어요."

잠깐 사이 그녀는 입속에서 풀풀 단내를 풍기며 열띤 목소리로 내 귓밥을 물어 뜯었다.

여자 중엔 이상하게도 보면 바로 안아주고 싶은 사람이 있다.

수란이 바로 그런 여자였다. 보기엔 말라깽이고 키만 멀쭉하니 컸지만, 행동거지는 그야말로 철없는 아이 같아 항상 미소를 짓게 하는 그런 여자였다.

알몸을 보면 더욱 그랬다. 그녀의 몸매는 줄자라도 있으면 재어주고 싶을 정도로 균형이 잡혀 있고 귀여웠다. 본인 말마따나 젊은 시절 수영으로 다졌기 때문일까, 알밴 게처럼 통통하니 볼록 오목이 분명해 어른스러웠지만, 그녀의 행동거지가 어떨 땐 백치처럼 천진하고 순수했기에 몸과 마음 아울러 그녀에게서 풍기는 냄새는 독특했다.

그녀는 때로는 요조숙녀였다가 때로는 불같이 뜨거움이 거리낌 없이 용암처럼 흘러나오는 정열을 가진 여인이었다. 그런가 하면 그녀 역시 천생 여자였다. 왜냐면 그녀는 가끔 거울 앞에 앉아 한두 개씩 불거진 여드름을 짜기도 했는데, 그럴라치면 소리 소리쳐 나를 불러놓고는 자기가 쌍꺼풀 수술을 하는 것이 좋은지, 안 하고 그대로 놔두는 것이 예쁜지 의견을 묻곤 했었다.

그녀는 얼굴이 작은 편이었지만, 눈만큼은 크고 맑았다. 그래서 다른 여자들처럼 눈이 커 보이게 하기 위해 아이라인을 그리거나 일부러 눈썹 밑에 음영을 그려 보이지 않아도 그녀의 눈은 밤에 홀로 빛나는 가로등처럼 환했다. 그녀는 쌍꺼풀은 없었지만 대신 쌍꺼풀이 되려다 만 무의미한 선이 눈 위에 새겨져 있었다.

그녀에겐 가끔 피로할 때 우연히 눈에 쌍꺼풀이 생기곤 했는데, 그것도 양쪽 눈에 동시에 생기는 게 아니라 어쩌다 한쪽만 생기곤 했었다. 그런 날이면 그녀는 꼭 나를 불렀다. 그리곤 항상 똑같은 말로 툴툴거렸다.

"아저씨, 있잖아? 주간지 관상란에 보면 말예요, 눈꺼풀이 짝짝이면 변덕스럽다는데… 나 변덕스러워요?"

"응."

내가 장난기 섞어 고개를 끄덕일라치면 그녀는 심각하게 포옥 한숨을 내쉬며 집게손을 만들어 거울 속에서 자기 눈에 쌍꺼풀을 만들어 보이곤 했다.

"쌍꺼풀 수술 하고 싶어?"

"응."

"왜? 누구에게 예쁘게 보일려고?"

"아저씨한테."

"괜찮아, 난. 당신은 안 하는 게 훨씬 예뻐."

"정말?"

내가 정색을 하고 고개를 끄덕여줄라치면 그녀는 거울에서 얼굴을 돌려 내게 쪽 입을 맞추곤 했었다.

그랬다. 나는 진실로 쌍꺼풀 없는 그녀의 눈을 좋아했다. 면도칼로 살짝 그은 듯한 그녀의 눈 위 선이 오히려 그녀의 얼굴 전체를 귀엽고 장난스럽게 보이게 했기 때문이었고, 그 모습은 내가 힘들 때 항상 내

가슴 속에서 미소를 짓게 했기 때문이었다.

4

남자란 참 이상한 동물이었다. 겉으로는 안 그런 척하면서도 속으로는 적당히 사디스트적인 음흉함을 숨기고 있어 사귀는 여자가 과거 얘기라도 할라치면 그 상황을 꼬치꼬치 캐물어 알고 싶은 속성이 있다. 나 역시 마찬가지였다. 마음으로는 '그러지 말아야지' 하면서도 그녀와의 섹스가 끝나고 나면 공연히 심통을 부리며 쓸데없이 꼬질꼬질 그녀와 수영 코치와의 해프닝을 물어보곤 했었다.

그따위 것을 지금에 와서 알아 뭐 어쩌자는 생각도 없으면서 그냥 그렇게 야비한 상상을 하며 그녀에게 고통을 주는 것을 즐겼다고 할까. 수란은 이상하리만치 집요하게 당시의 상황을 파고드는 내 표정에 어떨 땐 재미있는 듯, 어떨 땐 얼핏 후회가 스쳐 가는 얼굴이 되곤 했었다. 그럴 때면 그녀는 자기 입술로 내 입술을 덮어 말을 못하게 하거나 아니면 그냥 후다닥 벗은 채로 침대에서 빠져나가 계란프라이를 만들어 억지로 내게 먹이곤 했었다.

"있잖아요. 내가 한 말 몽땅 거짓말이야. 알아요? 어떤 책에서 보니까 남자를 적당히 샘내게 해야만 사랑받는다고 했거든요? 아저씨, 열 받았어?"

그리곤 캐득캐득 웃으며 내 겨드랑이고 가슴이고를 마구 간지럼을

태우곤 했었다.

나는 그녀와 함께 있으면 완전히 어린아이가 되었다. 생각해보면 아주 오래전 죽은 내 아내 윤희와의 짧은 결혼생활에서는 거의 그런 기억이 없었다. 몇 년 안 되는 세월이었지만, 그때 나는 항상 근엄했고 남편이기보다는 마치 보수적인 오빠처럼 윤희를 어렵게 만들곤 했었는데, 왜 지금에 와서 수란에게는 꼭 아이처럼 투정을 부리게 되었는지 스스로 생각해도 모를 일이라 쓴웃음이 나오곤 했다.

"거짓말 좋아하네. 그 거짓말이 또 거짓말이지? 그렇지? 이놈아!"

내가 핑 콧방귀를 뀔라치면 그녀는 정색을 하며 내 옆에 앉아 손톱으로 내 팔등을 간지럽히거나 가만히 내 눈을 쳐다보며 말했었다.

"사실은요. 난 그냥 그때 그 코치 선생님이 너무 멋있어 보여서 그냥 한 번만 안기고 싶었어요. 솔직히 남녀 간의 섹스에 대해선 맹세코 몰랐어요. 그래, 그냥 그 선생님 눈길을 내게로 돌려서 한 번 안아만 달라고 싶었는데…."

"그래서?"

나는 '고봐' 하는 회심의 미소까지 지으면서 침을 꿀꺽 삼켰었다. 그녀가 뱅긋 웃었다.

"그냥… 그랬지 뭐."

"어떻게?"

"아이, 몰라."

그녀는 말문을 닫은 채 입술로 화다닥 내 입술을 또다시 덮으며 발갛게 달아오르곤 했었다.

나는 참 용렬스러웠다. 그쯤에서 그만 그쳐야 하는 줄 알면서도 달려드는 그녀를 다소 거칠게 걷어내며 나도 모르게 소리를 버럭 질렀었다.

"얘기해 봐! 그래서…."

그녀가 눈을 동그랗게 떴다. 그리곤 잠깐 사이 동공이 젖었다. 그리곤 이내 '그렇게 궁금해요?' 하는 표정으로 입술을 깨물었다. 억지 부리듯 캐낸 그녀의 얘기는 이러했다.

선생의 숙직 날, 수영장에서 눈을 맞춘 이후로 그녀는 그야말로 집요하게 코치를 유혹했다고 했다. 그녀의 유혹은 그녀 말마따나 한 번만 안겨보고 싶은 그런 것이었다고 그녀는 잘라 말했었다.

"차암, 순진도 하셔라."

"그러게 말예요."

내가 빈정거리자 그녀는 코를 찡긋 맞장구를 쳤지만, 가끔씩 내 눈치를 보며 도대체 이 남자가 왜 이렇게 집요하게 옛날얘기를 듣고 싶어 하는지, 또 해줘도 되는 건지, 나중에 이런 걸 꼬투리 잡아 사람을 못살게 굴 것은 아닌지, 의아한 눈빛이 역력했다. 그러면서도 그녀는 기왕 뱉어낸 것, 빨리빨리 끝맺음을 하고 싶어 하는 눈치였다. 그녀가 얘기를 빠르게 마무리 지었다.

"어느날요, 선생님네 하숙방엘 쳐들어갔는데요. 그 집에 아무도 없는 걸 미리 알았거든요. 선생님은 처음엔 내 눈치를 보며 무척 망설이셨는데. 나는요, 그냥 한 번 안아만 주는 게 뭐 어떠냐고… 그런 생각밖엔 없었어요. 그런데 그만 그짓까지 하는 바람에… 얼마나 아팠는지 지금도 기억에 생생해요. 그러고 학교에서 소문나고 나는 퇴학당하고, 선생님은 사표 내고, 난 집에 갇혀 있다 서울 오빠 집으로 압송

당하고, 몇 년 있다 전남편에게 시집을 갔고 그랬어요. 됐어요?"

그녀가 짜증나는 눈빛으로 내게 쏘아붙이듯 말을 마쳤을 때 나는 싱겁게도 그냥 웃음이 나오며 또 한 번 쓸데없이 물었다.

"후회 안 해?"

"후회 안 해요."

그녀가 야무지게 말하며 담배에 불을 붙였다. 차암, 그때 나는 꼭 공연히 내 꾀에 내가 빠진 듯 얼핏 후회 감정이 스침을 숨길 수가 없었다.

수란은 말을 마친 후 빤히 나를 쳐다보았다. 그녀의 콧등엔 이상하게 땀이 송알송알 배어 있었다. 표정엔 정말 이 남자가 나중 자기의 과거를 핑계 삼아 못살게 굴거나 또는 헤어지자고 할 것인지 아닌지 어릿어릿 불안감이 배어 있었다.

나는 손을 뻗어 그녀의 허리를 끌어당겼다. 수란은 자연스레 내게로 몸을 부딪쳐오며 내 눈두덩에 그녀의 입술을 덮어 왔다. 그녀가 가만히 속삭였다.

"아저씨?"

"응."

"나 밉지?"

"아, 아니…."

나는 공연히 그녀가 가여워져 불끈 그녀의 허리를 껴안은 채 침대 위로 끌어 보듬어 안았다. 그리곤 그녀의 귓밥을 깨물며 입바람을 귓속으로 불어넣었다.

"진짜로 한 개도 안 미워, 진심이야."

"증마알?"

"그러엄."

5

나는 그녀를 아기처럼 토닥토닥하며 손빗으로 그녀의 머리를 빗겨 주었다. 그리곤 이 철딱서니 없는 막내딸이 엉뚱하게 선생님과 스캔들이 나서 온 시골 동네가 시끄러워진 그 당시의 상황이 상상되자 나도 모르게 푸우 한숨을 쉬며 중얼거렸다.

"그나저나 그 코치 녀석도 그렇지만, 차암, 울 아기 집에서는 얼마나 난리가 났을까."

수란이 캐득캐득 웃었다.

"말도 마요. 울 아빠는요, 날 방에 가둬놓고 불을 질러 태워 죽여버린다고 펄펄 뛰시다, 말리는 울 엄니랑 마당에서 뒹구시기도 했고요. 그러다 결국 밤에 술을 자시고 들어와서는 자는 척하는 제 얼굴을 들여다보시며 막 우시더니 갑자기 가위로 제 머리를 쥐 뜯어먹은 것처럼 잘라 놓으셨어요. 근데요, 아저씨?"

"으응."

"참 이상도 하지요?"

수란이 침대에서 일어나 책상다리를 하며 담배 한 대를 피워 물며 불쑥 말했다.

"뭐가?"

"근데요, 그렇게 큰일이 일어났는데도요. 전 그냥 웃음만 나오며 아무렇지도 않았거든요? 그때 나이도 십 대였는데 부모님들과 주변에서 막 야단을 치면 오히려 그 선생님이 더 보고 싶더라고요. 왜 그랬을까? 울 엄마 말로는 멀쩡한 처녀 신세 망쳐 놓은 빌어먹을 새끼였는데… 저는 그냥 지금도 그렇게 후회는 안 돼요. 저 좀 문제가 있지요?"

"글쎄다."

나는 어쩌면 이해도 될 것 같은 심정으로 어물거리다 뚜벅 말을 이었다.

"그렇게 사람이 살다가 감당할 수 없는 일을 당하면 오히려 담담해질 수도 있겠지."

"그럴까요? 그런 걸까요?"

수란이 고개를 갸웃했다. 내가 그녀의 손가락에서 담배를 빼어 물며 다시 물었다.

"그나저나 아빠는 뭐하셨어?"

"울 아빠요?"

"응."

수란이 잠시 입술을 깨물었다. 그리곤 뭔가를 추억하는 듯 눈을 가늘게 모았다.

"울 아빠요. 차암, 오늘 아저씨한테 오방 걸렸네. 아저씬 무슨 이민국 직원 같아요. 꼬치꼬치 캐묻고…."

"얘기하기 싫으면 안 해도 돼."

나는 문득 그녀의 말에 부끄러운 생각이 들어 정색을 하며 그녀의 입술에 손가락을 갖다 붙였다. 수란이 내 손가락을 꽉 깨물며 도리질을 했다.

"아녜요. 뭐 숨길 것도 없어요. 울 아빠는요. 우리 고향 동네에서 이발소를 했거든요. 부자는 아니었지만 내려온 땅도 좀 있었고, 그냥 먹고살만 했지요. 근데 이발사라서 그랬는지 멋도 좀 부리셨는데, 그냥 부인이 둘이나 있었어요. 우리 큰엄마 그리고 울 엄마. 한집에서 살았어요. 사이좋게 말예요. 우습죠?"

수란이 빠르게 말을 뱉어내곤 흘끔 내 눈치를 보면서 시니컬한 표정을 지었다. 그리고 그녀는 새 담배에 다시 불을 붙여 뭉클 도넛 연기를 만들어내며 말을 이었다.

"저는요, 말하자면 둘째 부인의 막내였지요. 위로 오빠 하나가 동복이었고, 큰엄마 밑으로 언니가 둘 있었어요. 그러니까 1남 3녀였는데, 제가 아들이었어야 되는데 천덕꾸러기였지요. 그래도 울 엄마는 내가 막내라고 옷도 예쁘게 입히곤 하셨는데 그런 년이 가문에 없는 짓을 했으니 집구석이 초상집이 될 수밖에요."

그녀는 마치 남의 얘기하듯 잘랑잘랑 잘도 얘기하고 있었다. 나는 멍하니 그녀를 바라보며 문득 수란의 어린 시절이 나의 어린 시절과 오버랩이 되며 시골 고향집 대청마루와 드넓은 마당이 그림처럼 머리에 떠오르고, 그 마당 복판에서 내 누이와 사금파리로 땅따먹기 하던 모습이 선명히 되살아와 공연히 가슴이 저려 왔다.

6

대청마루에서 할머니와 어머니가 숯불 다리미로 홑이불 네 귀퉁이를 마주 잡고 휘적휘적 다림질을 하고 있었다.

어머니가 물 한 모금을 입에 물고 푸우하고 펼쳐진 옥양목 천 위에 물안개를 뿜으면 할머니가 얼른 그 위로 바알간 숯불이 담긴 다리미로 왔다, 갔다 쓱쓱 문질러대곤 했다. 쭈글쭈글하던 홑이불 천이 마치 마술사의 손을 거친 듯 팽팽하게 펴지면 어머니는 재빠르게 그 부분을 잡아당겨 차곡차곡 접곤 했었다. 그럴 때면 할머니는 항상 흥얼흥얼 콧노래를 불렀었다.

나비야 청산가자
범나비야 너도 가자
가다가 힘겹거든
꽃잎에 쉬어 가자
하늘 끝 날아 올라
청산에 들거덜랑
먼저 간 내 님 소식
꽃잎에 물어보자….

할머니는 마치 창을 하듯 느릿느릿 읊조렸고, 나중에 알고 보니 가사는 할머니 멋대로였으나 희한하게도 언제나 그 곡조는 틀린 적이 없었다.

그 대청마루 한쪽 편에서 누이와 나는 이리저리 뒹굴며 됫박에 담긴 옥수수와 쌀 튀김을 먹다가 심심해지면 문득 약속이나 한 듯 드넓은 마당으로 뛰쳐나갔다. 그리곤 숨바꼭질을 하거나 아니면 사방 네모로 금을 긋고 귀퉁이에 손 뼘을 돌려 쥘부채 모양의 본집을 짓고는 땅따먹기 놀이를 시작하곤 했었다. 사금파리를 동그랗게 간 도구나 납작한 바둑알 또는 사이다 병뚜껑으로 본집 귀퉁이로부터 두 번 혹은 세 번씩 퉁겨 다시 자기 본집 영역으로 들어오면 그만큼 자기 땅이 넓어지는 놀이였다.

누이와 나는 아주 열심히 땅거미가 질 때까지 조금이라도 내 땅을 넓히느라 티격태격 싸움도 많이 하곤 했었다. 내 사금파리 도구가 금에 물렸다, 아니다, 서로 시비를 가릴라치면 어느 틈엔지 어머니가 다가와 심판을 서주곤 했었다.

어머니는 주로 나보다 누이 편을 들어주곤 했었는데, 그럴라치면 나는 못내 분을 못 이겨 씩씩거리다 내 편인 할머니에게 조르르 달려가 엄마랑 누이를 혼내주라고 마구 조르곤 했었다.

"아아!"

나는 나도 모르게 신음을 뱉어내며 어린 날의 추억에 가슴이 저려왔다. 그러나 지금은 할머니도 어머니도 먼먼 나라로 가셨고, 정겹던 누이는 남편과 아이들 뒷바라지로 그 당시 어머니의 나이가 되었다. 그 누이는 자식들이 싸우면 누구 편을 들어줄까?

나는 뜬금없이 그것이 궁금해 입가에 저절로 웃음이 배어나며 그

새 내 팔베개를 벤 채 설핏 잠이 든 수란의 얼굴을 마치 누이를 떠올리듯 가만히 바라보았다. 그녀는 무슨 꿈이라도 꾸는지 입가에 뱅긋 미소를 담고 있었다. 나는 살그머니 그녀의 머리를 들어 팔을 빼내며 내가 받치고 있던 쿠션을 그녀의 머리 밑에 받쳐주었다. 수란은 잠깐 눈을 떴다가 다시 감으며 중얼거렸다.

"아저씨, 나 아찌가 무슨 생각했는지 다 봤다?"

"내가 무슨 생각을 했는데?"

나는 느닷없는 그녀의 말에 공연히 관자놀이가 저릿해지며 그녀의 코를 잡아당겼다. 수란이 도리질하며 정말 졸린 듯 하품을 했다. 그리곤 다시 중얼거리듯 말했다.

"있잖아요. 금방 내가 잠이 들었는데, 문득 아저씨는 어렸을 때 어땠을까? 그런 생각을 했어요."

"그런데?"

"아저씨는 되게 떼쟁이에다가 어리광도 많이 부렸을 것 같고… 그런 모습이 얼핏 떠올랐어요."

나는 흠칫 몰래 개구쟁이 짓을 하다 들킨 아이처럼 가슴이 찌릿해지며 이 녀석에게 왜 그런 텔레파시가 전해졌는지 저절로 고개가 갸웃해졌다.

"그래, 정말 그랬어. 난 지금 내 어릴 때 생각에 잠시 젖었었거든. 그런데 그게 보였다고?"

"그렇다니까요. 내가 언젠가 그랬죠? 나는 가끔 쪽집게 무당같다니까요. 그러고요. 나도요, 울 오빠랑 어릴 적에 쌈깨나 하며 지냈는데, 울 오빠는 항상 나한테 져줬어요. 물론 나이 차이도 있었지만, 중간

이복 언니가 나를 못살게 구니까 딱해서 그냥 져주는 척했을 거예요. 근데 커서는 말수도 적어지고. 더구나 제가 사고치고 나서는 울 오빠 눈길이 그렇게 차가울 수가 없었어요. 아아, 그해 겨울은 너무나 추웠어요. 몸과 마음, 날씨까지도 얼마나 혹독했는지. 지금 생각하면 뭐랄까? 참 지옥이었는데….”

그녀는 연신 하품을 해대면서도 무슨 생각에선지 고향 마을 스캔들 이후 서울에서의 생활을 마치 남의 얘기 하듯이 담담하게 털어놓기 시작했다.

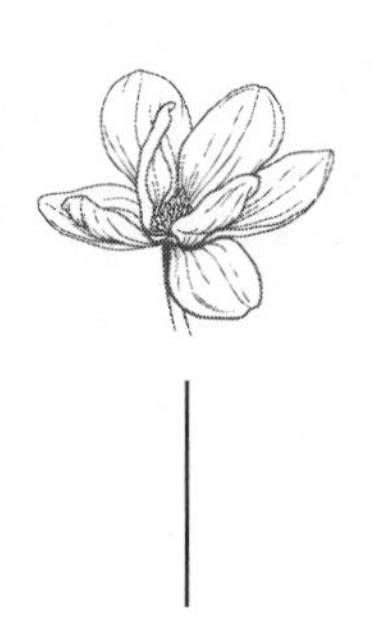

제3장
겨울날의 초상

1

그해 겨울은 유난히도 추웠다. 보름씩이나 영하 10도를 오르내리는 날씨도 날씨였지만, 빌딩 숲 사이사이를 스쳐 가는 칼날 같은 바람은 사람들에게 오버코트 속으로 자라처럼 모가지를 쑤셔 넣게 하고도 남았다. 그렇게 차가운 날씨만큼 수란의 마음도 얼어붙어 있었다.

고향 마을에서 선생님과 사고를 친 후 그녀는 아버지 손에 이끌려 서울에서 직장생활을 하는 오빠 집으로 강제로 끌려가 위탁되었고, 그녀는 그곳에서 서울 생활의 첫걸음을 시작했었다.

그녀의 오빠는 한 배 속에서 나오긴 했지만, 수란과는 대여섯 살 이상의 나이 차이가 있었고 성격도 그녀와는 달리 과묵하고 치밀한 사람이었다. 오빠는 그녀가 저지른 해프닝을 이미 알고 있는 표정이었지만, 거기에 대해서는 일언반구 말이 없었고 차갑지만 딱한 눈초리로 그녀를 맞이했었다. 오빠가 그녀에게 처음 한 말은 "학교는 마쳐야지?"였다. 하기야 고3 반 학기를 남겨두고 선생님과 스캔들을 일으켜 퇴학을 당했으니 오라비 된 사람으로서 아깝고 딱한 노릇일 터였다.

"싫어! 나 학교 안 다닐 거야."

수란이 아무 계획도 없이 반항하듯 그의 말을 거부하자 그녀의 오빠는 아무 표정 없이 물끄러미 그녀를 쳐다보다가 엉뚱한 질문을 던져 왔다.

"야, 너 그 친구 보고싶나?"

수란은 처음에는 그의 말을 못 알아들었다. 그녀는 느닷없이 던져온 오빠의 말에 느릿하게 그를 향해 눈을 돌리며 의아한 눈초리를 지었다.

"누구?"

"얌마, 누구긴 누구야? 수영코치말야. 그 자식 서울서 돌아다닌다던데…."

수란은 그녀의 오라비가 미처 말을 끝내기도 전에 전기에 감전된 사람처럼 화들짝 놀라며 소파에서 벌떡 일어나 앉았다. 갑자기 손끝에 힘이 빠져 달아나는 느낌이었다. 그녀는 잠깐을 망설이다가 더듬더듬 물었다.

"오빠가 그 사람을 알아?"

그녀의 오빠는 아무 대답도 없이 표정을 굳힌 채 담배를 꺼내 물었다. 수란이 다그쳤다.

"정말 오빠, 오빠가 그 사람을 알고 있는 거야?"

"그래."

그가 짤막하게 받았다. 수란은 정신이 혼미해졌다. 그리곤 도무지 수영 코치 선생님을 딴 사람도 아닌 친오빠가 알고 있다는 사실에 생각이 미치자 갑자기 온몸에 소름이 돋았다.

그렇다면 처음부터 그 남자는 자기가 친오빠인 오재섭의 동생인 줄 알면서 스캔들을 일으켰던 것일까? 아니면 어쩌다 갈 데까지 가고 난 다음 그 사실을 알았던 것일까? 수란은 다만 몇 달간이었지만, 수영 코치와의 관계가 하나하나 떠오르며 갑자기 얼굴이 붉어지고 숨이 가빠왔다.

언젠가 그 사람이 물었었다.

"오빠가 D대 건축과 출신이던데."

"어떻게 알아요?"

"으응. 수란이 신상카드를 좀 훔쳐봤지."

"왜요?"

"그냥 궁금해서. 나도 그 대학 사대 출신이거든."

그는 말을 얼버무렸었다. 그 당시만 해도 수란은 그에게 흠뻑 빠져 천지 분간을 못했었기에 그가 느닷없이 그런 얘기를 꺼냈어도 그저 그런가 보다고만 생각하고 그의 어깨에 머리를 기댄 채 아무 의혹도 갖지 않았더랬다. 그저 그와 주말여행을 가고 있다는 즐거움만이 그녀의 머릿속에 가득 차 있었기 때문이었다.

그날은 새 학기가 시작된 어느 주말이었다. 그날 수영 코치는 도청 소재지인 D시의 협회 지부로 업무 협의차 간다는 핑계로 신학기부터 주장이 된 수란에게 동행을 요구했었다. 말이 업무 협의차였지, 그때 이미 갈 데까지 간 그들은 기회만 있으면 동네 눈들을 피해 이곳저곳 타도시로 다니며 그야말로 죽기 살기로 젊음을 불태우고 있을 때였다.

불이 붙은 쪽은 수란보다는 코치 선생이었다. 그도 그럴 수밖에 없는 것이 이제 서른도 안된 총각 선생이 풋과일같이 풋풋한 처녀의 방을 엿보았으니 그 새콤달콤한 것이 오죽이나 했을까. 그는 시도 때도 없이 수란을 안았고 그녀는 그때마다 고통을 참으면서도 왜인지 무언가 아릿한 느낌에 길이 들어갈 무렵이었다.

"맞아. 지금 생각해보니 오빠랑 같은 대학엘 다녔다고 했어."

눈을 내리깔고 잠깐 생각에 젖어 있던 수란이 혼잣말처럼 중얼거리며 고개를 들고 오라비를 올려다보았다. 그는 담배 연기를 짙게 뱉어내며 당황해하는 여동생을 묵묵히 바라보다가 또 한마디 밑도 끝도 없이 불쑥 말을 던졌다.

"그 새끼 잊어라!"

2

'잊으라고?'

수란은 초점 없는 눈으로 소파 옆에 서서 뒷모습을 보이고 있는 오빠 재섭에게 시선을 던지며 혼잣말로 중얼거렸다. 그러면서도 그녀는 문득 그의 뒷모습에서 그 남자를 떠올리며 순간적으로 지난 몇 개월 동안 있었던 그와의 온갖 만남이 수영장에 물 차오르듯 찰랑찰랑 온통 머릿속을 적셔와 몸을 떨었다.

그들은 한창 말썽이 절정을 이루던 어느 날 함께 야외를 나간 적이 있었다. 작은 시골의 학교가, 마을이 온통 그들의 얘기로 시끌시끌하였기에 그들은 순간적으로 동반자살을 할까도 생각하던 때였다.

철없는 수란은 오로지 '선생님'만 믿는다면서 여인숙 한방에서 그의 품에 머리를 묻고 밤새도록 훌쩍이곤 했었는데, 그때 정말 그가 약이라도 먹자고 했다면 수란은 기꺼이 그랬을 것이다. 하지만 그는 그녀를 껴안은 채 짐동 같은 한숨만 내쉴 뿐 쓰다, 달다 말이 없었더랬다. 다만 '미안해'만을 연발하며 방 안이 매캐하도록 담배 연기만 내뿜고 있었다. 나중에 안 일이지만, 그때 그 선생은 약혼녀가 따로 있었다고 했었다. 그것도 결혼 날짜까지 받아놓은….

그런데 젊음이 탈이었을까. 순수하고 물 찬 몸매의 밉지 않은 처녀가 온몸으로 대시해 들어옴에 그의 이성은 마비되어 버렸고, 오로지 쾌락에 정신을 잃고 있다가 아차! 제정신이 돌아왔을 땐 이미 때가 늦어버렸고 그야말로 진퇴양난의 기로에서 어쩔 줄을 몰라 했었다.

수란도 마찬가지였다.

그 선생님이 더듬더듬 약혼녀가 있다는 말은 차마 못한 채 집안 핑계를 내세우며 자기의 처지를 두서없이 털어놓았을 때 그녀는 그다지 그 사실을, 현실을 심각하게 생각하지 않았었다.

그녀는 철딱서니 없게도 자기가 선생님의 부모를 만나 뭔가 담판을 짓는다면 그들의 사랑이 이루어질 것으로 착각하고 있었다. 그녀는 오히려 영화 속의 주인공들처럼 아프지만 아름다운 로맨스를 꿈꾸었다고 할까. 하지만 그러한 생각이 집안 어른들이나 학교 선생님들에게 씨가 먹힐 턱이 없었다. 그녀는 죽기 살기로 이를 악물고 어른들은 설득하려 했지만, 그것은 오히려 그들을 더욱 거세게 갈라놓는 도화선만 되고 말았지, 어느 한 자락도 이해와 공감을 얻을 수가 없었던 것은 너무도 당연한 일이었다.

"난 수란이를 너무 사랑해."

선생은 틈만 나면 그녀에게 이렇게 속삭이곤 했었는데, 선생의 그 달콤한 메시지는 시간이 흐를수록 '너무 사랑하기 때문에 네 인생을 망치고 싶지 않아'라는 말로 의미를 뒤집기 시작했고, 결국 그는 슬금슬금 그녀를 피하다 서둘러 학교에 사표를 던지고 말았던 것이었다. 그리고 그는 당시 퇴학 처분을 받고 집 안에 감금되어 있던 수란에게 불쑥 편지 한 통을 인편으로 전하곤 그 마을에서 말도 없이 사라져 버렸었다. 그는 편지에 이렇게 주절거렸었다.

수란에게.

나는 몇 밤을 잠을 못 이루고 있어. 내가 수란에게 너무 깊은 상처를 주는 것이 못내 마음이 아파 잠을 잘 수가 없었어.

하지만 수란아.

우린 서로 깊고 뜨겁게 사랑하지만, 그것이 현실적으로 이루어질 수 없다는 사실을 이제야 깨달았다면 수란은 날 몹시 원망하겠지.

옛날에 어떤 배우들도 그런 얘기를 했지만, 나는 수란을 너무 사랑하기 때문에 더 이상 수란에게 상처를 주고 싶지가 않다는 점 깊이 이해해주었으면 해.

그때 그 배우들의 심정을 이제야 이해할 수 있을 것 같은데… 왜 하필이면 나와 수란에게 이런 시련이 다가온 건지. 날 무책임한 인간이라고 욕해도 달게 받을게. 하지만 수란에겐 천성적으로 밝고 낙천적인 성격이 있으니까 이 아픔을 잘 견뎌내리라고 믿어.

수란아, 정말 사랑해.

너의 못난 코치가

'나쁜 자식'

그때 수란이 편지를 읽고 뱉어낸 첫마디는 이것이었다.

'잊으라고?'

수란은 또 한 번 똑같은 말을 중얼거리며 여전히 장승처럼 서 있는 오라비를 쳐다보았다. 그는 묵묵히 피우던 담배를 비벼 끄며 수란의 시선을 슬금 피한 채 입맛을 쩍 다셨다. 그리곤 그녀에게 마지막 쐐기를 박았다.

"다시는 그 새끼 생각도 하지 마라. 그 새끼 곧 결혼한다."

3

수란은 입술을 깨물었다. 아주 아프게, 아프게 짓씹듯 깨물었다. 그러면서 그녀는 소파에서 일어나 암말 없이 자기 방으로 돌아와 찰칵 문을 잠그곤 고꾸라지듯 침대에 몸을 던졌다. 가슴속 저 밑바닥에서부터 오열이 치밀어 올라 견딜 수가 없었다. 그녀는 누가 듣거나 말거나 엉엉 소리 내어 울었다.

'개 자식, 나쁜 자식….'

속에서 온갖 욕지거리가 저도 모르게 불거져 나왔다. 비로소 그녀는 지금까지 자기가 저질러 온 짓거리가 얼마나 허황된 것이었는지 조금씩, 조금씩 피부에 와 닿기 시작했다. 그녀는 결국 덩치만 커다란 어른이었지, 실제 속으로는 18살 학생일 뿐이었다. 정신적으로도 그녀는 그 또래에서 통상 '까졌다'는 소릴 들을 정도로 다소 조숙하긴했지만, 그냥 덜 영근 과일일 뿐이었다.

그해 이른 봄이었었다.

수란은 어떻게 하면 수영 코치의 시선을 딴 곳으로 돌리지 못하게 할까 자나 깨나 고심을 하다가 하루 저녁, 큰 결심을 머금고 그의 하숙집엘 쳐들어 갔었다. 맹랑하게도 그녀는 딱 한 번만 그의 품에 안겨 보는 것이 소원이었다. 갓 피어나는 소녀들만의 무지개 빛 꿈이었을까. 그녀는 그렇게 철딱서니가 없었다.

좁은 동네였기에 그녀는 그날 선생님의 하숙집 주인이 어디론가 출타 중인 것을 미리 알았고, 코치 역시 은근슬쩍 자기가 그날은 혼자 있을 것이란 말을 수란에게 흘렸었다. 결국 그 남자 역시 뭔가를 기대하고 있었기에 그 기회를 만들었다는 것을 수란은 순진하게도 한참이나 나중에야 깨달았었다.

그녀가 대문을 두드리자 코치는 기다렸다는 듯이 얼른 문을 열어주었다. 선생은 방금 샤워라도 한 듯 물기 덜 마른 알몸에 앞이 트인 셔츠를 걸치고 있었다. 이른 봄 저녁인데도 그의 잘 빠진 근육질 몸매는 김이 무럭무럭 나는 듯 눈이 부셨고, 그의 눈빛은 무언가 기대가 찬 듯 이글거리고 있었다. 수란은 그의 얼굴을 똑바로 쳐다볼 수가 없었다. 그녀는 눈을 내려 깐 채 가만히 손만 만지작거리고 있었다.

"왜 그러고 있니? 들어와!"

코치가 부드럽게 속삭이듯 말하며 그녀의 손을 잡았을 땐 수란은 온몸이 와들와들 떨리며 다리에 힘이 쭉 빠지는 느낌이었다. 선생은 왠지 싱긋 웃었다. 그러면서도 그 역시 그녀의 손을 더욱 꽉 잡아 끌며 목소리가 떨려 나왔다.

"왜 그러고 서 있니? 들어와! 라면 끓일까? 들어가자, 방으로…."

"아녜요. 저 그냥 돌아갈래요."

갑자기 수란은 겁이 버럭 났다.

지금까지는 실체 없이 무지개처럼 선생과의 아릿한 포옹을 꿈꾸어 왔지만, 그녀는 순간적으로 '내가 왜 이러지? 미쳤나 봐.' 하는 생각에 저도 모르게 잡힌 손을 뿌리치면서도 목이 꽉 막혀와 몸이 움직여지지 않았다. 도무지 정신을 차릴 수가 없었다. 그때였다. 돌연 선생이 더욱 손에 힘을 주며 그녀의 곁으로 다가섰다. 그리곤 암말 없이 거친 숨소리를 내며 그녀를 보듬어 안았다.

"수란아, 난 말야. 널 정말…."

그는 그녀의 귀에 뜨거운 입김을 뿜어내며 숨이 막힐 정도로 그녀를 껴안곤 애무를 하기 시작했다.

수란은 눈을 감았다. 망막 속으로 비눗방울 같은 것이 온 우주를 뒤덮듯 후르르후르르 퍼졌다간 터지고 또다시 퍼지곤 했다. 그의 입술과 혀는 그녀의 귓불에서 이마로, 이마에서 목으로, 목에서 입술로 뜨겁게 날름거리며 그녀를 덥히기 시작했다. 그리고 잠깐 사이 그의 불 같은 혓바닥이 그녀의 입술을 가르며 쳐들어 왔을 땐 수란은 저도 모르게 신음을 흘리며 닫힌 입을 열고는 온몸이 하르르하르르 떨려 쓰러지듯 그에게 전신을 맡긴 채 정신이 몽롱해졌다.

정말 아무것도 생각나지 않았다. 꼭 감은 눈 속에서 그저 끝없는 비눗방울만이 오색이 영롱하게 퍼져 나가고 있음을 느끼고 있었다.

야릇한 기분이었다. 첫 키스가 그렇게 달고, 떫고, 신맛이 나는지 그녀는 그때 처음 경험했었다. 그녀는 정신없이 그가 끄는 대로 이끌려 들어가 그의 방 보료 위에 눕혀졌다.

선생은 마치 미친 사람처럼 그녀의 온몸을 더듬기 시작했다. 블라우스가 벗겨지고 그의 혓바닥이 그녀의 가슴 봉우리에서 불길을 뿜어내기 시작하자 수란은 본능적으로 다리를 오므리며 그를 밀치고 벌떡 일어나 앉았다. 하지만 그는 조금도 아랑곳없이 또다시 짐승처럼 으르렁거리며 그녀를 덮쳐 왔다.

4

엄청나게 아팠다. 수란은 마치 코뿔소처럼 식식대며 그녀를 찔러오는 코치의 몸놀림에 정신이 아뜩해졌다. 뭔가 묵직한 것이 그녀의 허벅지 중간을 가르고 들어오자 수란은 깨지고 찢어지는 고통으로 몸을 뒤틀며 신음이 절로 나왔다.

"아아, 아파요."

남자는 그녀의 그런 꿈틀거림에 더욱 흥분이 고조되는 듯 조금도 몸놀림을 멈추지 않고 더욱 으스러지게 그녀를 껴안고 조이며 입술이며 귓불이며 모가지를 정신없이 핥곤 했었다.

잠깐 사이였다. 이윽고 뭔가가 터진 듯 코치가 헉 숨을 몰아쉬었고 묵직하던 그 무엇이 서서히 사그라드는 느낌이 그녀에게 전해져 왔다. 수란은 순간의 고통이 아릿한 후유증으로 그녀의 온몸을 휩쌈을 처음으로 경험하며 눈을 감은 채 손끝 하나 놀리지 못하고 가만히 누워 있었다. 망막 속으로는 끊임없이 비누 방울이 온 우주 공간을 눈송이처럼 쏟아지며 퍼지곤 했다.

"수란아, 넌 정말 사랑스러워."

숨을 고른 코치가 그녀의 얼굴을 쓰다듬으며 귓불을 잘근 깨물었다.

'아아.'

수란은 속으로 알 수 없는 신음을 뱉어내며 몸을 떨었다. 그녀의 머릿속에는 '아아, 이젠 어쩌나! 정말 큰일을 저질렀는데… 다른 선생님들이나 부모님, 또는 친구들이 알면 뭐라고 해야 하나. 아니야, 나는 코치 선생님을 사랑해. 그러니까 아무 스스럼없이 그에게 안길 수 있었던 거야. 그래, 정말 나는 이 분을 사랑할 거야. 선생님도 날 사랑스럽다고 했어.' 온갖 생각이 그녀의 텅 빈 머릿속을 채웠다간 빠져나갔고 또다시 물먹은 스펀지처럼 온 뇌리에 적셔지곤 했다.

'사랑!'

참으로 어렵고도 쉬운 단어였다. 하지만 그녀는 그렇게라도 그 어휘를 갖다 붙여 스스로를 합리화시키지 않고는 아무런 핑계를 댈 수가 없었다.

그녀는 비로소 손을 뻗어 코치의 머리를 감싸 안았다. 그녀는 어이없게도 그녀의 가슴에 얼굴을 묻고 있는 코치 선생이 왠지 가엾은 생각이 들어 손빗으로 그의 머릿결을 가만히 쓸어주었다. 그녀는 갑자기 스스로가 어른이 된 듯, 마치 그 남자의 엄마나 누이라도 된 듯 그가 귀하게 느껴지기 시작했다. 참으로 알 수 없는 노릇이었다.

수란이 가만가만 애정의 표시를 보이자 코치는 금방 또다시 숨이 가빠지며 새로이 그녀를 공략하기 시작했다. 수란 역시 그에게 다소간의 반응을 보이는 것이 예의라도 되는 듯 다소곳이 암말 없이 다시금 그를 받아들이기 시작했다.

그렇게 그들은 그날 저녁과 밤을 두 번, 세 번… 아니 몇 번인지도 모를 만큼 서로를 탐닉하며 날밤을 지새웠다. 수란은 그 무지한 고통을 말없이 감내하면서도 그렇게 순응해주는 것이 그를 사랑한다는 당연한 애정의 표현이라고 생각해 마지않았었다.

그 후부터 그들은 이른바 '연애'라는 굴레에 휩싸이기 시작했다. 물론 성인 남녀가 상호 좋은 감정을 가지고 사귐을 시작하고, 극장 가고 찻집 다니며 손을 잡는 단계를 거쳐 어느 날 누가 먼저랄 것도 없이 서로가 빤히 눈을 마주치다가 빨리듯 뽀뽀하고, 그다음 순서로 남자가 칭얼거리며 함께 있자느니, 안 된다느니 티격태격하다가 못 이기는 척 여관방엘 드나들기 시작하면 일단은 결혼의 문턱에 닿았다고 하는 것이 순서일 것이었다. 하지만 수란과 수영 코치의 경우는 달랐다. 말할 것도 없이 이들은 서로의 신분과 처지가 달랐기에 일반적인 성인의 그것처럼 당당하게 내놓고 사귈 수 있는 것이 아니었다.

일테면 그들은 서로가 애틋하고 터질 듯한 연애 감정을 느끼기 이전에 이미 몇 단계를 뛰어넘어 우선 육체적인 섞임부터 먼저 해버렸기에 더욱이나 주변의 눈치를 살피지 않을 수가 없었다. 그들은 마치 도둑놈들처럼 남의 눈이 미치지 않는 곳이 그들에겐 편안한 안식처였고, 숨어서 하는 사랑 놀음은 오히려 그들에겐 숨 막히는 스릴을 더해줘 끊임없이 서로를 탐하는 것으로만 그들의 불안감을 달랬다고 할까.

더군다나 남자의 경우는 한 번 처녀를 범하고 나면 다른 것은 시큰둥해지는 반면 오로지 육체적인 것에만 눈이 벌개져서 시도 때도 없이 반찬 투정하는 아이처럼 날마다 그 짓을 요구하는 속성이 있는 법이라 수영 코치가 마치 그 짝이었다. 말하자면 남녀 간의 화합이 이뤄지기 전에 생기는 둘만이 갖는 낭만이 없었다고 할까.

이를테면 어디 경관 좋은 관광지의 레스토랑에서 테이블에 촛불을 밝히고 맥주라도 한잔 마시며 '애수'나 '닥터 지바고'의 사랑을 얘기하거나 하는 것으로 분위기를 한껏 돋운 후 알딸딸한 알코올 기운으로 서로를 포옹한다면 얼마나 좋을까? 수란의 생각은 그러했지만, 그러나 수영 코치 그 남자는 우선 조용하고 사람 눈 안 뜨이는 곳을 찾는 것이 급선무였고, 그런 곳을 찾으면 앞뒤 없이 그녀를 쓰러뜨려 우선 그 짓부터 하는 것이 무슨 사명인 것처럼 생각하는 듯했다.

이유는 간단했다. 나는 너를 너무 사랑하기 때문에 잠시라도 떨어져 있고 싶지 않다, 맨날 한 몸으로 붙어 있고 싶다는 것이 그가 말하는 이유였고 또 솔직히 그 말은 전혀 거짓말은 아니었기에 수란 역시 그가 원하는 대로 그를 믿고 따를 수밖엔 없었다. 약 반 년이란 짧은 기간 동안 그들이 튀긴 불꽃을 합치면 아마 그들이 사는 작은 동네 한 곳 정도는 태우고도 남을 만큼 그들은 격렬했었다.

5

그러던 어느 주말이었다. 수란은 엄마 몰래 부엌에서 음식을 만들고 있었다. 김밥도 싸고 달걀도 삶고 빈 통을 깨끗이 닦아 그 안에 김치도 먹기 좋게 썰어 담으며 흥얼흥얼 콧노래를 부르고 있었다. 그녀는 그날 오후 코치와 함께 주변 큰 도시로 나들이를 가기로 되어 있었다. 물론 집에서는 수영부 사람들과 주말 등산을 가는 것으로 핑계를 댔었다.

그녀의 엄마는 그즈음 들어 부쩍 이 핑계, 저 핑계로 주말이면 자주 집을 비우는 수란에게 약간 이상한 낌새를 보긴 했어도 설마 그녀가 학교 선생과 연애에 빠졌다는 것은 꿈에도 생각 못한 듯 보통 흔한 잔소리만 날렸을 뿐 크게 꾸중을 하거나 하진 않았었다.

“야 이 지지배야. 말만한 년이 맨날 어디로 돌아댕기냐? 그러고 그넘의 핵교는 뭐 그리 애들 데리고 가는 데가 많냐? 내 한번 성상님께 물어봐야겠네.”

“아구, 엄니야. 창피하게 물어보긴 뭘 묻는다고 그랴? 딴 엄마들은 가만있는데. 만약 엄니가 그러면 난 학교 안 다닐 거야….”

수란이 제풀에 오금이 저려 어리광처럼 협박이라도 할라치면 그녀의 엄마는 뒤에서 그녀 머리를 땋아 손질해주면서 이렇게 말하곤 했었다.

“아이고, 우리 수란이 이젠 시집가도 되겄다. 처녀 냄새가 모락모락 하는구나야.”

“엄니야, 나 시집 갈까?”

수란이 어머니의 말끝에 언뜻 코치를 생각하며 그녀를 향해 정색을 할라치면 그녀의 엄마는 기가 막힌다는 듯 그만 그녀의 등허리를 퉁퉁 패대곤 했었다.

“야 이넘 지지배야, 엄마가 니 자란 게 대견해서 그랬제. 언제 니보고 참말로 시집가라했냐?”

“그럼? 나 시집 안 보낼 거야?”

“이넘 지지배 봐라? 내가 언제 안 보낸다고 했냐? 핵교 졸업하고 대핵교 마치면 어련 보내줄까 봐. 그러고 니 신랑은 이 에미가 잘 고를 거니까 니는 마 가만있거라.”

“왜 엄마가 내 신랑을 골라?”

모녀는 곧잘 이런 대화를 나누며 티격태격하면서도 어떤 엄마와 딸보다도 서로의 사랑의 깊이는 못 하지 않았었다.

수란은 콧노래를 잠시 멈추고 자기가 만든 김밥 한 덩이를 입으로 가져가 덥석 한입을 베어 물었다. 그 순간이었다. 그녀는 갑자기 치받쳐 오르는 헛구역질에 잠깐 하늘이 노래지며 부엌 바닥에 털썩 주저앉고 말았다. 말할 것도 없이 임신이었다. 그녀는 그칠 줄 모르고 치밀어 오르는 구역질에 억지로 싱크대를 붙잡고 일어나 누가 올까 봐 얼른 부엌문을 닫아걸었다.

가만 생각해보니 지난달에 월경이 없었던 것이 얼핏 떠올랐다. 그녀는 그때 평소에도 워낙 월경불순이 잦았기에 잠깐 이상한 느낌을 가지긴 했었지만, 설마 임신을 한 것이라곤 생각지도 않았었다. 왜냐면 자기 딴엔 딴사람 몰래 자가 피임을 한답시고 했기 때문에 전혀 걱정을 하지 않았었다. 선무당 사람 잡은 꼴이었고 철딱서니 없는 천방지축 애정 행각에 대한 자승자박의 죄업이었다.

수란은 눈앞이 캄캄해졌다. 그녀는 입술을 아프게 깨물어 헛구역질을 참아내며 방으로 돌아와 털썩 책상에 주저앉았다. 머릿속에 온갖 생각이 맴도는 듯했지만 또 한편으로는 아무 생각도 떠오르지 않고 그저 멍할 따름이었다.

'아기를 가졌다고?'

그녀는 혼자 말을 내뱉으며 머리를 싸안고 책상에 엎드렸다. 저도 모르게 눈물이 흘러 손등과 팔뚝이 젖고 있었다. 그녀는 결국 이 사실이 바깥에 알려져도 아무에게서든 축복받지 못할 것이란 사실을 비로소 피부로 느끼며 후회의 감정에 휩싸이기 시작했다. 그녀는 자기가 임신했다는 사실이 두렵고 무섭고 죽고 싶은 심정이었다.

하지만 그녀는 한편 얼른 안 코치에게 이 사실을 알리고 싶었다. 그녀의 생각엔 다른 모든 사람이 그녀를 손가락질하더라도 적어도 그이만큼은 축하와 사랑을 보여줄 것이라 굳게 믿어 마지않았다. 그는 그녀를 안을 때마다 속삭였었다.

"난 말이야, 꼭 너 닮은 아기를 하나 갖고 싶어. 그래서 말이야, 아이가 커서 아장아장 걷기 시작하면 예쁜 옷 입혀 가지고 함께 고궁서껀 돌아다니고 싶어."

그럴라치면 수란은 이 남자와 자기가 고궁 벤치에 나란히 앉아 쿠키를 나누어 먹으며 그들의 아기가 잔디밭을 뒤뚱뒤뚱 걸어 다니는 모습을 상상하며 '선생님, 사랑해요'를 노래처럼 읊조리곤 했었다.

그녀는 얼른 눈물을 거두곤 옷매무새를 바로잡았다. 그리곤 여지까지 정성스레 만들어 놓은 음식을 차곡차곡 찬합에 넣어 서둘러 집을 나섰다. 도무지 그 남자의 품에 안겨 임신 얘기를 털어놓지 않고는 한시도 못 견딜 것 같은 심정에 그녀는 마음이 조급해졌다. 그런데 아아, 얼마나 바보 같았는지? 수란은 지금도 그때 생각을 하면 가슴이 싸늘해 왔다.

6

"왜 그러고 있니? 어디 아파?"

남자가 문득 수저질을 멈추며 그녀를 뚫어지게 쳐다보았다. 불과 몇 시간의 여행 끝에 조그만 산장엘 들어온 그들은 우선 한차례 급하게 사랑놀이를 벌인 뒤 이윽고 마주 앉았다.

수란은 마치 새색시처럼 안 코치의 밥상 앞에 단정히 앉아 자기가 만들어 온 음식을 펼쳐 먹이며 이제나 저 제나 자신이 임신한 사실을 알릴 기회를 찾고 있었다. 본인은 입맛도 없었거니와 자칫 또 구역질이라도 할 것 같아 애써 참으며 꾸준히 그의 눈치만 살피고 있었다. 남자는 그녀가 해온 음식을 보자 우정 황홀한 듯 눈을 크게 떠보며 우적우적 잘도 먹고 마시고 하다가 문득 그제야 뭔가 이상한 낌새를 챈 듯했다.

"아뇨. 어서 잡수세요."

"어디 아파? 얼굴색이 안 좋은데…."

남자가 숟갈을 밥상에 놓으며 손을 뻗어 그녀의 볼을 쓰다듬었다. 그리곤 금세 또 눈빛이 달라지며 몸을 움직여 그녀 옆으로 다가왔다. 그녀는 저도 모르게 한 무릎 비켜 앉으며 가만히 그의 손을 잡았다.

"잠깐요. 저기… 할 말 있어요."

수란은 긴장 탓인지 목소리가 쉬어 나왔다.

"무언데? 울 이쁜이가 내게 뭔 할 얘기가 있을까?"

남자는 능글거리며 계속 그녀의 몸을 더듬어 왔다. 수란은 한 무릎을 더 물러앉으면서도 그의 포옹을 안 받아들일 수가 없었다. 그녀는 집요하게 그의 귓불을 간지럽히는 그의 혓바닥을 도리질하며 불쑥 말을 뱉었다.

"저기요. 저, 아기 가졌어요!"

순간 남자의 숨결이 멈칫했다. 그리곤 그녀의 젖가슴을 더듬던 손길이 움직임을 멈췄다. 그 시간이 몇 초나 될까? 짧은 순간이었지만 수란은 남자가 경직되며 당황해하는 느낌을 온몸으로 느낄 수 있었다.

"뭐라고?"

남자가 슬그머니 그녀와 거리를 두고 떨어지며 눈을 내리깔았다.

"저 임신한 것 같아요."

수란은 이번엔 제법 또렷한 음성으로 말하며 얼핏 그의 표정을 살폈다. 뭐라 할까? 찰나적으로 그의 얼굴 위로 스쳐 가는 온갖 감정의 소용돌이가 고스란히 그녀에게 전달되는 느낌을 그녀는 거짓 없이 감지할 수 있었다. 수란은 가슴이 덜컥 내려앉았다.

남자가 무겁게 일어나 그의 재킷을 뒤져 담배를 꺼내 물었다. 그의 표정엔 당황, 후회, 연민 등등이 파노라마처럼 펴지고 있었다. 수란은 숨을 죽이며 고개를 숙였다. 확연히 느껴지는 그의 표정 변화를 보기가 두렵고 안쓰러웠다.

"아이를 가졌다고?"

남자가 웅얼거리듯 혼잣말을 뱉었다.

"네…."

수란은 조그맣게 머리를 끄덕이며 공연히 눈에 눈물이 핑 돌았다.

지독한 형벌이었다. 그녀의 가슴은 돌연히 황량한 모래언덕에 혼자서 있는 듯한 두려움과 외로움으로 가득 차기 시작했다. 담배를 깊이 빨아 연기를 내뱉으며 묵묵히 그녀를 지켜보던 남자가 딱한 듯 입맛을 쩍 다셨다. 그리곤 한다는 말이 이랬다.

"거차암, 피임을 안 했었나?"

그의 목소리가 귓가에 날아와 꽂히자 수란은 갑자기 온몸이 와들

와들 떨려 왔다.

'아아, 이 남자는 축하와 기쁨이 아니라 후회하고 있구나.'

그녀는 비로소 남자의 진심을 확연히 깨닫자 스커트가 반쯤 걷어 올려진 무릎 위로 눈물이 쉴새 없이 뚝뚝 떨어졌다. 그녀는 얼굴을 쓸어안고 흐느끼기 시작했다.

"아아, 울지 마. 울지 말라고."

그제 사 남자가 당황한 듯 그녀 곁으로 다가와 가볍게 어깨를 쓸어 안았다.

"저, 이제 어쩌면 되죠?"

"거차암…."

수란이 울음 끝에 띄엄띄엄 중얼거리자 남자 역시 그냥 똑같이 한숨만 뱉어내며 무겁게 침묵만 지키고 있었다. 얼핏 들어온 그녀의 시야에 또다시 담뱃갑을 집는 남자의 손끝이 가늘게 떨리고 있었다. 도무지 책임 없는 남자의 대꾸에 수란은 가슴이 까맣게 숯덩이가 되어 가고 있었다. 그녀는 입술을 깨물며 눈물을 닦았다.

"저, 선생님 하라는 대로 할게요."

"거차암, 어떡하면 좋지? 이봐, 수란이 생각엔 어떡하면 좋겠어?"

남자가 오히려 물으며 공연히 일어나 벽 위쪽에 붙은 작은 창문을 화라락 열었다.

"모르겠어요, 저도 어쩌면 좋을지…."

수란이 고개를 저었다. 벽에 기대선 채 담배를 빨던 남자가 뚜벅 말을 이었다.

"방법은 하나 밖에 없어!"

"뭔데요?"

수란이 고개를 들었다. 남자가 입안에 하나 가득 품었던 담배 연기를 창문 쪽으로 뿜었다. 그리고 그는 전혀 새로운 얼굴로 입술을 동그랗게 오므려 도넛 모양의 담배 연기를 만들어내며 눈살을 찌푸리고 있었다. 그의 입은 마치 기차 화통 같아 보였고 그는 열심히 그리고 아주 진지하게, 마치 그 일만이 지금 해야 할 일인 듯 퐁퐁퐁 도넛을 뱉어냈다.

"그게 뭔데요?"

수란이 다시 물었다. 그녀는 어슴푸레 그가 할 말을 예견하고 있으면서도 어리석게도 제발 그것이 아니길 간절히 바라는 마음이었다. 남자가 결심한 듯 수란을 향했다.

"병원에 가보자고."

"그래서요?"

"사실이면 수술해야지!"

그는 아주 어렵게 결단을 내린 듯한 표정으로 덤덤하게 말했다.

"수술요?"

"응."

"싫어요! 만약 아기가 사실이면 그건 살인이에요."

수란은 저도 모르게 소리를 높이며 눈빛을 모아 남자를 모질게 쏘아보았다.

7

수란은 그로부터 얼마 후 아기를 지웠다. 어쩔 수가 없었다. 남자는 수란의 임신 사실을 알고 나서부터는 갑자기 사람이 달리진 듯 지극히 냉정해졌다. 그쪽의 입장에서 보면 '아이코, 이거 큰일 저질렀네. 이럴 때일수록 정에 끌리면 더 수렁에 빠져들지! 독한 맘으로 끊을 건 끊어야지.' 하고 마음을 다잡았을지도 모르지만, 수란은 그야말로 그 며칠간은 바로 지옥이었다. 밤잠을 설치는 건 말할 것도 없었고, 입덧하는 걸 행여 엄마에게라도 들킬까 봐 마치 도둑처럼 어른들 잠잘 때 집엘 들어갔고 또 새벽같이 집을 나섰다. 어른들에게는 하계 수영대회 연습과 준비로 합숙한다는 핑계였다.

그녀는 집을 나서 봤자 갈 데라곤 한군데밖엔 없었다. 남자의 자취방이었다. 마침 그 집 주인들이 동떨어져 살았기에 그녀는 살금살금 도둑고양이처럼 밤낮으로 남자의 방으로 숨어들 수 있었다. 학교에서는 주로 양호실 아니면 수영부실에서 문 걸어 잠근 채 숨을 죽이며 나날을 보냈었다.

남자는 그러는 그녀를 무던히도 설득했다. 그리고 그는 기왕에 저질러진 것, 끝나기 전에 한 번이라도 그녀를 더 안아야겠다는 욕심 때문인지 사랑한다는 말을 골백번도 더하며 밤이고, 낮이고 그녀를 알몸으로 만들었다.

수란 역시 처절하리만치 그를 받아들였었다. 그러면서 그녀는 서서히 길들여져 갔다. 조금씩, 조금씩 남자의 맛이 무엇인가도 어렴풋이 느끼게 되었고, 며칠 새 그녀는 어른이 된 듯한 느낌으로 오히려 남자를 어루만질 수 있었다. 그러면서도 그녀는 시도 때도 없이 울었다. 특히 격렬한 섹스 후에는 밑도 끝도 없이 눈물이 나왔고, 그럴 때면 남자는 누운 채 푸우푸우 담배 연기만 천장으로 뿜어내며 버릇처럼 사랑 타령을 하곤 했다.

"이봐, 수란이. 난 정말 널 사랑해. 하지만 백 번을 생각해도 너와 나는 스승과 제자라는 엄연한 현실의 벽 때문에 그냥 우리들 사랑은 사랑 그 자체로 아름답게 끝나야 한다고 생각해. 물론 넌 날 원망하고 야속해 하겠지. 수란이 너도 날 사랑하지?"

"네, 정말 사랑해요."

수란이 눈물을 거두고 고개를 끄덕일라치면 그는 또다시 그녀를 거두어 자기 옆에 눕혀 어루만지며 이해가 될 듯도 안 될 듯도 할 말을 지껄이곤 했었다.

"그래, 그래. 우린 둘이 정말 사랑하고 있어. 그렇기 때문에 사랑하는 사람을 위해서 우리 서론 희생해야 한다고 생각해. 아아, 참 현실은 왜 이렇게 우리에게 고통만 줄까…."

생각해보면 그 남잔 '나쁜 새끼'였고 사기꾼과 조금도 다를 바가 없었다. 수란은 한참 후에야 그것을 깨달은 것처럼 착각을 하고 있었지만, 사실인즉 그 당시에도 그에 대한 불신과 원망은 이미 뿌리를 내리고 있음을 그녀는 부정할 수가 없었다. 다만 그러면서도 왠지 그를 안 보면 곧 죽을 것 같았고, 안기지 않으면 뭔가가 이빨 빠진 것 같은 느낌이었고, 격렬한 부딪힘 이후엔 행여 이 남자가 달라지지나 않았을까 눈치를 살피는 그냥 어리석고 평범한 여인일 따름이었다.

그러던 어느 날, 남자와 그녀는 인근 도시로 떠났다. 이른바 디데이였다. 전날 밤 거의 날밤을 새우듯 사랑놀이를 벌인 그들은 이미 약속한대로, 아니 남자가 그녀 몰래 예약해 놓은 어느 무명의 산부인과로 그들은 주춤주춤 찾아들었다.

수란은 겁이 났지만, 이를 악물 수밖에 없었다. 이미 그 남자 앞에서는 창피를 내세울 만한 조금의 건덕지도 없이 모든 것을 주었고 맡겨버렸기에 그녀는 꼭두각시 인형처럼 그가 시키는 대로 따를 뿐이었다.

남자는 누군가의 소개를 받은 듯 촉새처럼 생긴 간호원에게 그의 이름을 대자 잠시 후 땟국이 흐르는 가운을 걸친 한 남자가 나와 그들 앞에 앉았다.

"잠깐이면 됩니다, 아가씨."

그는 째진 눈으로 수란의 아래 위를 훑듯이 쳐다보며 야비한 웃음을 흘렸다. 그리곤 남자를 쳐다보며 누군가로부터 연락을 받았다며 종이 한 장을 내밀며 서명을 요구했다.

수란은 그들이 주고받는 말은 한마디도 귀에 들어오지 않은 채 그저 멍하니 천장만 바라보고 앉았다가 잠시 후 사형장 끌려가듯 간호원을 따라 수술실로 따라 들어섰다. 수술실은 사방이 하얀 벽에 침대 하나만 달랑 놓여 있었지만, 그 옆에 수술 도구들은 그나마 가지런히 챙겨져 있었기에 조금 마음이 가라앉았다.

그녀는 간호원이 시키는대로 아랫도리를 벗고 침대에 누웠다. 가슴 중간으로 커튼이 쳐지고 뒤쪽에서 잠깐을 수런거리는 기미가 있은 후 아래쪽 어딘가에 따끔따끔 주사를 찌르는 느낌이 왔다. 마취였다. 그리고는 허벅지 중간에 뭔가 거즈 같은 것이 덮어지고 털 깎는 가위 소리가 사각사각 들려왔다.

수란은 눈을 감았다. 동공 속으로 어디선가 많이도 본 듯한 비눗방울들이 수십, 수백 개씩 무리를 지어 그녀의 눈 속을 떠다니고 있었다. 슬그머니 졸음이 그녀를 감싸기 시작했다.

아아, 그녀의 눈 속과 머릿속을 헤집고 떠다니는 비누방울은 언젠가 남자와 황홀한 첫 키스를 하던 그때의 그것과 다를 바가 없었지만, 지금의 그것은 황홀함이기보다는 이제 막 형상이 만들어지다 갈갈이 헤쳐질 그녀 속 아기의 영혼인 것 같은 느낌이 들어 수란은 저도 모르게 몸서리를 쳤다.

"아아, 조금만 참으세요. 곧 끝납니다."

수란의 꿈틀거림에 의사는 그녀가 아파서 그러는 줄 알았는지 퉁명스레 한마디 뱉었다.

8

수란이 수술실을 나서자 남자가 빠르게 다가와 그녀를 부축했다. 수란은 어기적거리며 병원 문을 나와 택시 정류장을 찾아 걸었다.

"괜찮아?"

남자가 다소 침통한 표정으로 그녀에게 물었을 때 수란은 암말 없이 그를 물끄럼이 바라보다가 또박 물었다.

"절 사랑하세요?"

"그러엄!"

남자가 크게 고개를 끄덕이며 과장된 제스처를 보였다. 그녀는 얼굴을 찡그렸다. 마취가 풀리는지 하체가 얼얼해지며 간헐적으로 통증이 왔다. 그녀는 이를 악물고 고통을 참으며 시험하듯 그에게 다시 물었다.

"얼마나요?"

어리석은 질문이었다. 그러나 수란은 그러한 말이라도 내뱉지 않고는 그냥 주저앉고 싶을 정도로 마음이 아팠다. 남자가 잠깐 어리둥절한 표정이다가 피식 웃음을 날리며 '이만큼' 하고 큰 몸짓을 해보였다. 수란 역시 저도 모르게 피식 웃음이 나왔다.

사랑이란 것이 과연 팔로 원을 그리며 '이만큼' 하고 보일 수 있는 것일까? 그렇게 뚜렷하게 형상으로 그려 보일 수 있는 것일까? 정말로 사랑이란 것이 눈에 보이고, 냄새를 맡을 수 있고, 부피와 무게를 달아볼 수 있고, 그 모습을 손으로 만져 느낄 수 있는 것일까? 노래처럼 말로만 읊조린다고 그것이 사랑의 진실이 될 수 있는 것일까?

아아, 사랑이란 아무 형체가 없어도 깨지고 부서졌을 땐 그 어떤 유형의 물체보다도 그 상처는 아프고 큰 것인 것을. 차라리 사랑이란 것이 양복집에서 맞춤옷을 해 입듯 자로 재고 가위로 자르고 깁고 마름질 할 수 있는 것이라면 얼마나 좋을까. 사랑이란 그야말로 유행가 노랫말처럼 한줄기 바람일 뿐인 것을. 수란을 가만히 눈을 내리깔며 남자의 과장된 표현이 피부에 와 닿지 않아 아프게 입술을 깨물었다. 순간적으로 그녀는 남자가 보기 싫어졌다.

"저기요, 저 혼자 갈래요. 택시 오면… 그만 돌아가세요. 혼자 있고 싶어요."

수란은 울컥 치밀어 오르는 오열을 힘겹게 삼키며 그를 향해 조그맣지만 단호하게 말했다.

"뭐라고?"

남자는 순간 당황한 듯, 무슨 소리냐는 표정을 지으며 그녀의 손을 힘주어 잡았다. 남자의 손바닥이 축축이 젖어 있었다. 수란은 저도 모르게 그의 손아귀에서 자기 손을 빼어내며 다시 한 번 그에게 못을 박았다.

"그냥 혼자 가겠다고요. 절 놔두고 선생님은 따로 내려가세요."

"수란아!"

남자가 놀란 눈으로 그녀를 붙잡으려 다가들었다.

"됐어요! 저 그냥 놔두세요."

수란의 목소리가 스스로도 놀랄 정도로 한 옥타브 높아지자 남자가 순간 멈칫했다. 옆 사람들이 흘끔흘끔 그들의 행색을 살피며 야릇한 눈초리를 보내왔다. 남자는 주변의 눈길을 의식한 듯 멈칫하던 그 동작으로 가만히 선 채 난감한 표정을 지었다.

"저 그럼…."

마침 택시 탈 차례가 되자 수란을 흘깃 그에게 일별을 던진 후 차 문을 열고 뒷좌석에 쓰러지듯 제 몸을 던졌다. 그리곤 문을 잠가 버렸다.

"저기요, ○읍으로 가주세요."

그녀는 등받이에 온몸을 묻으며 비로소 눈물이 쏟아져 얼굴을 푹 수그리고 말았다.

그렇게 그들은 헤어졌다. 그날 이후 안 코치는 수차례 그녀에게 만날 것을 통보를 해왔지만, 수란은 이를 악물고 그와의 만남을 자제했다. 남자의 입장에서는 어찌 보면 '잘된 일'일지도 몰랐다. 언젠가는 선생과 제자의 떳떳하지 못한 어울림 때문에 주변의 지탄을 면할 수 없을 것을 그 자신 잘 알고 있었기에 오히려 그녀 스스로 선을 그어준 것이 고마울지도 몰랐다.

하지만 남자란 참 이상한 동물이었다. 자기가 저지른 애정 행각이 비록 떳떳지 못하다고 할지라도, 그것이 애틋하게 마무리되어 설사 세상에 알려지더라도 자신에게 나쁜 이미지가 남지 않기를 바란다고 할까?

그래서 은근히 "우리들 사랑은 영원하지만, 현실의 벽이 너무 높아 정말 눈물로 헤어질 수밖엔 없었어." 어쩌고 하면서 술집에서 머리칼 쓸어 올리며 쓸쓸하고 외로운 표정을 지으며 남이 고개를 끄덕여주길 바란 것이나 아닐까?

사실인즉 남자는 제 딴엔 수란에 대한 죄의식으로 제법 고민의 수렁을 헤매지 않은 것도 아니었다. 하지만 언젠가는 그들 사이가 마무리되어야 할 것으로 간주하고 있었기에 그는 가증스럽게도 그런 자신의 속마음을 덮어 둔 채 마지막으로 그녀에게 편지 한 장 띄우는 것으로 자기 합리화의 끝내기를 해치우고 말았다.

그것이 후일 수란의 인생에 얼마나 큰 영향을 미칠지, 또 수란이 어떻게 변해갈지는 조금도 생각하지 않은 채 그저 '수란아! 난 널 진정으로 사랑했다. 하지만 정말 우리들 주변은 우리 사랑을 이해해주지 못했다. 나는 네게 죄 갚음을 하는 뜻에서 이번 달 말에 학교를 사직하고 이제 이곳을 떠날 것이다. 어딜 가더라도 항상 수란의 앞날이 행복하기를 기원할 것이다.' 어쩌고 하는 편지 한 장으로 그는 그녀와의 약 6개월간의 해프닝에 종지부를 찍었고, 수란은 수란대로 좁은 시골 동네가 시끄럽도록 퍼진 소문의 늪 속을 헤매다 결국 서울 오빠 집으로 귀양이 보내져 새로운 변신을 맛보지 않을 수가 없었다.

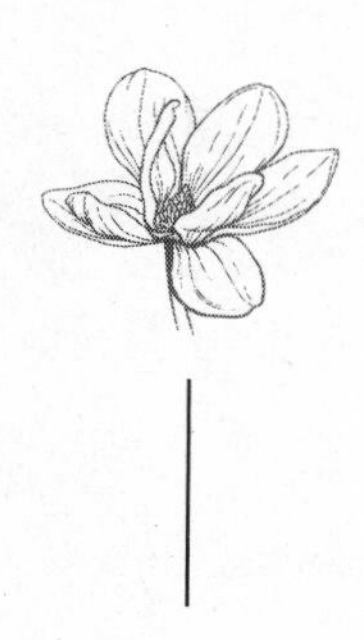

제4장
변 신

1

수란은 그해의 긴 겨울을 혼자 지냈다. 가끔 오라비인 오재섭이 빠끔하게 그녀의 방을 들여다보며 안쓰러운 눈길을 보내곤 했지만, 수란은 가능하면 방문과 마음의 문에 꽁꽁 빗장을 걸어 잠근 채 하루에 한두 번 이상은 화장실에도 가지 않았다.

그녀는 방구석을 뒹굴며 연속극 속의 한 많은 여인네처럼 저도 모르게 한숨을 쉬는 일이 많아졌으며, 어느샌가 스스로를 죄 많은 여자, 지독히도 부도덕한 여자로 간주하고 있었다.

가끔 외출이라도 할라치면 그녀는 외투 깃을 올린 채 눈을 내리깔고 발끝만 보고 걸었다. 찻집에 가면 커피도 혼자 마셨고, 아무 생각 없이 이리저리 무작정 거닐다가 늦은 시각 집으로 오는 버스를 타면, 함께 탄 낯선 사람의 소매 끝에 거무스름하게 그날의 때가 묻은 것을 보고 공연히 울컥 눈시울이 뜨거워질 때도 있었다.

그녀는 손이 시려도 장갑을 사지 않았다. 왠지 장갑을 사면 금방 한 짝을 잃어버릴 것 같은 어이없는 두려움 때문에 그녀는 그 겨울 내내 손등이 발갛게 얼도록 맨손으로 지냈다. 자연히 손등이 터질 수밖에 없었다. 얼굴을 씻으려고 물에 손을 담그면 터진 손등이 아리고 쓰라렸지만 그렇더라도 그녀는 그 겨울이 지나도록 따뜻한 털장갑을 낄 생각은 전혀 들지 않았다.

수란은 아울러 웃음도 잃어버렸다. 덩치답지 않게 항상 깔깔대며 주위 사람들을 미소 짓게 하던 천진함도 어느새 사그라져 버렸고, 수영 코치를 만나면서 조금이라도 그에게 예쁘게 보이려고 얼굴과 머리를 매만지던 버릇도 어느 틈에 없어져 버렸다. 팽팽하고 매끄럽던 피부도 윤기 없이 거칠어졌으며, 거울에 스스로를 비춰 봐도 늘 황홀했던 그녀의 포동포동한 속살도 마르고 여위어 있었다. 이미 그녀는 버림받은 여자였으며, 그녀의 오빠 말마따나 '너는 이미 그 자식에게 잊혀진 놈'일 뿐이었다.

그렇게 그녀는 그 겨울을 상복 입은 여자처럼 어깨에 슬픔과 외로움을 얹고 살았다. 그녀는 가끔 자살을 생각했지만, 솔직히 그것을 실행할 용기는 일어나지 않았다.

아아, 그러나 한겨울이 지나면 봄이 오는 법. 어두움이 지나고 봄이 다가오는 소리가 들렸을 때 그녀의 가슴 속으론 무엇인지 모르지만, 아주 가늘고 조그만 싹이 트고 있음을 그녀는 감지할 수 있었다.

그녀는 꿈틀거렸다. 그리고 그 꿈틀거림은 바로 삶에 대한 욕구였고 상처가 아물어 가는 증거였다. 덕분에 그녀는 제법 자주 어둡게 닫아 걸었던 창문을 열고 뜨락에서 고개 치미는 작은 풀꽃을 경이롭게 바라볼 수 있는 시간을 가질 수 있었다.

"오빠야, 나 돈 좀 줘."

어느 날 그녀는 마치 새 사람처럼 말끔히 단장을 하고 불쑥 예고 없이 그녀의 오라비 사무실을 찾았다.

"어? 뭐야, 너. 여긴 웬일?"

그녀의 오빠는 눈이 둥그렇게 된 채 못 믿겠다는 얼굴로 그녀의 아래위를 두세 번씩이나 훑어보았다.

"나 돈이 필요해."

"돈?"

"…."

"뭐하게? 얼마나?"

그녀의 오빠는 헛헛헛 웃음을 날리며 그녀를 빌딩 지하의 찻집으로 데려갔다.

"오마나! 오 선생님, 애인?"

찻집 여종업원이 엽차를 가져다 놓으며 심상찮은 눈초리로 수란을 탐색하듯 쳐다보았다.

"그래, 애인이다."

재섭이 싱겁게 그녀의 말을 받으며 수란을 향해 눈을 찡긋해 보였다.

"어마, 미인이시다. 모델하셔도 되겠네. 차는 뭘루?"

종업원이 칭찬인지 비아냥인지 애매모호하게 목소리를 꼬며 다시 한 번 수란의 아래위를 살피듯 훑어보았다.

"저요, 쌍화차 주세요. 그리고 저 오빠 동생이에요, 친동생."

수란은 공연히 그녀가 껄끄러워 쏘듯이 말을 뱉으며 물 잔을 들어 입술을 축였다. 종업원이 머쓱해 하며 물러갔다.

"그나저나 돈은 왜?"

재섭이 그녀들의 수작을 멀건이 바라보다가 종업원이 돌아가자 수란을 향했다.

"나 학원 등록할 거야."

"학원?"

재섭이 얘가 뭔 뚱딴지를 부리냐는 어투로 놀란 듯이 물었다. 그도 그럴 것이 수란이 시골서 퇴학당하고 서울로 온 후 수차례 야간이라도 다니며 고등학교 졸업장이라도 따라고 종용했지만, 그녀는 고집불통으로 "나 학교 안 다닐 거야."가 대답의 전부였기에 재섭은 오빠로서 여간 속이 상해 있지 않았더랬다. 하지만 어르고 눈을 부라리는 것도 한두 번이지, 마음에 상처 입은 여동생을 더 이상 닦달하기도 마음이 아파 그는 당분간 멋대로 내버려두고 있던 터였다. 그런데 얘가 갑자기 무슨 바람으로 공부를 하려고 마음을 먹었는지 그는 우선 놀랄 수밖에 없었다.

그는 담배를 피워 물며 새삼 찬찬히 그녀를 쳐다보았다. 얼마 전까지만 해도 핏기 없던 얼굴이 한결 생기를 띄우고 있었고, 우선 눈빛이 예전의 여동생 수란으로 돌아와 있어, 그는 무엇보다 큰 발견을 한 것 같아 마음이 밝아졌다. 그가 다시 한 번 물었다.

"학원을 등록한다고?"

"응."

"무슨 학원?"

수란이 해쭉 웃으며 또박 말했다.

"처음엔 검정고시 할까 했는데 때려치우기로 했고, 나 영어 학원에 등록할 거야. 그래서 영어 마스터하면 미국사람 하나 물어서 미국 갈 거야."

"뭐라고?"

재섭은 피우던 담배를 무심코 눌러 끄며 돌연한 여동생의 심경 변화가 놀라워 갑자기 쿨럭쿨럭 기침이 나왔다.

2

오빠의 사무실을 나온 수란은 그 길로 곧장 학원으로 향했다. 나름대로 이곳저곳 학원을 수소문해보고 그 내용을 알아 놓았기에 그녀는 그녀가 점찍어 놓은 학원으로 가 망설임 없이 등록을 했다.

'나성 한미학원'이라고 쓰인 그 학원은 제법 이름이 알려진 곳이었기에 사람들이 꽤나 북적이고 있었다. 순진하게도 그녀는 처음 그 학원 밑줄에 쓰인 '미인회화'라는 선전 문구의 의미가 예쁜 여자가 공부를 가르치고 곳인가 생각하며 고개를 갸우뚱한 적이 있었던 일이 떠올라 슬며시 웃음이 나왔다.

수란의 변신은 스스로가 생각해도 두려움을 느낄 만큼 곳곳에서 이뤄지고 있었다. 우선 남성에 대한 겁이 없어졌다. 워낙 천성적인 면도 있었지만, 그녀의 활달하고 발랄한 모습은 언제 선생님과의 썸씽이 있었나 할 정도로 보는 이를 눈부시게 했고, 그런 탓에 그녀는 학원 내에서 어느새 '인기 짱'의 여학생이 되어 있었다.

웬만한 남학생들은 그녀 앞에 오면 공연히 눈을 내리깔고 비실비실 헤픈 웃음을 흘리곤 했다. 수란은 그럴수록 더욱 빳빳하게 고개를 젖히고, 조금쯤 이상한 수작을 거는 녀석이 있으면 그와 눈을 빤히 마주쳐 불과 몇십 초만 쳐다보면 녀석은 곧바로 주눅이 들어 그녀의 시선을 피하며 슬슬 자리를 옮기곤 했다.

불과 일 년도 채 안 되어 그날의 상처를 말끔히 치유해 버린 수란의 모습은 그야말로 풋내 나는 과일에서 적당히 익어 먹음직스러운 빛깔로 변해 있었고, 그래서인지 그녀 옆에 다가가면 무르익는 향기가 코를 찌르는 듯했다.

그녀가 선택한 곳은 초급영어반이었다. 그녀는 내일부터 자기가 다닐 학원인지라 2층의 자기 교실을 미리 들어가 보았다. 5시가 넘은 오후 시간이라 실내가 어둑했지만, 그녀는 책상 한곳을 골라 앉아 책을 펼치며 앞쪽의 흑판을 가만히 바라보았다. 생각해보면 참으로 오래간만이었다. 어느 날부터인가 운동을 한답시고 책상을 멀리한 지가 까마득하니 느껴졌다. 더구나 코치 선생님께 미치고 난 후부터는 아예 책이라곤 잡아본 적이 없었던 것 같았다. 그녀는 그런 느낌을 갖는 스스로의 모습이 공연히 부끄럽고 근지러워 살짝 입술을 깨물었다.

그러던 어느 순간이었다. 누군가 뒤쪽에서 인기척이 있었다. 그 소리에 수란이 무심코 돌아보자 웬 사내가 문 쪽에 장승처럼 버티고 서 있는 모습이 비쳐 왔다. 문 뒤쪽은 밝고 실내는 어두웠는지라 그 사내의 앞모습만 그냥 실루엣으로 눈에 들어왔다. 수란은 순간 관자놀이에 섬뜩 소름이 돋으며 저도 모르게 벌떡 일어나 앞문 쪽으로 빠르게 걸어갔다.

"아아, 놀래지 마소. 고마 내 사람이지, 귀신 앙이오."

우렁우렁한 지방 사투리가 뒤쫓듯 그녀의 뒤통수를 때렸다. 그리고 그 사내는 그제야 생각난 듯 실내등 스위치를 올렸다. 갑자기 교실이 밝아졌다. 수십 개의 형광등이 몇 초 동안의 간격을 두고 실내 구석구석을 환하게 밝혀 왔다. 수란은 오히려 눈이 부셔 걸음을 멈추곤 눈살을 찌푸려 그 남자를 다시금 돌아보았다. 웬 남자가 뒷문 쪽에서 안쪽으로 성큼성큼 걸어오고 있었다. 짙은 눈썹에 코가 오뚝하니 윤곽이 뚜렷한 남자였다. 그는 얼굴에 가득 웃음을 담곤 똑바로 수란을 쳐다보며 예의 그 사투리를 다시금 뱉어냈다.

"하아 참, 미안소. 내 머 놀래키려고 한 건 앙이고… 내 한참 아가씨 뒷모습을 훔쳐보고 있었는데, 왠지 낯설지가 않는 느낌이라."

사내는 이쪽도 아랑곳도 없이 제멋대로 지껄여댔다. 그리곤 털썩 교실 중간의 한 책상에 걸터앉으며 담배를 꺼내 붙여 물었다. 별로 예의라곤 없어 보였고 약간의 불량기가 묻어 있었지만, 왠지 밉살스럽지 않은 모습이었다. 수란은 말똥하게 잠깐 그를 쳐다보다가 몸을 돌려 또각또각 밖으로 걸어 나왔다.

"아아, 잠깐만, 잠깐요! 보소, 사람에게 얄궂은 인상을 줬으면 뭔가 대답이 있어야 할 거 아잉교?"

사내가 허겁지겁 그녀를 따라 나와 그녀 옆에 붙어 걸으며 너스레를 떨었다.

"볼일 없네요."

수란이 매몰차게 그를 돌아보며 차갑게 내뱉었다. 그녀는 속으로 '뭐 이런 자식이 있어.' 구시렁거리며 더욱 빠르게 층계를 내려와 사무실 앞에서 걸음을 멈췄다. 그리곤 홱 돌아서서 그 사내를 매섭게 쳐다보았다. 하지만 그 남자는 조금도 그녀의 눈길을 피하지 않은 채 오히려 장난기를 담은 눈초리로 그녀를 되받았다.

"아이고, 무섭어라. 아따, 그래 사납게 쳐다보지 마소. 고마. 내도 사실 내일부터 이 학원에 나올라꼬 등록하러 왔다가, 우리 교실에 한번 올라가 본 거라요. 그런데 웬 아가씨가 내보다 먼저와 앉아 있더라고요. 그래서 마 정겹어서 아! 내처럼 미리 교실 한번 보러 온 사람도 있구나. 이런 생각이 들어 말 한번 걸어 봤구마요. 이런 거 두고 이심전심이라 카는 거 아잉교?"

수란은 그 사내의 거침없는 노가리에 왠지 가슴이 뜨끔했다. 마치 몰래 무슨 짓을 하다 들킨 느낌이었다. 하지만 사람들 중 순간적이나마 같은 생각이 동시에 이뤄질 수 있다는 것이 신기했다. 그리고 그 느낌을 이렇게 자연스럽게 스스럼없이 내뱉을 수 있는 그 남자가 잠시나마 부러워지면서 신선한 충동이 왔다. 그녀는 저도 모르게 얼굴이 부드러워졌다.

"이심전심 좋아하시네요."

수란은 생각과는 달리 비꼬듯 말을 틀었다.

"그라믄, 아니란 말잉교? 내 말이 안 틀리면 그게 이심전심이지. 우쨌거나 이것도 인연인데 우리 차나 한잔 안 할랑교?”

생긴 것은 털털한 것 같으면서도 그 남자는 집요한 구석이 있었다. 그는 계속 수란을 따라붙으며 차 한잔 같이할 것을 간청했다. 딴에는 한껏 예의를 차리는 눈치였지만, 자칫하면 손목이라도 비틀어 끌고 갈 것 같은 표정이었다. 수란은 암말 없이 앞만 보고 걷다가 저만치 찻집 간판이 보이자 잠깐 그를 돌아보았다. 사내의 눈빛이 환하게 밝아졌다.

하영일. 수란은 그를 이런 인연으로 알았다. 그녀의 인생에서 만난 두 번째의 남자였다. 그는 그녀보다 4살이나 많은 남자였고, 대학을 2년이나 떨어지고, 3년째 입시준비를 하다가 문득 모두 때려치우고 새로이 영어 공부를 해서 미국엘 가기로 결심했다고 했다. 만약 비자를 얻지 못하면 캐나다를 거쳐 불법 입국이라도 하든가, 아니면 이곳에 사는 미국 여자를 한 명 꼬셔서라도 자기는 꼭 그곳을 가야겠다고 너스레를 떨며 오기를 보였다.

그는 부근의 한 음식점 주인의 막내아들이었고, 적당히 부자였다. 그래서인지 어릴 때부터 아버지 없는 편모 슬하에서 ‘놔 먹여’ 키워졌다고 했다. 위로 형이 두 명 있는데, 이들은 모두 미국으로 이민을 가 잘 먹고, 잘 사는데(그의 표현으로) 도무지 어머니랑 자기를 데려갈 생각을 안 한다고 했다.

처음엔 그까짓 코쟁이 동네 왜 가냐고 시큰둥했는데, 가만 생각하니 어머니가 어릴 때부터 형들만 애지중지해 알뜰살뜰 보살펴 미국 유학까지 보내놓았더니 ‘이 새끼들’이 그곳에 덜렁 눌러앉아 도무지 엄마 모실 생각은 조금도 안 하고 서로 미루기만 하며 쌈질만 한다는 것이었다. 그래서 그는 그깟 대학 몽땅 말아 넣고 가장 빠른 코스로 미국으로 가 '그 새끼들'을 밟아 버리겠다고 입에 거품을 물어 듣는 수란을 황당하게 만들었다.

3

하영일, 그는 건달과였다. 고등학생 시절부터 학업보다는 주로 운동과 노는 일에만 열중했고, 당시 어느 학교에서나 있음직한 고만고만 또래의 친구들끼리 뭉쳐 서클을 조직함으로써 학교 내 동급생들을 두려움에 떨게 하는 이른바 '똘만이' 조폭 출신이었다.

"우리 클럽 이름이 바이킹 아이겠능교."

그는 고등학교를 졸업한 지 2년이 넘었으면서도 아직 아릿하게 그 시절을 꿈꾸는 소년처럼 눈을 가늘게 뜨며 쿨럭쿨럭 물을 마시고 커피도 단숨에 들이켜는 치기를 보이고 있었다.

그러면서 그는 옛날 커크 더글러스와 토니 커티스가 주연한 영화 '바이킹' 스토리를 듣는 사람 입장은 아랑곳도 않은 채 신나게 떠벌이곤 했는데, 말인즉 당시의 그 영화가 너무나 감명(?)깊어 자기네들 서클 이름을 '바이킹'이라고 지었고 당시의 서클 친구들은 비록 학교 졸업 후 뿔뿔이 흩어지긴 했으나 아직도 우정을 나누고 있노라고 자못 자랑이 넘쳐났다.

수란은 그가 침을 튀기며 학창시절 무용담을 늘어놓은 모습을 말똥하니 쳐다보다가 풀썩 웃음이 나왔다. 어찌 보면 처음 본 여자 앞에서 천방지축 쓸데없는 제 과거 얘기만 떠벌려 늘어놓는 그의 표정이 어린아이 같아 귀엽기도 했지만, 도무지 이 남자의 정신 연령이 자기와는 한참 아래인 것 같아 문득 장난기가 발동했다.

"그럼 여자 친구도 많았겠네요?"

영일은 수란의 그의 얘기를 제법 들어주는 듯하자 정말 신이 난 듯 손바닥을 탁탁 치며 입술에 침을 발랐다.

"하모요. 마 가스나, 아이쿠 그게 앙이고. 여학생들 좀 알긴 했지요. 그런데 마 그것들 별 볼일이 없었시오."

"왜요?"

"마, 수란 씨는 이해가 잘 안 가겠지만, 우리랑 같이 놀던 아이들은 마 후라빠라 해갖고 맨날 집에도 안 들어가고 만화방 같은 데 앉아 댐배질이나 하고. 또 머심아들하고 마 나쁜 짓이나 하고. 그런 것들은 커서 뭐가 될지…. 우리는 그때 같이 놀기는 했지만, 솔직히 사람 취급 안 했어요."

수란은 듣자 하니 그 자식은 질이 별로 안 좋은 것 같은 느낌이 들었다. 말하자면 과거 좋든, 싫든, 남자든, 여자든 자기들과 같이 놀았던 동료들을 도매금으로 비난을 하는 그 녀석의 인간성이 내비치는 것 같아 그녀는 갑자기 기분이 나빠졌다. 수란은 더듬더듬 이상한 소리를 뱉어내는 그 녀석을 한심한 듯 말똥히 쳐다보다가 암말 없이 지갑에서 돈을 꺼내 자기 차값만 탁자 위에 놓고는 풀썩 일어섰다. 남자가 당황스레 함께 일어섰다.

"아아니, 보소 와이라능교? 내가 뭐 기분 나쁘게 했능교?"

"네에, 아주 기분 안 좋게 하셨네요."

수란은 그를 똑바로 쳐다보며 매섭게 쏘아붙였다. 그러면서도 그녀는 마음속으로 아아, 남자 새끼들이란 죄다 이렇구나! 만약 앞의 이 거지 같은 자식이 내 과거를 안다면 또 얼마나 남 앞에서 비난하고 매도할까. 수란은 오늘 방금 만난 하영일이란 작자의 흰소리에 가슴이 떨리기보다는 얼마 되진 않았지만, 지금까지 자기가 저질러 온 일들이 남에게 혹시라도 알려진다면 또 얼마나 마음에 상처를 입을지 울컥 눈물이 쏟아질 것 같았다. 그녀는 속으로 이 거지 같은 자식 때문에 그나마 잊혀 가고 있는 상처가 덧나는 것 같아 그냥 울화가 치밀었다. 그녀는 잠깐 생각을 바꿔 녀석을 다시 한 번 똑바로 쳐다보며 또박 입을 열었다.

"야! 너 하영일이라고 했냐?"

"…?"

녀석이 눈을 둥그렇게 떴다.

"난 말이다. 니가 얘기하는 것처럼 후라빠 출신이다. 학생 때 선생하고 눈이 맞아 놀다가 퇴학을 당하긴 했지만, 너같이 치사하게 같이 논 친구들 욕은 안 한다. 건달이면 건달답게 똑바로 해라. 이 새끼야!"

"뭐, 뭐라꼬요?"

녀석이 정신이 나간 듯 눈을 또릿또릿 굴리는 사이 수란은 또각또각 구두 소리를 내며 다방 문을 나섰다. 그러면서도 그녀는 도무지 자기가 왜 그렇게 갑자기 정말 여자 깡패처럼 변했는지 알 수가 없어 스스로 벌컥 겁이 났다. 영일은 얼이 빠진 듯 잠깐을 멍하니 섰다가 부리나케 그녀를 쫓아왔다.

하영일은 그녀가 그를 좋아하든 말든 죽자고 그녀를 쫓아다녔다. 학원이란 곳이 또 다른 측면의 학교와 비슷한 곳이라 그곳에도 알게 모르게 남학생들 사이에 그룹이 형성되어 이른바 학원 내 헤게모니를 거머쥐는 패거리가 있기 마련인데, 어느새 그 한 그룹의 리더가 된 하영일은 공공연히 "수란이는 내 깔치!"라고 떠벌리고 다니며 우쭐거리고 있었다.

하지만 그는 자기들끼리는 그러고 다닐지라도 수란의 앞에만 오면 완전히 '꼬붕' 노릇을 마다하지 않았다. 일테면 수란이 스타킹이 금이 가 눈살이라도 찌푸릴라치면 수업시간도 아랑곳없이 어느 틈에 밖으로 달려 나가, 똑같은 스타킹을 사와서는 살그머니 수란의 가방에 찔러 넣어 놓곤 했다. 그런가 하면 수란의 로커 열쇠를 언제 복사했는지 그 속에 그녀가 즐겨 먹는 요구르트며 포도를 그녀 몰래 듬뿍듬뿍 사다 넣어 놓곤 했었다.

"정말 왜 그래요? 누가 언제 이런 거 사다 달라 했어요? 그리고 로커 키는 어떻게 열었어요? 도둑놈처럼."

수란이 짐짓 눈살을 찌푸리면 그는 비시시 웃음을 날리며 어린아이 같은 표정으로 손가락을 입에다 갖다 부치곤 머리를 흔들었다.

"보소, 보소. 누가 들을라? 내사마 수란 씨한테 잘 뵐라꼬 안 그라능교? 그렇지만 내 아무것도 안 쌔비갔구만. 뭐 없어진거 있으믄 직각 말만 하소. 내 금방 찾아줄 테니까."

그는 나름대로 학원 내 똘마니들을 장악하고 있음을 은근히 과시하며 어떡하면 이 가시내를 확 내 것으로 만들까 고심하는 눈빛이 역력해 수란에게 웃음을 자아내게 했다. 그러나 솔직히 수란은 그가 싫진 않았다. 하영일은 천방지축 앞뒤 없는 전차 같은 구석이 있긴 했지만, 순수한 심성을 가지고 있었기에 그녀는 그가 자기를 '내 깔치'라고 떠벌리고 다녀도 그냥 그대로 내버려두고 있었다. 그리고 그녀는 솔직히 잠깐이지만 어학을 배운답시고 학원을 나오기 시작하면서 당분간 이나마 그녀를 보호해주고 챙겨줄 '어떤 사람'을 은근히 기대하고 있었음도 사실이었기에, 그리고 그나마 보이는 주변에 그만한 녀석도 없었기에 그냥 그렇게 그를 대하고 있을 뿐이었다.

그러나 사람은 참으로 이상한 물건이었다. 아침저녁으로 같은 공간에서 함께 호흡하고, 강의 듣고, 실습하고 하면서 그녀는 언제인지 모르게 그에게 정이 쏠리기 시작했고, 그 역시 호시탐탐 수란을 노리며 기회 있을 때마다 그녀를 '내 것'으로 만드는 연구만 거듭하는 듯해 주위의 이른바 그의 '똘마니'들을 안타깝게 만들었었다.

어느 날이었다. 그녀가 수업이 끝나고 잠깐 휴게실에 있을 때 그의 직속 꼬붕인 수남이랑 녀석이 그녀 옆으로 슬금슬금 다가와 쭈빗쭈빗 입을 열었다. 그는 말더듬이였다.

"저, 저, 저기요. 누우, 누우나. 하, 할 말이 있는데요?"

"뭔데?"

수란은 녀석을 볼 때마다 슬며시 그 말투가 웃음이 나와 당장 따라 하고 싶은 유혹을 느끼곤 했지만, 모른 척 또박 물었다.

"누, 누우나는 저, 저 정말 혀 형한테 너, 너 너무 내, 냉정하 한 것 가, 같은데…"

녀석은 공연히 눈시울까지 붉히며 할 말은 억장인데 말이 안 나오는 표정이었다. 수란은 공연히 그가 딱해졌다. 그녀는 저도 모르게 그를 따라 말하며 물었다.

"뭐, 뭐, 뭔데? 누, 누나한테 말해 봐."

"그, 그러믄 드, 들어 주, 줄 거야?"

"그, 그래."

수란은 손수건을 꺼내 땀까지 흘리며 헐떡대는 녀석의 이마를 훔쳐 주며 상냥하게 고개를 끄덕였다. 녀석은 순간 눈이 환하게 떠지며 마치 형인 하영일을 위해 한 건 큰일이나 하는 듯 표정이 으쓱해졌다.

얘긴즉, 내일이 영일이 형 생일인데, 그 전야제를 꼭 누나인 수란이와 함께 지내고 싶은데, 도저히 수란이 누나가 매몰차게 거절할까 봐 고민, 고민을 하고 있다가 했다. 그래서 저에게 그 심정을 털어놓았는데 자기가 동생으로서 누나의 허락을 못 받아내면 의리상 도리가 아니라는 얘기였다. 수란이 피식 웃으며 물었다.

"그, 그럼 내, 내가 어, 어쩔까?"

"혀, 형이 오, 오, 오늘 이, 일곱 시에 초, 촛불 카페에서 기, 기다린대요."

"촛불 카페?"

"응. 누, 누우나 가, 갈 거지?"

녀석이 애원하듯 그녀를 쳐다보았다. 수란은 그러는 녀석을 물끄러미 쳐다보다가 문득 직접 얘기도 못 하고 말더듬이 동생을 시켜 자기 마음을 전달한 하영일이 연민스러워 가슴으로 잔잔한 파문이 일었다.

4

수란은 거울 앞에 서서 자신의 모습을 새삼 자세하게 비춰보았다. 언젠가 회한의 늪을 헤매고 있을 때는 흘깃흘깃 거울 속에 비치는 자신의 모습이 먼 타인같이 생소한 모습이었으나, 지금은 스스로 보아도 자신의 성숙한 자태가 눈에 띄게 달라져 있었다. 아직 화장은 본격적으로 하지 않았지만, 선천적으로 타고난 늘씬한 몸매와 긴 목은 선정적이었고, 긴 머리칼은 윤기가 흘러 탐스러웠다.

그녀는 입술을 오무렸다, 폈다 하면서 엷은 립스틱으로 외출을 마무리하며 흘깃 손목시계를 들여다보았다. 여섯 점 반을 가리키고 있었다.

"오이! 미스 오? 어딜 가시나?"

그녀가 거실로 나오자 오라비인 재섭이 소파에 앉아 석간을 뒤적이다가 눈부신 표정으로 농을 던지며 그녀를 쳐다보았다.

"응, 데이트 가."

수란이 예쁘게 웃어주자 재섭은 다시 한 번 그녀를 훑어보며 공연히 눈살을 찌푸렸다.

"얌마! 너 요즘 학원 다니며 공부는 제대로 하는 거야? 쓸데없이 머심 애들과 어울려 다니고 하면 안 돼!"

사실 재섭은 말은 안 했지만, 여동생의 앞날이 여간 걱정이 아니었다. 계집애가 고집은 황소 같은데다가 한번 뭐든 붙잡고 늘어지면 그것이 옳든, 그르든 끝장을 보고야 마는 성격인지라 그는 오라비로서 은근한 염려가 항상 가슴에 자리하고 있었다. 더군다나 철없는 시절에 그 나이 또래로서는 엄청난 일을 저지른 여동생인지라 오라비로서 그의 안쓰러움과 걱정은 자연스러운 일일지도 몰랐다. 그는 뒷주머니에서 지갑을 꺼내 만 원짜리 몇 장을 수란에게 건네주며 뚜벅 못을 박았다.

"일찍 들어와!"

"몰라!"

"모르다니?"

재섭이 눈을 부라렸지만, 수란은 조금도 겁먹은 표정 없이 또박 말을 받았다.

"몰라. 오늘 우리 학원 머슴애 생일 초대 받았는데, 그렇게 금방 못 들어올지 모르잖아!"

그러면서 그녀는 짤막하게 하영일이란 친구의 얘기를 오라비에 들려주었다. 처음 만났을 때의 해프닝부터 그가 학원에서 초지일관 그녀를 보살펴주며 죽자, 사자 공주마마 대하듯 끔찍하게 자기를 위해주기에 사실은 정이 끌리고 있다는 얘기까지 숨김없이 털어놓았다. 그녀의 오빠는 한동안 막힘없이 쏟아놓는 그녀의 솔직한 고백에 잠시 멍한 표정이 되었다. 도무지 이놈의 계집애가 커서 뭐가 되려는지 기가 막힌 심정이었다.

"정이 끌린다고?"

"응."

"도대체가 너말야. 그럼 그 녀석이랑 연애라도 하는 거야?"

"응. 요 근래 그런 감정이 들어. 그냥 접수해줄까 생각 중이야."

"…?"

재섭은 이놈의 계집애랑 더 얘기해 봐야 복창이 터질 것 같아 끄응 인상을 구기며 그냥 입을 닫아 버렸다. 그리곤 얼른 손짓으로 그녀를 내몰며 고개를 설레설레 흔들었다.

"암튼, 너무 늦지 말고. 그리고 그 녀석 언제 한번 데려와 봐."

"알았어, 고마워."

수란은 오라비가 건네준 만 원짜리 몇 장을 핸드백에 집어넣고는 혀를 날름하며 다시 한 번 오라비를 향해 예쁘게 웃어주었다.

"누, 누우나. 여, 여기요!"

수란이 촛불 카페에 들어서자 저쪽 한구석에서 기다렸다는 듯이 수남이란 녀석이 뛰어나오며 손을 흔들었다. 수란은 일부러 허리를 꼿꼿이 한 채 마주 손을 들어주곤 또각또각 그 자리로 다가갔다.

칸막이 된 좌석에는 어느새 생일 케이크가 테이블 복판에 자리하고 있었고 하영일이 자리 중간에 떡 버티고 앉았다가 수란을 보자 벌떡 일어나 히죽 쑥스럽게 웃어보였다. 영일의 앞쪽으로 앉았던 그의 직속 똘마니들 몇 녀석이 동시에 자리를 박차고 일어나 그녀에게 꾸벅 인사를 보내왔다. 그들은 마치 영화에서처럼 제법 조폭이나 된 듯이 분위기를 연출하며 수란 앞에서 하영일의 권위를 세워주는 듯 행동하고 있었다. 수란이 영일의 옆에 앉으며 피식 웃었다.

"와 웃소?"

영일이 흘끔 그녀를 돌아보며 우정 목소리에 힘을 넣곤 퉁명스레 물었다.

"그냥요. 근데 생일은 내일이라면서요?"

"아, 예. 그게…."

앞쪽의 똘마니 중의 하나가 불쑥 그녀의 말을 받아 입을 열었다. 얘긴즉 오늘은 형 생일 전야제이긴 하지만, 그래도 동생들이 그냥 있을 수가 없어 미리 케이크를 자른 후 누나와 형님께 축하를 드린 다음 2차로 근처의 단골 나이트클럽으로 두 분을 모시기로 스케줄을 짰노라고 어깨를 으쓱해 보였다.

"그럼 영일이 오빠가 나랑 둘이 있고 싶다고 한 건 거짓말이네."

"아아, 누, 누우나 그게 아니고…."

수란이 공연히 샐쭉한 표정을 보이자 옆에 있던 수남이란 녀석이 갑자기 얼굴이 찌그러지며 변명을 하려는 듯 손을 홰홰 내저었다. 공연히 모가지에 힘을 넣곤 자기가 마치 정말 조폭 보스나 된 듯 거드름을 부리고 있던 하영일이 슬쩍 손을 들어 그의 입을 막으며 정중하게 수란에게 머리를 숙여 보였다.

"마 그게, 내가 수란 씨랑 둘이만 있을라니까 공연히 겁이 나서 동생들한테 잠깐 와있다 가라   거덩요. 마, 이해하소."

수란은 갑자기 웃음이 튀어나올 뻔했지만, 그의 모습이 여느 때의 그것보다 너무나 달라 보여 선뜻 웃음을 터뜨릴 수가 없었다. 그는 정말 건달패의 진짜 보스처럼 무게가 있어 보여 오히려 수란이 조심스러워졌다. 참으로 이상한 경험이었다. 그리고 그것은 새로운 발견이었다.

5

그날 이후 수란은 하영일에 대해 진짜 관심을 갖고 알게 모르게 그를 관찰했었는데, 결론인즉 영일은 제법 큰 건달 조직의 일원으로서 그녀가 다니는 학원을 중심으로 한 유흥업소들을 이른바 '나와바리'로 책임지고 있는 중간 보스쯤 되는 계급을 가지고 있음을 알았다. 따라서 물론 그가 다니는 학원도 무료 수강생이었고, 아울러 영어를 배워야겠다는 개인적인 사정도 있었지만, 그보다 앞으로 그가 몸담은 조직에서 발군을 하자면 이 좁은 한국보다는 미국 시장(?)을 공략해야 한다는 나름대로의 원대한 꿈을 가지고 있어, 그래서 영어를 배우고 있다는 것도 그의 똘마니들에게 들어서 알았다.

남들이 들으면 웃을지도 모르지만 수란은 오히려 그의 그러한 포부가 마음에 들었다. 거기다가 그가 학원을 열심히 드나드는 이유 중 가장 큰 목적은 수란을 꼬셔보겠다는 일편단심 때문이라는 점도 수남이 녀석에게 들어서 알았다.

"사, 사실 누, 누우나말예요. 혀, 형이 어, 어, 어느 날 말이에요. 어어, 얼굴이 벌겋게 돼갖고요. 마, 막 저, 정신없이 학원으로 뛰어가, 갔거든요. 그, 그런데 나, 나중 알고 보니 그, 그게 누, 누나를 보고 뽀, 뽕 가, 간 거지 뭡니까."

나중에 수남이 녀석이 수란의 귀에 대놓고 떠벌인 말이었는데, 수란은 처음엔 콧방귀를 뀌었지만, 지금까지 그가 그녀에게 끔찍하리만큼 보살펴준 것을 생각해보면 녀석의 말이 전혀 거짓말은 아닌 것 같았다. 그리고 첫날 그와 그녀가 빈 교실에서 맞닥뜨린 것도 우연이 아니었음을 그녀는 한참 후에야 깨달았었다.

나이트클럽은 온통 사람들로 요란 시끌벅적했다. 형형색색의 샹들리에 불빛이 널찍한 홀을 중심으로 어지럽게 빙글빙글 돌고 있었고 플로어를 꽉 채운 노란머리, 빨간머리의 젊은 아이들이 쿵쾅거리는 사이키델릭 불빛과 음악에 맞춰 미친 듯이 몸을 흔들고 있었다.

수란은 정신이 어지러웠다. 솔직히 그녀는 이런 곳이 처음이었다. 그녀의 경험이라곤 학생 신분으로 선생님과 정분이 생긴 후, 그와 함께 다닌 곳이라야 끽해야 조그만 경양식집 정도가 고작이었고, 그리고 기회만 있으면 우중충한 여관방에서 선생님과 알몸으로 부딪힌 것이 지금까지 그가 살아온 전부였다고 해도 과언이 아니었다.

수란은 촛불 카페에서 저녁 식사를 마친 후 영일과 그의 일행이 그녀를 모시 듯하며 나이트클럽으로 안내할 때까지만 해도 공연히 '촌년' 소리가 듣기 싫어 제법 경험이 많은 것처럼 빳빳하게 고개를 쳐들고 있었으나 정작 휘황하고 시끄러운 실내에 들어오자 갑자기 겁이 더럭 났다. 그녀는 무심코 영일의 팔을 꽉 잡았다.

"저기, 영일 오빠. 우리 그냥 나가면 안 될까요?"

"와요?"

영일은 의외라는 듯 그녀를 돌아다보며 눈을 크게 떴다.

"너, 너무 시끄럽고 정신없어요."

그녀가 더듬거리자 영일이 갑자기 크게 웃었다.

"아아, 걱정 마소. 마, 동생들은 즈그 좋은대로 나중에 홀에서 놀라고 우리는 여기 특실 한 개 예약해 놨구마. 거기는 안 시끄러버요."

그러면서 그는 문 앞에서부터 꾸벅꾸벅 따라붙어 안내하는 웨이터를 턱짓으로 불렀다.

"야야, 영필아!"

"네, 형님!"

"거기 그, 내가 말한 방 깨끗이 준비해 놨제?"

"아이고, 그러문요, 형님. 자, 이쪽으로 오세요. 수남이랑 먼저 가서 형님 기다리고 있구만요."

가슴팍엔 '조영필'이라고 명찰을 써 붙인 웨이터가 버릇처럼 머리를 굽실거리며 힐끗 수란을 쳐다보며 헤프게 웃어 보였다. 수란은 정신이 알쏭한 마당에서도 얼핏 이런 유흥업소 웨이터들이 유명가수나 배우 이름과 비슷한 발음의 이름표를 달고 다닌다는 것이 생각나 풀썩 웃음이 나왔다. 영일이 더듬어 그녀의 손을 잡으며 다시 한 번 싱긋 웃음을 보냈다.

그들이 홀 곁을 돌아 특실 방을 들어서자 먼저 와있던 영일의 부하들이 문 옆으로 나란히 서서 일제히 머리를 꾸벅 숙이며 그들을 맞았다. 테이블에는 양주와 얼음, 과일과 마른안주가 정갈스럽게 준비되어 있었고, 한쪽으로는 가라오케 기계가 불이 켜진 채 손님 맞을 준비를 하고 있었다.

영일이 거드름을 피우며 상석에 앉으며 수란더러 옆자리를 눈짓으로 가리켰다. 그녀는 그런 분위기에 이상하게 압도됨을 느끼며 다소곳이 그의 옆에 자리를 같이했다. 웨이터가 잽싸게 술잔에 얼음을 채우곤 각자의 잔에 가득가득 술을 따랐다. 영일이 제 앞에 놓은 잔을 들며 뚜벅 한마디 명령처럼 말을 뱉었다.

"마, 오늘 느거들 고맙다. 앞으로는 내한테 하듯이 우리 수란 씨도 느거들이 모셔줘야 되겠다. 마 알것냐?"

"네, 형님."

그의 똘마니들이 일제히 머리를 숙였다. 수란은 그냥 기분이 묘해져 영일이 권하는 대로 원 샷에 양주잔을 비워버렸다.

6

물이 그렇게도 맑을 수가 없었다. 산수화에서나 봄직한 청정한 호수에 양편으로 갈라선 나즈막한 산등성이와 울창한 나무들이 그림처럼 호수에 거꾸로 선 채 자그랑자그랑 물결에 흔들리고 있었다.

수란은 호수 곁 소로를 따라 걷고 있었다. 맑은 하늘이 눈을 부시게 했고, 이름 모를 새들이 숲속에서 재잘거렸다. 그녀는 오솔길을 따라 걸으며 봉긋하니 입술을 오무린 채 못 부는 휘파람으로 클레멘타인 가사를 바꿔 읊조리고 있었다.

엄마엄마 나 죽으면

뒷산에다 묻지 마

앞산에도 묻지 말고

양지쪽에 묻어줘

비가 오면 덮어주고

눈이 오면 쓸어줘

엄마엄마 내 친구가

찾아오면 울지마

그때였다. 앞쪽에서 부스럭 인기척이 일며 언제 나타났는지 영일이 얼굴에 함박웃음을 머금고 불쑥 숲속에서 나타나 그녀 쪽으로 다가오고 있었다. 그는 양손으로 무언가를 보듬어 안은 채였다.

"어, 오빠? 근데 그게 뭐야?"

수란은 별로 놀라지도 않고 말가니 그를 쳐다보았다. 영일이 벌쭉 웃으며 가슴에 안고 있던 것을 훌쩍 그녀 앞으로 던졌다. 거북이었다.

"어마! 이게 뭐야? 웬 거북?"

수란이 화들짝 놀라자 녀석은 마치 그녀와 구면이라도 되는 듯 고개를 이리저리 흔들며 어기적어기적 그녀 쪽으로 다가왔다. 녀석의 모가지엔 초록색 머플러가 리본처럼 매여져 있었는데, 자세히 보니 그것은 그녀의 손수건이었다.

"아니? 너 그거 어디서 났어? 그거 엊저녁 오빠에게 준 건데…."

그녀가 중얼거리자 거북은 사람처럼 그녀에게 벙긋 웃음을 던지곤 그냥 첨벙 물속으로 뛰어들어가 버렸다.

"야야, 어디 가? 내 손수건… 같이 가."

물속에서 자맥질을 하며 저만큼 헤엄쳐 가는 거북의 등이 프리즘 현상 때문인지 처음보다는 두 배쯤이나 커보였고 문득 수란은 녀석과 함께 그의 등에 올라타면 호수 밑 용궁에라도 갈 것 같은 착각에 빠지면서 무심코 물속에 한 발을 담갔다. 물은 얼음처럼 차가웠다.

"앗 차거…."

그녀는 번쩍 눈을 떴다. 낯선 곳이었다. 뿌옇게 천장과 샹들리에 불빛이 눈에 들어오고 고개를 돌리자 흰 벽이 비쳐왔다. 그녀는 침대 위에 누워 있었다. 수란은 눈을 깜박이며 잠깐을 멍하니 꼼짝도 않다가 순간 깜짝 놀라며 벌떡 일어나 앉았다. 이마에서 뭔가가 툭 떨어져 내렸다. 자세히 보니 얼음 주머니였다.

'이게 뭐야?'

그녀는 혼잣말로 중얼거리다 다시 한 번 화들짝 놀라며 주위를 둘러보았다. 저만큼 소파에 영일이 허리를 구부린 채 잠들어 있는 모습이 어렴풋이 눈에 들어왔다. 그녀는 얼른 자신의 옷매무새를 살펴보았다. 어제 입고 나온 그대로의 차림이었다.

'내가 왜 이러지….'

그녀는 그제서야 엊저녁의 상황이 자근자근 머리에 떠오르며 푸르르 한숨이 나왔다. 그리곤 부릅뜬 오라비의 눈이 뇌리에 박히며 절레절레 머리를 흔들었다. 목이 몹시 말랐지만, 그녀는 꼼짝도 하기 싫었다. 가만 생각해보니, 엊저녁 영일이 준 첫 잔과 그의 부하들이 준 술을 한 잔씩 받아 마신 것이 그만 빌미가 된 듯했다.

언제쯤인지, 몇 잔째부터였는지는 확실히 모르지만, 그녀는 다리가 휘청휘청 정신이 혼미해졌고 그러는 와중에도 뭔지 모르게 울화와 오기가 함께 치밀어 그녀는 영일에게 꽤나 깐죽거리며 비아냥을 놓은 기억이 어슴푸레 되살아났다.

일테면, 보자 하니 니까짓 게 제법 건들거리는 것 같은데, 세상 쓴맛은 내가 너보다 더 보았다는 둥, 또는 네가 날 그렇게 좋아하고 갖고 싶다면 진짜 영어공부 열심히 해서 너네 형들 백으로 날 미국으로 데려가라는 둥 그야말로 천방지축 해롱거린 기억이 살금살금 되살아나 저쪽서 꼬꾸라져 잠든 영일이 행여 잠이라도 깬다면 부끄러워 어쩌나 안절부절 마음이 잡히질 않았다.

더군다나 그녀가 얼마 후 인사불성이 된 듯하자 영일은 그의 부하들은 다 쫓아 보내고 땀을 뻘뻘 흘리며 그녀를 업고 나이트클럽 위층 호텔방으로 옮긴 기억도 아련히 되살아나 수란은 쥐구멍이라도 찾고 싶은 심정이었다.

'아이참, 이걸 어쩌나. 내가 미쳤지, 미쳤어.'

하지만 후회해본들 이미 엎질러진 물 사발이었다. 그녀는 살금살금 일어나 도둑놈처럼 발끝으로 그녀의 가방을 찾아들었다. 그냥 영일 몰래 도망을 갈 작정이었다.

"하이고, 보소! 괜찮소? 마 수란 씨는 깡다구도 좋대요!"

그녀가 문을 나서기 전 물 한잔 마시려고 냉장고 문을 여는 순간 뒤쪽에서 우렁우렁 영일의 목소리가 그녀의 덜미를 잡았다.

수란은 냉장고 문을 열다 말고 얼어붙듯 그 자리에 서버렸다. 돌아보고 사과를 해야 할지, 화를 내야 할지 아니면 방긋 웃어주어야 할지 도무지 판단이 서질 않았다. 스스로 생각해도 큰일을 저질렀는데 어떻게 수습해야 할지 아무 생각도 나지 않았다. 그녀는 입술을 아프도록 깨물며 냉장고 문을 연 채 그대로 꼼짝도 않았다.

"와요? 물이 없능교? 있을낀데. 내가 엊저녁 갖다놨는데…."

영일이 중얼중얼하며 그녀 등 뒤로 다가오는 기척이 났다. 그녀는 공연히 등허리가 쭈뼛해지며 얼른 냉장고 안에서 물 한 병을 꺼내 들었다. 그리곤 비로소 몸을 움직이며 가만히 뚜껑을 비틀었다. 냉장된 물병이 미끄덩거리며 자꾸 손바닥이 어긋났다.

그때였다. 영일이 뒤에서 울룩불룩한 팔뚝을 뻗어 한쪽으로 그녀의 어깨를 감싸며 다른 한 손으론 그녀로부터 물병을 빼앗아 들었다. 그리곤 우두둑 뚜껑을 비틀어 병 꼭지를 그녀의 입에 갖다 댔다. 수란은 저도 모르게 도리질을 했으나 영일은 암말 없이 그녀의 턱을 받친 채 그냥 입속으로 물병을 밀어 넣었다. 어쩔 수가 없었다. 머리가 아프고 목이 얼마나 탔던지 그녀는 꼼짝없이 병 꼭지를 입에 물고 목구멍이 아리도록 그가 먹이는 찬물을 들이켰다. 잠깐이었지만 물맛이 그렇게 좋게 느껴진 것도 첫 경험이었다. 영일이 슬그머니 물병을 빼내며 그녀의 귀에 속삭이듯 말했다. 조금 쉰 듯한 그의 목소리가 떨리고 있었다.

"수란 씨, 마 괜찮능교?"

"네에."

수란 역시 공연히 목소리가 떨려 나오며 조그맣게 머리를 끄덕였다.

"마, 수란 씨…."

영일이 그녀의 머리를 손가락으로 가르며 머릿결에 코를 묻었다. 그의 숨결이 뜨거워지고 있었다.

"저기요."

수란은 이러면 안 되는데, 속으로 느끼며 그에게서 빠져나갈 요량으로 몸을 틀자 영일은 암말 없이 그녀를 와락 끌어안으며 그녀의 목에 뜨거운 콧김을 뿜어대기 시작했다. 그러면서 그는 열띤 음성으로 중얼거렸다.

"마, 수란 씨. 사, 사실은 엊저녁에 무지하게 안고 싶었는데, 그런데 수란 씨가 너무 술에 취해 있어서 차마 못했구마. 내 수란 씨 얼매나 좋아하는지 밤새도록 수란 씨 지키느라 거진 날밤을 새웠는데. 그리고 마, 내 수란 씨 고민 다 알았구만요. 그렇지만 그딴 건 아무 상관 없고 내 정말 수란 씨 사랑하고 행복하게 해줄 자신 있거덩요. 하이고, 수란 씨."

영일은 얼마나 흥분을 했는지 스스로 뭘 지껄이고 있는지도 모를 정도로 벌겋게 몸이 달아 수란을 몸이 터지도록 부둥켜안으며 어쩔 줄을 몰라 했다.

"저기요. 숨 막혀요. 이거 놓고…."

그녀가 다시 몸을 비틀며 꿈틀거리자 영일은 암말 없이 그녀의 입술을 덮으며 무작정 입술을 빨기 시작했다. 아아, 수란이 도리질을 칠수록 그는 더욱 거칠어지며 이번엔 뜨거운 혓바닥으로 그녀의 온 얼굴을 핥기 시작했다.

참으로 이상한 일이었다.

수란은 생각과는 달리 몸뚱어리가 서서히 덥혀져 옴을 느끼며 순간 언젠가 선생님과의 정사가 떠올라 저도 모르게 하르르하르르 몸이 떨려왔다.

선생은 그녀와의 몸 섞음이 어느 정도 시간이 지나자 어느 시점부터는 그녀에게 오르가즘을 가르치기 시작했었다. 그녀의 온몸의 성감대를 고루고루 찾아 혀끝으로 핥고 간지럽히며 종내는 그녀가 발갛게 달아올라 못 견디도록 그녀를 '여자'로 만들었었다.

문득 느끼기엔 영일은 그와는 딴판으로 우직하고 우악스러웠지만,

그의 애무는 그녀의 잊혀진 기억을 일깨우기에 충분했고, 그래서인지 그녀의 항거의 몸짓은 서서히 그 기세를 꺾으며 그만 온몸 온 다리가 시간이 흐를수록 힘이 스르륵스르륵 빠져나감을 그녀는 본능적으로 느끼기 시작했다. 영일이 그녀의 블라우스 단추를 한 점 한 점 따가며 불쑥 그녀의 젖무덤에 얼굴을 묻었다.

"아아…."

수란은 저도 모르게 신음을 흘리며 그의 머리를 감싸 안았다. 영일의 혓바닥이 그녀의 꼭짓점을 맴돌기 시작하자 수란은 정신이 아득해지며 그대로 주저앉고 싶었다. 그들은 그대로 카펫 위에 동시에 쓰러지듯 무너져 내렸다.

'아아….'

수란은 또다시 꿈속을 헤매고 있었다. 그녀는 간밤 꿈속에서 본 거북이가 묘하게도 어느새 자신이 되어 물속을 유연하게 헤엄치고 있음을 보았다. 영일 역시 한 마리 거북이 되어 때로는 빠르게, 때로는 느리게 그녀의 뒤를 쫓아오고 있었다. 투명한 물밑엔 온갖 수초들이 자라고 있었고 그 사이사이를 그녀와 영일은 서로를 찾아 숨바꼭질을 하고 있었다.

엊저녁엔 얼음처럼 찬물이었지만, 이번엔 온몸이 훈훈토록 호수 밑은 따스했고, 그것은 저만큼 어딘가에서 뿜어져 나오는 유황샘이 있기 때문이라 했다. 그들이 약속이나 한 듯 서서히 헤엄쳐 그곳에 다다랐을 때 유황샘은 마치 기다리고나 있었던 듯 불끈 뜨거운 물을 분출하며 노도처럼 그들을 휩싸 안았다. 아아, 두 마리 거북은 그 뜨거움을 그대로 삼킨 채 허옇게 배를 드러내며 수초 속에 나란히 누워 수면으로 비쳐드는 햇빛을 온몸으로 거머안았다.

7

수란과 영일은 한동안을 죽은 듯이 누워 있었다.

창문 커튼 사이로 햇빛이 쏟아지듯 들어오며 벌거벗은 그들의 몸뚱어리를 눈부시게 감싸고 있었다. 눈을 감은 수란의 망막엔 언젠가 본 적이 있는 무수한 비눗방울들이 축제 날의 풍선처럼 무지개 빛깔로 어지럽게 날고 있었다. 틈새 틈새로 나비와 새들도 나래 짓과 지저귐으로 자태를 뽐내고 있었다.

수란은 수면 위로 살그머니 얼굴을 드러내며 내가 왜 거북이가 되었을까… 궁금증으로 뒤를 돌아보았다. 팔등신 같은 그의 매끄러운 몸매가 어느새 사람의 그것으로 변해 물고기처럼 비늘을 번득이며 물을 차고 있었다.

"수란아, 니는 참말로 조각같구만…."

영일이 어느 틈에 그녀의 머리 밑으로 팔베개해주며 귓불에 대고 속삭여 왔다.

수란은 깜짝 정신이 들었다. 그녀는 순간 얼른 몸을 오므리고 가릴 것을 찾았지만, 그대로 카펫 위에 쓰러져버린 탓에 주위엔 아무것도 보이지 않았다. 그녀는 엄청 부끄러운 생각에 벌떡 일어나 침대 쪽으로 도망치려 했지만, 어느새 영일에게 꼼짝없이 보듬어 안긴 채 움직일 수가 없었다. 영일이 다시금 뜨거워지기 시작했다. 그는 마치 강아지처럼 혀를 날름거리며 또다시 그녀를 공격하기 시작했다.

"아이, 잠깐만요."

수란이 그의 포옹을 뿌리치려 버둥거렸지만, 영일은 막무가내였다. 그는 계속 그녀의 귓불에 뜨거운 입김을 불어넣으며 무슨 말인지도 모를 말을 웅얼거리고 있었다.

"수, 수란아, 오늘부터는 니, 니는 내 거야. 저, 절대로 놔주지 않을거구만. 도, 도망가믄 아주 죽여버릴끼다."

그는 반말지꺼리로 대충 이런 말을 중얼중얼 뱉어내며 처음과는 달리 아주 거칠게 그녀를 다루며 정신없이 그녀의 젖무덤에 또다시 이를 꽂았다.

"아아, 아파요."

수란이 몸을 비틀자 오히려 영일은 더욱 사나운 짐승이 되어 그녀의 온몸에 상처라도 낼 듯 무서운 기세로 달려들었다.

이상한 육체의 신비였다. 수란은 그의 잇자국이 그녀의 온몸 구석을 자근거리기 시작하자 온통 머리통이 어지러워지며 아무것도, 온갖 걱정도 까맣게 사라짐을 느낄 수 있었다. 오로지 망막 속에 떠다니는 오색 풍선만을 거머잡으려 이리저리 몸을 꿈틀거릴 뿐이었다. 숨이 가빠지고 무언가 뜨거운 물줄기가 발끝에서 머리끝까지 뿌려지는 황홀함이 그녀의 온몸을 감싸 옴을 숨길 수가 없었다.

"아아…."

그녀는 거부의 몸짓을 어우러짐의 몸짓으로 바꾸며 영일과 함께 끝없는 여행을 시작했다.

기차가 달리고 있었다. 맨드라미가 빨갛게 핀 시골역을 지나고 코스모스가 한들거리는 들녘을 낀 호숫가를 스쳐 가고 있었다. 저만큼 산모퉁이에 꺼멓게 입을 벌린 터널이 보이고 그 터널을 벗어나면 용암이 흐르는 산의 정상이 보인다고 했다. 그들이 터널을 들어설 때 기차는 크게 기적을 울리면서 왈캉달캉 동굴 속으로 그 머리를 들이밀고 있었다. 귀청이 멍멍하도록 기차는 요란한 함성으로 동굴 전체가 내려앉을 만큼 몸체를 뒤틀며 앞쪽 입구에서 흘러드는 용암의 빛을 향해 그대로 돌진하고 있었다. 아아, 저만큼 터널의 입구가 보이고, 그 입구 앞쪽에서 뜨겁게 분출되는 용암의 열기가 그들을 휩싸 안았을 때 수란과 영일은 다시 한 번 중세기에 정사했던 '트리스탄과 이졸데'가 되어 있었다.

"난 이제 어떻게 해요?"

그들은 어느새 오래된 연인이 되어 있었다. 두 번째의 정사가 끝난 후 한참이 지나자 수란은 그야말로 제정신이 들기 시작했다. 그녀는 아직까지 그녀를 품어 안고 있는 영일의 가슴 털을 만지작거리다 문득 부릅뜬 오라비의 눈을 떠올리며 포옥 한숨을 쉬었다.

"뭐를…."

영일이 언제 벌겋게 되었었나 싶을 정도로 무뚝뚝하게 말을 받았다.

"오빠가 알면 나는 맞아 죽어요. 아마 쫓겨날 거예요."

"오빠가 내를 몰라요?"

영일이 장난기 섞어 눈망울을 뒤룩거리다 뜬금없이 엉뚱하게 물었다.

"울 오빠가 자기를 어떻게 알아요?"

수란이 일어나 시트로 몸을 가리고 앉자 영일도 덩달아 일어나 앉으며 머리맡 탁자에서 담배를 한 대 뽑아 물었다. 그러면서 자기는 한 개도 걱정 안 된다는 표정으로 말을 이었다.

"수란 씨 오빠는 날 모를지 몰라도 마, 내는 그 양반 잘 알지롱."

"어떻게요?"

"마, 내가 좀 알아봤지. 그리고 마, 동네에서 쪼맨한 인연도 있었고 내 일부로 그런 거 한번 맹글어 봤거덩. 마 수란 씨는 걱정 마소. 인제 내 꺼라고 못을 박을 테니까."

수란은 기가 막혔다. 잠깐 생각하건데 이 남자가 자기에게 접근하기 위해 여러 가지 뭔가를 한 것 같은 느낌은 있었지만, 그 정도로 집요한 점이 있다고는 전혀 생각을 못했었다. 그녀는 뭐가 뭔지 생각이 헷갈려 왔지만 어쨌거나 그녀는 어제오늘 자기가 저지른 일이 오빠에게 알려지면 아마도 초주검을 면치 못할 것 같아 지레 오금이 저려 왔다. 그녀는 공연히 영일이 원망스러워지면서 앞으로 이 남자를 어떻게 하나. 두려움이 드는 것도 숨길 수가 없었다.

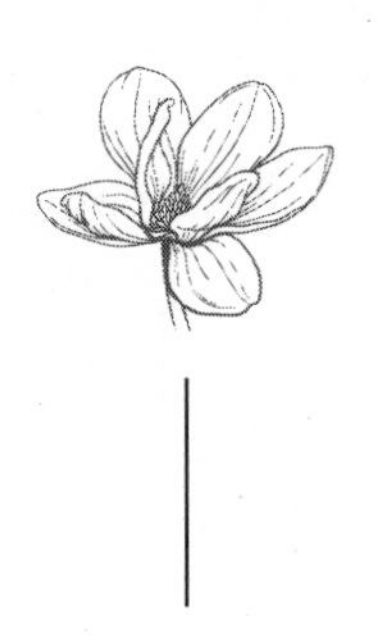

제5장
반주깨미

1

영일에겐 이상한 결벽증이 있었다.

외모로 봐서는 전혀 그렇지 않은 것 같은데 집 안에서의 그의 행동은 여간 깔끔한 것이 아니었다.

그는 모든 것이 반듯반듯 제자리에 있어야 흡족해했다. 일테면 식탁 위의 양념병들도 키대로 나란히 보기 좋게 식탁 복판에 자리하고 있어야 했고, 거실의 조그만 액세서리 한 점까지도 아무 데나 널려 있으면 막 신경질을 부리는 성격이었다. 심지어 그는 잠을 잘 때 양말을 벗어서 탁탁 털어 가지런히 접어놓아야 마음이 개운하다고 했다. 그런가 하면 옷장 서랍을 열면 한편으로는 러닝셔츠가 마치 군 막사의 내무반처럼 반듯반듯 각지게 네 모서리를 맞춰 개켜져 있었고, 팬티 또한 그러했으며 양말, 손수건 할 것 없이 한구석도 여기저기 널려 있는 법이 없었다.

부엌살림도 마찬가지였다. 찬장 어느 쪽 어떤 구석에 무슨 그릇, 어떤 식품이 보관되어 있는지 또는 수저마저도 밥 스푼, 티스푼, 젓가락별로 구분되어 있어서 그는 눈감고도 밥상을 차릴 수 있다고 자랑 아닌 자랑을 하곤 했었다.

또 한 가지 수란을 놀라게 한 것은 그의 창고 방에 있는 온갖 잡동사니였다. 그의 창고 방은 베란다를 반쯤 막아 일부러 만들어놓은 곳이었는데, 정말 그곳에는 없는 것이 없는 만물시장 같았다. 선반에 차곡차곡 정리된 크고 작은 박스들 속엔 정말 쓸데없는 오래된 극장표부터 떨어진 단추 쪼가리, 백화점 포장지, 박스를 묶었던 끈, 각종 음식점 등의 성냥, 녹슨 못대가리 등등…. 수란이 볼 적엔 아무짝에도 쓸모없는 폐품들이 마치 무슨 보물이나 되는 듯 잘 정리 정돈되어 있었다.

처음 수란이 영일의 집에 들어와 함께 시작했을 때는 그의 생긴 것답지 않은 깔끔함이 무척 신선해 보였지만, 시간이 흐를수록 수란은 가슴이 답답해 저도 모르게 가끔가끔 신경질을 부리지 않을 수가 없었다.

"도대체 무슨 남자가 그래요? 여자들도 그렇게 깔끔 떨면 밥맛 없다고요."

하지만 그는 눈도 끔벅 안 했다. 다행한 것은 그가 자신의 기준에 그녀를 맞추려 하지 않고 그냥 벙긋벙긋 웃기만 하는 것이었다. 그리곤 그녀가 어떨 땐 일부러 마구 벗어 팽개친 옷가지며 음식 그릇들을 그녀가 잠든 사이 말끔히 제 습관대로 정돈해 놓곤 했다.

"우짜노, 이거 자기가 다 치웠어? 미안해서 우야꼬…."

아침에 일어난 수란이 그의 사투리를 흉내 내며 우정 애교를 떨기라도 할라치면 그는 피식 웃으며 이렇게 말하곤 했다.

"마, 딴 가시나 같았으믄 내 살지도 안 했겠지만, 내는 니한테 지거덩. 니가 이쁜데 우짜겠노. 어이, 일루 와봐라."

그러면서 그는 부엌에서 아침 식사를 차리는 그녀를 느닷없이 뒤에서 덮치곤 했었다. 그러면서 그는 수란의 귓불을 이빨로 잘근거리며 웅얼웅얼 흰소리를 그녀의 귓속에 불어넣곤 했었다.

"어이, 이봐라. 가시나 니는, 와그리 이쁘노? 내는 말이다, 니땜에 죽겄다 마."

"아이, 간지러워요. 아아, 고만고만. 내사마 지금 밥해야 되는구마."

수란이 그의 입술을 이리저리 피하며 도리질을 치면 영일은 꼭 어리광부리는 아이처럼 그녀의 앞치마를 뒤에서 끌어 쥐곤 좁은 부엌을 뱅글뱅글 돌곤 했었다.

"어이, 이봐라. 한 번만 봐도라. 내사마 못참겠는데 우짜노? 어이여, 이봐라."

소꿉장난이었다.

비록 열서넛 평짜리 시민 아파트였지만, 그들 둘이서 살기엔 부족함이 없었고, 얼마큼 세월이 흐르자 처음엔 마치 때려죽일 듯이 난리를 치던 그녀의 오빠와 엄마는 물론, 영일의 식구들도 그냥 그들을 내놓은 자식 취급에 서서히 부부로 인정을 하고 있었다. 가끔 밑반찬을 해 들르는 영일의 노모는 그녀를 볼 때마다 그저 끌끌 혀를 차며 혼잣소리를 웅얼거리곤 했었다.

"니가 우짜다가 저런 망나니한테 걸리 들었을꼬. 쯧쯧, 저 자슥은 여지껏 에미 속 썩힐만큼 썩혔는데. 인자는 제발 니가 들어서라도 사람구실 좀 하게 해봐라."

수란은 아직까지 영일이 그동안 얼마만큼이나 부모 속을 썩인지는 속속들이 알 수도 없었고, 또 우정 그것을 알려고도 하지 않았지만, 대충 짐작건대 재취로 들어온 그의 어머니가 전처 자식들인 영일의 형들과 형수들에게 영일이 어지간히 못된 짓을 했었기에 지금은 거의 원수가 되다시피 했고, 그것이 그의 어머니에겐 평생 한이 되고 있다고만 그냥 지나가는 말로 들어서 알 뿐이었다. 오죽하면 그녀의 어머니가 영일을 본집에서 빼다가 조그만 아파트 한 채를 마련해주었을까.

어쨌거나 수란에겐 그것은 그리 중요하지 않았다. 비록 오다 가다 만났긴 했지만, 그녀에게 자기를 끔찍하게 사랑하고 아껴주는 영일이 고마웠고, 또 빈말이라 할지라도 그의 말마따나 어떻게든 빨리 이 '좆 같은 바닥'을 떠나 상처받은 사람끼리 함께 새 생활을 해보자는 목적의식이 같았기에 그녀는 그의 과거 같은 것은 아무렇지도 않게 생각하고 있었다.

"학원 안 나가요?"

수란이 영일의 보챔에 자의 반, 타의 반으로 걸려들어 이른 아침부터 거실 소파에서 질펀한 정사를 벌인 후 그의 젖꼭지를 비틀며 물었다.

"나가 봐야지. 씨발 것들…."

영일이 담배를 빼어 물며 공연히 투덜거렸다.

"왜요?"

"사무장 그 자슥 요새 좀 삐딱한데. 마, 손 한번 봐뿔까…."

얘긴즉 이러했다.

영일이 수란과 억지 결혼을 한 이후 그는 원생 신분에서 사무처 직원으로, 일테면 학원의 기간요원으로 한 자리를 차고 앉았다. 그가 속한 조직들이 그 동네에서는 그런대로 약발을 유지하고 있었기에 학원 측은 선선히 그들의 제의를 받아주었고, 그 이면에는 또 다른 건달들이 그들 학원과 원생들을 못 괴롭히게 하는 조건들이 당연히 달려 있었다. 거기다가 영일은 한술 더 떠 그 학원과 결연을 맺고 교사 교환을 하는 미국 측의 자매학원에 연수를 보내주는 조건을 하나 더 얹어 결국 원장으로부터 억지 승낙을 받아 내었었다. 그것도 부부가 함께 가는 것으로. 그런데 요즈음 그 실무를 맡고 있는 사무장 녀석이 그들 일에 신경을 안 쓰고 있다는 것이 영일의 불만이었다.

어쨌거나 재주는 좋은 친구였다. 덕분에 수란은 학원을 때려치우고 전업주부로 들어앉았지만, 그야말로 그들이 사는 것은 아직은 장난이 반이었다. 영일을 수시로 코딱지만 한 거실에서 TV를 보다가 부엌을 들락거리며 그를 수발하는 수란에게 이렇게 말하곤 했었다.

"어이, 이봐라. 니, 앙이 우리가 사는 게 꼭 반주깨미 사는기라."

"반… 주깨미? 그게 뭔데요?"

수란이 그 앞에 맥주랑 땅콩을 갖다 놓으며 물을라치면 그는 얼른 그녀를 잡아당겨 무릎에 앉히며 알강달강 몸을 앞뒤로 흔들었다.

"그게 뭔고 하믄. 우리 어릴쩍에 동네 가스나들이랑 깨진 밥사발에 흙담아 놓고 풀 뜯어다 나물이라꼬 해갖고 신랑각시 흉내내며 밥먹는 척 잠자는 척 했거덩. 그거를 우리 고향에서는 반주깨미 산다고 했다 아이가."

"으응, 그러면 소꿉장난을 얘기하는 거네?"

"몰라 마. 그기 그거지 뭐. 암튼 그때 나는 맨날 신랑만 했거덩. 우리 동무들은 머슴도 하고 장사꾼도 하고 했는데… 나는 동네 가스나들이 마당에 금 그어놓고 한구석에 앉아 있으라 해놓고 가짜 밥 갖다 주고, 또 둘이 나란히 잠자는 흉내도 내고 했다꼬."

영일이 수란을 무릎에 앉힌 채 몸을 건들거리며 눈을 가늘게 모을 때면 그는 참으로 천진스러워 보였다. 누군들 어릴 적 추억이 없겠냐만, 그가 그런 추억을 얘기할 땐 수란 역시 그녀의 어린 시절이 얼핏얼핏 떠올라 그와 함께 동심으로 돌아가곤 했었다.

"치이, 자기는 그때부터 동네 가시내들이랑 눈이 맞았나 보지?"

수란이 문득 샘을 내는 척 그에게서 떨어져 앉으면 영일은 얼른 눈을 또릿또릿 손을 홰홰 내저었다.

"앙이, 앙이다. 그때 그 동네 가스나가 꼭 수란이 아이가? 마 인제 밥도 먹고 술도 마셨으니 우리 잠잘 차례 아이가? 일루 와바라, 신랑각시 잠자러 가자, 마."

그는 엉뚱하게 이렇게 갖다 붙이며 느닷없이 또 그녀를 덮쳐 숨 막히게 하곤 했었다.

2

영일은 천성적으로 개구쟁이였다. 거기다가 뺑도 여간이 아니었다. 그의 개구진 성격이 어릴 때부터 가족들이나 어른들에게 제대로 받아졌다면 아마 모르긴 해도 영일이 이복형제들과 그렇게까지는 틈이 벌어지진 않았을 것이었다. 수란이 보기엔 그랬다.

대개 사람들은 아니, 특히 막 철나기 시작하는 사내애들은 누구든 주변 사람들, 즉 부모나 형제들에게 인정받고 싶어 하고 뭔가를 내세워 칭찬받고 싶어 하기 나름인데, 그리고 그 시절엔 주변의 누군가가 관심을 기울여주고 조금이라도 어깨를 두드려 주었다면 적어도 성격이 모나거나 삐딱해지진 않을 것이었다. 그런데 영일의 경우엔 본인의 말대로라면 사사건건 '못된 놈'으로만 낙인이 찍혔기에 계속 비뚤어지게 나갈 수밖엔 없었다고 했다.

"내가 말이다. 뭐든지 간에 일을 벌이면 말이다, 한 번도 제대로 받아준 적이 없었다 이말이야…."

영일은 가끔 수란과 함께 소파에 앉아 TV를 보거나 사랑놀이를 하다가는 불쑥 어린 시절을 이렇게 투덜거리며 떠올리곤 했다.

"자기가 진짜 못되게 했으니까 어른들이 그랬겠지, 뭐."

수란 역시 본인의 학생 시절 선생님과의 스캔들로 어지간히 어른들의 속을 썩인 것을 떠올리곤 혼잣말처럼 지껄이면 영일은 지금도 억울하다는 표정을 짓곤 했다.

"하루는 말이다. 맨날 공부 못한다고 퇴박을 주길래, 요시 내 한번

뵈줄 거이다. 마음 먹고 몰래 골싸매고 공부를 해서 반 석차 2등을 한 적이 있었는데 말이다. 우리 형이란 새끼가 얌마, 너 컨닝했지? 이러더라구. 내 얼마나 뿔따구가 나는지. 그냥 머리로 그 새끼 면상을 받아뿌렀지. 그 새끼 이빨이 한 대 부러졌거덩. 온통 집구석이 난리가 나구. 울 엄닌 눈물을 철철 흘리고…. 씨팔, 그때 생각하믄 지금도 뿔난다구…."

그래서인지 영일은 그 이후부터 자기가 생각해도 식구들 애먹이는 일만 골라가며 놀부 짓을 했다고 했다.

이를테면 그때 시골엔 재래식 화장실이었는데, 이복 누나가 변소엘 가면 집 텃밭에서 가지를 따다가 꼬챙이에 꽂아 변소 뒤에서 그것으로 누이의 엉덩이를 쑤시질 않나, 막 크는 호박에다 그야말로 나무 침을 박아 썩게 만들기도 했고, 겨울철 형들의 신발에 물을 부어 아침에 학교를 못 가게 하는 등 어른들이 보기엔 못된 일만 가려 했다는 것이었다. 거기다 보태서 친구들을 잔뜩 끌고 와서는 제사 쓰려고 말려 놓은 곶감 등속을 모조리 나눠주기도 했고, 겨울철 뒤뜰에 파묻어 놓은 밤이랑 무를 죄 파헤쳐 얼게 만들어 엄마에게 치도곤을 당하기도 했다는 것이었다.

머리가 커서도 마찬가지였다. 학교 껄렁패들과 어울려 걸핏하면 패싸움을 벌여 수차례 정학을 당해 부모들이 수시로 교감에게 불려가 시말서를 쓰게 만들었고, 그런가 하면 지역 여학교엘 찾아가 공연히 수위와 시비를 하다가 분풀이로 연탄재를 수위실로 던져 넣어 온통 교문 앞을 쑥대밭을 만드는 일도 다반사였다는 것이었다.

그러다가 고등학교 졸업반 말년에 학교 앞 만화방에서 담배를 피우

다가 훈육선생이 들이닥치자 그 집 뒷담을 뛰어넘어 달아나던 중 지붕에서 떨어져 다리가 부러졌었다고 했다. 덕분에 처벌은 면하고 병원에서 깁스를 한 채 한 달여를 빈둥거렸는데, 그 후유증으로 대학엔 낙방했고, 이수, 삼수를 거듭해서 겨우 3류 학교에나마 이름은 걸었다고 공연히 어깨를 으쓱했다.

하지만 그의 말로는 학교라고 들어가니 모든 '새끼'들이 어린애 같아 시큰둥하던 중 그 학교 건달패의 왕초와 우연히 시비가 붙어 이른바 맞짱을 떴는데, 천부적으로 타고난 그의 발길질에 녀석의 갈비가 부러지는 바람에 경찰에 고소당해 적잖은 합의금을 물어주고 풀려났다고 했다.

안 그래도 눈엣가시처럼 미움받던 그가 집안에서 혼구멍이 난 것은 당연한 일이었고, 그 이후 그는 집을 나와 혼자 하숙을 하며 학교 건달패의 왕초를 비롯한 그 부하들을 자연스럽게 자기 '똘마니'로 만듦으로써 그야말로 지금 조직의 기초를 그곳에서 갖췄다고 입에 침을 튀기며 자신을 과시하곤 했다.

"내사 마, 그렇게 살아왔지만, 그래도 우리 아이들이랑 형들에게 의리 한 개만큼은 죽어도 지키는 거라. 이봐라, 내 새끼손가락이 한마디 없잖냐! 이거 왜 그런 줄 아냐?"

그러면서 그는 항상 오무리고 다니는 왼손 새끼손가락을 불쑥 내밀어 보였었다. 수란은 눈을 동그랗게 떴다. 항상 같이 붙어 다니며 함께 산 것까지 합치면 근 일 년이 가까워 오는 데도 그녀는 그의 새끼손가락 한마디가 없는 것을 그날 처음 보았었다. 아니, 어째 이상하다고 생각한 것은 기억이 났지만, 그게 왜 그렇게 되었는지 물어보지도,

물어보고 싶지도 않았었다. 그냥 무심했을 뿐이었다.

"어마… 정말? 그거 왜 그래요?"

수란이 그제서야 스스로의 무심함을 느끼며 물었다.

'내가 마, 대학교 졸업도 못하고 때려치워 뿌렀지만, 그게 왠고하니…. 어느 날 그 지역 큰형이 우리 학교엘 온기라. 알고 보니 그때 내한테 갈비 부러진 그 새끼가 처음엔 내를 잘못알고 즈그 형들에게 일러줬다나 어쨌다나. 우쨌거나 그들이 꼬마들을 시켜 내를 빵 둘러싸고는 내더러 꿇으라고 공갈을 치더라꼬. 상황을 보니 도망도 못치겠고… 해서 우짜꼬 생각해보니 내 깡다구를 그 형한테 보여주면 차라리 낫겠다, 그러고 머리 숙이자, 이래 생각하고 에라 모르겠다 옆에 있던 벽돌로 그냥 내 왼손 새끼손가락을 내가 왕창 찍어뿌렀거덩. 그러니 글마들이 먼저 놀래갖고 포위를 풀고는 얼른 날 병원으로 데리고 갔는데… 그냥 뼈가 바스러져서 할 수 없이 잘라버렸지 뭐. 그 인연으로 그 형이 낼 이쁘게 봐줘서 지금도 날 많이 챙겨주거덩. 덕분에 군대도 면제 받았고…."

수란은 황당한 그의 얘기를 들으며 공연히 웃음이 배어났지만, 어쨌건 뭔가 이루고자 집념을 가진 그의 품성이 그리 밉진 않았다.

3

영일이 입술에 침을 발라가며 제 옛얘기를 지껄일 때면 그의 표정은 마치 어린 개구쟁이 그대로였다. 한마디로 철없이 공연히 으스대며 상대방의 관심을 끌고자 하는. 수란은 비록 재미가 없고 때로는 황당하기도 한 그의 얘기를 듣다 보면 스스로의 어린 시절도 가물가물 함께 떠올라 혼자서 뱅긋뱅긋 웃음을 머금었다.

"있잖아… 나 어릴 적에도 우리 반에 꼭 자기 같은 머슴애가 있었다?"

"그으래? 어떤 자슥이었노?"

영일은 우정 눈을 커다랗게 하곤 얼른 그녀를 끌다시피 꼭 자기 무릎에 앉기를 원했다. 그녀가 못 이기는 척 그의 무릎을 베고 누우면 영일은 마치 오빠처럼 그녀의 등허리를 토닥토닥 했었다. 그리곤 그들은 함께 어린 시절로 되돌아가곤 했다.

"우리 반에 말이지. 꼭 자기처럼 심통 맞은, 별명이 짝불이라는 애가 있었는데…."

"짝불이?"

"웅."

"그라믄 그넘아는 뿡알이 하나 밖에 없는 거이가?"

"몰라, 그딴 건. 어쨌거나 그 머심애서껀 동무들이랑 여름에 냇가에 미역 감으러 잘 다녔거든."

수란은 눈을 가늘게 모았다.

초등학교 시절, 교사 뒤쪽으로 솔밭이 빽빽하게 둘러쳐져 있었는데 그 솔숲을 지나 제방을 넘으면 맑은 개천과 보드라운 모래밭이 하얗게 깔려 있었다.

여름철 방학을 맞으면 그들은 매일 아침 학교로 나가 헛둘헛둘 국민 보건 체조를 했고, 그 시간이 끝나면 집으로 돌아가기보다는 곧바로 솔숲을 지나 냇가로 달려가곤 했었다. 그리곤 모래밭에 다리를 파묻고 까치집을 지으며 학교서 배운 동요를 마음껏 불러 제끼곤 했었다. 계집아이는 계집아이들대로 집에서 싸 온 옥수수랑 삶은 감자를 나눠 먹으며 옹기종기 둘러앉아 쎄쎄쎄 아침 바람 찬바람이 어쩌고 하는 게임을 하거나 고무줄놀이를 하며 까르르까르르 더없이 맑은 자연과 어울리곤 했었다.

그녀들이 그렇게 참새처럼 재잘되고 있을라치면 어김없이 사내 녀석들이 나타나 공연히 심통을 부리거나 그녀들에게 뭔가를 보여주려고 온갖 안간힘을 다 부렸었다. 이를테면 물구나무를 서서 거꾸로 걸음을 걷는 재주를 과시하기도 했고, 그런가 하면 가지고 온 제기를 양발로 수십 개씩을 차면서 공연히 흘끔흘끔 여학생들의 눈치를 살폈었다.

시간이 정오를 서서히 넘어서 해님이 바알갛게 달아오르면 그들은 약속이나 한 듯이 일제히 개천으로 뛰어들었고 사내아이들은 가끔 팬티를 벗어던지곤 진흙으로 아랫도리를 거멓게 칠한 채 달랑거리는 고추자지를 그것으로 가리곤 했었다. 그렇게 한식경을 지나면 어김없이 짝불이 녀석은 어디다 꼬불쳐두었는지 녹슨 면도칼로 여자애들의 고무줄을 쌍둥쌍둥 자르며 심통을 부리기 시작했고, 소리소리 지르는 여자애들에게 보란 듯이 고추를 꺼내놓고 쉬쉬 오줌을 갈기며 킬킬거리곤 했었다.

"그 머슴애 참 못됐었는데…. 그래도 나한텐 참 잘해줬다?"

"니한텐 잘해줬다꼬? 우떻게?"

영일이 그녀의 등허리를 토닥이던 손짓을 멈추곤 괜스레 화난 표정을 지으면 수란은 그게 재미있어 곧잘 생각도 나지 않는 옛날 일들을 억지로 짓고 꿰맞춰서 나중엔 영일이 정말로 화나게 만들기도 했었다.

"으응, 그 머슴애가 말이지, 우리 옆 옆집에 살았는데… 노는 날이면 맨날 우리 집 앞에서 기웃거렸다? 그래 갖곤 어찌 내가 나가다가 만나면 나한테 불쑥 만화책을 내밀곤 그냥 내빼곤 했어. 그때 그 만화책은 인기 순정만화였는데, 그게 남녀 간의 안타까운 사랑 얘기를 쓴 것인데…."

"야야, 마 시끄럽다. 그런데 그 자슥 요새 뭐하노? 니 어딨는지 아나? 내가 마 그 자슥 만나면 손 좀 봐뿔끼다."

영일이 그녀의 말을 끊고 그렇게 소리를 지르면 수란은 정말 오금이 저리도록 그이가 귀엽기도 하고 너무나 재미있어 들은 척도 않은 채 우정 추억에 잠기는 목소리를 짓곤 했었다.

"차암, 어린애처럼 왜 그래요? 그때 그 짝불이란 아이가 나한테 연애편지도 줬다고. 만화책 사이에 끼어서…."

"뭐, 뭐라고?"

그럴라치면 영일은 불쑥 그녀의 머리를 그의 무릎에서 밀쳐내며 정말 씨근벌떡 화를 내며 입술을 푸푸거렸다. 그리곤 엉뚱하게 그녀를 닦달해 왔다.

"니 요새 그 자슥 만나제? 가마이보니 니 요새 좀 이상타. 솔직히 얘기해 봐라. 그 자슥 요새 뭐하노? 어디 있노?"

"아이고 차암, 자기는 꼭 철딱서니 아이 같아요!"

"뭐라꼬? 그래, 나는 철딱서니다. 그리고 나는 죽을 때까지 철들 생각 없다."

그러면서 그는 눈을 부라리다가 느닷없이 거칠게 그녀를 덮치곤 했다. 수란은 그의 그런 천진한 모습을 느끼고 받아들이면서 어떨 땐 이 사람이 정말로 그러는 것인지 아니면 장난으로 우정 그러는지 알쏭달쏭한 심정이었지만, 분명한 것은 영일이 그녀를 그만큼 사랑하고 있는 것만은 온몸으로 느낄 수 있어 좋았다.

4

수란은 영일의 젖꼭지를 만지며 잠이 들길 좋아했다. 아니, 좋아한다기보다는 영일이 잠에 빠졌을 때 혼자서 그의 젖꼭지를 이리저리 비틀고 눌러 보면 공연히 저도 모르게 웃음이 배어나 쿡쿡거리곤 했다.

"꼭 건포도 같아. 그것도 잘못 말라 작게 오므라든 건포도 같다니까…."

그녀가 이렇게 중얼거릴라치면 영일은 자다 말고 돌아누우며 그녀의 볼을 두 손으로 따뜻하게 감싸주곤 했다.

"이상해! 남자에게 왜 이런 게 필요할까 몰라. 남자는 아기 낳아도 젖도 먹이지 않으면서…."

"머라케쌓노? 잠자다 말고…."

그러면서 영일은 맞받아 그녀의 가슴에 손을 디밀곤 그녀의 젖무덤을 함께 어루만지며 잠꼬대처럼 웅얼웅얼 말도 안 되는 소리를 지껄이곤 했다.

"니… 내가 와 젖꼭지가 있는지 아냐?"

"몰라."

"왠고 하니. 없으면 니가 만질 게 없으니까."

"순엉터리다."

수란은 그가 먼저 잠든 게 공연히 심통이 나 그의 젖꼭지를 아프게 비틀면 그는 더욱 그녀를 보듬어 안으며 엄살을 떨었다.

"야야, 아프다, 아퍼. 내, 내가 진짜로 아르켜 줄게."

"무얼?"

"니… 왜 남자 여자가 들어가고 나온 게 틀린지 아냐?"

"몰라."

"그게 말이지, 왠고 하니…. 아주 옛날에 하느님이 사람을 맹글 때 그냥 아무 생각 없이 처음엔 똑같이 밋밋하게 맹글었거덩. 그래놓고 하루를 지내고 보니 이것들이 영 구별이 안 가는기라. 재미가 없었거덩. 그래, 생각 끝에 우선 한쪽은 가슴을 봉통하게 해주고 한쪽은 아랫쪽에 꼬리를 하나 붙여 놓고 보니까 그게 공평하고 그럴듯했단 말씀이지. 그래 하느님이 깜짝 깨닫고 그때부터 세상 만물을 요철로 만들기 시작했다는 거 아이겠어? 니 가마이 생각해 봐라. 세상 모든 게 들어간 게 있으면 나온 게 있기 마련 아이가? 내 말이 틀렸나?"

"말도 안 돼. 내가 뭐 그런 거 물었나? 남자는 왜 아무짝에도 쓸데없는 이런 게 가슴팍에 붙어있나, 그게 궁금한 거지."

그맘때쯤엔 영일은 완전히 잠이 달아나 눈을 꿈벅거리다가 슬그머니 그녀의 손을 잡아 그가 말했던 아래쪽 꼬리에 갖다 붙이곤 했다. 그리고는 킬킬거렸다.

"내가 마, 잘 모르겄다마는 우리 둘이가 이런 거 서로 만져주고 이뻐하면 엄청 기분이 좋아지는 거, 이거 하나는 확실이 알지."

그러면서 그는 못 말리는 돌쇠가 되곤 했고, 그렇게 그들은 서로를 탐닉하며 거의 날밤을 새우기도 했었다.

새벽녘, 창문에 뿌연 아침 햇살이 다가오면 그래도 수란은 눈을 비비고 일어나 영일이 좋아하는 누룽지를 끓였고, 식빵에 버터를 듬뿍 발라 꿀 종지와 함께 식탁을 차려 놓곤 마치 깡패처럼 영일을 발로 차며 두드려 깨웠었다. 그러면 그는 아직도 잠에 취한 눈을 껌벅이며 학교 가는 초등학생처럼 얌전히 일어나 칫솔을 물면서 뜬금없이 꿈 얘기를 떠벌이곤 했었다.

"그런데 이봐라! 내 말이다. 새벽에 꿈을 꾸었는데…. 마, 니가 죽었다고 그러는 거야. 그래 내가 너무 놀래서 뛰어가보니 니가 마 허연 보재기에 덮여있더라고…. 마 내가 땅을 치며 몸부림을 치고 있는데 누가 발로 막 차서 깜짝 눈을 떴제. 니가 날 발로 찬 거제?"

"그래요. 이불도 안 덮고 발가벗고 있길래 보기 싫어서 한 번 콱 찼지요. 아팠어요? 자, 우선 주스 마시고 누룽지 끓인 거 먹기나 해요. 짬뽕맨씨."

영일은 그야말로 먹는 거만큼은 짬뽕이었다. 빵 먹다가 누룽지 먹고 김치 먹으며 오렌지 주스를 함께 마시는 희한한 버릇을 갖고 있었다. 수란은 처음엔 그의 그런 버릇을 고쳐주려고 무던 애를 써보기도 했지만, 이젠 오히려 그녀가 그의 버릇을 따라가고 있어 가끔 혼자 고개를 갸웃하곤 했다.

수란이 물었다.

"꿈에… 내가 죽었다고?"

"응."

"그냥 죽은 거야? 아님 피를 흘리며 죽은 거야?"

"몰라, 그냥 죽었대. 앙이앙이 그러고 보니 흰 보재기에 피가 묻어 있었던 것도 같고… 그런데 왜?"

영일이 우적우적 빵을 씹다 말고 의아하게 그녀를 쳐다보았다.

"아냐… 피 흘리고 죽은 꿈꾸었다면 재수가 있거든요. 있잖아요, 우리 아침 먹고 같이 나갈까?"

"어딜?"

"복권 사게요. 당첨될지 알아요? 그리고 재수 꿈은 아무에게도 말하지 말아야 하는 건데… 까발리면 약효가 떨어지거든요! 얼른 가야 돼요."

영일은 기가 막힌 듯 그녀를 멀뚱히 쳐다보다간 느닷없이 젓가락을 식탁에 탁 소리 나게 놓고는 얼른 방으로 뛰어들어갔다. 그리곤 소리 지르듯 그녀를 채근했다.

"맞다, 맞다. 꿈속에서 자기 누워 있던 자리 옆에 복권 가게가 있었다. 우리 빨랑 가자고…."

5

참 이상한 남자였다, 영일은. 그는 어디서 금방 돈벼락이라도 때리는 것처럼 우걱우걱 빵을 씹다 말고 허겁지겁 옷을 갈아입으며 마구 수란을 재촉했다.

"아이고 차암, 왜 그래요? 밥 먹다 말고…."

수란이 기가 막힌 표정으로 빤히 그를 쳐다보자 영일은 오히려 그녀가 답답하다는 듯 한술 더 떴다.

"자가가 그랬잖냐? 약효 떨어진다꼬. 얼렁 가서 우선 한 삼만 원어치만 사는기라. 내 가마이 생각하니. 내 꿈이 기가 막힌 그림이다, 이거라. 헛참, 빨랑 옷 입어라."

그러면서 그는 의자에 앉은 그녀를 잡아끌듯 억지로 방으로 밀어넣곤 이것저것 옷가지까지 챙겨주었다. 수란은 어이가 없었지만, 성질 급한 영일과 더 이상 따따부따 해봐야 오히려 이쪽이 스트레스받을 것이 뻔했기에 끌끌 혀를 차면서도 얼른 바지를 입었다.

바깥엔 봄이 오고 있었다. 거리의 가로수엔 한참 물기가 올라 메말랐던 가지들이 윤기가 흘렀고, 거리의 사람들은 옷차림이 바뀌고 있었고 간간이 성급한 사람은 벌써 짧은 소매의 티셔츠를 걸치고 있어 그 모습이 신선해 보였다. 수란은 종종걸음으로 영일의 뒤를 따르며 문득 뜬금없이 콩국수가 먹고 싶다는 생각을 하며 하늘을 치어 보았다. 군데군데 뭉게구름이 뭔가 이상한 형상으로 느릿느릿 움직이고 있었다. 때로는 아기의 얼굴이기도 했고 때로는 짐승의 모습으로 그려지며 솜으로 뭉쳐진 듯 하늘 곳곳에 떠다니고 있었다.

구름이 구름이 하늘에다

그림을 그림을 그립니다.

토끼도 그려놓고 사슴도 그려놓고

동무하고 나하고 언덕에 누워
떠오르는 구름을 바라봅니다.

수란은 입술을 오무려 어릴 적 불렀던 동요를 휘파람으로 불어보았다. 가사나 곡이 맞는지, 안 맞는지 기억이 삼삼했지만, 그즈음 소꿉장난같이 살아가며 문득문득 어린 시절에 젖곤 하는 그녀에겐 오랜만에 보는 하늘의 뭉게구름이 또 하나의 추억거릴 떠올려주었다.

"어이, 이봐라. 니 뭐하노? 뭔 생각하고 있노? 꼭 얼빠진 거 맹쿠로…."

어느새 복권 가게 앞에 다다른 영일이 불쑥 그녀를 일깨우며 버럭 소리를 질렀다.

"어, 으응… 암 것도 아이다."

그녀는 깜짝 제정신이 들며 그새 물든 사투리가 저절로 튀어나와 혼자 뱅긋 웃음이 나왔다.

"이봐라, 빨리 사라 마. 삼만 원어치만…."

"싫다. 자기 돈으로 사지. 왜 나더러 사래냐?"

"이봐라, 꿈은 내가 꿨지만… 니가 니 돈으로 사는 게 좋다. 내는 말이다, 이런 거 한 번도 맞은 적이 없거덩. 그래도 니는 옛날에 너거 엄마랑 박람회 갔다가 복권 뽑아 라디오도 타고 그랬다고 했잖냐? 그러니까 니가 사라, 마."

그랬다. 수란에겐 그러한 손재수가 심심치 않게 따라다녔다. 영일의 말처럼 그녀는 학교에서 친구들이랑 장난으로 사다리 긋기나 자장면 값 내기 심지를 뽑더라도 한 번도 걸린 적이 없었다. 일테면 대개 그런 놀이엔 공짜로 무임승차를 하곤 했었고, 그런가 하면 엄마 따라 박람회 구경을 가거나 교회 야유회를 갔을 때라도 보물찾기나 경품 뽑기를 할라치면 하다못해 공책 한 권, 연필 한 자루라도 안 타본 적이 없었다. 언젠가 영일에게 반 자랑삼아 그런 얘기를 들려줬었는데, 그는 용케도 그걸 기억한 듯했다.

수란은 어린아이같이 보채는 영일의 모습이 우스웠지만, 얼핏 생각에 그래도 혹시나 하는 생각에 암말 없이 그가 시키는 대로 천 원짜리 복권 서른 장을 조별로 사서 차곡차곡 가방에 챙겨 넣었다. 영일은 뭐가 그리 좋은지 마치 철없는 초등학생처럼 경둥거리며 그녀의 팔짱을 꼈다.

"어이, 이봐라. 니 뭐 먹고 싶노? 내 오늘 맛있는 거 사줄 테니까 말해 봐라."

"별로…."

수란이 공연히 속이라도 상한 듯 시큰둥한 표정을 짓자 영일은 더욱 그녀를 보듬어 안듯 하며 황당한 소리를 지껄여댔다.

"니, 삼만원 아깝아서 그렇제? 그거 암 것도 아이다. 내 나중에 삼십만 원 줄께. 그러고 복권 2등만 해도 그 본전 몇 배는 찾을끼다, 마. 그러지 말고 뭐 먹을래? 우리 칼질하러 갈래, 아니면 콩국수 먹으로 갈래?"

'콩국수….'

수란은 흠칫 아까 떠올리던 어린 시절 추억을 영일에게 들킨 것 같아 잠시 걸음을 멈추고 그를 돌아보았다. 순간 그녀는 갑자기 머리에 현기증이 일며 울컥 구역질이 쏟아 저도 모르게 쪼그리고 앉았다. 영일이 눈을 커다랗게 뜨며 와락 그녀를 감싸 안았다.

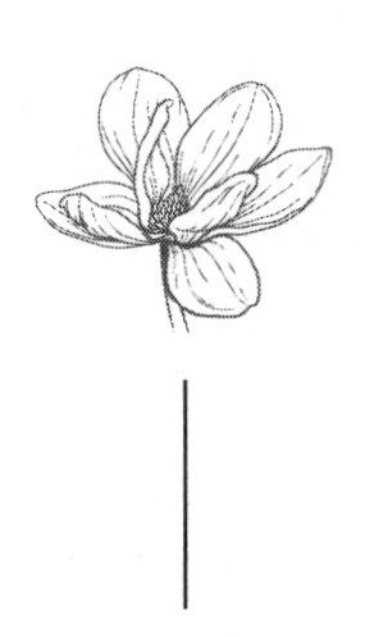

제6장
임신

1

거실 유리문 밖으로 큰 달이 휘영청 떠서 빛나고 있었다. 아파트 광장에 조성된 정원 수목들의 이파리들이 산들바람에 서걱이며 무언가 고시랑거리고 있었고, 투명한 달빛은 유리창을 뚫고 함박눈처럼 쏟아져 들어와 나무 그림자와 함께 월광곡을 연주하는 듯했다.

수란은 유자차 한 잔을 쟁반에 받쳐 들고 베란다 창문에 기대선 채 유유히 하늘에 뜬 보름달을 쳐다보았다. 보름달을 향해 소원을 말하면 들어준다고 했던가? 아주 어린 시절 그녀의 외할머니는 보름날만 되면 수시로 정화수 떠놓고 뭔가를 빌곤 했었다. 그것도 엄마와 함께

외가를 갈라치면 달이 차고 기움에 상관없이 새벽녘이면 그녀는 어김없이 부엌 앞에서 소반에 정화수를 떠놓고 손바닥을 비비곤 했다.

"함머니, 뭐해?"

수란이 문득 잠에서 깨어나 가만가만 그녀의 곁으로 다가가 혀짤배기 소리로 물을라치면 할머니는 깜짝 치마폭에 그녀를 꼬옥 싸안으며 한숨을 폭 내쉬었었다.

"아구, 내 새끼 안 잤어?"

"함머니, 뭐하는 거야?"

"으응, 내 새끼랑 니 애미랑 무병하고 잘 살라고 조왕님께 빌고 있었지."

"으응…."

수란은 그냥 고개를 끄덕이긴 했지만, 할머니가 말하는 조왕님이 누구이며 무병이 무엇인지, 또 왜 할머니가 엄마랑 자기를 잘 살라고 빈다는 것인지 알 수가 없었다. 다만 할머니가 남의 집 재취로 들어간 그녀의 딸이 무척 힘들게 시집살이를 하고 있음을 늘 안쓰럽게 여기며 가슴 아파하는 것을 수란은 어린 마음에도 느낌으로 알 수 있었다.

'아아!'

수란은 문득 주마등처럼 스치고 지나가는 할머니의 추억에 가슴이 자르르 해왔다. 이제 그토록 인자했던 할머니는 그녀가 고교 시절 사고를 치기 전 이미 돌아가셨고, 어머니마저 그녀의 철딱서니 없던 스캔들로 인해 화병을 얻었는지 요즘은 건강이 안 좋아 그냥 시골집에서 요양을 하고 있다고 그녀의 오빠가 귀띔을 해주어 알고 있을 뿐이었다.

벌써 몇 년째인가? 결혼식도 치르지 못한 채 영일과 동거를 시작할

즈음 잠깐 얼굴을 뵌 후 그녀는 지금까지 어머니를 잊고 살았다. 하긴 어머니 입장에서 생각해보면 상처투성이인 딸년이 다행히 그저 그런 서방을 만나 그나마 탈 없이 살고 있음에 감사를 하고 있을지 몰랐다. 그러나 영일이 언젠가 술 한 잔 걸친 김에 딴에는 장모를 위로한답시고 그녀의 과거를 까발리며, 제가 다 알고 수란을 거두었으니 어머님은 턱 맡겨 놓고 안심하시라며 공연히 옛 상처를 건드리자 그녀의 어머니는 그냥 쥐구멍에라도 들어가고 싶은 듯 마음에 상처를 입은 듯했다.

그 이후 그녀는 수란에게 가끔 전화 안부만 해올 뿐 시골에 한번 다녀가라거나 또는 당신이 서울에 오시겠다거나 하는 말은 일체 거론도 하지 않았다.

"엄마, 요즘 어때? 보고 싶어요."

"이넘 기집애야. 난 너 안 보고 싶다. 그냥 니 팔자니 생각허구 김서방한테나 잘해라."

언젠가 전화통화 끝에 수란이 한번 울먹거리자 그녀는 매몰차리만큼 차갑게 한마디를 던지곤 전화를 끊은 적이 있었다.

'근데 엄마 나 아기 가졌어….'

수란은 무언가 형언할 수 없는 기분으로 창밖 큰 달을 보며 저도 모르게 혼잣말을 지껄이다가 얼핏 거실 벽시계를 치어보았다.

시각은 9시를 넘어 있었다. 그때야 느낀 거지만 틀어놓은 TV에서 막 뉴스가 흘러나오고 있었다. 무심코 비친 화면에는 생방송으로 경찰들이 바리케이드를 쳐놓고 술 마시고 운전하는 사람들을 검문하고 있었고, 그 와중에 카메라 한 대가 집요하게 어떤 술 취한 사람을 따라잡으며 그가 경찰과 몸싸움하는 장면을 생생하게 비춰주고 있었다. 수란은 무심히 그 장면을 바라보다가 문득 영일이 궁금해졌다. 그는 오늘 미국행 문제로 학원 사무장과 '쇼부'를 본다면서 오후 늦게 외출을 했었고, 저녁때 "그 새끼랑 한잔하기로 했다."며 늦을 것이라고 통보를 해왔기에 그녀는 슬그머니 걱정이 되었다. 근간 중고차 한 대를 사서 끌고 다니며 상습적으로 음주운전을 해대는 그가 오늘같이 집중 단속 날 빠져나올 수 있을지 염려가 안 될 수가 없었다.

영일은 요 며칠 동안 갑자기 평소보다 술을 더 마셨다. 왜냐면 수란이 그날 복권을 사오다가 거리에서 털썩 첫 입덧을 시작하자 그는 처음엔 어리둥절하다가 아기를 가졌다는 감이 잡히자 그냥 천방지축 덩실거리며 온갖 친구, 선후배들에게 전화를 걸어 축배를 드느라 정신이 없었다.

"얌마, 아우들아. 너거 형님 이제 아부지 된다. 알겠나? 오늘 저녁 내 한꼬뿌 내꾸마. 동생들 뫄놔라, 알겠제?"

"아이구, 행님요. 하아, 우리 수란이가 인자 엄마되는구만요. 하무요, 정말이고 말고요. 하이고 행님, 내 며칠 있다가 한잔 사께요. 하이고 무슨 선물은… 그런 거 아직 안필요하구마요."

모두가 이런 투였다. 서클의 후배나 선배, 동료들에게 그는 밤이고 낮이고 전화를 걸어 일방적으로 지껄이고 혼자서 즐거워했다. 그런가 하면 어느 날은 불쑥 학원 원장에게 전화를 걸어 느닷없이 기도를 부탁하기도 했다. 그가 몸담은 학원의 원장은 제법 큰 교회의 장로이기도 했기 때문이었다. 영일은 교회를 다니진 않았지만, 그 원장 앞에서는 제법 몸가짐을 조심하고 있었는데, 왜냐하면 그 영감한테 잘못 보이면 미국 갈 때 혹 고춧가루를 뿌릴지도 모른다는 이유 때문이었다.

"하이고 원장님요. 내 영일입니다. 예예… 그냥 기다리고 있습니다. 사무장이 곧 서류 꾸밀 거라고 하데예. 마 그기 아이고… 마 우리 색시가 알라 가졌구만요. 하나님께 기도 좀 해주시라구요! 아이구, 예 고맙심더. 그런데 마…. 임신해도 미국 가는 데 지장 없겠지예? 예예… 마, 잘 부탁합니다."

영일은 전화를 끊고 소파에 덜렁 드러누우며 소리소리 쳐 수란을 불렀었다.

"어여, 이봐라. 원장 얘기가 알라배서 미국 가서 낳으면 미국 시민권 받는다카네. 그러믄 우리는 뭐돼노? 니 아나?"

2

수란은 베란다 창에서 떨어져 거실 소파에 오도카니 앉았다. 그녀는 거실의 전등 스위치를 모두 내리고 텔레비전마저 꺼버렸다. 그리곤 손을 뻗어 라디오의 FM채널 버튼을 눌렀다.

귀에 익은 가곡이 조용히 물결처럼 실내에 번지며 파문져왔다. 제목이 문득 떠오르지 않았지만, 그게 무슨 상관이람? 수란은 잠깐 그 곡목이 궁금했으나 금방 생각을 바꾸었다. 그래, 그게 뭐 중요하냐? 음악이란 원래 듣는 이로 하여금 즐거움을 느끼게 하거나 아니면 울렁이는 가슴을 가라앉히게 하면 그만이지. 그녀는 혼자서 중얼거리며 자신이 저도 모르게 주부가 되어서 곧 아기 엄마로 변신하려 하고 있음에 무언가 마음이 야릇해졌다.

그랬다. 비록 모두에게 축복받으며 결혼식을 올리진 않았지만, 영일과 살을 비비며 살기 시작한 것이 근 일 년 여, 처음에는 그것이 살림인지 소꿉장난인지를 구분 못 하고 지냈으나 이제는 제법 누가 보아도 주부티가 흐르고 있었다. 동네 아주머니들이 항상 불러주었던 '아기 새댁'의 이미지에서 그녀는 이제 벗어나고 있었다.

주부 입문은 쉬운 일이 아니었다. 언젠가부터 그녀는 영일의 출근을 위해 항상 한 시간은 먼저 일어나 쌀을 씻거나 빵을 굽고 수프를 끓이고 반찬을 만드는 일이 이제 조금도 낯설지 않았다.

세상에, 솔직히 어디서 밥을 한번 제대로 지어 봤나, 반찬을 만들어 봤나, 양말 한 짝을 제 손으로 빨아 봤나. 옛날 할머니 어머니가 늘 혀를 끌끌 차며 "저눔 기집애 저렇게 조막손인데 시집가면 어떨 거나…." 걱정하던 말씀들이 가끔 생각나 웃음을 베어 물곤 했지만, 수란은 이젠 제법 부엌살림이 손에 익고 있어 스스로 생각해도 대견해지곤 했다. 남편을 위해 음식을 준비하는 것은 참으로 재미있는 일이었다. 하지만 남자들이란 대개가 그런 것인지. 영일은 밤새 정욕을 주체 못 하고 몇 번씩이나 그녀를 집적거리고 나면 어김없이 아침엔 늦잠을 자곤 했다.

"회사 안 가요? 인제 고만 일어나요. 빨랑 씻고 밥 먹어요. 에이, 차암."

망아지처럼 놔먹여 컸던 수란 역시 몸이 자글자글하고 뻐근할 수밖에 없었지만 그래도 그녀는 여자인지라 억지로 졸린 눈 비비고 일어나 부산스럽게 아침 식사를 준비해 놓고 영일을 두드려 깨우는 것이 이제는 거의 일과처럼 되어버렸다. 그렇게 아침 식사를 때우고 나면 수란은 영일이 집 바깥을 나갈 때까지 속옷 챙겨주고 와이셔츠 입혀주고 넥타이, 손수건, 양말까지 신겨주며 수발을 마치면 조심해 다녀와요, 바이바이, 뽀뽀로 아침나절이 마무리되곤 했었다.

그러곤 다시 식탁으로 돌아와 남편이 먹는 둥 만 둥한 음식을 손가락으로 집어 대충 먹어 치우면 잠은 또 왜 그렇게 쏟아질까. 그래, 설거지는 나중에 하자. 그녀는 다시 안방 침대로 돌아가 간밤에 못 잤던 잠을 보충하며 꿈속을 또다시 헤엄쳐 들어가곤 했다. 아참, 빨래해야 하는데…. 생각이 미치지만 그건 나중에 하면 되지. 그녀는 그냥 잠 속으로 혼곤히 빠져들곤 했었다.

꿈속에서 그녀는 할머니도 만나고, 어머니랑 식구들을 보는가 하면 고등학교 수영부 친구들이랑 만나 재잘거리는 중에 문득 저만치서 빙글거리며 나타나는 코치 선생이 보이기도 했었다. 그녀는 그럴라치면 깜짝 도망치듯 수영장을 뛰어나가다 문지방에 걸려 자빠지며 홀연히 잠에서 깨어나곤 했었는데, 그런 날이 많지는 않았지만, 그런 꿈이라도 꾸는 날이면 그녀는 하루 종일 기분이 좋지 않아 손에 일이 잡히질 않았다. 그럴 때면 그녀는 시장엘 갔다. 입고 있던 홈웨어에 덧옷 한 개 걸치고 샌들 차림으로 시장을 나가 어슬렁거리면, 우선 그곳은 생동감이 넘쳐나 그 기운으로 그녀는 기분이 전환되곤 했다.

어물전을 지나며 생선처럼 지릿하게 생긴 장화 신은 주인아저씨의 떨이떨이 외침에 코를 찡긋거리면서도 장바구니에 조기 한 마리를 사넣기도 했고, 김이 뿔뿔 나는 순대집 앞에서 이쑤시개로 맛뵈기 순대한 점을 입에 넣고 우물거리다 결국은 순대 한 접시를 사 바구니에 담기도 했다. 아참, 과일도 좀 사야지. 영일은 의외로 고기보다는 생선이나 채소, 과일을 좋아하는 편이라 냉장고에 사과 한쪽이라도 없으면 곧잘 투정을 하곤 했기에 그녀는 귤, 사과, 배 등속을 봉지봉지에 담아 바구니에 쑤셔 넣곤 했었다.

그렇게 시장을 두어 시간 돌고 나면 그녀의 장바구니는 봉긋봉긋한 비닐봉지들로 점점 무게가 늘어났고, 그 안을 비집고 보면 콩나물, 시금치, 두부 등등도 빠짐없이 얼굴을 내밀며 그녀를 즐겁게 했지만, 그때쯤이면 꼭 배가 고팠다. 그럴라치면 그녀는 시장을 돌아 나오며 군데군데 좌판에 차려진 빈대떡 한 점에 손을 뻗었고, 단내가 솔솔 나는 '센베이' 과자도 한입 베어 물고 싶어 입에 군침이 돌기도 했었다. 그렇게 그녀는 시장에만 가면 이것저것 조금씩 조금씩 군것질하는 습성이 들어 혼자서 킥킥 웃음을 터뜨리곤 했었다.

라디오의 음악이 멎었다. 잠시 무언가를 선전하는 시엠송이 끼어들자 문득 현실로 돌아온 수란은 라디오 스위치를 눌러버리고 소파에 깊이 몸을 묻으며 길게 기지개를 켰다. 그때였다. 때르릉… 술에 떡이 된 영일의 전화가 요란스럽게 울렸다. 아니나 다를까? 그는 음주운전으로 경찰에 걸려 다행 가까운 파출소에 잡혀 와 있었다. 12시가 다 된 시각이었다.

"씨발년… 니 때문에 내 술 좀 먹었는데… 이 씨발넘들이 날 잡아왔구마. 니 좀 얼렁 와바라."

비록 술에 취한 목소리였지만, 그가 생전 안 하던 욕지거리를 섞어 해롱거리자 수란은 문득 불안해졌다.

3

영일은 술이 억병이 되어 있었다. 아니, 어찌 보면 억병으로 취한 척 하고 있었다. 그는 파출소를 들어서는 수란을 보자 갑자기 푸푸 입으로 침을 튀기며 비틀비틀 일어나다가 의자에 푹 고꾸라졌다. 그리곤 순간적으로 샛눈을 뜨며 수란이 경찰과 얘기하는 모습을 지켜보는 듯했다.

"세상에… 저러고도 운전을 했대요?"

수란이 기가 막힌 표정으로 경찰을 쳐다보자 순경은 피식 웃으며 고개를 가로저었다.

"그럼요. 아, 예에 부인 되십니까?"

"네에, 근데 어떻게 된 건가요? 음주운전이 아닌가요?"

수란이 영문을 몰라 의아해하자 순경이 책상에서 일어나며 뚜벅 말했다.

"저 양반, 술 취해서 운전한 게 아니고…. 같이 운전하던 친구를 두드려 팬 겁니다."

"예에? 친구를 패다뇨? 왜요?"

"모르죠, 그건. 그 양반 요 옆 병원 갔으니까 부인께서 가보세요. 눈두덩이 찢어졌는데 몇 바늘 꿰맸댔어요. 암튼 그 양반이 고소 안 하면 그냥 보내드릴 테니까 가서 합의하고 오세요."

도대체 무슨 날벼락이람? 수란은 어안이 벙벙하여 입속에 침이 말랐다. 그리곤 자빠져 있는 영일에게 눈을 주었다. 그는 눈을 게슴츠레

뜨고 있다가 그녀가 다가가자 반짝 눈을 떠 맞추며 웅얼웅얼 욕지거리를 뱉어내었다.

"씨이바알니언…."

"이봐요, 괜찮아요?"

수란이 그의 욕지거리는 못들은 채 그의 어깨를 흔들자 영일은 몸을 못 가누는 시늉을 하면서도 비교적 또렷한 음성으로 말했다.

"그 씨발넘이 가시나 니보고 우짜고 저짜고 안 했나. 그래, 그 씨발넘을 쥑여뿔라꼬 했는데 마…."

"누군데?"

"가스나 마… 니는 알 거 없다."

수란은 점점 더 의아한 심정으로 영일의 대답을 기다렸지만, 그는 불뚝 성질만 낼 뿐 또다시 의자에 푹 고꾸라지고 말았다. 술을 어지간히 마신 건 사실인 것 같았으나 퍼뜩퍼뜩 제정신을 차리며 눈에 광기가 도는 것이 영 수란의 마음에 걸렸다. 나중에서 안 일이지만 그날의 얘긴 즉 이러했다.

그날 영일은 학원 사무장과 담판을 짓고, 이제 두어 달 후 비자가 떨어지면 바라던 미국행을 언약받았다고 했다. 그는 기분이 째질 듯 좋아 평소 친하게 지내던 고등학교 동창 친구를 술집으로 불러내었다. 그는 꽤 큰 병원에서 인턴 수업을 받는 중이었는데, 수란이 임신했을 때 영일이 온갖 호들갑을 떨며 녀석을 졸라 산부인과 과장 의사를 소개받아 진찰을 받고 단골로 삼고 있는 그 병원의 병아리 의사였다.

영일의 생각인즉, 두어 달 후면 수란의 임신이 4개월을 지나게 되고 그러면 배가 불러올 것인바, 어떻게 표시 안 나게 미국엘 갈 수 있는 건지? 그리고 미국 가서 아기를 낳으면 어떤 혜택을 받을 수 있는 것인지 등등 남들이 들으면 웃거나 말거나 나름대로의 생각을 말하고 그 친구의 의견을 들으려고 했다는 것이었다.

오랜만에 만난 그들은 처음엔 주거니 받거니 킬킬거리며 술잔을 나눈 것까지는 좋았는데, 친구가 농담 삼아 수란이 과거 낙태 수술한 흔적을 무심코 꺼냈다가 그만 술판이 엉망이 되었다는 얘기였다.

처음 수란이 영일을 만나 함께 살게 되기까지 그녀는 일체 그녀의 과거 얘기는 하지 않았었다. 꼭 속이려고 한 것은 아니었지만, 굳이 좋지 않은 기억을 뱉어냄으로써 서로의 기분이 상한다면 그녀는 또다시 상처를 받을 것이기 때문이었다. 하지만 영일은 어찌어찌 그녀의 옛일을 알아버렸고 그 후 잠깐 편치 않은 기색이었다가 그의 성질처럼 '앗싸리'한 것이 좋다면서 하루는 수란을 불러내어 조심스럽게 운을 떼며 물었었다.

당시 상황을 파악한 수란은 오히려 홀가분한 심정으로 고교시절 안 코치와의 얘기를 담담하게 털어놓았고 그로 인했던 깊은 상처가 이제 아물어 감을 솔직히 일러 주었었다. 그때 영일은 암말 없이 소주를 여러 병을 마시며 몇 번씩 머리칼을 쓸어올리곤 했지만, 결과적으로 머리를 끄덕이며 제 말처럼 '사나이'답게 선을 그었었다.

"마, 수란 씨, 솔직히 얘기해줘서 고맙구마. 그런데 한가지… 마, 아직도 그 자슥 생각나능교? 그라고 혹 그 자슥하고 알라는 안 가졌덩교?"

"…."

수란은 속으로 큰 갈등을 느끼면서도 차마 아기를 지운 얘기까지는 할 수가 없어 가만히 머리만 흔들었었다.

"마, 수란 씨… 됐구마. 앞으로 내 참말로 수란 씨한테 잘해줄 꺼니까 지끔부터 그딴건 마 싹 지워뿌리소. 자, 나갑시다 마. 우리 그래서 소주 한잔 더 먹고 싹 소독해뿝시다."

그런데 우연찮게 생각도 못 했던 곳에서 그 일이 밝혀지면서 영일은 분을 못 삭이는 듯 가슴을 턱턱 쳐가며 수란이 거짓말한 것을 섭섭해 했고, 그의 인턴 친구는 주책없이 내뱉은 말 한마디 때문에 수시로 영일을 찾아와 "그런 게 아니고 농담."이었다고 수란을 변명해주다가 그야말로 또다시 치고받는 일이 벌어지곤 했었다.

그러나 누구보다 곤혹스러워진 것은 수란 자신이 아닐 수 없었다. 왜냐면 엄연히 그것은 사실이었고, 또 영일의 말처럼 "가스나가 앙큼하게시리." 거짓말을 한 것이 기정사실화되었기에 그녀는 또 한 번의 시련에 빠져 점점 얼굴이 수척해 갔다.

영일은 연일 술이었다. 평소에도 드물지 않게 술잔을 기울이는 그였지만, 그래도 본인의 몸을 못 가눌 정도로 폭주하는 버릇은 없었는데 그즈음은 그런 구분이 없었다. 자연히 집에 들어오는 시간이 늦을 수밖에 없었고, 또 들어와서도 옛날처럼 그녀를 껴안거나 뒤에서 강제로 옷을 벗기며 철부지처럼 "한 번 하자."고 보채는 일도 뜨음해졌다.

늦은 시각, 아파트 계단을 일부러 쿵광거리며 집으로 돌아오는 영일의 기척이 들릴 때면 수란은 저도 모르게 긴장이 되어 공연히 숨이 가빠지곤 했다. 그는 또 틀림없이 푸우푸 입김을 내뿜으며 씨이바알니언 어쩌구 씨부렁거릴 것이었고 그럴라치면 수란은 그냥 죄인마냥 다소곳이 머리를 숙이고 있다가 눈물 한 방울 똑 떨어뜨리며 가슴에 또 한 겹의 상처가 새겨지곤 했다.

며칠 전엔 이런 일도 있었다. 그가 밤늦게 술에 취해 들어와서는 느닷없이 그녀와 찍은 앨범들을 마구 꺼내와 펄렁펄렁 뒤적이며 혼잣말로 뭔가 중얼중얼 숨이 가빠했다.

"무얼… 찾아요?"

말없이 지켜보던 수란이 답답한 마음에 조심스럽게 물어보자, 영일은 그중 사진 한 장을 불쑥 빼어 들며 이제야 찾았다는 듯 말도 안 되는 소리를 지껄이며 야릇한 웃음을 흘렸었다.

"찾았다. 가스나… 이거 봐라. 이게 증거다. 이 사진 알것나?"

수란은 공연히 가슴이 섬뜩해지며 그가 내민 사진을 받아보았다. 그 속엔 언젠가 그와 카페에 앉아 찍은 다소 선명치 못한 흐릿한 자신의 모습이 담겨 있었는데, 그 속에 무슨 잘못이 담겨 있는 건지 수란은 의아할 수밖엔 없었다.

"이게… 뭐 잘못됐나요?"

"가스나야, 그게 증건기라. 자세히 들여다보라꼬."

"증거?"

수란은 도무지 이 남자가 무슨 엉뚱한 소리를 지껄이는지 이해가 안 갔다. 그래도 혹시나 하는 심정으로 다시 한 번 사진을 꼼꼼히 들여다보았지만, 배경이 어둡고 플래시 불빛 때문인지 사진에 음영이 져서 얼굴 모습이 흐린 것 외엔 아무것도 발견할 수가 없었다. 수란은 고개를 들어 멍하니 영일을 바라보았다. 그는 눈을 가늘게 뜨고 그녀를 쏘아보면서 입가에 피식 비웃음을 머금고 있다가 화라락 성냥을 그어 담배에 불을 붙였다.

"이봐라, 수란아?"

"…?"

"오늘 내가 말이다. 명식이 그 돌파리 자슥하고 또 술 한잔 했거덩. 그런데 말이다. 그 자슥은 접때 지가 한 말이 거짓말이라카고, 니는 또 솔직히 그게 사실이라 했고… 도대체가 어떤 게 진짠지 모르겠더라 이말이거덩. 봐라! 거짓말한 사람들은 사진이 희미하게 나온다고 했는데… 니가 그렇고 또… 오늘 내가 명식이 그 새끼랑 술 먹는데 어떤 사진사 새끼가 즉석 사진을 한 장 찍었는데 그 새끼 사진도 희미하게 나왔더라꼬."

영일의 황당한 얘기에 수란은 입술을 지긋이 깨물었다. 어차피 다 까발려진 일이었지만, 이건 어린애 장난도 아니고… 그녀는 그냥 기가 막혔다.

그날 저녁, 영일이 사고 치던 날 그의 의사 친구인 명식 씨의 무심한 실언이 그냥 한 거짓말이 아니었음을 수란은 보태지도 빼지도 않고 있었던 그대로의 과거를 솔직하게 또 한 번 영일에게 털어놓았었다. 그날 영일은 술이 억병이 된 채이면서도 집요하게 그녀를 다그쳤었고 수란은 처음엔 침묵으로 일관하며 그냥 그를 잠재우려 했지만, 자칫하면 손찌검이라도 올라올 것 같은 영일의 태도에 그녀는 그만 포기하고 말았었다.

영일은 수란이 코치와 가졌던 관계로 아기를 가지고 지웠던 얘기가 사실임을 듣자 그는 의외로 잠깐 말문을 닫은 채 멍하니 앉아 있더니 갑자기 명식과 수란을 싸잡아 욕을 하기 시작했었다.

"어여, 이봐라. 인자보이 가스나 니가 또 거짓말하는 거제? 명식이 그 씨발 자슥 말이 맞는 거제? 내가 술 취해서 자꾸 닦달하니까… 가스나 니가 마… 귀찮아서 그러는거제? 그렇제?"

그러면서 그는 벌떡 일어나 주섬주섬 벗은 옷을 다시 꿰입었었다. 밤늦게 어딜 가냐는 수란의 물음에 그는 막무가내 명식이 새끼를 만나 다시 한 번 다짐을 받아야 되겠다며 비틀비틀 밖으로 나간 후 그 날 저녁 들어오지 않았었다. 그리고 그 후 며칠간은 언제 그런 일이 있었냐는 듯 꾹 입을 다물고 있었는데, 그날은 또 바깥에서 무슨 일이 있었는지 느닷없이 옛날 사진을 꺼내 들고 황당한 소리를 지껄이는 해프닝이 벌어진 것이었다.

"진짜예요. 내가 그날 모든 게 사실이라고 솔직히 말씀드렸잖아요. 더 이상 보태고 뺄 것도 없어요. 내가 인제 뭘 어떻게 하면 될까요? 얘기해 보세요. 시키는 대로 할게요."

수란은 고개를 숙인 채 손톱을 씹었다. 정말 이 남자에게 뭘 어떻게 해줘야 할지…. 그녀는 그 사건이 벌어진 이후 근 한 달여를 마음을 잡을 수가 없었다. 잘못했다고 빌어서 된 일도 아니었고, 그렇다고 뭘 잘했다고 고개를 빳빳이 세울 일도 아니었기 때문이었다. 그리고 이 남자의 아기를 가졌다고 해서 그에게 빌거나 유세를 할 마음도 우선은 생기지 않았다. 그녀는 그냥 아무 생각도 않은 채 백치처럼 멍하니 앉아 몇 날 며칠 보냈었다. 그러다가 가끔 깜짝 배 속의 아기가 은근히 걱정되었지만, 그렇다고 울고불고 영일에게 매달리고 싶은 생각도 일어나지 않았다.

'그냥 낳아서 내가 키울 거야.'

그녀의 어머니가 들었으면 또 한 번 기절초풍할 얘기였지만, 그녀는 정말 혼자 아기를 낳고 혼자서 키운다고 해도 못 할 것도 없을 것 같았다. 그녀는 다시 한 번 입술을 깨물며 그렁그렁한 눈물을 눈을 깜박여 떨어뜨리며 고개를 들었다 그녀의 바로 앞에서 영일이 똑같이 질겅질겅 입술을 씹고 있다가 그녀와 눈이 마주치자 불쑥 팔을 뻗어 그녀의 볼을 꼬집듯 끌어당기며 피식 웃었다.

"가스나, 나는 참말로 웃긴다. 씨발니언… 일루 와봐라."

수란은 본능적으로 몸을 움츠렸다. 혹 느닷없이 한 주먹이라도 날아올까 봐 배부터 감싸 안았다. 그리곤 흘깃 눈을 들어 그의 눈치를 살폈다. 영일은 묘하게 인상을 구긴 채 후욱 담배 연기를 뱉어내며 마치 똘마니처럼 발끝으로 그녀의 허벅지를 쿡쿡 찔렀다.

"내사 마… 가스나 니한테 또 졌다. 마… 생각 같애서는 방에 가둬놓고 한 두어 시간 좆나게 패주고 싶었는데… 내 생전 가스나 때려본 적이 없으니 그것도 쪽팔려 몬하겠고… 우쨌거나 내사 마 니를 오늘 반 죽여놔야 되겠다."

그러면서 그는 벌떡 일어나 그녀에게 거칠게 달려들었다. 그리고는 그녀의 얼굴을 두 손으로 감싼 채 강아지처럼 혓바닥으로 그녀의 뺨을 샅샅이 핥아대기 시작했다. 뺨에서 귀로, 귀에서 입술로, 입술에서 목덜미로 그는 간간이 이빨을 세워 물어뜯을 듯 뜨거운 숨을 내뱉으며 연신 웅엉웅얼 욕지거리를 섞어 수란을 자기 멋대로 연주하기 시작했다.

"씨이발… 수란아, 가스나 니 내꺼제? 그렇제? 인제 그 새끼 생각 안 나제? 그렇제?"

무엇이 그의 남성을 그렇게 흥분시킬까. 영일은 보통 그녀를 애무할 때와는 달리 무지막지할 정도로 거칠게 공격해 들어왔다. 수란은 눈을 감았다. 왠지 모르게 설움이 복받쳐 와 피르르 눈물이 감돌았다. 그녀는 눈을 감은 채 짐승처럼 달려드는 영일에게 온몸을 맡긴 채 입술을 깨물고 눈물을 삼켰다.

영일은 집요했다. 그녀가 반응을 보이지 않자 연신 '씨발니언'을 읊조리며 블라우스를 벗기고 브래지어를 뜯었다.

"가스나 니, 가스나 니 정말로…."

그의 혀와 입술이 목덜미에서 가슴께로 옮겨지고 아랫배와 허벅지를 잘근잘근 물면서 훑어 내려가기 시작하자 수란은 몸을 틀었다.

"저기요, 저기… 아기가 다쳐요. 제발…."

수란은 문득 이제 막 자리를 잡기 시작한 아기에게 혹 몹쓸 일이라도 생길까 은근히 걱정이 되어 몸부림을 쳤지만, 아아, 그러나 어쩌랴! 그의 뜨거운 숨결과 혀 놀림이 온몸으로 파고들자 어느 새부터 그녀의 육체는 스물거리기 시작했고, 그것을 참아내려 이빨을 악물고 몸을 비틀어 보았지만, 오히려 그녀의 그런 몸놀림은 더욱 영일을 제정신이 아니게 만드는 듯했다.

그녀는 몸을 풀었다. 아니 일부러 풀었다기보다는 어쩔 수 없이 몸이 덥혀지는 데는 막아낼 재간이 없었다. 그녀는 정신이 아뜩해졌다. 머릿속에는 매번 보이던 오색 풍선이 비눗방울 되어 점점이 퍼져 나가고 가슴 깊숙이 숨어 있던 욕망의 불씨가 장작불처럼 타오르며 불꽃은 그녀의 온 머릿속을 휩싸기 시작했다.

대보름날이었던가. 시골 동네 논두렁에 달집을 짓고 동네 머슴애들과 킬킬거리며 부지깽이로 짚단을 밀어 넣을라치면, 너울거리는 불 칼은 순식간에 짚단을 삼키며 틱톡택 불씨를 사방으로 날리곤 했었지. 어른들은 곧잘 불장난하는 그네들을 향해 이놈들 밤에 오줌 싼다며 눈을 부라리면서도 활활 타오르는 불꽃에 얼굴이 벌겋게 된 채 걸쭉한 탁배기를 수도 없이 마셔대곤 했는데…. 수란은 그 먼 시절 캄캄한 밤중에 오직 한 곳만 뜨겁게 타오르던 꿈의 고향으로 가파르게 달려가고 있었다.

틱톡택 불꽃이 튀었다. 온몸이 저리며 육체 저 밑바닥에 있던 화로 속의 용암이 쉴 새 없이 터져 올라 그녀는 정신없이 영일의 머리를 감싸 안았다. 그의 등허리는 온통 땀으로 뒤범벅이 되어 마치 비늘 없는 생선의 그것처럼 매끄러웠다.

"사랑해요."

수란은 영일의 땀방울 맺힌 머리칼 속으로 손을 쓸어 넣으며 조그맣게 속삭였다. 영일은 거친 숨을 몰아쉬며 그녀의 가슴에 얼굴을 묻고 있었다. 아직도 그의 남성이 그녀의 몸속에서 꿈틀대고 있었다.

"정말 이제…."

영일이 그녀를 꼭 보듬어 안으며 바보같이 물었다.

"그럼요. 나 정말 당신 사랑해요. 그러고 내 속엔 아무것도 없어요. 그냥 당신만 가득 차 있어요."

진심이었다. 누군가 말했듯이 남녀가 사귀고 연인이 되고, 함께 살을 섞으며 살아가노라면 없던 정, 몰랐던 사랑도 생긴다고 했었지. 수란은 정말 그랬다. 한때 철없던 시절 저질렀던 천둥벌거숭이 같았던 사랑놀이는 이제 까마득히 기억에도 없었다. 그녀는 그냥 영일이 지아비로서, 인제 곧 태어날 아이의 예비 아빠로서, 또 한 남성으로서 그녀에게 몸과 마음으로 최선을 다해 위해주고 있는 것이 행복하고 감사할 따름이었다. 영일이 그녀 위에서 부스스 몸을 일으키며 언제 불뚝거렸냐는 듯이 옛날의 개구쟁이 웃음을 터뜨리며 그녀의 볼을 꼬집었다.

5

"아기가 8㎝쯤 되네요. 축하합니다."

정기검진을 간 수란에게 담당 의사가 초음파 검사로 찍은 화면을 들여다보며 함박웃음을 지었다.

"상태는 어때요?"

수란은 며칠 전 영일과 정신없이 치른 사랑놀이가 늘 마음에 걸려 조심스럽게 물어보았다.

"아주 튼튼하고 활발합니다. 이젠 머리와 팔다리가 뾰족이 나와 있군요. 이것 보세요. 하하하."

의사가 가리키는 화면엔 뭐가 뭔지 모를 검고 흰 점선들이 무수히 움직이고 있었고, 그 속에 한 뼘이 채 안 돼 보이는 물체가 꼬물꼬물

움직이고 있는 모습이 비쳤다.

오, 하느님! 신기했다. 임신 얼마 후 처음 검사를 받을 땐 하얀 점 하나만 보이던 것이 어느새 8㎝나 자라 수란은 저절로 하느님을 속으로 부르며 생명의 신비에 외경스러운 심정을 금할 수가 없었다.

그녀는 어릴 적 엄마에게 꽃씨 몇 개를 받아 엄마가 시키는 대로 화분 몇 개에 나눠 심은 적이 있었다.

"왜 갈라 심어야 돼?"

수란이 엄마에게 물어보자 그녀의 어머니는 이렇게 말했었다.

"한꺼번에 심었다가 잘못 키우면 다 죽으니까 그렇게 한 거야."

"왜 다 죽어?"

"싹이 트게 하려면 물도 적당히 줘야 하고 햇빛도 제대로 받게 해야 하는 거야. 그런데 너는 성질이 급해 물도 많이 주고 또 자꾸 파보고 할까 봐. 엄마가 그렇게 시키는 거야."

"나 안 그럴 텐데…."

수란이 공연히 억울해 울 듯한 표정으로 엄마를 향해 도리질을 하자 어머니는 그녀를 꼬옥 껴안으며 혼자 쿡쿡 웃었었다.

"그래, 그래. 우리 수란인 안 그럴 거야. 그래도 엄마가 시키는 대로 해야 해. 그러면 꼭 우리 수란이처럼 예쁜 싹이 날 거니까. 서둘지 말아야 한다. 알았지?"

"응…."

그때 수란은 대답은 하면서도 속으론 얼마나 고개를 갸웃거렸는지. 하지만 어머니만큼 자식의 성질을 아는 사람이 있을까. 다 커서 품을 떠나면 또 몰라도 품 안에 있을 땐 누구보다도 엄마는 자식의 일거수

일투족을 모두 읽고 있기에 그녀의 어머니는 수란의 급하고 고집스러운 성격을 그때 그 꽃 가꾸기를 통해 다독거리려 했을 것이었다.

그랬다. 수란은 하루도 빠짐없이 꼭 엄마가 시키는 대로 화분에 물을 주었고, 낮에는 햇볕 바른 곳을 찾아 옮겨 주었고, 밤에는 혹 밤기운에 상하기라도 할까 방에 들여 놓고는 마치 인형 다루듯 하며 꽃씨 올라오기를 기다렸었다. 그러기를 며칠여, 어느 날 그녀는 화분을 들여다보다가 기절할 듯 소리를 지르며 엄마를 불렀었다. 화분엔 그녀가 심은 꽃씨가 마치 파리 날개만큼 조그맣게 양옆으로 싹이 터 올라오고 있었다. 아아, 그때의 그 놀라움과 감격이라니….

수란은 아직도 그날의 그 느낌을 잊지 않고 있었다. 그때 그녀는 너무나 좋고 신기해 무릎을 꿇고 하느님께 기도까지 했던 기억이 선명히 되살아나 손끝이 떨려왔다.

'그래, 엄마, 나 우리 아기 잘 낳고 잘 키울 거야. 엄마 말처럼 조급하지 않게 물도 잘 갈아주고 따스한 햇볕도 항상 비치게 조심할 거야.' 그녀는 문득 어머니가 보고 싶어 울컥 눈물이 치솟았다.

"어? 제수씨, 왜 그래요? 괜찮아요? 과장님, 뭔 일 있어요?"

그녀가 잠깐 감격에 젖어 눈이 젖어있자 어느새 들어왔는지 영일의 친구인 명식이 과장실로 들어오다가 눈을 동그랗게 떴다.

"아녜요…."

수란이 쑥스러워 고개를 숙이자 담당 과장이 빙긋한 목소리로 놀리듯 말했다.

"아참, 닥터 김, 잘 왔네. 아기가 8㎝나 자랐다니까 놀랬나 봐. 거 자네 친군가? 아기 아빠한테 연락해, 뭐 맛있는 거 사드리라고 그래."

"아하…."

명식이 크게 웃으며 그녀의 어깨를 감싸듯 보듬어 주었다. 그는 공연한 자기의 주책없는 말 한마디 때문에 이 부부가 한동안 얼마나 티격거렸는지 알고 있었기에 그는 유난히 수란에겐 죄인이 된 심정으로 미안해했다.

"안 그래도… 영일이 바깥에 있어요. 뭐가 그리 궁금한지 나보고 좀 알아봐 달라고 해서 제가 왔거든요. 과장님, 괜찮은 거죠? 우리 제수씨."

"아, 그럼, 이 사람… 빨리 모시고 나가게."

과장이 우정 눈을 부라리며 턱으로 명식을 재촉했다.

"축하해요, 제수씨. 며칠 전엔 또 미국비자도 떨어졌다면서요. 영일이 새끼가 어떻게 자랑해 쌓던지. 그나저나 아기 가지고 비행기 타도 괜찮을라나. 정말 그거 한 번 알아 봐야겠네."

명식이 수란을 부축하듯 하며 밖으로 나오다가 중얼거렸다. 수란은 풀썩 웃음이 나왔다. 영일이 며칠 전 자기 말마따나 수란을 반쯤 '죽여' 놓은 후 좋은 선물이라며 짠 하고 꺼내 보여준 미국비자 받은 것을 온 동네방네에 자랑하고 다닌 모양이었다. 저만치 외래 의자에 앉아 있던 영일이 손을 크게 벌린 채 쏜살처럼 이쪽으로 다가오는 모습이 비쳐왔다.

"이봐라. 내 오늘 니한테 좋은 선물 가져왔다."

영일의 손엔 여행사에서 보낸 비자 받은 여권과 항공 스케줄이 담긴 노란 봉투가 춤추듯 흔들리고 있었다.

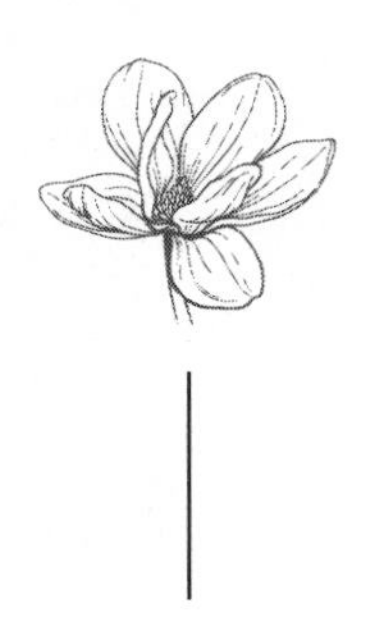

제7장
이민의 뒤뜰

1

'150 MILE TO CITY OF H….'

하이웨이 옆으로 거리 표시 간판이 보이고 바로 휴게소로 들어가는 EXIT 표시가 눈에 들어왔다. 동민은 한동안 지난날 수란이 재잘거렸던 그녀의 추억에 젖어 있다가 깜짝 정신을 돌렸다. 출발한 지 벌써 2시간이 지나고 있었다. 게이지를 보니 거의 반 이상을 쉴 새 없이 달려온 셈이었다. 비로소 변의와 시장기가 한꺼번에 느껴졌다.

"잠깐…."

동민은 마치 수란에게 얘기하듯 중얼거리며 EXIT 쪽으로 차를 붙이며 속도를 줄였다. 여전히 멀리 뻗어있는 H시로 가는 하이웨이는 한적했다. 길옆으로 스쳐 지나는 끝도 없이 너른 목장들에는 초여름의 녹음과 더불어 소와 말들이 한가로이 풀을 뜯고 있었고, 그 풍경은 한 폭의 그림처럼 선명했다.

저만큼, 주유소를 낀 사이드 도로 옆쪽 광장에는 각종 패스트푸드점들이 늘어서 있었지만, 특히 동민을 자극할만한 먹거리가 보이지 않았다. 그는 시장했지만 우선 주유소에 들러 기름부터 잔뜩 채우고 편의점에 들어가 차라리 부드러운 빵과 우유로 배를 채울까 생각을 하며 주변 매대를 훑어보았다.

"어?"

느닷없이 컵라면이 눈에 띄었다. 하이웨이 휴게소에 한국 라면이라니…. 그는 너무 반가워 마치 수란을 다시 만난 것처럼 자기도 모르게 괴성을 질렀다. 옆에 있던 한 멕시칸이 고개를 갸우뚱하며 그를 바라보며 의아하게 웃음을 던졌다.

"너 이거 뭔지 아냐?"

동민은 그를 바라보며 컵라면을 들어 보였다.

"라멘… 아냐?"

그는 의외로 싱겁게 대답했다. 동민은 갑자기 말문이 막히며 애매하게 웃었다. 그리곤 잠시 어물거리다 본인도 싱겁게 물었다.

"먹어 봤냐?"

"응, 맛있더라."

"그래?"

"우리 멕시칸들 입에도 맞더라. 맵싸하니…."

"한 개 사줄까?"

"아, 아니다, 괜찮다. 탱큐!"

그는 머리를 흔들며 사람 좋게 웃음을 보내며 자리를 떴다.

동민은 공연히 기분이 좋아져 부드러운 롤빵 한 개와 스윗티 한 병을 더 사서 계산을 하곤 차로 돌아왔다. 그리곤 차 옆쪽의 슬라이딩 도어를 열곤 실내 공간에 간이식 돗자리를 깔았다.

그의 차는 아주 오래된 폭스바겐 공랭식 봉고형 차로, 수란과 함께 살 때 중간의 의자를 뜯어내고 빈 공간을 마치 작은 응접실처럼 만들어 놓았기에 여러 가지 용도로 사용하고 있었다. 일테면 장거리 운전하다 피곤하면 차를 휴게소 주차장의 한적한 구석에 파킹해 놓곤 공간에 비스듬히 누워 잠깐씩 졸기도 하였고, 어떨 땐 뜨거운 물을 구해와 컵라면을 끓여 간식을 먹기도 했다. 수란과 함께 다닐 때는 몰래 드라이진 한 병과 세븐업 한 캔을 섞어 칵테일을 만들어 찔끔거리도 하면서 한나절을 보내기도 했었다. 동민은 가져온 뜨거운 물을 컵라면에 붓고 뚜껑을 덮고 롤빵을 뜯으며 잠시 잊었던 수란을 다시 떠올렸다.

"아저씨 냄새 좋은데…."

그녀가 귓가에서 까르르 웃으며 속삭였다.

"먹을래, 너도?"

동민은 혼자 중얼거리며 혹 누가 볼까 봐 주위를 둘러보았다. 그러다간 당시의 수란이 했던 엉뚱한 짓거리가 생각나서 혼자 쑥스럽게 쿡쿡 웃었다.

수란은 동민과 단둘이 있을 땐 가끔 엉뚱하게 불쑥 야한 짓도 마다하지 않아 그를 적이 당황스럽게 하곤 했었다. 일테면, 여행을 하다가 오늘처럼 휴게소에 들러 잠깐 쉬는 시간에 음식을 먹는 등 볼일이 끝나고 차로 돌아가면, 그녀는 느닷없이 동민을 뒤에서 껴안으며 목덜미에 키스를 하거나 아니면 불쑥 손을 앞으로 내뻗어 그의 바지춤에 손을 넣어 그의 남성을 애무하곤 했었다. 그러다가 그의 남성이 성을 내면 그게 그렇게 우스운지 자지러지도록 웃곤 했다. 그런데도 그녀에겐 희한하게 그런 행위가 전혀 수치스럽거나 화나게 하지 않는 묘한 매력이 있었다.

"어마! 얘 좀 봐. 화났나 봐요!"

"이봐, 뭔 짓이야…."

"호호, 있잖아요, 나중에 달래줄게요."

동민의 귓가에 속삭이며 더운 숨을 내쉬기도 했었다. 처음엔 기가 막혀 하다가도 결국 함께 웃고 말았지만, 그 후 동민은 간간이 장거리 운전이라도 할라치면, 그녀의 천진스러운 애정 행위가 은근히 그리워져 쉼터가 생기면 일부러 차를 세우기도 했었다. 그때 그녀는 이런 얘기를 들려주곤 했었다.

"있잖아요. 이민 오고 나서 캐시 아빠랑 살 때 가끔 이런 짓을 하곤 했어요. 그 남자는 좀 못 말리는 면이 있었거든요. 함께 장거리 운전하다가 느닷없이 내 손을 끌어 자기 바지 주머니에 넣곤 했죠. 처음엔 징그럽다고 도리질을 했지만, 하도 완강한 억지에…. 그런데 나중엔 재미있더라고요, 호호. 저 야하죠?"

그럴 땐 동민은 은근히 샘이 나 웃지도 않고 심통스럽게 쏘아주곤 했었다.

"재미? 그러다 차 사고라도 나면 어쩌려고…. 그리고 둘이 그렇게 재미있게 살다가 왜 그렇게 원수가 되었누?"

"오마나, 내가 또 실수했나 봐요. 죄송해요. 다른 뜻은 없었는데…. 제가 이리 푼수가 없어요! 화났어요?"

동민의 쏘아붙임에 수란은 금새 얼굴을 수그리곤 했다. 그러면 동민은 오히려 그녀의 무구함에 연민을 느끼며 바로 손을 내밀어 그녀의 손을 꼭 잡아주곤 했었다.

"아니야. 내 듣긴 캐시 아빠랑은 금슬이 꽤 좋은 걸로 알았는데…. 어쩌다가 그리 되었누?"

그녀는 한동안 입을 다물고 있다가 한숨을 푹 쉬었었다. 그리곤 말을 이었었다.

"이민 초기에는 생소한 현실에 적응하느라 정신이 없었지요. 거기다 배 속의 아이는 커 가고 영일 오빠도 집 구하고, 운전면허 따고, 길 익히고, 직장에 적응하느라고 하루가 모자랐지요. 그런 루틴한 일들은 잘 아시잖아요? 다행히 이민 올 때 시어머니가 몰래 따로 마련해준 돈이 좀 있었기에, 한 몇 년간 큰 애 캐시가 태어나고…. 우선 먹고 사는 일에는 큰 애로가 없었어요. 딴 사람들에 비해서는 그나마 복이었지요. 그런데 캐시가 3살 때, 둘째 타미가 생기고 나서 그이가 좀 이상해지기 시작했어요. 뭐라 할까, 의처증이라 할까?

그때 수란은 이민 후의 생활을 담담하게 털어놓기 시작했다.

2

"이봐라, 수란아. 시부럴! 내 공연히 미국에 왔는갑다. 젠장, 뭘 알아야 면소 서기라도 하지. 이것저것 눈치로 때려잡으려니 영 맘이 안 편히고…. 그냥 빨리 집에 가서 니하고 반주깨미나 살았으믄 좋겠다."

영일의 말이었다. 수란의 생각엔 그의 말이 틀린 얘기가 아니었다. 불쑥, 아무 기초도 없이 반은 어거지로 유학원의 미국 출장소로 날라왔지만, 그 직장이라는 게 아름아름으로 본국의 조기유학 원하는 아이들을 미국으로 데려와 한동안 먹이고, 재우고, 학교 데려다주고, 데려오면서 필요하면 미국 선생님들과 상담도 해야 하는 등…. 그야말로 영일의 한계를 벗어나는 일을 해야 하는 곳이기 때문이었다.

그러니 영일은 매일 등에 식은땀이 났다. 더구나 한국에서 '쪼코렛' 영어 조금 지껄인다고 폼을 잡고 살았지만, 여기서는 통하지도 않았고, 그보다 우선 말을 알아들을 수가 없었다. 뭘 알아들어야 단어 나열이라도 해 대답을 할 수 있을 것 아닌가? 영일은 하루에도 몇 번씩 머리에 쥐가 났다.

출장소는 한국 원장의 조카라는 사람이 책임자였는데, 처음엔 영일에게 이것저것 코치를 해주더니 한 서너 달 지나고는 자기도 바쁘니 너 알아서 하라고 일을 던지는 바람에 영일은 그야말로 생똥을 싸곤 했었다. 그러자 영일은 어지간히 급했는지, 하루는 수란이더러 그 원장 조카를 만나 좀 도와달라고 부탁을 해보라고 했다. 영일의 성질로는 의외였지만, 그는 일에 대한 스트레스 때문에 어지간히 자존심이

상한 느낌이었다.

"가서 어떻게 도와 달라고 해요?"

배 속의 아이가 쑥쑥 커, 곧 출산을 할 시기라 수란은 썩 내키지 않았지만, 영일이 보기가 너무 안쓰러워 그녀는 외출 준비를 하며 물었다.

"으음, 그냥 아이들에 관한 문제로 선생님들과 상담할 땐 직접 좀 해달라꼬 해봐라. 글고 나 그냥 외근하지 말고 내근만 하면 안 될까 좀 물어봐. 이제 곧 우리 알라도 태어나니 당신도 좀 챙겨줘야 한다고…. 그라믄 안 될까? 안 들어주면 때려치우겠다고 그래…."

"그럴게요. 너무 힘들어하지 마요."

그러나 표현은 안 했지만, 수란의 생각엔 그의 말은 솔직히 씨가 안 먹힐 제멋대로의 제안이었다. 어떤 책임자가 싫든 좋든 미국까지 불러와 영주권 소속까지 해주며 일 안 부려 먹고 놀고 먹이려고 하겠는가. 하지만 수란은 그런 내색은 감추고 그냥 그의 볼을 한번 쓰다듬으며 뽀뽀를 해주곤 차 뒷좌석에 올랐다. 영일은 그러는 그녀를 건성으로 한 번 토닥여주고는 운전석으로 가며 혼자 말로 구시렁거렸다.

"에이, 시벌 쪽팔려."

몇 번 가보긴 했지만, 영일이 일하는 유학원은 원장 한 사람 밑에 남, 여직원 한 명씩과 영일이가 전부인 것 같았다. 남직원은 원장의 친척인 것 같았고, 그는 주로 한국의 고객들과 상담하며 이곳 생활 가이드와 각종 서류 수속을 전담하면서 원장의 '따까리' 노릇을 하고 있었다. 여직원은 총무와 경리를 하면서 그녀 역시 원장의 친척이라고 했다. 그렇다고 원장이나 다른 직원이 영일에게 무슨 못된 행동을 하거나 시쳇말로 '엿'을 먹이는 일도 없었다. 워낙 자기들 일에만 매달리다

보니 영일을 곰살맞게 챙겨줄 수가 없었기에 자연히 영일은 현실 세계와 동떨어진 외계인처럼 함께 섞일 수가 없을 따름이었다.

영일은 나름대로는 한국서는 '내로라'하며 제법 거들먹거리며 살아왔다고 해 봤자 미국이란 나라는 그런 건 아예 알아주지도 않는다는 것을, 그는 한참 후에 깨달았다. 그래도 옛날 성질은 살아서 순간순간 불뚝불뚝했지만, 그렇다고 함부로 부릴 수도 없었고, 영일은 그야말로 미국 온 지 채 일 년도 채 지나지 않아 이민 온 것을 적당히 후회하고 또 지쳐가고 있었다. 그렇다고 돌아갈 생각도 없었다. 다행히 올 때 가져온 돈이 조금 있었기에 그는 차라리 그 돈으로 조그만 장사라도 해볼까 마음이 흔들리기도 했다. 그래서 어느 날 원장에게 넌지시 운을 띄어 보았더니, 그는 첫마디로 '쫑코'를 주었다.

"하 부장, 쓸데없는 생각 접고 우선 영주권 나올 때까지 죽었다고 생각하고 견뎌요. 이 바닥은요, 한 몇 년 지나 통박 좀 안 다음 뭐라도 할 생각해요. 돈 몇 푼 있다고 껄렁거리면 언놈이 달려들어 등쳐 먹을지 몰라요. 돈 조금 있으면 그냥 콱 은행에 짱 박아 뒀다가 나중에 쓰세요. 지금은 좀 적어도 주는 월급 받고 그걸로 버텨야 돼요. 내 본사 원장님이 특히 하 부장 챙겨주라고 하셔서 진심으로 하는 말이니 명심하세요. 그리고 곧 와이프도 아기 낳잖아요. 살기가 더 고달플 텐데…. 이것도 못 견디면 여기서 못 살아남아요!"

사실 생각해 보면 원장은 괜찮은 사람이었다. 이 미국 바닥에서 무작정 계획 없이 이민 온 사람 등쳐 먹지 않는 건만도 다행인데, 일 주고, 월급 주고 따가운 충고라도 해주는 사람이 그리 흔한가. 영일은 처음엔 속으로 '씨벌넘' 했지만, 수란이 원장의 고마운 마음씨에 동감을 표하자 일단 마음을 잡긴 했으나, 그래도 매일 일을 나갈 땐 꼭 한 마디씩 투덜대곤 했었다.

"안녕하세요? 아니, 어쩐 일입니까?"

원장은 수란이 사무실로 들어서자 그는 그녀를 정말 반가와 하며 맞았다. 사실 원장은 수란과는 구면이었다. 몇 년 전 그가 한국서 출장소 개설을 준비할 적에 한국의 사무실에서 그녀와 몇 번 마주친 적이 있었고, 그때는 영일이 그녀의 짝인지 몰라 은근히 수란에게 호감을 가지고 접근을 시도하기도 했던 일이 있었기 때문이었다. 그리고 이번 이민 올 때 마중 와서 두어 번 보곤 거의 반년도 더 지나 오랜만에 만난 것이었다. 그는 아직 싱글로 살고 있다고 했다.

"그냥 한번 와봤어요."

수란은 공연히 눈을 내리깔며 쑥스러워했다. 오랜만에 만나 남편의 얘기를 하려니 마음이 별로 편치 않아서였다. 원장이 그녀의 배를 보며 뚜벅 물었다.

"산달이 언제예요?"

"곧이요."

"아이고, 조심해야겠네. 그나저나 하 부장은요? 같이 오지 않고…."

"일 나갔어요."

원장은 흘끔 수란의 눈치를 보더니 여직원더러 마실 것을 시킨 후 그녀의 앞 소파에 앉았다. 그는 눈치가 여간 빠르지 않았다.

"하 부장 힘들대죠? 그럴 거예요. 보기엔 아직 귀가 안 터졌던데…. 그래도 누가 옆에서 계속 거들면 빨리 습득 못 해요. 우리 아줌씨, 하 부장 스트레스 때문에 오셨구먼. 하하."

"맞아요."

원장이 바로 정곡을 찌르는 바람에 수란은 달리 할 말이 없었다. 그러면서 기왕 내친김에 영일이 얘기한 요청 아닌 요청을 더듬거리며 원장에게 그대로 말했다. 원장이 웃으면서 물었다.

"안 들어주면 때려친대요?"

"꼭 그런 건 아니고…. 그 사람 말투가 좀 그래요."

"하하, 그러면 그래야지 뭐!"

"네?"

수란이 놀란 표정으로 얼굴을 들었다. 그 쇼크 때문인지 그녀는 돌연히 아랫배에 찌르듯 아픔을 느꼈다. 갑작스러운 진통이었다. 아기가 세상 밖으로 나오려는 축복의 전주곡은 늘 껍질이 깨지는 고통이 따르듯이 수란의 아픔도 그런 것과 같았다. 다만, 엄마의 곁에서 좀 더 편한 장소였으면 좋았겠지만…. 수란은 뜬금없는 생각이 들며 찡그린 얼굴로 원장을 바라보았다. 그녀의 갑작스러운 모습에 잠시 망설이던 원장은 순간적으로 위기를 느낀 듯 벌떡 일어나 윗옷을 벗어 던지고 그녀를 안아 소파에 눕혔다. 그리곤 사무실 여직원을 향해 소리를 질렀다.

"수란 씨, 잠깐…. 괜찮아요? 어이 미스 김, 911 불러요. 그리고 하 부장 급히 연락해요!"

"아아, 아파요. 막 찌르듯 해요! 아아, 우리 오빠 좀 불러줘요! 죄송해요. 근데 원장님, 우리 오빠 때려친대도 말려야 돼요!"

"하이고 차암, 하 부장 곧 올 겁니다. 연락하라 했으니. 그런 걱정 말고 조금만 참아요. 911도 오라 했으니. 많이 아파요?"

"고마워요!"

수란은 그 와중에서도 원장에게 진심으로 감사하며 속으로 '참 좋은 사람'이라고 생각했다. 원장은 마치 경험자처럼 다리를 주무르는 등 침착하게 그녀를 돌보았다. 십여 분이나 되었을까. 수란은 아랫배를 움켜쥔 채 911 앰뷸런스 요원들과 원장의 부축을 받아 응급실로 실려 갔다. 지금까지 매달 검진하던 병원이 따로 있었지만, 상황이 급한지 그대로 가까운 병원에서 몸을 풀었다.

3

딸이었다. 그 애가 캐시였다. 수란이 영일과 사고를 치고 온갖 우여곡절을 거치며 만리 이국까지 날아와, 영일의 말처럼 생전 처음 만든 '미제 베이비'였다. 어디서 들었는지 병실에서 아기를 안아보며 영일이 이렇게 말했다.

"이봐라, 첫 딸은 살림 밑천이라는데…. 야, 미제 꼬마야, 널 이제부터 캐시라 부를 거야. 미국말로 현금이란 말도 되니까, 하하. 넌 영락없이 우리 집 가보 제1호야. 그렇지, 수란아?"

영일은 천방지축으로 좋아했다. 그리곤 사무실 직원들에게 진심으로 고마움을 표시하며 원장에겐 충성까지 맹세하는 등 정신을 못 차리게 첫아이의 출산을 축하했다. 덕분에 그는 원장의 배려로 당분간이란 조건으로 내근을 하기로 허락받았다. 대신 오후에는 영어 공부를 다시 체계적으로 하라는 조건도 부수조건으로 달았다. 원장이 다시 한 번 다짐했다.

"하 부장, 이제 아빠도 되었으니 미국생활 제대로 하도록 정신 다잡아야 해요. 잘 알다시피 여긴 화살표대로 하고, 무리하지 말고, 성실하면 밥 먹고 사는 데는 지장이 없는 곳이니까. 돈 더 벌고 싶으면 좀 더 경험 쌓은 다음에 자기 사업을 하든 하세요. 지금은 애 키우고 아기 엄마 돌보는 게 우선인 걸 명심하세요."

영일은 우선 그에게 무조건 예예 복종했다. 옛날 그 성질에 비하면 많이 타협적이 되었다 할까. 수란은 그를 지켜보면서 속으로 솔직히 일말의 불안감을 감출 수가 없었다. 왜냐면 영일의 돌연한 변덕을 그녀는 잘 알고 있었기 때문이었다. 거기다가 캐시를 낳고 퇴원하면서 그가 슬쩍 지나가는 말로 왜 원장이 결혼은 안 하고 혼자 살며, 당신에게 그리 친절하냐고 은근히 캐물어 본 것이 내내 마음에 걸렸기 때문이었다.

"그날 원장이 절 안 챙겨줬으면 어떡할 뻔했어요. 고맙잖아요? 그러고 오빠도 그 바람에 내근으로 돌았고…. 감사해야지요."

"그건 그렇지만…. 근데 영, 가끔 맘에 안 들어. 젠장!"

수란은 아기 낳는 날 원장이 수고가 너무 많았고, 신세를 진 게 고맙지 않냐고, 당연히 감사해야 한다면서 영일을 다독였지만, 그는 겉보다는 속으로 영 시큰둥했던 것이 영 찜찜했다.

하지만 수란은 그런 생각도 잠깐이었다. 20대 후반 들어 첫아기를 낳고 갓 엄마가 된 그녀는 모든 것이 신기했고 새로웠고 또 서툴렀다. 당연히 그럴 수밖에 없었다. 아기가 하품을 해도 신기했고, 기침을 하면 가슴이 덜컹 내려앉았고, 낑낑거리고 울면 어쩔 줄을 몰라 했다. 그럴 때마다 그녀는 한국의 친정 엄마가 못 견디게 그리웠다. 곁에 엄마만 있으면…. 그녀는 아기에게 서툴게 젖을 물리며 혼자서 중얼거리곤 했지만, 왜인지 차마 부를 생각은 하지도 못했다.

그런 생각은 영일도 비슷한 것 같았다. 돌이켜보면 그들 둘은 각자가 살아온 과정은 틀리긴 했지만, 자라면서 이른바 철이 들어서까지도 마치 자신들의 엄마에겐 놔먹여진 망아지처럼 멋대로 살아온 부부 아닌가. 엄마라는 존재가 그 시절엔 돈이나 뜯을 때 필요했지, 보통 땐 그냥 귀찮은 '잔소리꾼'에 불과하였으니까.

한 번은 이런 일도 있었다. 아기가 세상에 나온 지 한 달여나 지났을까? 어느 날 밤, 아기가 잔기침를 하자 처음에는 영일이 굉장히 신기해하며 이렇게 말했었다.

"이바라, 수란아, 알라가 기침도 하네. 웃긴다, 그자? 우와, 캐시야, 니도 기침할줄 아나? 하이구, 희한도 해라."

그리곤 자는 아이를 일으켜 잠깐 둥개둥개를 하다가 아이가 심하게 울어 젖히자 30초도 안 되어 수란에게 맡기며 괜한 불평을 했었다.

"가스나 이거, 지 에미 닮았는지 내가 안으니 싫단다. 아나, 가져가라…. 가스나 마 칵!"

수란이 아이를 안으니 꼬마는 조금 열이 있는 듯했다. 수란은 덜컥 겁이나 부랴부랴 옷을 챙겨 입었다. 비로소 영일이 놀란 듯 함께 일어나 앉았다.

"와 글나? 와? 알라가 머 어떤데?"

"열이 있어요! 병원에 가보려고요!"

"병원에? 왜?"

영일은 잠시 이해가 안 된다는 듯 눈을 멀뚱거리다 갑자기 후다닥 일어나 아기의 이마를 짚어보았다. 그리곤 역시 고개를 갸웃했다.

"내 보기엔 괜찮은데…. 니가 우째 아노?"

"나는 알아요. 나는 엄마잖아요. 어서 나가요!"

수란은 조금도 장난기 없이 진지하게 말했다. 그녀는 말없이 아기를 포대기에 싸안으며 영일에게 명령하듯 눈짓을 보냈다. 영일은 그녀의 표정에 찔끔 긴장을 보이며 서둘러 옷을 입고 바로 앞장섰다.

아이는 조금의 감기기가 있다고 했다. 의사는 방이 건조하냐고 물어보곤 좀 멀찌감치 가습기를 약하게 틀어놓으라고 하면서 해열제와 체온계 그리고 아기들 용 물약을 처방해주었다. 돌아오는 길에 비로소 웃음기를 찾은 영일은 느닷없이 엉뚱한 소리를 지껄였다.

"이바라, 알라들은 낳으면 바로 커 가지고 아프면 아프다고 말도 하고…. 그랬으면 좋겠다. 말도 못하고 찡찡대면 나는 못 견디겠다. 글고 이쁜 것도 그냥 한 30초만 지나면 바로 귀찮아지니. 나는 알라 못 보겠다. 더 커서 장난도 같이 하고 목욕도 함께 다니면 모를까. 글고, 캐시 이 가스나는 나중에 목욕도 같이 못 댕길 것 아이가. 머심아 한 개 새로 빨리 맹글어서 바로 말도 하고 그랬으면 좋겠다. 히힛."

4

"그래, 애들 예뻐하는 건 한 일 분이라고 한다더군. 내 친구 중 한 놈은 장가가서 애들 낳고 살면서 집에 들오면 요란하게 애들부터 찾는데…. 그 안아보는 시간이 채 일 분도 안 된다고 하더라고. 그 와이프의 얘기야. 그러곤 애들 엄마보고 어이, 애들 가져가라 성가시다고 한 대요. 남자들이 대개 다 그렇다고 하더구먼."

동민은 휴게실 주차장의 자동차 속에서 롤빵을 씹고 컵라면을 먹으며 마지막으로 국물을 들이켜며 혼자 중얼댔다. 누가 들으면 마치 수란이 옆에 있는 듯하게 소리 내어 지껄이다 얼른 제바람에 목소리를 낮췄다.

"그래요, 정말 그런가 봐요. 애들 아빠도 딱 그짝이었어요. 좀 길어봤자 캐시랑 소파에서 장난칠 때 한 몇 분 같이 놀까…. 심지어는 아파트 수영장엘 가도 함께 몇 분을 못 견디더라고요. 그냥 계속 '이바라, 이거 좀 안고 가라.'가 입에 뱄었으니까. 하지만 그래도 그때가 그런대로 참 행복한 시간이었어요. 애 아빠가 출근하고 나면 아이 시간 맞춰 젖 먹이고, 재우고 씻기고, 잠을 안 잘 땐 함께 재롱 받아 주고…. 가끔 아일 유모차에 태우고 아파트 주변을 산책하며 해바라기 하고, 동네 아줌마들 하고 수다도 떨고 하면서 3년이란 세월이 훌떡 흘러갔지요. 캐시도 잘 자라주었고…. 생각해 보면 내 생애 가장 편하고 좋았던 나날들이었어요. 캐시 아빠도 처음과는 달리 비교적 성실하게 일하고 있었고…."

수란은 그림자처럼 동민이 주섬주섬 차 안 음식을 정리하는 곁에서 그 시절 얘기를 추억처럼 계속 속삭이고 있었다.

"다만, 애 아빠가 어디서 보았는지 이상한 야동 필름을 집으로 들고 와 맨날 함께 보자고 하며 이상하게 그쪽을 밝히기 시작하더라고요. 처음엔 단순한 호기심이려니 별생각 없이 솔직히 함께 즐기기도 했지요. 그런데 호사다마라고 하나요? 둘째 타미를 임신하고 축하해야 할 시기에 집안에 이상하게 구름이 끼기 시작하더라고요. 아니, 처음엔 축하가 도가 넘치도록 심했었지요. 애 아빠가 얼마나 좋아하는지…. 그런데 어느 날, 둘째 임신을 축하해야 한다며 아주 이상한 짓거리를 요구하는 바람에 얼마나 놀랐는지…."

"이상한 짓이라니?"

동민은 처음엔 무심하게 물었었다. 그때 그는 수란의 하소연을 재미 삼아 들으며 거실 소파에서 동네 잡지를 뒤적이고 있을 때였다. 수란이 한참을 망설이더니 조그맣게 한숨을 내쉬었다.

"아일 가졌으니 섹스는 조심해야 하니, 그냥 나더러 자기 보는 앞에서 자위를 해보라는 거예요. 자기도 그걸 보면서 자위행위를 하겠다면서…. 기가 막혀서…."

"뭐야?"

동민은 스스로 귀를 의심하며 깜짝 놀라며 허리를 곧추세웠었다. 그리곤 그야말로 기가 막힌 듯 그녀를 바라보며 반쯤은 호기심으로 다시 물었다.

"포르노를 보면서 자기는 자위를 하겠다고? 아니, 그 친구 성도착性倒錯 환자였나?"

"성도착?"

수란이 얼른 무슨 말인지 납득이 안 가는지 조심스레 되물었다.

"으응. 그러니까 섹스 중독자였냐니까?"

"글쎄요. 어느 날부터 유난히 그런 이상한 짓을 하더라니까요? 집에 요상하게 생긴 남자 고추처럼 생긴 모형 기구를 사와서 나더러 써보라질 않나. 때로는 이상한 약을 사와 내게 먹이려고 생떼를 부리지 않나. 암튼 사람이 희한하게 변하더라고요. 그러고 보니 그게 섹스 중독 증세인가 보죠? 전 정말 그런 건지 잘 몰랐어요. 단지 애 아빠가 좀 엉뚱하고 장난기가 심해서 그런 거려니 했지요."

수란은 그제서야 납득이 가는 듯 크게 머리를 끄떡였었다. 동민이 입맛을 쩍 다시며 혀를 찼다.

"그래서 어찌했누?"

"싫다고 했죠. 그랬더니 처음엔 살살 꼬시듯 달래더니 그래도 싫다고 하자 느닷없이 손찌검을 하기 시작했어요. 처음엔 장난인 줄 알았는데…. 뺨을 때리는 힘이 그게 아니더라고요! 그리고는…."

수란이 생각하기도 싫다는 표정으로 고개를 흔들며 입을 다물어 버렸다. 동민 역시 놀라움을 감출 수가 없었다. 간간이 풀어놓던 수란의 단편적인 얘기에 영일의 손찌검이 가정 파탄의 원인 되었다는 점은 알고 있었지만, 그 시작이 성도착증 때문인 것은 처음 알았기 때문이었다.

"그리고는?"

동민은 공연히 피가 역류하는 분노를 느끼며 힐난하듯 물었다. 수란은 그의 표정이 변하자 자기의 옛일로 또다시 공연한 분란을 만들었다는 듯 동민에게 미안한 기색으로 그의 눈치를 살피며 더 이상 말하길 꺼렸다.

"괜찮아, 말해도 괜찮아."

동민은 가늘게 떨리는 수란의 손을 다잡아주며 그녀에게 한없는 연민을 느꼈다. 수란이 다시 입을 열었다.

"그리고는 느닷없이 원장님을 끌어들이며 말도 안 되는 소릴 지껄이는지…. 얼마나 황당했는지 몰라요."

"원장? 유학원 출장소 원장?"

동민이 되묻자 수란은 머리를 끄덕였다. 동민이 바보같이 다시 물었다.

"그 사람을 왜?"

"그 사람과 제가 자기 몰래 바람피웠다는 거예요."

"뭐야?"

의처증? 동민은 피식 웃음이 터지며 그제서야 영일의 짓거리에 비로소 감이 잡혔다. 하지만 수란은 웃을 일이 아닌 듯 오히려 동민을 원망의 눈으로 바라보고 있었다.

5

'의처증' 동민이 알기론, 이는 일반적으로 '망상장애 질투'라고 한다고 들었다. 알려진 바로는, 이 의처증은 처음에는 작은 겨자씨만 한 의심에서부터 시작된다고 한다. 일테면 휴대폰 통화내역을 조사하거나 문자 메시지를 뒤져 보고, 수시로 전화를 해서 자리에 있는지 확인하기도 하며, 때로는 도청을 하거나 미행까지도 서슴지 않는다고 한다. 또는 소지품은 물론 핸드백을 뒤져 남자 자국을 찾아내거나 냄새를 맡는 등 배우자의 부정 흔적을 찾으려 애를 쓴다는 것이다.

그뿐만이 아니다. 심지어는 가상의 정부情夫를 공격하면서 배우자의 부정에 몰두, 자백을 강요하기 위한 폭력·협박·녹음 등도 스스럼없이 하다가 배우자와 갈등을 빚으면 그것은 오직 당신을 사랑하기 때문이라고 호소하기도 한다. 과히 병적인 집착으로, 주로 여자보다는 남자에게 더 많다고 한다. 즉, 자신의 배우자가 불륜을 저지르고 있지 않은가 극도로 의심하는 것으로, 주변에서 아무리 '아니다'는 이유를 대도 자신의 생각이 잘못되었다는 것을 인정하지 않고, 배우자의 부정을 확신하는 '잘못된 믿음'을 갖는다는 것이다. 그리고 자기의 생각이 맞다는 것을 정당화하기 위해 사소한 증거들을 모으거나 뒷조사를 하기도 한다고 한다.

그러면서도 나중엔 "당신을 너무나 사랑해서 그랬다." 고 변명한다고 한다. 흔히 사람들은 이 의처증 증세를 '사랑이 지나친 것'이라고 생각하는데, 이는 위험한 착각이고 이건 '병'이라고 정의했다. 정상인들은 대부분 배우자가 의심스럽다가도 아니라는 증거가 확실하면 결백을 믿지만, 의처증 환자들은 아니라는 증거가 있어도 믿지 않고, 그 믿음은 객관적인 사실에 근거하는 것이 아닌 망상의 수준이라는 것이다. 오히려 배우자가 바람을 피웠다는 증거를 찾고 싶어 하며, 따라서 잔혹한 폭력과 폭언, 끝없는 추궁을 함으로써 사람을 질식하게 만든다고 한다.

"의처증이네."

동민은 말할 것도 없이 영일의 행동은, 틀림없이 수란이 원장과 몰래 불륜을 저질렀다는 '질투망상'과 그 망상 때문에 비롯된 것이라고 확신했다.

동민은 언젠가 자기가 편집하는 월간 잡지에서 읽은 기억을 더듬어 보았다. 그때의 기억으로는 의처증의 발병 원인으로는 대부분 편집증적 성격에 기인한다고 했다. 흔히 과거에 문란한 성생활을 했던 사람이 나중에 배우자를 의심하는 병에 걸리기 쉽다고 했다. 내가 그랬으니까 너도 그러지 않겠느냐는 식이다. 비록 바람을 피우지는 않았다고 하더라도 무언가 의심받을 짓을 하지 않았겠느냐는 것이었다.

또한 의처증은 어렸을 때 기본적인 신뢰가 형성되지 않은 것이 원인이 많다고 했다. 다시 말해 의심이 많은 성격의 소유자가 이런 병에 잘 걸린다는 것. 통계적으로 매사에 의심이 많고, 믿지를 못하고, 잘 따지기를 좋아하고, 집착이 심하고, 그래서 대인관계가 원만하지 못한 성격을 가진 사람들이 잘 걸린다는 것이었다. 그러나 무엇보다도 의처증에 시달리는 사람에게 피를 말리는 것은, 이런 환자들은 다른 면에서는 정상적으로 행동을 하기 때문에 피해를 보는 배우자 이외에는 그 문제를 알 수가 없다는데 있다. 특히 영일이 출장소 원장을 찍어 범인(?)으로 지목한 것은 그의 자라온 과정으로 봐선 틀림이 없었고, 그리고 수란에게는 그야말로 예삿일이 아니었다.

"어쩌다 그 친구가 그런 고약한 병에 걸렸나…."

동민이 혀를 차며 한숨을 쉬었다. 그리고 아는 만큼 생각을 모아 보았다. 의처증 치료 가능할까? 기억이 의하면, 안타까운 일이지만, 십중팔구는 근본치료가 불가능하다고 했다.

왜냐하면 대부분 배우자에게 의처증 증세를 보이는 사람들은 자신의 사랑이 지나친 것이라고 말하는데, 따라서 의처증은 사랑이 아닌 망상증으로 병이라 했다. 뿐만 아니라 환자는 자신의 사랑을 합리화시키려 하고 주위 가족들 또한 의심을 받는 배우자가 정말 의심을 받을 만한 행동을 했을 것이라는 추측부터 내어놓아 배우자는 더욱 고통이 가중된다고 한다. 그러므로 치료는 약물치료와 정신치료, 가족 및 부부치료가 반드시 필요하다고 했다.

전문가들은 중요한 것은 환자들은 기본적으로 사람에 대한 불신과 열등감이 크므로 비판하거나 설득하려 해서는 안 되고, 그렇다고 비위를 맞추는 것도 바람직하지 않다는 것. 한결같이 단호한 태도로 '나는 당신이 느끼는 것처럼 그렇게 생각하지는 않는다'는 인식을 심어주고, 자신이 왜 그런 망상을 갖게 되었는지 알 수 있도록 분석하도록 꼬집어 주어야 한다고 제언했다.

동민은 딱한 얼굴로 수란의 손을 다듬어 주었다. 그리고 약간 말을 더듬으며 어눌하게 물었다.

"그리곤 매질하곤 금방 잘못했다고 빌지 않았어?"

"그래요. 금방은 아니었지만…. 자다 일어난 캐시가 놀란 얼굴로 울음을 떠뜨리자 손질을 멈췄어요. 그리곤 혼자서 뭐라고 욕지거리를 하더니…. 느닷없이 제 앞에 무릎을 꿇고 잘못을 빌었어요. 내가 너를 너무 사랑하기에 그런 질투가 났다고 하면서…. 애 아빠는 그날 도무지 종잡을 수가 없었어요."

수란은 동민의 물음에 어찌 그리 잘 아느냐의 표정으로 고개를 갸웃했다. 동민은 내친김에 좀 더 깊이 물었다.

"그랬군. 다음 날쯤 당신에게 뭘 막 사주거나 하면서 달래느라고 알랑방귀깨나 뀌었겠지."

"어쩜 그리 족집게 같아요? 그래요, 다음 날 느닷없이 나를 불러내 예쁜 목걸이를 한 개 사주더라고요. 당신 목이 희고 길어서 허전해 보인다면서…. 그리곤 고깃집에 가서 배 속의 애 잘 먹여야 된다고 직접 고기를 구워주며 엄청 살갑게 했어요. 그래서 전 그날의 황당했던 마음이 약간은 수그러졌지요. 일테면 애 아빠의 저에 대한 유별났던 사랑을 알고 있었으니까. 오히려 고마움 같은 것도 생겨났고…. 또 나도 더 잘해줘야지 하는 마음도 진심을 느꼈으니까. 그런데…."

"그런데?"

"그런데…. 그날 밤 전 당연히 애 아빠랑 사랑을 나눌 수밖에 없었지요. 좀 변태 같은 요구를 했지만, 배 속의 아기가 좀 걸리긴 했어도 그냥 암말 없이 그가 요구한 대로 해줬어요. 그보다 저도 괜히 미안한 생각에 정말 뜨겁게 그를 받아들였어요. 애 아빠는 '너 내 거지!'를 골백번도 더 되뇌며 그의 애무도 유별났고, 솔직히 제 몸도 가만있을 수가 없도록 발갛게 달아오르게 했거든요."

수란은 그날, 이른바 천국을 몇 번씩이나 경험하며 그냥 그대로 죽고 싶을 정도로 흥분을 감출 수가 없었다고 말했다. 그녀의 표현은 이러했다. 온몸의 세포가 그대로 일어나 살아 춤추는 느낌을 받았다고 했다. 그리고 영일이 끊임없이 속삭여 불어넣는 야한 속삭임과 숨결에 머릿속이 하얗게 되었다고 표현했다. 영일은 어디서 배웠는지 그녀를 발가벗겨 놓고 발끝에서 머리카락 한 올까지 핥고 쓰다듬는 테크닉으로 수란의 몸을 연주하며 함께 몇 번씩이나 폭발하는 오케스트라 지휘자가 된 듯했다고 기억했다.

"그랬어?"

동민은 공연히 불끈하는 심정으로 시큰둥하게 혼잣말로 되물었지만, 수란의 무구하고 거짓 없는 상황 표현에 오히려 본인이 심한 질투를 느끼며 그녀의 손을 놓아버렸다. 수란은 그의 표정에는 별로 느낌이 없는 듯 잠시 동안이나마 꿈꾸는 눈빛이었다. 동민은 슬그머니 화가 났었다. 그래서 괜한 신경질을 부리며 쏘아붙이 듯 말했다.

"그 새끼…. 완전히 변태였나 보지?"

수란은 동민의 목소리가 의외로 살갑지 않자 또다시 깜짝하는 표정을 동민을 돌아보았다. 그러나 그때의 영일과의 섹스에 대한 느낌에 대해서는 변명할 생각이 없는 듯했다. 그녀는 또렷하게 말했다.

"있잖아요. 아저씨는 혹 이해할지 모르지만, 남녀 간의 육체적인 문제는 참 이해할 수가 없어요. 어느 날 애 아빠가 마치 미친 사람처럼 흉포하게 나를 강간하듯 다루며 했던 섹스는 어쩐지 달랐어요. 처음엔 그가 밉고 무서워 몸을 경직시키고 이를 악 물고 머릿속을 말갛게 비워도 시간이 흐르면 그의 매질마저도 공포가 풀어지며 온몸 구석구석에서 스멀거리는 환희의 감각은 저도 어쩔 수가 없었어요. 스스로 생각해도 도저히 납득이 안 가요."

동민은 눈을 크게 떴었다. 그들 사이의 해프닝이 그 정도까지였다는 것이 놀라웠다. 하긴 수란이 그의 집에서 기거를 시작하며 자연스레 둘이 몸을 섞었을 때, 동민은 동민대로 오랜만에 가지는 운우지락

雲雨之樂을 마음껏 즐겼고, 수란 또한 모든 걸 바치듯 온몸으로 그를 받았었다. 하지만 그냥 섹스 경험이 있는 두 남녀 간의 '그런 것'이려니 생각했고, 특히 수란이 이른바 '밝힌다'는 생각은 가진 적이 없었다. 다만 이런 적은 있었다.

"어떨 때 보면 수란의 몸은 흥분하면 마치 탄력받은 연식 정구공 같아."

"모르겠어요. 그래뵈요? 길들여져서 그런가 봐요."

"길들여져? 누구에게?"

그때 수란은 입을 닫았다. 하지만 동민이 집요하게 캐묻자 포옥 한숨을 내쉬며 조그맣게 말했었다.

"수영 코치에게요. 그리고 그 후론 캐시 아빠가 또 그렇게 만들었어요. 그래서 제 몸이 그런 구렁에 빠지면 제자신도 어쩔 수가 없어져요. 통제가 안 돼요. 한 번은 의사를 찾아갔어요. 그리고 솔직히 제 육체에 악령이 씌운 게 아닌가 물어봤죠."

"그랬더니?"

"뭐, 악령까지는 아니고 좀 특이 체질이라면서…. 그리곤 명함을 주면서 괜히 이상한 눈짓을 하더라고요. 한번 만나재요. 참, 남자들이란…."

"거참, 듣고보니 애 아빠는 사디스트고 당신은 어쩌면 마조히스트 쪽이겠구먼…."

동민은 입맛을 쩍 다셨다. 동민은 당시 상당히 놀라운 나머지 전문자료를 뒤져 마조히즘과 사디즘에 대해 알아본 적이 있었다.

6

동민이 읽은 바로는, 마조히즘의 원조는 오스트리아 태생의 레어폴트 폰 자허마조흐(1836~1895)라는 소설가였다. 피학증을 다룬 그의 소설 『모피를 입은 비너스』는 마조흐 자신의 삶을 바탕으로 쓰였다고 했다. 단순한 허구성 소설이 아니었다. 그는 자신의 욕망을 자극하기 위해 결혼 직후 자신을 나무에 묶어놓고 아내 오로라와 하녀 마리에게 자신을 매질해 달라고 간청했으며, 그뿐만이 아니라 임신 중인 아내에게 "신문 광고에 당신과 성교할 힘센 남자를 구해보자."는 요구를 하기도 했다는 인물로 알려져 있다. 이 같은 변태적 행동은 결국 아내를 그의 곁에서 떠나게 했지만, 결과적으로 2백 년이 넘은 지금까지도 '마조흐'라는 이름을 기억하게 해준 영광(?)을 가져다준 사람이기도 했다.

또 프랑스 작가 마르키 드 사드(1740~1814)는 사디즘의 원조였다. 사드는 탈규범적 성행위에 대한 인간의 상상력의 끝을 보여준 『소돔 120일』이라는 작품으로 세상에 알려진 인물로서, 그는 실제 성학대죄로 감옥에 다녀온 일도 있었다. 30대의 한 미망인을 가정부로 고용한 그는 자신의 알카이유 저택에 그녀를 감금한 뒤 발가벗겨 피가 흐를 때까지 채찍질을 하는 등 심한 성학대를 일삼았다. 견디다 못한 이 미망인이 사드의 눈을 피해 침대 시트로 엮은 밧줄을 타고 탈출함으로써 그런 사실이 세상에 알려졌다고 한다.

깊이 생각해보지 않더라도, 수란과 영일의 행위는 굳이 이론적으로 갖다 붙이지 않아도 그들의 행위는 소위 '마조히즘과 사디즘'의 일종이었다. 즉, 인간의 본성에 숨어 있는, 남을 괴롭히면 기분이 좋아지는 사디즘과 괴롭힘을 당할 때 희열을 느끼는 마조히즘이 존재하기 때문이었다. 이성으로부터 학대를 받음으로써 성욕을 느끼는 마조히즘과 성적 대상에게 고통을 줌으로써 성적 쾌감을 얻는 사디즘…. 이런 사람에게 꼭 알맞은 여성 파트너는 남자의 가학성이 지속될수록 쾌락의 밀도가 진해지는 피학대성 성애의 소유자일 것이다. 이처럼 이성에게 정신적·육체적 고통을 당하거나 가해야 성적 쾌락을 느낄 수 있는 마조히즘이나 사디즘은 일반인들에겐 단지 비윤리적이고 변태적인 행위에 불과하지만, 그러나 분명한 것은 이 둘이 인간이 지니고 있는 원초적 욕구이자 속성이라는 점이다.

우리나라에는 이런 학대성 성심리를 묘사한 소설이나 영화가 없지만, 일본은 그런 성향의 섹스 소설이 잘 팔린다고 한다. 일본에서 발행된 『꽃과 뱀』이라는 소설이 베스트셀러의 반열에 오른 것은 사디즘이나 마조히즘을 주제로 남녀의 성생활이 구성돼 있다는 이상성異常性에서 이유를 찾을 수 있을 것이라고 했다.

즉, 남자가 그렇게 대시해 들어갈 때 여자가 '싫다'고 반항하면 에로틱함의 농도가 더해진다고 한다. 에로 소설에서는 주로 난폭한 남자는 귀부인의 운전수라든가 하인이다. 하층 신분의 사내가 동경하는 대상인 귀부인을 가혹하게 다루는 섹스 방식은 색다른 에로티시즘일 수 있다. 그런데 상대방이 마조히즘에 빠져 있다면 스토리의 자극성은 더 강해진다. 성적 쾌감이 커질수록 수치감의 임계점이 낮아지는 게 에로티시즘의 시발점이기 때문이다. 처음에는 원치 않는 성관계를 갖다가 다음에는 가학적 행동에 익숙해져 색다른 묘미에 빠진다는 내용의 에로 소설이 많은 이유다. 바로 『채털리 부인의 사랑』이었다.

흥미로운 건 여성이 마조히즘이고, 남자가 사디즘일 때 간혹 이상한 일이 벌어진다는 점이다. 가학성 기질의 사내가 여자의 목을 조였을 때 그 여자가 흥분을 조절하지 못해 사망하는 일이 종종 발생한다고도 한다. 수란이 섹스하다가 그대로 죽고 싶을 정도로 흥분을 느꼈다는 게 빈말이 아닌 듯했다.

"전 그런 어려운 말 잘 몰라요. 다만 애 아빠가 그때부터 버릇처럼 몸에 손을 대고 그럴 때마다 나는 배 속의 아이가 다칠세라 배를 싸안고 온 방 안을 헤매다가 지치면…. 그다음부터는 모든 걸 포기해 버렸어요. 그러면 애 아빠는 집요하게 원장이란 몇 번 했냐고 또 캐묻곤 했죠! 그리곤 제 온몸을 속속들이 분해하는 데는 당할 방법이 없었어요."

7

잠잠히 풀어 놓는 수란의 얘기를 들어보면, 이 일은 어느 날 갑자기 시작된 해프닝은 아닌 듯했다. 대개 첫 아이가 태어나고 3년 정도가 지나면, 보통 가정이라는 게 그런대로 뭔가 나름대로 자리가 안정되어 가기 마련이고, 그리고 두 번째 아이가 생기면 어떤 신혼 색시도 이때쯤은 제법 주부로서 자리가 잡혀가는 시점이라 신혼부부로서는 대체로 행복한 시절이라 할 수 있었다.

수란의 경우도 마찬가지였다. 일테면 남편과 격의 없이 Y담도 스스럼없이 나눌 수 있는 시기이기도 했고, 둘만의 섹스도 서로 긍정적으로 애무하며 몸을 섞어도 별로 부끄럽지 않은 나이이기도 했다. 더구나 그녀는 이민 오기 전에 소꿉장난 같은 신혼 생활을 근 3년이나 했기에 이민 첫해 정도 좀 고생을 했을 뿐, 그동안의 삶은 비교적 순탄한 편이었다고 해도 과언이 아니었다.

그런데 호사다마好事多魔라고 했던가, 그들에게 마魔가 끼기 시작한 건 아주 사소한 계기에서 비롯된 것이었다. 한마디로 원장과 수란이 언젠가 시내에서 우연히 몇 번을 조우遭遇한 것이 그 빌미가 된 것이었다. 그리고 그 만남을 누군가가 보고 영일에게 말해주었고, 수란은 하필이면 그날 깜박 잊고 그 사실을 영일에게 말해주지 못했던 게 죄라면 죄가 되었다. 영일이 늘 이상한 눈초리를 보내며 '소설'을 쓰기 시작한 것이 그 일이 생기고 나서였으니까….

사실 수란과 원장과의 두어 번의 조우는 그야말로 우연이었고, 그중 한 번은 캐시가 이파 병원에 갔다 오는 길에 머지않은 출장소에 직원들 아이스크림이라도 사다 주려고 들렀던 것이 전부였다. 그날 마침 여직원과 영일은 외근 중이었고, 혼자 있던 원장만 만나 한동안 회사 일, 아이를 키우는 일과 둘째의 임신에 대해 얘기를 나눈 것이 다였다.

다만, 당초부터 수란에게 호감을 갖고 있던 원장이라 새로 임신한 수란에게 부럽다고 하면서 다소 과잉 친철을 보였고 애 아빠가 잘해주고 있느냐고 물어본 것이 좀 엉뚱했다는 느낌이었던 거 외에는 별

일이 없었는데…. 그러나 그날 이후로 영일은 몇 번씩이나 반복해서 그날 뭔 얘기를 했냐? 그의 태도가 어땠냐 등등 뭔가 얘기의 '틈'을 잡으려고 눈을 가늘게 하고 수란을 노려보길 숨기지 않았었다.

수란은 처음엔 무심코 건성건성 코대답을 하다가 약간이라도 전번과의 말이 틀리면 영일은 거짓말한다고 입에서 쌍말을 내뱉기 시작하였고, 원장 새끼랑 어떤 사이냐고 황당하게 다그치는 바람에 너무 기가 막혀 할 말을 잃었었다. 영일이 하는 짓이 하도 같잖아 아예 입을 닫아버리면 왜 숨기냐고 또 다른 생떼를 부렸다. 그렇게 영일의 '병'은 깊어지고 있었고, 수란은 임신 몇 개월의 배를 안은 채 어린 캐시를 데리고 인생 최대의 난관에 봉착하고 있었다. 수란은 하루하루를 영일의 마음을 돌리기 위해 가진 온갖 지혜를 짜보았지만, 어찌해 볼 방법이 없었다.

사실 주변엔 변변한 이웃들도 없었고, 또 사안 자체가 누구에게 함부로 흘릴 수 있는 사건이 아니었기에 수란은 그야말로 벙어리 냉가슴으로 나날을 불안으로 지냈다. 한번은 좀 안다는 다른 집 애 엄마에게 딴 집을 빗대 슬쩍 그런 얘길 비치자, 그녀는 펄쩍 뛰며 그런 건 바로 신고해서 별거를 하든가 이혼까지도 시켜야 된다고 하도 단호하게 말하자, 수란은 그냥 입을 닫고 말았었다.

그렇지만 수란은 그대로 입을 봉한 채 살 수가 없었다. 한국의 캐시 할머니에게 안부 인사 겸 전화를 해도 차마 이 일에 대해서는 미주알고주알 말할 수도 없었고, 그냥 아범 성질 때문에 좀 힘들다고 하면 할머니는 그냥 쯧쯧을 입에 달고 살며, 아범이 좀 천방지축이지만, 그래도 참고 견디며 살라고 오히려 수란을 격려하는 바람에 그녀는 그냥 눈물

한 방울 훌쩍 흘리며 전화를 끊고 말았다. 친정 엄마에게도 마찬가지였다. 오히려 시어머니에게 보다 그런 둘만의 상황을 도저히 차마 말할 수가 없었다. 그냥 안부 전화 끝에 잠시를 망설이다가 "엄마, 보고 싶은데…. 좀 오면 안 돼?"가 고작이었다.

그러다가 그녀가 생각해낸 것이 출장 원장의 도움이었다. 여자의 짧은 소견이었는지는 모르지만, 원장이 본의와는 상관없이 이 사건의 단초가 된 것에 대해 그녀는 솔직히 그리 심각하게 생각하지를 않았었다. 따져보면 그와는 실제로 아무 일도 없었고, 단지 회사의 책임자로서 그들의 가족들을 돌봐주는 고마운 사람들이라는 생각만 하고 있었다. 또 실제로 그런 사람들이었음이 분명했고, 수란은 오히려 원장에게 영일이 그런 황당한 생각을 하는 것이 정말 미안하다고 느끼고 있었다. 하지만 수란의 생각은 순진한 오해였다. 결과적으로 그녀의 생각은 영일에게 불에 기름을 끼얹는 결과를 초래할 수밖에 없었다. 그리고 출장소 원장에게도 영일의 도저히 이해되지 않는 행위에 대해 그냥 불신의 늪만 더 넓히는 계기가 되고 말았다.

"아니, 캐시 아빠가 그런 생각을 해요? 큰일이네!"

수란이 생각다 못해 원장을 찾아가 어렵게 이런 얘기를 꺼냈을 때, 원장은 순간적으로 황당함과 더불어 적잖이 곤혹스러운 표정이었다. 그리곤 입맛을 쩍 다시곤 한동안 입을 닫고 있었다. 머리가 복잡해졌다.

"이걸 어쩐다? 우선 이따위 소문이 떠돌면 유학원 일에도 지장이 생길 테고…. 본국 원장은 사실 여부를 떠나서 혼자 살면서 직원 여자나 건드리고 뭐하는 짓이야? 불호령이 떨어질 테고…. 하 부장 이 친구 그 정도였나? 하는 짓은 꽤나 화통해서 괜찮은 줄 알았는데…. 하이고야!"

"원장님, 어떡하죠? 그냥 놔두면 더 심해질 것 같아요. 누구에게 들으니 함께 병원 가서 정신치료 받고, 의사와 함께 본인이 오해하는 사람들과도 직접 만나 대화를 나누는 게 방법이라 합니다만…."

수란은 쥐구멍이라도 들어가는 표정으로 원장을 바라보았다. 원장이 측은하게 수란을 쳐다보다가 뚜벅 물었다.

"혹 저하고 함께 만났다가 일이 더 덧나면 어쩌실려고요?"

"…."

"캐시 엄마, 전문가나 의사들이 하는 말은 그야말로 공자 말씀이고…. 제 생각엔 이런 경우는 그리 만만하지 않아요? 만약 제가 캐시 아빠를 만나면 그야말로 일이 걷잡을 수 없게 될 수도 있어요. 방법은…."

원장이 잠깐 입을 닫곤 심각한 표정을 지었다. 수란이 입술에 침을 발랐다.

"방법은요?"

"우선 아기 잘 보살피고 좀 더 두고 보세요. 그러나 계속 그러면 하는 수 없이 경찰에 신고하세요. 아기 아빠는 펄쩍 뛰고 우선은 화를 내고 난리를 치겠지만, 경찰이 처리하는 게 수란 씨와 아기들을 지키는 가장 좋은 방법입니다. 그리고 필요하다면 당분간 아기 아빠와 떨어져 사는 겁니다."

수란은 갑자기 어이가 없어 입을 닫아버렸다. 그리곤 오히려 원장을 멀건이 쳐다보았다. 속으로는 현실에 다가온 처지가 예사롭지 않아

혹 뭔가 좋은 방안이라도 있을까 답답해 의견을 물어본 것이었지만, 바로 그런 대답이 나오리라는 것은 생각지도 못했다. '그럴라면 뭐하러 쪽팔리게 당신을 찾아왔을까요? 내가 직접 경찰에 찾아가지. 그러고 떨어져 살라니….' 그녀는 그런 표정을 지었다. 원장도 수란의 심정을 짐작한 듯 고개를 끄덕이며 무거운 표정으로 말을 이었다.

"수란 씨 심정 이해해요. 가족 간의 일을 가지고 경찰에 신고하는 건 우리네 정서엔 안 맞지요. 허나, 이 미국은 그런 일이 비일비재해요. 생각해 보세요? 집안일이라고 쉬쉬하다 보면 버릇이 되고, 설마 내 아내가 이런 거 갖고 경찰에 신고까지 하려니…. 하면서 계속 가족을 괴롭히는 사례는 엄청 많아요. 다들 참다 참다 못해 마지막으로 경찰에 신고들을 하는데…. 그때는 이미 그 버릇 고치기는 사태가 늦은 겁니다. 왜냐면 그때쯤이면 가해자는 '아코, 뜨거라!'가 아니라 '이것들이 신고를 해? 그렇다면 버릇을 확실히 고쳐주지….' 하면서 그때부터는 아예 막가기 시작하기 때문입니다."

"원장님은 마치 꼭 그런 일을 당한 사람처럼 상세히도 아시네요?

수란은 옆에서 심심해 못 견디는 캐시를 다잡아 앉히며 다소 비아냥되는 어조로 원장을 바라보았다. 원장이 잠깐 망설이다 시니컬하게 웃었다.

"사실은 제가…. 가족 중에 그런 사람을 있었기 때문에 수란 씨에게 충고 드리는 겁니다."

"예?"

수란은 원장의 의외의 고백에 눈을 동그랗게 떴다. 가족 중에 그런 사람이 있었다? 처음 듣는 소리였다. 수란은 미안한 표정으로 조심스레 그의 눈치를 보았다. 원장이 말했다.

"놀랬지요? 사실은 제 여동생이 그랬어요. 한 몇 년 되었는데…. 처음엔 그대로 놔두었다가 증세가 심해져 할 수 없이 떨어져 살며 경찰에서 접근 금지를 시켰어요. 빨리 다잡았어야 했어요. 처음 드리는 얘긴데…. 어쩌다 수란 씨가 그런 경우를 당하다니…. 차암, 딱하네요."

"그랬구나! 그래서 원장이 결혼 얘기를 하면 늘 애매하게 얼버무리며 '글쎄요' 하곤 했구나."

언젠가, 원장이 왜 결혼을 안 할까? 수란은 속으로 멀쩡한 사람이 뭔가 신체적으로 문제가 있나? 혼자서 생각한 적이 있었다. 그때 원장은 이런 말을 한 적이 있었다.

"글쎄, 남들이 사는 거 보면 재미는 있어 보이는데…. 또 가까운 어떤 사람은 뭔가 매일 쓸데없는 일로 싸우고 마치 원수처럼 살더라고요. 그래서 그런 거 보면 그냥 혼자 사는 게 편한 거 같아서…"

수란은 자세를 바로 했다. 그리고 원장을 향해 진심으로 사과의 말을 건넸다.

"죄송합니다. 저는 그런 사연도 모르고…. 정말 죄송하고 원장님 충고 깊이 명심하겠습니다."

수란은 원장과 헤어져 바로 집으로 돌아왔다. 혹 그사이 영일이 집으로 들어왔을까 우려가 되어서였다. 왜냐면 영일은 언젠가부터 낮에도 불쑥불쑥 집으로 돌아와 묘하게 수란을 살피곤 했었다. 핑계는 뭐 좀 먹고 싶어 왔다는 것이었지만, 공연히 수란을 건드리며 슬쩍슬쩍 그녀의 냄새를 맡는다거나, 아니면 벌건 대낮인데도 불구하고 아이는 아랑곳도 없이 문을 걸어 잠근 채 그녀를 침대에 엎어 놓고 바지만 내린 채 섹스를 벌이기도 했다. 그러면서 저 혼자 벌겋게 흥분해 "좋아, 좋아?"를 연발하며 숨을 헐떡이곤 했었다. 그럴라치면 수란은 어쩔 수 없이 바깥의 딸애가 마음에 걸려 숨소리를 죽이고 그를 받아들일 수 밖엔 없었다. 공연히 거부하다간 혹 매질이라도 당할까 두려워서이기도 했다.

한 번은 그녀가 왜 이러냐고 거부하며 심하게 반항하자 영일이 소리소리 지르며 요란하니까 바깥에서 놀던 딸애가 문을 두드리며 울음을 터뜨리는 일도 있었다. 수란은 점점 불러오는 둘째의 배를 다독이며 평상복으로 갈아입다가 공연히 혼자 설움이 북받쳐 한동안 흐느껴 울었다. 딸애가 눈을 동그랗게 뜨며 함께 눈물을 글썽였다.

"엄마, 왜 울어?"

수란은 그녀를 보듬어 안으며 뺨을 비볐다. 딸애가 그 작은 가슴에도 뭔가 느낌이 있는 듯 수란에게 안겨 진하게 흐느끼기 시작했다. 그리곤 말했다.

"아빠 미워서 그러지?"

수란은 깜짝 놀랐다. 그녀는 얼른 눈물을 닦으며 딸애를 떼어내며 아이의 눈물을 씻어주었다.

"아냐, 왜 아빠가 미워? 그렇지 않아!"

"그럼 왜 그래? 접때 아빠가 엄마 막 때릴 땐…. 많이 무섭고 미워쪄."

아이는 나름대로 소견이 말짱했다. 비록 세 살배기 아이라 할지라도 그 어린 눈에도 아빠가 잘못하고 있다고 비치는 것은 본능일 것이었다. 다만 어른들이 그걸 눈치 못 채고 있을 따름이었다. 수란은 아이를 다시 한 번 바라보며 가슴이 아려왔다. 그녀는 아이를 향했다.

"캐시야, 내가 누구지?"

"…?"

아이가 무슨 소린지 몰라 다시 눈을 동그랗게 떴다.

"나는 우리 캐시의 엄마지?"

"응…."

"그리고 엄마는 캐시를 사랑하고… 캐시도 엄마를 많이 사랑하지?"

"응!"

딸애는 당연하다는 듯 고개를 끄덕였다.

"근데, 엄마도 엄마의 엄마가 있거든. 한국의 할머니 알지?"

"응. 사진으로 봐쪄."

"그래서 엄마도…. 엄마의 엄마인 할머니가 보고 싶어 눈물이 난 거야."

"그래쪄? 그럼 함머니 오라 하면 되잖아…."

"응, 참 그러면 되겠구나."

수란은 쉽게 머리를 끄덕이며 딸애를 쓰다듬어 주었지만, 그녀의 엄마는 현실적으로 그리 쉽게 올 수 있는 처지에 있지 않았다. 그녀인들 왜 엄마가 그립지 않을까? 안 그래도 얼마 전 영일의 못된 버릇이 불거지고 그녀는 하 답답해 엄마에게 오랜만에 전활 걸었었다. 하지만 미주알고주알 차마 말은 못한 채 얼버무리며 둘째 해산 때 즈음해서 꼭 한번 다녀가라고 했지만, 어머니는 "글쎄다, 네 아버지도 아프고 형편이 어쩔까…. 니 오래비랑 의논 한번 해보마." 하고 말았다.

수란의 엄마가 미국행을 망설이는 이유는 좀 엉뚱했다. 어머니는 그녀가 시집갈 때, 그리고 이민 보낼 때 뭔가 좀 못 챙겨주고 사돈집 신세만 많이 졌다고 늘 미안해하는 다소 유별난 생각에서 아직 벗어나지 못하고 있었기 때문이었다. 말하자면 딸에게 가려면 솔찮게 돈이 들어 갈 것이고, 더구나 사위 신세로 딸애 시어머니보다 장모가 먼저 사위 집에 가는 건 도리가 아니라고 생각하는 벽창호 같은 성격이었다.

"그래도 엄마, 이번엔 꼭 와야 해…."

수란은 딸애의 헝클어진 머리를 빗질해주며 혼자 마음을 다져 먹었다. 그리곤 그녀는 다시 한 번 딸애를 꼭 껴안아주곤 옷을 갈아입었다. 저녁 준비를 하기 위해서였다. 영일에게 가는 애정이 지난날보다는 다소 못했지만, 그래도 그녀는 스스로가 주부라는 생각에 때맞춰 지아비 끼니 챙기고 아이들 돌보는 데 한 번도 딴마음을 가진 적이 없었다. 어떤 주부라도 당연한 일이겠지만, 그러나 한편으로는 집안일이 귀찮으면 빨래는 속옷까지 모조리 세탁소에 맡기고 음식은 마켓에서 인스턴트로 구입해 전자레인지에 데워 먹이는 주부들이 한두 사람 보았는가…. 수란은 그건 아니라고 생각하는 기본이 있었다. 그런 면에서 보면 수란은 태생적으로 선근善根이었다. 그리고 그녀는 그런 마음이 바로 사랑이라고 생각하게 만든 것은, 우습게도 언젠가 영일이 지껄인 말 한마디 때문이었다.

"사랑이 뭔지 아능교? 상대의 아픔이 내 아픔처럼 느껴지는 것, 또 그 사람이 아프면 나도 아픈 것…. 그게 바로 사랑인기요! 내 수란 씨 마음이 아프면 나도 똑같이 아프니까…. 옛날 일은 마 잊어부리소. 강아지한테 물린 셈 치고 그렇거나 말거나 내가 수란 씨를 얼마나 사랑하는지 알기나 하능교?"

당시 수란과 영일이 한창 열애에 빠져있을 때, 그리고 수란의 과거가 밝혀지고 그 아픔으로 수란이 눈물을 흘렸을 때 영일은 어디서 들었는지, 그런 멋있는 말로 그녀를 달랬었다.

'그래요. 난 당신 사랑해요. 이유야 어쨌거나 당신이 아픈 만큼 나도 많이 아프거든요. 그러니 제발 엉뚱한 생각일랑 말았으면 좋겠어요. 이제 곧 둘째도 태어날 텐데…. 당신이 옛날처럼 마음이 밝고 그냥 개구쟁이 같아진다면 우리에게 무슨 걱정이 있을까요.'

수란은 혼자서 중얼거리며 쌀을 씻어 밥솥에 얹고 영일이 좋아하는 배추된장국을 끓이기 위해 배추를 다듬기 시작했다. 시간이 벌써 여섯 시를 지나고 있었다.

8

그런데 영일은 좀 달랐다.

그는 요즘 인터넷 게임 노름방에 빠져 있었다. 아침 일찍 자신이 담당하는 아이들이 홈스테이 하는 숙소에 와서 아이들 챙겨 해당 학교에 보내고 나면 오전 시간은 많아 남았다. 원래대로라면 사무실에 가서 잔무를 하거나 원장과 업무 협의를 한 후 점심 식사 끝나면 또 바로 아이들 하교 시간에 맞추어 학교 앞에서 대기하는 것이 일과로 되어 있지만, 그는 언제부터인지 사무실엔 적당히 전화 한 통으로 때우고 단골이 된 게임방으로 직행하여 여분 시간 내내를 카드 노름을 하거나, 오락 게임으로 시간을 죽이곤 했다.

게임방에는 온갖 프로그램이 난무하고 있었다. 각종 노름은 기본이고 옆에 딸린 작은 방을 따로 들어가면 포르노 필름도 부지기수로 볼 수 있었고, 끔찍하고 잔인한 성폭력 필름도 지천으로 깔려 있었다. 영일은 처음엔 호기심으로 또 적당히 '킬링타임' 하자고 장난삼아 시작한 것이 언제부터 슬슬 중독이 되어가고 있었다. '어? 이러면 안되는데….' 하는 후회감을 본인 스스로도 인지하고 있었지만, 날이 갈수록 발을 끊어야겠다는 생각에 반해 오히려 수렁은 깊어지고 있었다. 그러나 수렁은 얕은 것 같으면서도 깊었고, 한 발만 멀리 뛰면 벗어날 것 같아도 뛰어넘기가 어려웠다. 영일 본인 스스로 알면서도 그의 일탈은 그냥 그대로 습관화되고 있었다. 꼬리가 기면 밟힌다고, 그러다가 영일은 결국 사고를 치고 말았다.

애긴즉, 카드게임 배팅에 열중해 있다가 깜박, 맡은 아이들 데리러 가는 시간을 놓친 것이었다. 아니, 깜박보다는 알고 있으면서도 쌓인 밑천들이 곶감 빼먹 듯 자꾸 빠져나가자 그는 한 번만 더, 한 번만 더 하며 초조하게 게임에 빠져들다가 그만 시간을 훌쩍 넘기고 말았던 것이었다. 시간을 넘기자 학교에서는 그에게 전화를 했고, 연결이 안 되자 다시 홈스테이 하는 집으로 연락을 했다. 크게 놀란 집주인이 출장소로 수소문을 하여 그때서야 겨우 영일에게 연락이 닿아 난리가 나면서, 그야말로 일이 크게 벌어진 것이었다. 하마터면 경찰에 신고하기 직전이었다. 영일은 변명이랍시고 사우나에 갔다가 피곤해서 깜박 졸았다고 했지만, 이미 그의 행태를 미리 눈치채고 있던 원장은 그의 변명을 수용하지 않았다. 그는 1급 경고를 받았다.

"한 번만 더 이런 일이 있으면 해곱니다. 솔직히 하 부장 게임방 드나드는 건 알고 있었지만, 본사 원장님 체면이나 아기 엄마 처지를 생각해 그냥 덮어두려 했는데…. 이런 사고 다시 또 나면 어쩔 수가 없네요. 명심하세요, 딱 한 번입니다!"

처음엔 영일은 평소처럼 껄렁껄렁 썰렁 개그로 분위기를 바꿔 얼렁뚱땅 넘어가려 했지만, 원장은 그에게 눈길도 마주하지도 않은 채 웃지도 않고 단호했다. 영일은 평생 처음이라 할 만큼 부끄럽고 얼굴이 뜨거웠다. 그리고 그만큼에 비례하여 원장에 대한 거리감이 한층 더 멀어짐을 느꼈다. 더구나 원장의 말 중에 있었던 '아기 엄마 처지' 운운에 대해서는 솔직히 오히려 이해보다는 곡해가 더 생기게 되었다. 그는 속으로 구시렁거렸다.

"시발넘! 여기다 수란이는 왜 끌어 넣나…. 근데 이것들이 진짜 혹 무슨 썸씽이 있는 거 아냐?"

사람이 한번 용렬스러워지면 잘 고쳐지지 않는 것 같았다. 영일은 본인의 잘못은 둘째 치고 혹 원장과 수란 사이에 자기 모른 뭔가가 있을 거라는 의혹이 점점 커진 것 같았다. 굳이 원인으로 따지자면 수란이 몇 번 원장을 만나 이것저것 의논했던 일과 그 외 몇 차례 캐시 갖다 주라고 과일이랑 과자 몇 번 보낸 일, 그리고 원장의 여동생이 수란의 사정을 알고 둘이서 두어 번 만나 상의했던 것들이 영일의 눈에는 용납되지 않았기 때문이었다. 그리고 그런 일상의 일들이 나중 우연 또는 의도적으로 영일에게 밝혀진 것이 까탈이면 까탈이라 할 수 있었다.

"어? 이것들이 날 따돌리고 즈들끼리 뭔가 쑥덕거려?"

고깝게 생각하면 한정이 없었다. 더군다나 언제부터인가 생각이 이상하게 변해가고 있는 영일의 눈에는 수란을 포함한 모두가 자기를 따돌린다고 생각하고 있는 듯했었다. 그러나 다행히도 그 당시에는 그런 그의 생각이 바깥으로 크게 표출되지는 않았었다. 당사자인 영일도 속으로는 어쩐지 몰라도 우선은 모른 채 가끔 혼자만이 씩씩거리며 수란에게 이상한 섹스를 요구하는 정도에 그치고 말았고, 또한 둘째를 임신한 수란의 배부른 모습에 영일도 다소 조심하는 모습을 보이곤 했다. 그래서인지, 손찌검을 하는 일도 그때 두어 번 정도로 끝내고 말았기 때문에 수란은 그 후 둘째 타미가 태어나서 한 해가 되어 돌잔치를 하는 약 일 년 동안 만큼은 그렇게 크게 걱정 없이 모든 걸 잊고 살았었다. 그런데 영일의 병적인 행태가 다시 시작된 건 타미의 돌잔치가 끝난 며칠 후부터 다시 도지기 시작했다. 수란은 심란한 표정을 지었었다.

9

멀리서 경찰차의 사이렌이 울렸다. 동민은 깜짝 눈을 떴다. 그는 휴게소 주차장에서 펼친 늦은 점심 식사 후의 식곤증으로 자동차 속에서 잠깐 동안 졸았던 모양이었다. 그 잠깐의 비몽사몽 간에도 지난날의 수란의 기억이 파노라마처럼 펼쳐져 머리가 혼미했다. 마치 지금도 수란이 옆에 있는 것처럼 느껴져 눈을 뜬 후에도 그녀의 모습이 아른거려 더욱 가슴이 저릿해 왔다.

"그때 내가 좀 더 신경을 쓰고 수란을 챙겼어야 했는데…."

동민은 어느 날 짤막한 메모 한 장 훌쩍 남기고, 수란이 그의 곁을 떠난 뒤 처음엔 무지하게 화가 나 '이게 배신을 때려!' 하는 심정이었다. 그녀가 왜 그래야 했는지를 전후좌우 상황을 살펴보지도 않은 채 너무나도 화가 치밀었기 때문이었다. 그녀의 메모에는 이렇게 쓰여 있었다.

> 아저씨, 시간이 없어 짤막하게 메모합니다. 근간 애 아빠가 이곳으로 오겠다고 하네요. 전화번호랑 어떻게 알았는지, 날 보면 죽이겠대요. 경찰 불러 놓으래요. 접근 금지 상관없대요. 얼마나 놀랐는지 몰라요. 혹 아저씨에게 해코지할까 걱정이 됩니다만…. 그 인간이 겁이 많아서 저한테만 그렇지, 남에겐 그렇게 무지하진 않아요. 그래도 혹시 내가 옆에 있으면 뭔가 일을 저지를지도 몰라 애들 데리고 먼저 피할게요. 아니, 그냥 떠날게요. 그동안 고마웠고, 있는 동안 즐거웠어요. 기회가 되면 연락드릴게요. 사랑해요!

집으로 돌아와 그녀의 메모를 보며 동민은 황당했다. 그동안 애들 아빠의 근간에 대한 얘기는 전혀 한마디도 없다가 느닷없이 그가 집으로 쳐들어온다고 몸을 피해야겠다는 그녀의 행동이 납득이 안 갔다. 만약 진짜 그랬다면 동민과 의논하고 대책을 마련했어야 마땅하지 않은가.

"그렇다면 그동안 그 친구랑 소식을 알게 모르게 주고받았다는 얘기 아닌가?"

동민은 거실에 우두커니 앉아 어금니를 주근주근 씹으며 화를 삭이고 있다가 문득 일어나 그동안 그녀와 함께 살았던 집안의 생활공간을 살펴보기 시작했다. 우선 아이들 방을 열어 보니 며칠간 바쁘게 치운 흔적이 있었지만, 비교적 깨끗하게 정돈되어 있었다.

생각컨대, 애들 아빠 소식 듣고 서둘렀던 모양이었다. 캐시와 타미의 침대 위에서 큼직한 토끼 인형 한 마리와 곰 인형 한 마리가 웃는 눈망울로 머리맡에 놓여 있었다. 언젠가 동민이 사준 인형들이었다. 아마 부피가 커 가져가지 못한 것 같았다.

"아저씨, 안녕!"

인형들이 동민에게 인사를 했다. 동민은 울컥 가슴이 막혔다. 자기와의 사이에 낳은 자식들은 아니었지만, 아이들의 천진함에 가끔은 자신의 친자식처럼 생각되어 그는 캐시와 타미에게 나름대로 애정을 갖고 있었기 때문이었다. 그들은 한가한 저녁나절이면 수란과 함께 모여 앉아 다이아몬드 게임을 하거나 카드놀이 또는 묵찌빠 놀이를 함께하며 격의 없는 보통의 아빠와 엄마처럼 가족의 애정을 꽃피우곤 했었다.

동민은 아이들 방문을 닫으며 눈시울이 뜨거워졌다. 아이들 방을 나와 훑어본 그들 부부가 살던 침실도 마찬가지였다. 수란이 쓰던 경대는 깨끗이 치워져 있었고, 다만 그가 준 용돈이 얼마 남은 그대로 봉투에 담겨 있었다. 그는 다시 한 번 가슴이 먹먹해지며 중얼거렸다.

"나쁜 자식!"

말은 그랬지만, 그러나 비로소 수란이 그동안 자기 모르게 애들 아빠에게 얼마나 심적으로 시달렸을까 생각하니 마음이 조급해졌다. 그는 전화기를 들어 경찰을 불렀다.

10

마치 텔레파시가 통했듯이 갑자기 경찰이 그의 앞에 나타났다. 늦은 점심으로 컵라면과 롤빵 몇 개로 때우고 잠깐 식곤증에 빠져 졸면서 수란 생각에 젖어 있던 동민의 눈앞에 정말로 그가 부르기라도 한 것처럼 경찰차가 나타나 다가오고 있었다. 그는 깜짝하는 얼굴로 그들을 바라보았다.

경찰차는 서서히 그의 앞으로 다가와 멈춰 서며 다소 의심쩍은 눈으로 그를 바라보고 있었다. 그리곤 운전석 옆의 경찰이 문을 열고 동민에게로 다가왔다. 운전석의 한 명은 버릇처럼 은근히 경계 자세를 취하며 그를 주시하고 있었다. 경찰이 동민의 차량 뒷좌석에 널린 컵라면 껍데기 등 음료수 깡통들을 흘깃 바라보며 물었다.

"하이! 너 여기서 뭐하고 있냐?"

"하이, 으응…. H시 가다가 조금 피곤해 런치 먹고 잠깐 쉬고 있었다."

"잤냐?"

"으응…."

"여기서 자면 안 된다. H시 간다고? 아이디 좀 보여줄래?"

경찰은 여전히 눈길을 동민 차 속의 이리저리를 훑어보며 손을 내밀었다. 그리곤 그가 건네준 면허증을 빠르게 동료에게 넘겨주었다. 컴퓨터 확인을 시키는 것 같았다.

"어디서 왔냐?"

"D시에서…."

"거기서 뭐하냐?"

"코리안 매거진 리포터다."

"리포터?"

"그렇다."

"아이 씨…."

그는 의미 없이 히죽 웃으며 턱짓으로 자동차 뒤쪽을 바라보며 다시 물었다.

"저 안에 든 가방은 뭐냐? 그 속에 뭐가 들었냐?"

"내 여자친구 짐이다."

"여자친구의 짐? 봐도 좋으냐?"

"그래라."

그 가방은 동민이 지난밤 수란의 소식을 받고 그나마 남아 있던 그녀의 남은 짐들을 꾸려 가져온 것들이었다. 옛날 그녀가 쓰던 잡동사니들이었다. 동민은 가방을 끌어 경찰에게 밀어주었다. 경찰은 뭔가 조심스레 경계를 멈추지 않으며 동민더러 자크를 직접 열라고 했다. 동민은 피식 웃으며 가방을 활짝 열어 보였다. 가방 속 맨 위엔 작은 앨범이 한 권 올려져 있었고, 아래쪽에는 그녀가 쓰던 옷가지들이 되는대로 구겨져 들어 있었다. 경찰은 그 속을 경찰봉으로 두어 번 들쑤셔 보더니 '땡큐' 하면서 경계를 풀곤 앨범을 좀 봐도 되냐고 물었다.

"그래라…."

"얜 누구냐?"

앨범을 보던 경찰이 갑자기 쿡쿡 웃었다. 동민이 보니 언젠가 캐시가 노래를 부르다 '마법'에 걸려 잠깐 동작을 멈추었던 사진이었다. 애들과 함께 '즐겁게 노래 부르다 그대로 멈춰라!' 하는 '마법' 놀이를 하다가 캐시가 동작을 딱 멈추면, 수란과 동민은 한동안 그 '마법'을 풀어주지 않고 그대로 놔두어서 가끔 캐시를 울먹이게 만들었던, 그런 사진이었다.

"너도 자식이 있냐?"

동민이 경찰에게 물어보며 그 사연을 얘기해주자 그는 크게 웃었다. 자기도 집에 가서 딸애에게 꼭 한번 시도해보겠다고 엄청 즐거워했다. 그리곤 면허증을 돌려주며 뭐 도와줄 게 없느냐고 친절하게 물어보았다.

"도와줄 거? 만약 H 카운티 소속이면…. 그럼 이거 좀 알아봐 줄래?"

동민은 얼른 수란의 생각으로 자세를 바르게 하며 경찰을 바라보며 수첩을 꺼내 들었다.

그리고 잠시 후 그 흑인 경찰은 동민이 들려준, 수란이 사라진 간단한 전후 사정과 그녀의 인적사항을 듣고는 바로 여기저기 컴퓨터로 수소문하더니 정말 신기하게도 그녀가 그동안 살아왔다는 주소 하나를 메모해주었다. 그리곤 어깨를 으쓱하며 사람 좋게 웃었다.

"아, 당신 여자친구라는 사람 거주지가 다행히 확인되네. H시 머잖은 곳에 있는 부녀자들 보호소 같은데…. 여기 주소 있으니 찾아가 봐라. 당신 운이 좋아. 굿럭!"

동민은 그야말로 기대하지도 않았던 행운이 굴러 들어온 기분으로 진심으로 그에게 감사했다. 그리곤 자동차를 정리하고 바삐 시동을 걸었다. 그는 경찰이 알려준, 수란이 거처했던 H시 부근 지역에 위치한 쉘터의 주소를 다시 확인하며 H시로 향하는 고속도로 진입로로 들어갔다. 마음이 조급해졌다.

11

3시가 지난 고속도로는 지글지글했다. 아직 본격적인 여름이 아닌데도 지열이 올라와 그런지, 앞 유리 바깥으로 곧게 뻗은 아스팔트 위로는 열기가 이글이글 아지랑이처럼 피어오르고 있었다. 동민은 윈도 브러시를 작동해 물을 뿜으며 한참 동안 차창 앞 유리를 닦아냈다. 그리고 약하게 에어콘을 돌렸다. 기분상 한결 시원한 느낌이었다. 그는 라디오 FM채널을 틀었다. 뭔지는 모르지만, 다소 귀에 익은 미국 오리지널 컨트리 음악이 경쾌하게 흘러나왔다. 그는 뜻도 모르는 가사를 그냥 허밍으로 멜로디만 따라 흥얼거렸지만, 그 사이사이 다시금 끊어졌던 수란의 기억이 되살아나며 자세를 바르게 핸들을 고쳐 잡았다.

"온몸이 오그라지는 것과 같은 고통이었어요. 그때 애 아빠는 술을 약간 먹은 상태였지만 취한 것은 아니었어요. 맥주와 안주를 갖고 들어와서 내게 권하더니 잠시 아이들과 놀아주었어요. 얼핏 보니 아이들에게 요구르트 비슷한 음료수를 주며 아빠와 건배하자고 하더군요. 전 무심코 봤어요. 왜냐면 캐시랑 타미가 요구르트를 잘 먹었거든요. 그런데 나중에 알고 보니 애들 음료수에 수면제를 조금씩 타 먹인 거예요. 세상에 그게 말이 돼요? 아빠란 인간이?"

"수면제?"

"네에…."

"왜?"

"알고 보니 애들 재운 후 날 혼내려고 그랬대요."

봇물이 터진 수란의 얘긴 점입가경이었다. 영일은 그렇게 애들을 재워 놓고 수란에게 우선 섹스를 요구했다고 했다. 그것도 보통 일반적인 부부간 섹스가 아닌 완전 포르노 수준의 섹스를 강요했다고 했다. 어디서 배웠는지, 이상한 물건들을 가지고 와 수란을 완전히 창녀처럼 다루며 온갖 자세를 요구하다가 말을 안 들으면 매질을 했다고 했다. 수란은 처음에는 솔직히 호기심도 있고, 또 행위 도중에 스스로 흥분을 감추지 못해 함께 동참을 했다가 나중에 도가 지나치다고 느끼자 혐오감이 생겨 도저히 영일을 수용할 수가 없었다고 토로했었다.

"그 인간은요. 참 이런 얘기도 털어놔야 하나?"

"괜찮아, 얘기해도….

훗날, 동민도 스스로 생각해보면 참 못된 놈이었다고 생각했다. 그 역시 수란이 내키지 않아 하면 더 듣고 싶은 야누스적 동물이기 때문이었다. 수란이 얘기는 이러했다.

"한참 섹스하다 절정에 이르면 '좋아? 좋지?' 그렇게 꼭 물어요. 그러면 제가 어쩌겠어요? 그렇다고 하면 또 이렇게 물어요. 그놈하고도 이랬어? 하고요. 처음엔 난 무슨 소린지 몰라 그냥 그랬다고 했다가…. 그 이후 얼마나 시달렸는지 몰라요. 그러면 우선 잠든 애들 방문을 잠그곤 발가벗은 제 몸을 묶기 시작해요. 그리곤 양쪽 발목을 묶어 침대에 고정하고 양쪽 발가락 사이에 교대로 연필 같은 것을 끼워 누르면서 고통을 줘요. 원장이랑 언제 몇 번이나 했는지 실토하라면서…. 정말 온몸이 오그라지는 것과 같은 흥분을 겸한 고통이었어요."

"좋아, 좋지? 그러다가 팬다고?"

동민이 풀썩 웃으며 되물었다.

"그랬어요. 그때 전 느꼈어요. 가끔 포르노 필름에서 보았던 대로 여자를 매질하거나 고통을 주면 역설적으로 어느 순간 내 맘과 달리 육체적 쾌락이 생긴다는 것을 알았어요. 그게 언젠가 당신이 말해줬던 사디즘이고 또는 마조히즘이라는 것이겠지요. 그러나 그 순간이 지나면 속에서 토악질이 나고 우선 심리적으로 생기는 스스로에 대한 혐오감은 어쩔 수가 없었어요. 아저씨, 이해가 돼요?"

"글쎄다…. 말로만 들었고 그림으로만 봤지. 어쨌든, 난 그런 변태는 싫다!"

"그렇죠? 나도 끔찍하게 싫어요. 헌데…. 강제적으로 당하면 처음에는 죽을 듯 반항하지만, 어느 순간에는 나도 모르게 풀어져 버리고 오히려 육체의 쾌락이 더한 걸 어쩌겠어요?"

"정말 그럴까?"

동민은 책으로만 읽었고, 그야말로 가끔 야동을 훔쳐보며 사디스트들의 필름을 대한 적이 있었지만, 백번을 봐도 혐오감 외에는 느낀 적이 없었는데…. 수란은 그걸 보고 쾌감을 느꼈다는 것이 솔직히 이해가 안 갔다. 그녀가 잠시 입을 닫았다가 몸서리쳐지는 듯 참담한 표정으로 말을 이었다.

"그리고 그런 난리 법석이 지나가고 애 아빠가 제정신이 돌아오면…. 그이는 언제 그랬냐는 듯이 나를 끌어안고 무조건 잘못했다고 빌어요. 다시는 그러지 않겠다고 무릎을 꿇기까지 하면서…. 기가 막힐 일이지요. 그럴 땐 저는 암말 없이 말똥히 애 아빠를 바라보며 속으로는 이이가 아무래도 정신장애가 생긴 것 같다. 병원에 보내야겠다고 생각하곤 했어요."

"경찰에 신고할 생각은 없었고?"

"왜 아니겠어요? 몇 번을 전화기를 들다가…. 하지만 애 아빠이기에 차마 못 하고 참곤 했지요. 그러다가 내가 어느 날, 또 그런 일이 있은 후 애 아빠더러 자꾸 괴롭히면 진짜 신고할 거라고 겁을 줬어요. 그랬더니 그 다음 날엔 술을 잔뜩 먹고는 뭔가 길쭉한 물건을 하나 싸들고 집에 들어왔더라고요. 사시미 칼이었어요. 얼마나 놀랐는지 몰라요. 애들도 다 함께 있는데…. 그가 그걸 펼쳐들며, 애들보고 오늘 내가 너네 엄마를 회칠 테니까 구경할래? 이러잖아요. 표정이 장난이 아니었어요. 내가 하얗게 질려 뒷걸음치니까, 좇아오면서 내게 전화기를 내밀며 911 누르라고 소리를 지르더라고요. 타미는 벼락 맞은 듯 울어 젖히고…. 그나마 캐시는 좀 컸다고 제 아빠 앞에 딱 버티고 서더니 "크레이지 대디! 마미, 폴리스, 폴리스!" 소리소리 질러 애 아빠가 약간 움찔했지만, 그날 저녁 우리는 너무 겁에 질려 애들만 부둥켜안은 채 자는 둥 마는 둥 했어요."

"그래서?"

"다음 날 아침 애 아빠가 출근하자마자 전 애들 들러업고 원장 여동생 집으로 일단 피신을 갔어요. 왜냐면 애 아빠가 평소처럼 미안한 기색으로 너스레를 떨며 빈말이라도 사과를 할 줄 알았는데, 그날만큼은 전혀 그런 기색 없이 절 노려보면서 "너 어제 애들만 없었으면 회 떴을 거야." 이러잖아요. 그 눈빛을 보며 얼마나 섬뜩했는지…."

그리고 그녀는 한숨을 쉬었었다. 그때 동민은 영일에 대한 말할 수 없는 분노와 수란에 대한 연민, 그리고 그녀가 말하는 그들 행위에 대한 그림이 상상으로 떠올라 적이 머리가 혼란스러워졌던 기억이 되살아났다.

그 이후 그녀의 말에 의하면, 그날 원장의 동생 집으로 피신한 것이 그녀가 원장과 그 가족들이 한통속으로 불륜을 저지르고 영일을 왕따 시켰다는 증거라면서 길길이 날뛰었고, 그 소식을 들은 원장이 그를 불러 오해임을 알리고 설득하며 그야말로 최후통첩으로 해고까지 거론하자 영일은 오히려 점점 더 불신의 늪으로 빠져들어 결국은 회사를 박차고 나와 할 일 없이 날마다 수란을 괴롭히는 것이 버릇이 되었다고 했다. 그리고 얼마 지나지 않아 도저히 그의 괴롭힘을 견디지 못한 수란은 결국 경찰에 신고했고, 접근 금지를 신청한 후, 그를 피해 D시까지 흘러와 동민을 만난 것이라고 했었다.

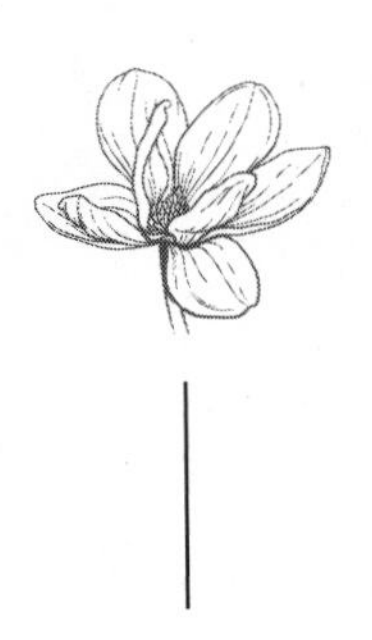

제8장
재회

1

문득 보니 전방 저만큼에서 'WELCOM TO HUMAN CITY'라는 입간판이 서서히 다가오고 있었다. 동민은 잠깐 생각을 멈추고 차의 속도를 줄였다. 그리곤 쌍 깜빡이를 켜고 갓길로 들어가 천천히 자동차를 세웠다.

차가 서자 그는 핸들을 놓고 두 팔을 뻗어 기지개를 켜곤 고개를 좌우로 돌리며 목 운동으로 뻣뻣한 어깨를 가볍게 풀었다. 물병을 들어 물 한 모금을 마시곤 입속으로 가글가글 입안을 헹궜다. 그는 창문을 열고 물을 뱉어내면서 오른손을 더듬어 지도책을 찾아 펼쳤다.

그리곤 경찰이 써준 쉘터의 주소를 눈으로 더듬어 찾았다.

수란이 묵었던 쉘터는 의외로 머지않은 곳에 있었다. 시간을 보니 4시가 다 되어 가고 있었다. 렛츠 고! 그는 혼자 중얼거리며 한쪽 깜빡이로 시그널을 바꾸며 도로 주행선으로 핸들을 꺾었다. FM에서는 오후의 명곡 시간인지, 귀에 익은 솔베이지의 노래가 흘러나오고 있었다.

"The winter may pass and the spring disappear the summer too will vanish and then the year and then the year.

but this I know for certain, that you'll come back again and even as I promised, you'll find me walting then⋯."

"그 겨울이 지나 봄은 또 가고, 또 봄은 오고
그 여름날이 가면 더 세월이 가고⋯.
해가 지나면 분명 당신은 제게로 돌아오겠지요
저는 약속했지요. 진정 당신을 기다립니다."

기다림의 여인 솔베이지, 아픈 갈망과 그리움이 가득 찬 그 멜로디⋯. 오지 않는 누군가를 기다릴 때면, 그러다 혹 그대로 굳어져 버릴까 망설여지는 그래서 더 애달픈 음율⋯. 청순하고 가련한 솔베이지라는 여인이 멀리 떠난 연인을 잊지 못하여 애타게 부르던 노래. 남녀가 만남과 헤어지기를 물거품처럼 하는 타락의 시대에 신실하고 충성스런 '해바라기'성 애정이 어떤 것인지를 보여 주는 노래⋯.

북구北歐 노르웨이의 눈 덮인 산들과 광활한 빙하, 협곡과 피오르드

등을 연상하면서 들으면 제격이었던 이 노래가, 오늘은 왜 하필 더운 여름의 텍사스 광야에서 들려오는 것일까. 동민은 오래 전에 읽은 이 노래에 얽힌 사연을 떠올리며 마음이 울적해졌다. 그리고 다시금 그 애달픈 멜로디에 수란의 모습이 오버랩되면서 공연히 울고 싶어졌다

노르웨이 어느 산간 마을에 가난한 농부 페르귄트와 아름다운 소녀 솔베이지가 살고 있었다. 둘은 사랑했고, 결혼을 약속했다. 가난한 농부였던 페르귄트는 돈을 벌기 위해 외국으로 간다. 갖은 고생 끝에 돈을 모아 10여 년 만에 고국으로 돌아오다가 국경에서 산적을 만난다. 돈은 다 빼앗기고 살아난 남편은 그리도 그리웠던 아내 솔베이지를 차마 볼 수가 없어서 다시 이국땅으로 떠나 평생을 걸인으로 살다가 늙고 지치고 병든 몸으로 겨우 고향으로 돌아오지만, 어머니가 살던 오두막에 도착해 문을 여니 어머니 대신 사랑하는 연인 솔베이지가 백발이 되어 페르귄트를 맞는다. 병들고 지친 페르귄트는 그날 밤 꿈에도 그리던 연인 솔베이지를 안고그녀의 무릎에 누워 조용히 눈을 감는다. '솔베이지의 노래'를 부르는 솔베이지, 그녀도 페르귄트를 따라간다.

'솔베이지(Solveig)'는 '태양(Sol)의 힘(Veig)'이라고 했든가. 하지만 그 '태양의 힘'이란 평생 연인을 기다리는 '순수한 사랑의 힘'이 아니었을까. 동민은 잠깐 이 노래의 사연에 생각을 모으며 수란이 살았다는 쉘터를 찾아 차의 방향을 잡았다.

경찰이 알려준 쉘터인 'David's House(다비드 모자원)'는 동민이 읽은 약도에서 금방 찾을 수 있는 위치에 있었다. 주택가에서는 다소 떨

어져 키 작은 나무들에 둘러싸인 미니 숲 속의 빈터에 있었지만, 그리 외진 곳은 아니었다. 집의 연륜은 꽤 오래된 듯 철재 담벼락엔 담쟁이 넝쿨이 뒤덮여 있었고, 안쪽은 거의 들여다보이지 않은 건물이었다. 대문 중간에 붙여진 영문 팻말에는 의외로 '다비드 나눔의 집'이란 한글이 영문자 밑 괄호 안에 함께 쓰여 있었다.

'어… 한국인이 운영하나?'

동민은 반갑기도 하고 다소 의아스러운 심정으로 대문에 달린 벨을 눌렀다. 대답이 없었다. 시간을 보니 거의 다섯 시가 다 되어가고 있었다. 동민은 다시 한 번 벨을 누르고 아울러 대문을 소리 나게 두드렸다. 그는 혼자 웃으며 '두드리라, 곧 열리리라'고 조그맣게 중얼거렸다.

그래서인지, 잠시 후 정말 신발 끄는 소리도 없이 누군가가 소리 없이 나타나 대문에 달린 조그만 쪽문을 열고 바깥을 내다보았다. 얼핏 보니 수녀 복장을 한 웬 한국 여인이 쪽창으로 동민을 경계하며 조심스레 물었다.

"누구신지요?

"어? 정말 한국 분이셨네요. 반갑습니다."

"네에, 그런데 어떻게 오셨는지요?"

수녀는 쪽창 바깥 주변을 살피며 다시 한 번 물었다. 동민은 얼른 신분증을 내보이며 짤막하게 자기가 여기를 찾아온 연유를 설명했다.

"아, 수란 헬레나 자매의 일로 오셨군요."

"네, 어제 아침 가톨릭 병원에서 전화를 받고…. 알아 보니 그동안 수란이 여기서 살았다고 하길래. 괜찮다면 원장님 좀 뵙고 말씀 좀 나누려고 합니다만…."

"근데 어쩌나…. 지금 원장님은 병원에 가시고 안 계신데, 저는 보조 수녀이고…. 혹 캐시 아버님 되시나요?"

"아, 아닙니다. 저는 캐시 아빠는 저어… 수란의 전남편이고, 저는 그냥 캐시 큰아빠되는 사람인데…."

"아, 네에. 그럼 잠깐 기다리세요."

동민이 순간적으로 할 말이 막혀 잠시 말을 더듬자 수녀는 잠깐 난감한 얼굴이 되었다. 그리곤 다소 경계의 표정을 풀면서도 여전히 대문을 열진 않은 채 안쪽으로 사라졌다. 그리고 잠시 후 수녀는 두 사람의 다른 여자와 함께 다시 나타나 비로소 대문을 열고 응접실로 그를 안내했다. 응접실을 둘러보니 뜻밖에도 성경 구절보다는 오히려 불교적인 냄새의 '인자견인仁者見仁, 지자견지知者見智'(동일한 객체라도 보는 사람마다 해석이 다르다는 뜻)라는 액자가 벽 위에 걸려 있었다. 묘한 느낌으로 그것을 바라보고 있자 수녀가 두 여인과 함께 마실 것을 내오며 입을 열었다. 함께 나와 차를 주고 과일을 깎아준 여자들은 아마도 그곳 '나눔의 집'에서 함께 생활하는 여자들인 듯했다. 수녀가 말했다.

"죄송합니다. 사실 여기는 금남의 집인 것과 마찬가지라…. 더구나 수란 헬레나 자매는 생전에 캐시 아빠 나타나는 걸 너무 무서워했거든요. 경찰에 접근 금지를 신고했고 조치를 했지만, 수시로 이 부근에 와서 아이들만이라도 내놓으라고 집요하게 협박을 하곤 했지요. 결국은 원장 수녀님이 그분을 만나고 수란 헬레나 자매를 설득해서 캐시와 타미를 돌려보내고 말았어요. 왜냐면 몸이 아프고 혹 사고나 나면 애들은 그래도 아빠가 돌봐야 한다고 타일렀지요."

"잠깐! 수란의 생전이라니요?"

동민이 제동을 걸었다. 수녀가 의아스럽게 동민을 바라보았다. 수녀가 말했다.

"그럼… 모르셨나요?"

동민은 가슴에서 쿵 소리가 나며 머리가 아뜩해졌다.

"헬레나 자매는 어제 오후에 소천하셨어요. 원장 수녀님과 우리 식구들이 오늘 자매님의 장례 준비 때문에 성당에 가셨는데…. 그럼 혹 모르고 오셨나요?"

보조 수녀가 고개를 갸웃하며 성호를 그었다. 동민은 황당한 심정으로 말이 더듬어졌다.

"저기, 제가 병원이라고 전화 받은 건 어제 아침이었는데…. 간호사인지 누군가가 수란이 위독하다고…. 그래서 떠나기 전에 보고 싶다고 했다던데. 그새 죽다니요?"

"그랬어요? 아마 원장 수녀님이었나 보네요. 그리고 아마 일을 당하자 황망하셔서 그 얘긴 못하신 것 같네요. 운명하기 전에 한 번 보라고 알려주신 것 같은데…. 혹 정동민 씬가요?"

보조 수녀가 다시 물었다.

"네…."

"그렇군요…. 아까 큰아빠라고 해서 잠깐 의아해서…."

"네, 그래요. 저는 정동민이고, 수란의 마지막 동거인이었습니다. 다만 캐시랑 타미에겐 그냥 큰아빠라고 불렀거든요."

"아, 그렇군요…. 헬레나 자매에게 얘기 많이 들었습니다."

수녀는 그제야 납득이 간다는 듯 그동안 뭔가의 의구심으로 잠시 굳어 있던 얼굴 표정을 풀었다. 그리곤 짤막하게나마 수란이 쉘터에 들어온 이후로 그녀가 영세를 받고, 어떻게 생활했으며, 어떤 변화를 가졌는지 자근자근 말해주기 시작했다.

"헬레나 자매가 캐시와 타미를 데리고 이곳 다비드 모자원에 온 건 약 2년 전이었어요. 원장 수녀님을 만나 아이들 때문에 당분간 좀 숨어 있어야 한다면서 도움을 요청했어요. 애들 아빠와의 일을 얘기하며…. 건강이 안 좋다면서 얼굴이 많이 상해 있었지요."

그렇다면…. 수란은 동민과 헤어져서도 한동안은 또 다른 곳에 있었다는 얘긴데…. 아이들 데리고 어디서 뭘 하면서 얼마나 고생을 하며 살았을꼬…. 동민은 순간 가슴 속으로 수란에 대한 연민이 가득 차올랐지만 우선은 감정을 누른 채 수녀의 얘기에 귀를 기울였다. 그리곤 눈을 돌려 창밖을 살펴보았다.

바깥쪽으로는 사무실 본채 외에 꽤 널찍한 정원을 중간에 두고 살림집인 듯한 하우스 두 채가 양쪽으로 ㄱ자형으로 이어져 있었다. 모르긴 해도 집 한 채에 두세 가구는 충분히 살 수 있는 너비의 집들로 보였다. 정원 한쪽으로는 상추나 파 같은 채소가 자라는 텃밭이 가꾸어져 있었고, 담장 쪽으로는 갖가지 꽃나무들이 어우러져 있었다. 그리고 그 가운데 목련 서너 그루가 막 꽃봉오리를 틔우고 있었다. 백목련도 보이고, 자목련도 함께 보였다. 동민의 집 마당가에서 자라던 바로 그 목련들이었다.

"아, 바깥에 목련이…."

"…?"

동민이 순간 손가락으로 창밖을 가리키며 짧게 감탄을 토하자, 수녀가 멈칫 말을 멈추곤 함께 그의 손끝을 따라 함께 창밖으로 얼굴을 돌렸다. 그리곤 미소를 지었다.

"아, 네에…. 헬레나 자매가 유난히 좋아했지요. 맨날 그 주변을 돌며 노래를 부르곤 했어요. 아, 그럴 때 가끔 제가 곁으로 가면 정 선생님 얘기를 들려주곤 했지요."

보조 수녀는 비로소 동민의 본체를 본 듯 이제 완전히 긴장을 푼 채 오히려 호기심이 가득한 눈으로 동민을 살펴보고 있었다. 동민은 환청을 들었다. 수란의 천진한 목소리가 그의 귓전을 때렸다.

"어? 아저씨 왔어? 언제 온 거야?"

2

그때 그녀는 동민의 집 텃밭 속 목련 꽃나무 곁에서 흥얼흥얼 뭔가 노래를 부르고 있었다. 주말 오후 동민이 일찍 퇴근을 하고 들어오자 아이들은 낮잠을 자고 있었고, 그녀는 텃밭에서 무언가 일을 하던 차림새였다. 그때도 수란은 그렇게 물었었다.

"어? 아저씨 왔어? 언제 온 거야?"

"지금 막. 근데 거기서 뭐해? 아쭈… 밭일했어?"

동민은 신기한 표정으로 그녀를 바라보며 웃었다. 그가 알기론 그녀가 밭일 같은 건 생전 안 해본 말괄량이 출신인줄 알았기에 고개를 갸웃하며 약간 비아냥하듯 말했다.

"옴마, 아저씨, 아쭈라니요? 저 말예요. 순 촌년 출신이라고요. 자랄 때 엄마가 못하게 해서 잘 안 했지만…. 밭도 매보고 논에 모도 심어보고 다할 줄 알아요. 아저씬 절 바본 줄 아나 봐, 치이…."

"그래서 오늘 뭐했노?"

"오늘요? 감자밭 한 번 매줬어요. 잡초 뽑아줬죠! 감자 밑동이 조금 파보니 새끼들이 깜짝 놀라 하얗게 얼굴을 내밀길래 불쌍해서 얼렁 덮어주고 말았죠. 놀랐나 봐요."

"새끼 감자들이 깜짝 놀라? 불쌍해서…."

동민은 수란의 표현이 재미있고 우습고 공연히 가엾어져 가만히 그녀의 곁으로 다가가 가볍게 안아주며 볼에 뽀뽀를 했다. 그녀는 의외로 수줍음을 타며 얼굴이 발그레해졌다. 그리곤 함께 동민의 목을 감싸 안으며 귓속말로 속삭였다.

"아저씨…."

"으응…."

"아저씬 참 좋은 사람이어요!"

"뜬금없이 근 또 뭔소린가요? 우리 목련 아씨?"

"그냥요. 저 목련 같아요?"

"으응!"

"백목련 참 좋아하는데…. 꽃말이 이루지 못할 사랑이라 하던데…. 괜히 좀 슬프잖아요! 있잖아요, 저 한번 꼭 안아주세요!"

그날 어쩐지 수란은 왠지 모르게 조금 우울해 보였다. 동민은 그런 그녀를 꼭 보듬어 안으며 그녀처럼 귓가에 대고 말해줬다.

"그건 꽃말일 뿐이고…. 내가 수란일 사랑하는데, 뭘! 내 시 한 수

읽어줄까?"

"그래요!"

수란은 그의 어깨에 얼굴을 기대며 눈을 반짝였었다. 동민은 숨을 가다듬었다.

목련에게

김정호

꿈을 가진 이는 날마다 가슴 뜨거워지고
절망하는 사람은 다가갈수록 아득해지는
사월은 와라

만남과 이별이 지난 자리마다 새순을 달고
바람 부는 봄날의 향연을 위해
하얀 영혼 담은 연한 꽃잎

수줍은 떨림으로 져 또다시 아파하며
떠나보내야 할 사랑이지만
다시는
너를 유혹하지 않으리라

"어머나, 참 좋다. 수줍은 떨림으로 져 또다시 아파하며 떠나보내야 할 사랑이지만 다시는 너를 유혹하지 않으리…."

수란은 동민의 어깨에 머리를 기댄 채 시의 끝 구절을 금방 외어 따라 하며 동민의 손을 꼭 쥐어 잡았다. 목소리가 떨려 나오며 손바닥에 열기가 느껴졌다. 그녀가 중얼대듯 말했다.

"나는요, 그냥 흔한 목련꽃 노래 있잖아요. '목련꽃 그늘 아래서 베르테르의 편질 읽노라' 어쩌구 하는 거밖엔 모르거든요. 헌데 아저씨가 읽어준 건 왠지 가슴에 파고드네요. 근데 아저씨?"

"으응?"

"나… 혹시 떠나면 다시는 안 찾을 건가요?"

"얘는? 뭔 그리 쓸데없는 소릴 하네! 나 자네 떠나보내지 않을 거야!"

동민은 뭔가 짠한 느낌으로 머리를 흔들며 그녀의 얼굴을 돌려세웠다. 그리곤 입술을 덮었다. 수란은 다소곳이 그에게 안기며 그의 입술을 받았다. 입술에서는 목련 향기가 배어 있었다. 그러다 그녀는 잠시 입술을 떼며 뭔가 말하려는 듯 숨을 골랐다. 하지만 그 순간 거실 쪽에서 아이의 울음소리가 들렸다. 타미가 잠을 깬 듯했다. 아이 참! 수란은 입술을 삐죽하며 동민에게 떨어져 방 쪽으로 걸음을 옮기며 혼잣말처럼 중얼거렸다.

"아무래도, 아저씨, 더는 함께 못 있을 것 같아요."

하지만 그때 동민은 그녀의 말을 채 알아듣지 못했다. 잠을 깬 타미가 마당 쪽으로 뒤뚱거리며 다가오고 있었기 때문이었다. 그녀가 아이를 안으며 아이의 귀에 대고 뭐라고 달래자 아이가 울음을 뚝 그치고 동민을 바라보며 눈물을 그렁그렁한 채 고사리손으로 죔죔을 해보였다.

"뭐라 했는데?"

동민이 타미를 옮겨 안으며 그녀에게 물었다.

"뚝 하면 큰아빠가 공룡과 몽키 나오는 만화 보여준다고 했어요!"

"그랬어? 근데 야단났네. 타미야, 지금 시간엔 티렉스와 죠지 안 나올 텐데…. 어쩌지?"

"괜찮아요. 내가 녹화 떠놓은 거 있어요."

그가 거실로 향하자 수란은 동민의 뒤에서 허리를 잡으며 어조가 명랑해졌다. 이어 캐시도 잠을 깨었고, 그들은 함께 소파로 자리를 옮겨 사과를 깎아 먹었다. 그게 벌써 3년 전 일이었다.

"추억이 많으신가 보지요? 하긴 헬레나가 늘 얘기했으니까. 특히 췌장암 말기 판정으로 중환자실로 가면서 쓰던 물건을 얼마나 꼼꼼하게 정리하고 챙기는지… 그냥 버릴 거 한 가방, 기부할 거 한 가방, 아이들에게 보낼 거 한 상자. 그리고 혹 정 선생 오시면 주라고 남겨준 조그만 가방도 한 개 있어요. 아마 원장 수녀님이 보관하고 계실 겁니다."

보조 수녀가 잠깐의 상념에 표정이 처연해진 동민의 얼굴을 한동안 바라보다가 조심스럽게 말했다. 동민은 수녀의 그 소리에 펄쩍 정신이 들었다. 고개를 돌려 그녀를 향했다.

"수란이가 췌장암 말기였다고요? 그리고 제게 줄 상자가 있다고요?"

"네에. 모르셨구나!"

"세상에… 근데 수란인 지금 어디에 있어요?"

수녀가 조용히 성호를 그었다.

"내일 오전 장례미사가 있어요. 거기 가시면 헬레나 떠난 모습 보실

수 있습니다. 아무튼 정 선생님 잘 오셨습니다. 낼 아침 저희와 함께 성당을 가시지요! 우리 식구들은 오늘 저녁 미리 가서 준비 중에 있어요."

3

동민은 그날 오후 부근의 숙소를 잡아 자는 둥 마는 둥 수란의 생각으로 밤을 지샜다. 그리곤 다음 날 아침, 보조 수녀를 다시 만나 그곳에서 머지않은 성당에 도착했을 때 수란의 장례미사는 막 시작하고 있었다. 동민은 어린 시절 모태 신앙으로 일찌감치 영세를 받은 적이 있었기에 그는 오랜만에 접하는 성당의 미사 의식은 그리 낯설지가 않았다. 그러나 그는 대학시절 첫 사랑이었던 윤희가 황당하게 죽은 이후로는 성당과는 발을 끊고 살았었다.

당시 동민은 윤희를 지극히 사랑했고, 또 아이를 가진 채 사고를 당해 어이없이 목숨을 잃었다는 억울함으로 공연히 신에 대한 원망이 가슴에 가득했기 때문이었다. 한편으로는 스스로 용렬스러운 생각도 들긴 했지만, 그러나 그때는 어쩔 수가 없었다. 그런데 또 그 시절의 윤희만큼 천진하고 순수했던 수란이 죽었다. 모처럼 일깨워진 '사랑'이라는 마물魔物은 동민과는 인연이 없는 것일까. 그는 그때처럼 공연히 화가 나 어금니를 지근지근 씹으며 성당엘 들어섰다. 문 앞에서 원장 수녀가 보조 수녀의 전갈을 받은 듯 동민을 알아보고 인사를 건넸다.

"오셨네. 전 안젤라 원장이에요. 헬레나 일은… 마음이 아파요."

"아, 네… 수녀님께서 많은 수고를 하셨다고요. 죄송합니다."

"별말씀을… 헬레나가 너무 의연하고 표정이 밝아 좀 더 있을 줄 알았는데 갑자기 그만… 정말 안 됐습니다. 정 선생님 얘기 많이 들었습니다."

"…."

동민은 뭔가 하고 싶은 말이 많았지만, 순간 가슴속으로 슬픔이 물줄기처럼 밀려와 차마 입을 열 수가 없었다. 입을 열면 바로 흐느낌으로 변할 것 같아 그는 이를 악 물었다. 원장 수녀가 잠시 그의 충혈된 눈을 바라보다가 조용히 말했다.

"곧 미사가 시작되어요. 들어가시지요?"

"네에, 그러죠. 근데, 혹…."

"네, 뭐죠?"

"아, 아닙니다."

동민이 수녀의 안내를 받아 입구로 들어서자, 얼핏 제단 앞쪽의 한편으로 이미 성당의 봉사자들이 운구해 온 듯 수란의 시신이 관속에 누워 있는 모습이 보였다. 얼굴만 열어놓은 것 같았다. 그는 버릇처럼 자연스럽게 성호를 그으며 앞쪽의 십자가를 향해 장궤長跪로 예를 표하곤 뒷좌석에 자리를 잡았다. 수녀가 앞쪽을 권했지만, 그는 사양하고 그냥 뒷자리를 택했다. 원장 수녀의 갸웃한 표정을 무시한 채, 그리곤 그대로 서서 앞쪽을 살펴보았다. 혹 캐시와 타미의 모습이 보일까 해서였다. 만약 아이들이 왔다면 둘이서만 오지 않았을 것이고, 틀림없이 아이들 아빠나 다른 누군가가 동행했을 것이라고 믿고 있었다.

곧이어 사제司祭와 보補미사 하는 봉사자들이 십자가와 성체聖體함을 들고 사제를 따라 입당을 시작했다. 오르간이 서러움을 토했다. 성가대를 통해 '주여, 그에게 영원한 안식을 주소서(Requiem Aeternum / Mass for the Dead, Introit)'란 '입당송'과 '화답송'이 엄숙하게 흘러나오기 시작했다.

"영원한 안식을 저들에게 주소서 / 주님, 그리하여 영원한 빛이 저들에게 빛나길 /

당신은 찬미 받아 마땅하나이다 / 하느님, 당신께 드린 서원 예루살렘에서 지키리이다 / 나의 기도를 들으소서 / 당신께로 모든 육체가 나아가리이다 / 주님, 영원한 안식을 저들에게 주소서 / 끝없는 빛을 저들에게 비추소서

"천주의 성인들이어 오소서 / 주의 천사들이여 마주 오소서 /

이 영혼을 부르신 그리스도님 / 이 영혼을 받아들여 주소서 /

천사들이여! / 이 영혼을 아브라함의 품으로 데려가소서 /

주여 이 영혼을 받으소서 / 주여 영원한 빛을 그에게 비추소서…."

입당송 중간에 사제가 제대에 도착하고 봉사자들도 제대에 정중하게 절한 후 지정된 자리로 가서 앉았다. 동민은 다른 신자들과 함께 의자에 앉아 손을 모우고 머리를 숙였다.

자비송이 봉독되고 이어서 사제가 두 팔을 벌린 채 본 기도로 신자들의 마음을 한곳으로 모았다.

하느님,

죽은 이에게 새 생명을 주시는 권능을 당신만이 가지셨으니 당신의 종 헬레나를 모든 죄에서 해방시켜 주시고, 현세에서 그리스도의 부활을 믿고 살았던 그가 부활할 때에 영광스럽게 당신과 함께하게 하소서.

성부와 성령과 함께 천주로서 영원히 살아계시며 다스리시는 성자 우리 주 예수 그리스도를 통하여 비나이다.

아멘.

동민은 새로이 성호로 화답하며 머리를 들어 제대 쪽을 바라보았다. 성당 제대 앞에 안치된 수란의 시신이 담긴 영구 위에는 복음서와 십자가가 함께 올려져 있었고, 그 옆으로 파스카 초가 꽂혀 있었다. 그리고 주변으로 작은 몇 개의 촛대에서 촛불들이 말없이 일렁이며 갓 피어나는 목련 꽃봉오리처럼 피어오르고 있었다. 아주 먼 옛날, 바다 신을 사모한 뽀얀 얼굴에 마음씨 착한 목련 공주의 모습이 보였다. 마치 수란의 영혼이 승천하는 것 같은, 그런 느낌이었다.

"아아…!"

동민은 저도 모르게 신음이 흘러나왔다. 그리고 '주님, 영원한 안식을 저들에게 주소서'라는 입당송 끝에 뜬금없이 며칠 전 차 속에서 들었던 솔베이지의 노래와 함께 속삭이는 듯한 수란의 환청을 들었다.

"어, 아저씨 왔네! 어쩜, 다시는 못 볼줄 알았는데… 근데 이상하지? 내 몸은 저기 누워 있는데, 나는 지금 아저씨 옆에 와 있잖아. 아저씨, 안 보여요, 나? 머리 좀 돌려 봐요!"

"아아, 수란아…."

동민이 무심코 소리를 내 중얼거리자 옆 좌석의 사람이 의아스럽게 그를 돌아보았다. 동민은 눈을 감으며 기도하는 자세로 손깍지를 끼고 무릎을 꿇었다. 가슴이 콱 막히며 눈시울이 뜨거워졌다. 수란이 계속 속삭이고 있었다.

"있잖아, 아저씨. 혹시 나 버리고 어디 가지 마요. 난 페르귄트가 하는 솔베이지 아저씨처럼 아저씨 오래 못 기다릴지도 몰라요. 알았어요?"

언젠가 거실에서 음악을 듣다가 솔베이지의 노래가 나오자 그녀가 아저씨, 괜히 슬퍼져. 나 이 노래 히스토리를 알아요! 얘기해줄까? 했었다. 동민은 나도 알아, 하려다가 그냥 모른 척 고개를 끄덕여 주었었다. 그녀는 신이 나서 동민의 마리를 무릎을 받혀주며 솔베이지 송, 너무나 아름다운 사랑의 이야기를 슬픈 어조로 들려주었다. 다 아는 얘기였지만, 동민은 그녀의 동화 같은 모습이 예뻐서 눈을 감고 가끔 감탄사로 초를 쳐가며 고개를 끄덕여 주었었다.

"옛날에, 옛날 옛적에 노르웨이라는 나라의 어느 산간 마을에 가난한 농부와 아름다운 소녀가 살았대요. 소녀의 이름은 솔베이지였고, 농부의 이름은 페르귄트였는데… 둘이는 갑돌이 갑순이처럼 서로서로 사랑을 했고 결혼을 약속했대요."

이렇게 시작된 그녀의 얘기가 마지막에 페르귄트가 외국에 돈 벌러 갔다 산적에게 털리고 몇십 년 만에 병든 빈손으로 돌아와 솔베이지의 무릎에서 잠들 듯 죽었다는 장면에서 그녀는 거짓말처럼 눈물을 똑똑 흘리다가 느닷없이 동민을 흔들며 그렇게 말했었다.

"알았어요? 아저씨. 혹시 나 버리고 어디 가지 마요. 난 페르귄트처럼 아저씨 오래 못 기다릴지도 몰라요. 알았어요?"

수란은 두 번 세 번을 다짐하며 그를 흔들어 깨웠었다. 헌데 수란은 거꾸로 어느 날 말없이 그를 떠났고, 그리고 혼자서 주검으로 돌아왔다.

"암마, 이건 솔베이지의 노래가 아니라 페르귄트의 노래가 되었잖아."

동민은 옆에 사람이 있건 없건 계속 혼자서 중얼대며 흐르는 눈물을 닦지 않았다. 옆에 있던 한 아주머니가 그를 흘끔 보다가 슬그머니 냅킨 몇 장을 건네주었다. 그리고 조용히 말했다.

"진정하세요. 곧 성체 성사가 시작되어요."

그는 머리를 끄덕이며 제단을 바라보며 무릎을 꿇었다, 영성체 의식이 시작되고 있었다. 사제는 빵과 포도주를 높이 받들어 축성하며 종을 울려 주님의 몸을 모시기를 열렬히 갈망했다. 사제가 말했다.

살아 계신 하느님의 아들 주 예수 그리스도님, 주님께서는 성부의 뜻에 따라 성령의 힘으로 죽음을 통하여 세상에 생명을 주셨나이다. 그러므로 이 지극히 거룩한 몸과 피로 모든 죄와 온갖 악에서 저를 구하소서. 그리고 언제나 계명을 지키며, 주님 곁을 떠나지 말게 하소서.

하느님의 어린양, 세상의 죄를 없애시는 분이시니, 이 성찬에 초대받은 이는 복되도다. / 주님, 제 안에 주님을 모시기에 합당치 않사오나 한 말씀만 하소서. 제가 곧 나으리이다.

그리스도의 몸은 헬레나를 지켜 주시어, 영원한 생명에 이르게 하소서. / 그리스도의 피는 저를 지켜 주시어, 영원한 생명에 이르게 하소서.

아멘.

이어 오르간을 통해 영성체 송 '오, 지극한 신비여'가 울려 퍼졌다. 노래는 하나의 목소리가 되어 성체를 모시는 신자들은 경건히 마음에서 우러나오는 기쁨을 드러내며 영적으로 하나 됨을 무언으로 알려주고 있었다.

동민은 적잖이 망설였다. 수란을 위해서는 자기도 제대 앞으로 나가 함께 성체를 모시고 싶었지만, 수십 년을 고백성사 한 번 하지 않고 마음속에 덕지덕지 낀 온갖 죄악을 그대로 지닌 채로는 도저히 모른 척하고 거룩한 성체를 모시기가 두려웠다. 그리고 그것은 수란에게도 마지막까지도 거짓말을 하는 것 같아 차마 할 수가 없었다.

생각해 보면 동민은 알게 모르게 수란과 함께 살아오면서 참으로 많이 거짓말을 했다는 느낌이었다. 의미가 있건 없건 아무 쓸데없는 거짓을 상습적으로 저지르지 않았나 생각되었다. 일테면 마음과는 다르게 아이들을 내 자식처럼 챙기겠다든가 등등…. 그중 가장 마음이 아픈 건 수란과는 언젠가는 헤어질 것이라고 예견을 하면서도 한 번도 그걸 입 밖으로 내어 진실을 말해준 적이 없었다. 오히려 수란이 "아저씨, 우린 언젠가는 갈라지겠죠? 전 알아요…." 하고 말했어도 그는 항상 "그런 일 없어. 쓸데없이…"라며 입을 막곤 했었다. 그런데 헤어짐이 '죽음'으로 마무리되리라곤 생각도 하지 않았다. 그보다는 아이들이 있으니 언젠가는 영일에게 돌아 가리라고만 생각하고 있었기 때문이었다.

동민은 눈물을 훔치고 숙이고 있던 머리를 들었다. 제단 앞에서는 영성체 의식이 끝나고 사제가 잠시 침묵으로 묵상 기도를 드리고 있었다. 밀떡으로 성체를 모신 신자들은 자리로 돌아가 경건히 무릎을 꿇은 채 사제와 함께 마음속으로 합일을 이루고 있었다. 동민은 잃어버린 시간이었지만 그들의 모습을 지켜보며, 지난날의 그때와 조금도 달라지지 않게 느껴짐이 신기했다.

잠시 감사 침묵 기도가 가톨릭교회의 전례에 따른 망자亡者를 보내는 고별식이 이어졌다. 성가대가 오르간의 슬픈 음률을 따라 고별 노래인 '이 영혼을 받으소서'를 부르기 시작했다.

천주의 성인들이어 오소서,

주의 천사들이여 마주 오소서.

이 영혼을 부르신 그리스도님,

이 영혼을 받아들여 주소서.

천사들이여!

이 영혼을 아브라함의 품으로 데려가소서.

주여 이 영혼을 받으소서,

주여 영원한 빛을 그에게 비추소서.

동민은 그 고별송을 들으며 느닷없이 수년 전 세상을 떠난 애플(Apple)의 창립자, 스티브 잡스의 장례식에서 그의 여동생이자 소설가인 모나 심슨이 읊은 추도사의 한 대목이 떠올랐다

> 그에게 죽음이 다가온 것이 아니라, 그가 죽음을 성취한 것입니다. 곧 죽게 된다는 생각은 인생에서 중요한 선택을 할 때마다 큰 도움이 됩니다. 사람들의 기대, 자존심, 실패에 대한 두려움 등 거의 모든 것들은 죽음 앞에서 무의미해지고 정말 중요한 것만 남기 때문입니다. 죽을 것이라는 사실을 기억한다면 무언가 잃을 게 있다는 생각의 함정을 피할 수 있겠지만, 당신은 잃을 게 없으니 가슴이 시키는 대로 따르지 않을 이유도 없습니다.

듣기로는 스티브 잡스는 숨을 거두기 전날, 아이들과 아내를 오랫동안 바라본 다음, 짧은 감탄사를 내뱉고는 눈을 감았다고 한다. 췌장암으로 사망한 그는 죽기 직전에 자신의 자서전을 출간하고, 평소 구상해오던 신형 IT기기들을 잇따라 출시하는 등 자신의 죽음을 준비해왔다고 했다. 동민은 죽은 잡스의 여동생이 추도사에서 '오빠가 죽음을 성취했다'고 표현한 것은 그의 이런 삶의 자세 때문인지도 몰랐다는 생각이 들었다.

'수란아, 너도 죽음을 성취한 거냐? 알면서 애들도 떠나보내고 오랫동안 준비한 거였어?'

동민은 성호를 그으며 제단 쪽으로 눈을 모았다. 사제가 일어나 기도를 드리고 수란의 관 주위를 한 바퀴 돌면서 성수를 뿌리고 향로를

흔들었다. 그리고 수란의 영정사진 앞에 향로를 놓고 다시 향을 피우고 있었다. 하나둘씩 유족들이 손에 촛불을 들고 관 앞으로 다가오고 있었다. 동민은 비로소 장궤를 풀고 몸을 일으켜 세웠다. 그리곤 목을 길게 빼 그쪽을 살펴보았다.

아, 있었다. 아까는 보이지 않았는데, 언제 어디로 어떻게 들어왔는지 캐시가 들어오는 모습이 눈에 들어왔다. 그 옆으로 까만 양복을 입은 타미의 앙증스러운 모습도 함께 보였다. 순간적으로 동민은 하마터면 큰 소리로 그들을 부를 뻔하다가 손으로 얼른 입을 가렸다. 그러면서 다시 한 번 주변을 둘러보았다. 캐시 옆에는 누군지 모를 웬 여자 한 명이 검은 상복을 입은 채 타미의 손을 잡고 따라오고 있었다. 그 뒤로 원장 수녀와 보조 수녀, 그리고 모자원의 식구들인 것 같은 사람들이 줄을 잇고 있었다. 어디에도 캐시의 아빠 같은 사람은 보이지 않았다. 동민은 마음이 바빠지며 자기도 모르게 벌떡 일어나 의자에서 몸을 뺐다.

수란은 잠자듯 평온해 보였다. 엷은 화장을 한 탓인지 얼굴이 창백해 보이지도 않았다. 그냥 옛날의 표정으로 동민의 옆에서 막 잠든 모습이었다.

"이봐요, 아저씨… 벌써 자? 날 좀 꼭 껴안고 자면 안 되나? 꼭 잠잘 땐 혼자만 자더라, 치이…. 아, 재미없어!"

그리곤 그녀도 기지개를 켜면서 하품을 했었다. 거의 매일 밤 짙은 한바탕의 사랑이 어우러진 다음에 동민이 돌아누워 자는 척 눈을 감고 있으면, 그녀는 화난 듯 툴툴대며 동민의 손을 끌어 자기의 가슴에 얹으며 종알거렸었다. 그러다 잠시 후 동민이 돌아보면 그녀도 어느새 잠이 들어 있곤 했었다.

"이봐, 벌써 잠들었어? 금방 나더러 뭐라고 쫑알거리더니. 원 차암…."

동민은 뭔가 착각을 일으키며 수란을 바라보았다. '이봐, 수란아. 자는 거야? 나 왔어!' 마음속으로 중얼거리며 잠든 그녀를 내려다보았다. 왠지 그녀의 눈꺼풀이 파르르 떨리는 듯했다. 가슴이 먹먹해지며 눈시울이 뜨거워졌다. 참을 수 없이 발끝으로 후드득 눈물 몇 방울이 굴러떨어졌다.

누군가 곁으로 다가오는 기척이 들렸다. 아니, 다가왔다는 느낌보다는 동민이 수란의 영구앞으로 다가왔을 때 이미 주변에 와 있었던 수녀들과, 그녀와 함께 살던 모자원 식구들의 모습이 비로소 눈에 들어왔다고 할까? 원장 수녀와 다른 일행들은 이미 동민에 대한 전갈을 들은 듯 묵묵히 조의의 목례를 보내왔다.

그의 옆으로 누군가가 달려와 손을 잡았다. 돌아보니 캐시와 타미였다. 동민은 암말 없이 그들의 손을 꼭 잡고 함께 가슴으로 싸안았다. 캐시 역시 말없이 눈물만 흘리며 그의 가슴에 얼굴을 묻었다. 타미 또한 제 누나를 따라 덩달아 눈물을 똑똑 흘리며 동민의 가슴에 안겨 왔다. 품에 안기는 감촉으로 캐시와 타미는 그동안 엄청 자라 있었다. 동민은 다시 한 번 아이들을 꼭 껴안으며 잠시 생각을 모았다. 그랬다. 그녀가 떠난 것이 벌써 3년 전이 아닌가. 그때 캐시가 다섯 살, 타미가 세 살이었으니…아이들이 훨씬 자란 건 당연할 것이었다. 동민이 물었다.

"아빠는 안 오셨니?"

"응. 근데 이모가 함께 오셨어!"

"이모?"

"응. 나랑 타미랑 아빠랑 잠깐 살다가… 다시 저 이모랑 살았어."

"그랬어?"

내용은 잘 모르겠지만, 동민은 억장이 콱 무너지며 가슴속으로 다시금 분노가 치밀어 올랐다. 그는 눈을 돌려 아이들이 이모라고 부른 여자에게로 시선을 돌렸다. 그녀가 동민과 눈이 마주치자 목례를 보내왔다. 나중에 알고 보니, 그녀는 애들 아빠의 전 직장 유학원 원장의 여동생이었다. 언젠가 수란에게 들은 바가 있었던, 그녀도 남편의 폭력에 치를 떨고 이혼했던 여자였다고 했다. 다행히 딸린 아이들이 없어 수란을 친동생처럼 돌봐주며, 수란이 와병하자 아예 아이들까지 맡아 기른다고 했다. 동민이 물었다.

"그럼 애들 아빠는요?"

"다시 와, 한 일 년 같이 있었어요. 처음엔 끔찍하게 잘해주더니 다시 병이 도졌는지 또 매를 들었어요. 수란이 건강마저 위태로워지자 다시 뛰쳐나와 제게 의탁했어요. 며칠 전 오빠를 통해 수란의 임종을 알려줬는데… 듣기론 온종일 울다가 어디 가서 죽어버리겠다고 나갔다고 하더라고요."

"…."

동민은 얼핏 이 친구가 이곳 어딘가에 숨어서 수란의 장례를 지켜보고 있는 게 아닌가, 생각이 들어 몸을 돌려 주변을 살펴보았다. 만나면 그냥 패주고 싶은 심정이었다.

5

동민은 장례미사가 끝나고 수란의 영구가 장지로 떠나기 전 잠깐 캐시의 이모라는 여인과 다시 만났다. 아니, 그녀가 동민에게로 다가와 먼저 정식으로 인사를 챙겼다는 것이 정확했다. 그녀는 검은 상복이 어울리는 여인이었다. 동민은 뜬금없이 아주 오래전에 본 유진 오닐 원작의 '상복이 어울리는 엘렉트라'라는 연극을 떠올리며 그녀를 바라보았다. 그 스토리와는 아무 상관이 없었지만, 생머리와 희고 긴 목선이 어찌 보면 수란의 분위기와 뭔가가 닮은 듯한 느낌이 들었다. 그녀가 입을 열었다.

"처음 뵙겠어요. 전 민정옥이라고 해요. 애들이 절 이모라고 하는데… 나성 유학원 민 원장이 제 오빱니다."

"아… 예."

동민이 머리를 숙이자 그녀는 자연스럽게 함께 따라온 아이들을 다독이며 진심이 담긴 위로의 말을 건넸다. 동민은 캐시와 타미의 손을

더듬어 잡으며 울컥 다시 한 번 눈두덩이 뜨거워졌다

"캐시 엄마 통해 말씀 많아 들었어요. 마음이 아프시겠어요."

"아, 예…."

그는 금방 뭐라 대꾸할 말이 생각나지 않아 그냥 아이들의 손만 꼭 끌어 쥔 채 그녀를 바라보았다. 동민의 일그러진 표정에 그녀 역시 함께 눈시울을 붉혔다. 그리곤 가만히 손을 내밀어 아이들과 함께 잡은 동민의 손등 위로 그녀의 두 손을 덮어 잡았다.

"수란인 참 의연했어요. 아이들이 울먹이면 절대로 울지 못하게 했어요. 너희들이 눈물을 보이면 엄마가 더 슬프다고 하면서… 그러면서 시간이 나면 동민 씨 얘길 해줬어요. '있잖아, 울 아저씨 말야…' 하면서. 동민 씨가 들려준 목련 꽃 얘기를 해주며 함께 솔베이지의 노래도 읊조리곤 했어요. 그럴 땐 눈빛이 맑아지면서 생기가 돌곤 했지요. 저도 정말 안타까워요. 이렇게 너무 일찍 헤어지리라고는 생각하지 못했거든요. 얼마 전까지도 '언니, 이제 곧 나으면 다시 아이들 데려와서 내가 돌보고 그동안 언니한테 신세진 거 갚을게'라고 했었는데…."

"그랬군요. 이제 캐시, 타미는 제가 돌볼까 싶은데…."

"아, 아닙니다. 절대로… 앞으로도 아이들은 제가 돌볼 겁니다. 떠난 수란이도 그걸 원할 거고요. 저도 혼자 사는 몸이고… 제 말은 결코 그런 뜻이 아닙니다."

여자는 펄쩍 뛰었다. 무심코 한 말이 아이들을 짐스러워한다고 들렸다고 생각한 모양이었다. 동민도 역시 순간적으로 불쑥 뱉어낸 말이었지만, 아직 아이들을 맡고 말고 할 그런 이야기를 할 때가 아닌 점을 알고 있었다. 더구나 애들 아빠가 어쨌거나 눈이 화등잔처럼 살아 있고, 그리고 그가 무슨 생각을 하고 있는지도 모르는 시점이었기 때문이었다. 그는 머리를 숙이며 말 머리를 돌렸다.

"그냥 잠시 그런 마음이 들었습니다. 그런 건 차차 생각해보지요. 그나저나 이제 떠나야지요?"

동민은 성당 앞에서 줄지어 서서 상주를 기다리는 영구차 행렬을 바라보며 아이들과 그녀를 앞세우고 밖으로 나왔다.

성당 건물 둘레에는 나무들이 많았다. 그리고 잘 가꾸어진 꽃밭이 건물 벽을 따라 정갈하게 자리 잡고 있었다. 주변의 나무들 중에는 언젠가부터 수란이 끔찍하게도 좋아하던 목련도 봉오리가 벌어지고 있었고, 꽃밭에는 오월이 시작되면서 텍사스의 주州꽃인 블루보닛이 흐드러지게 피어 있었다. 벌 나비들이 수시로 드나들고 있었다.

'어? 나비네. 수란아, 나비 봐라.'

동민은 혼잣말로 중얼거렸다. 그리곤 아이들과 이모라는 여인을 앞쪽으로 보내고 본인은 영구차 뒤쪽으로 가 수란을 따라가기 시작했다. 다행히 장지는 바로 성당의 건물의 주변에 있어 상주를 제외한 다른 문상객들은 특히 차를 타지 않아도 될 만큼 거리가 멀지 않았다. 그는 영구차를 따라 천천히 발걸음을 옮기기 시작했다.

장지에 도착한 수란의 하관은 사제의 무덤 축성의식으로 시작되었다. 시신이 묻힐 묘역에는 소형 천막이 쳐진 가운데 관이 안장될 자리에 관의 크기만큼 뭇자리가 만들어져 있었다. 장방형의 뭇자리 옆에는 하관 후 뿌릴 고운 흙이 인부들에 의해 준비되어 있었고, 그 옆에는 흰색 천으로 자루를 감은 삽 대여섯 자루가 세워져 있다. 고인의 영정사진과 수란의 관이 무덤을 덮기 위해 흙으로 쌓아 올린 제단 위에 안치됐다. 사제가 성수를 뿌리고 기도를 올리고 축원했다.

"천상에서 주님의 자비로 헬레나 자매가 천국에 오르게 하소서. 영원한 안식에 들게 하소서 / 하늘에서 영원히 안식하소서."

이윽고 수란의 관이 흰 천에 감겨 서서히 땅 아래로 내려가기 시작했다. 문상객들의 흐느낌 속에 흰색 글씨로 기록한 붉은색 천인 명정銘旌이 널 위에 펼쳐졌다. 명정에는 '고 오수란 헬레나 지구'라고 적혀 있었다. 매장이 진행되는 동안 고인의 떠남을 아쉬워하는 기도와 노래가 묘역을 덮었다. 어느 날 불쑥 동민을 찾아와 잠시나마 그에게 순수함과 천진함, 그리고 아픔이 뭔지를 일깨워주었던 수란은 '아저씨, 사랑해요. 잊지 못할 거예요'라는 메시지를 남긴 채 그렇게 '하느님의 품속으로' 영원한 안식을 찾아갔다.

관이 무덤 속으로 내려가자 여기저기서 흐느낌이 터져 나왔다. 사제와 문상객들은 분향과 성수를 뿌렸고 꽃을 던졌다. 원장 수녀를 비롯한 그들은 관 속에서 영면에 들어간 수란을 향해 성호를 그으며 하늘나라로 떠난 고인의 명복을 빌었다. 마지막으로 무덤 축복과 유족을 위한 사제의 기도가 마무리되고 있었다.

주님, 라자로의 죽음을 슬퍼하시며 눈물을 흘리셨으니

사랑하는 사람의 시신을 땅에 묻고 애통해하는 유족을 가엾이 여기시어

자비와 은총으로 감싸주시고 이들의 눈물을 씻어주소서.

부활이요, 생명이신 주님을 믿는 저희는
죽음이 삶의 끝이 아니라 부활과 영생의 시작임을 믿나이다.
이제 이 세상을 떠난 헬레나 자매가
모든 성인의 통공으로 저희와 친교를 나누며
저희를 위하여 끊임없이 기도하고 있나이다.
그러므로 슬퍼하고 있는 저희도
언젠가는 하느님 나라에서 주님과 고인을 만날 희망 속에
현세의 삶을 성실히 살아가게 하소서.
주님께서는 영원히 살아 계시며 다스리시나이다.

주님, 헬레나에게 에게 영원한 안식을 주소서.
영원한 빛을 그에게 비추소서.
헬레나와 세상을 떠난 모든 이가
하느님의 자비로 평화의 안식을 얻게 하소서.

아멘.

유족을 위한 기도가 끝나자 인부들이 다가와 무덤이 흙을 덮기 시작했다. 민정옥이 수란과 함께 지나던 모자원 식구 몇 사람과 함께 그 앞에 무릎을 꿇고 성호를 그으며 또다시 흐느끼기 시작했다.

동민은 비로소 서러움이 터지며 그것은 가슴을 채우고, 목을 채우고,

입으로 넘쳐 올랐다. 눈물이 동공에 넘치는 탓인지 하늘도 차츰 흐릿흐릿 변하는 듯했다. 그는 캐시와 타미에게 다가가 민정옥과 함께 손을 잡고 땅속으로 들어가는 수란을 바라보며 함께 울었다. 캐시와 타미가 동민의 가슴에 안기며 목 놓아 '엄마'를 불렀다.

6

동민은 장례식이 끝난 다음 날 민정옥을 따로 만났다. 그녀는 장례를 마치자 아이들과 함께 삼우三虞 날까지 수란이 머물던 다비드 모자원에서 있으면서 수란의 잔짐을 챙기고 원장과 그동안 수란과 정리되지 못한 일들을 마무리한다고 했다.

동민 역시 기왕 내려온 김에 수란과의 마지막을 삼우 날까지는 함께 있어야겠다는 생각이 같았다. 그는 수란을 마지막 묻은 후 모텔로 돌아와 수면제 몇 알을 털어 넣고 오랜만에 주검처럼 곯아떨어졌다. 이틀 동안 거의 잠을 못 잤던 심신의 피로는 그나마 그것으로 때웠지만, 잠을 깨고서도 동민은 머리가 개운하지 않았다. 뭐라 할까? 한때 함께 몸을 섞으며 어떨 땐 소꿉놀이하듯 철부지 개구쟁이처럼 장난질을 마다하지 않던 수란의 모습이 수시로 따올라 마음이 무거울 수밖에 없었다.

그는 새삼 사람이 죽고 산다는 것이 참으로 불가사의하다고 느껴졌다. 아침에 일어나 창밖의 거리를 우두커니 내다보며, 바깥으로 팬터

마임처럼 소리 없이 '움직이는 모든 것'에 대한 외경심이 가슴으로 채워졌다. 얼마 전까지 함께 말하고, 함께 밥 먹고, 함께 술 마시며 깔깔거리던 내 짝이 어느 날 갑자기 세상에서 사라지고 앞으로는 생전 볼 수조차 없다는 현실이 얼른 납득이 가지 않았다.

'그래, 움직이는 것이 또 그것을 바라볼 수 있는 것이 내가 살아 있다는 증거야!'

그는 조금도 새로울 것이 없는 철리哲理를 새삼 깨닫고 뇌까리며 칫솔에 치약을 발랐다.

"잘 주무셨어요? 피곤하셨죠?"

모텔 부근의 커피점에서 만난 민정옥이 물었다. 얼굴은 다소 푸석해 보였지만, 타고난 흰 피부와 윤기 있는 머릿결은 그 푸석함을 오히려 연민을 불러일으키게 했다. 동민은 문득 수란을 떠올리며 뜬금없이 물었다.

"아, 예, 잘 잤어요. 근데 정옥 씨는 어째 우리 수란이랑 모습이 좀 닮았네요."

민정옥이 입을 가리며 살큼 웃었다.

"그래요? 함께 있을 땐 사람들이 자매냐고들 물었어요."

"그렇군요. 근데 아침 식사는?"

"아직… 아침에 커피만 한잔 마셨어요."

"그럼 함께 하시죠. 아점이지만…."

"그럴까요?"

민정옥이 고개를 끄덕이며 잠시 멈칫하다가 다시 입을 열었다.

"캐시랑 타미는 오늘 그냥 수녀님이랑 같이 있으라고 했어요. 혹시 애들 아빠가 찾아오지 않을까 해서…."

"애들 아빠가? 혹 무슨 연락이 있었나요?"

"네에…. 며칠 전 원장 수녀님께 전화해서 아이들 다시 데려가면 안 되겠냐고 물어봤대요. 왜냐면 애들의 공식적 보호자는 원장 수녀님과 저이기 때문에 두 사람 허락 없인 아빠라도 함부로 못하거든요."

"그렇군요…. 그럼 정옥 씨 의견은 어때요?"

"무슨…?"

"아이들 거취에 대해서…."

"무슨 의견이 있어요? 전 절대 그 집 아빠에게 못 돌려보내요. 생전에 수란이 뜻도 그랬고. 설사 동민 씨가 원해도 전 동의할 수 없어요."

그녀는 결연한 어조였다. 오늘 혼자 동민을 만난 이유가 마치 그 얘길 전하러 온 것처럼 아주 단호했다. 동민이 고개를 끄덕여주었다.

"그렇군요. 솔직히 저 역시 설사 그런 뜻이 있다 해도 막상 애들 거느릴 자신이 없어요. 그냥 진짜 큰아빠처럼 뒤에서 돌봐줄 수는 있겠지만… 암튼 정옥 씨 뜻 알았으니 맘 놓으시고… 감사합니다."

"감사는 무슨…. 제가 드려야지요."

민정옥은 이제야 마음이 놓인다는 듯 밝게 웃었다. 그리곤 말을 이었다.

"그리고 수란이 동민 씨에게 전해드리라는 게 있었어요."

방으로 돌아온 동민은 정옥이 건네준 소형의 멜빵 가방을 열었다. 그곳에는 앨범 한 권과 수란의 체취가 밴 A4 크기의 노트형 일기장

한 권이 들어 있었다. 우선 앨범을 집었다.

앨범 속 맨 앞 장에는 언젠가 동민이 수란과 함께 장미 화원에 갔을 때, 그녀와 그리고 아이들과 한데 얼려 찍었던 사진이 들어 있었다. 단란한 가족의 모습이었다. 캐시와 타미가 그들의 앞에 서서 손가락으로 브이 자를 그리며 하얗게 이을 드러낸 채 천진하게 웃고 있었고, 그녀와 동민은 거의 껴안 듯 어깨동무를 한 채 서로 이마를 맞대고 활짝 웃고 있는 모습이 담겨 있었다. 뒤 배경에는 흐드러지게 활짝 핀 장미 넝쿨이 역광을 받아 마치 전설 속 천상의 아치 같은 풍경이었다. 동민은 그날의 기억이 되살아났다.

"마치 아이들이 하늘나라 꽃밭의 천사들 같네. 수란인 대장 천사 같고…."

"진짜 아저씨는 수호신 천사 같고…. 근데 있잖아요."

수란이 카메라에 담긴 영상을 물끄러미 쳐다보다가 혼자 킥킥 웃었었다.

"왜?"

"우리 그냥 여기서 홀랑 벗어버릴까?"

"뭐?"

"있잖아요… 성화 속의 천사들 그림을 보면 애들은 날개를 달았고, 어른들은 다들 벗은 채 어깨 죽지에 날개 대신 망토만 걸치고 있던데… 우리도 그러면 천상 천사가족이 될 거잖아요."

"차암, 내…."

동민이 혀를 끌끌 차자 수란은 헤헤헤 해맑게 웃으며 코끝을 찡긋

했었다.

그리움이었다.

동민은 민정옥과 아이들과 함께 수란의 삼우제를 지낸 후 모텔 방으로 돌아와 짐을 꾸리다 혼자 훌쩍이며 울었다. 더구나 수란과 함께 하던 그 시절이 새삼스레 떠올라 아기처럼 베개에 코를 박고 울었다. 아무도 없이 혼자 있는 낮 시간의 괴괴한 모텔 방은 마치 감옥처럼 어둡고 축축하고 외로웠다. 그는 침대 모서리를 더듬었다. 가끔 그녀와의 격렬한 섹스가 끝나면 마구 구겨진 침대 시트를 팽팽히 당기며 그녀는 몹시 부끄러워했다.

"왜?"

"너무 좋아 시트를 찢을 뻔했어요."

"설마?"

"당신은 몰라요. 당신 불칼이 춤을 추면 전 어쩔 수가 없어요. 그냥 까무러치는걸…."

그러면서 그녀는 또다시 그의 품을 파고들었고 곧이어 다시 또 그의 남성이 성을 내게 만들곤 했다.

'보고 싶다. 수란아!'

동민은 코를 핑 풀며 혼자 중얼거렸다. 그리곤 천천히 침대에서 일어나 옷을 챙기기 시작했다. 침대 위 한쪽에는 그녀가 준 앨범과 함께 때 묻은 일기장이 함께 있었지만, 동민은 우정 그것을 펼쳐보지 않았다. 그는 그녀와의 사진 한 장에 울컥 그리움이 새로워졌기에 만약 지금 그녀가 쓴 글을 들춰보면 혹 오늘도 떠나지 못하고 다시 그녀의 묘소로 달려갈 것 같은 예감에 차마 일기장 첫 장을 열기가 두려웠다.

동민은 이를 악 물었다.

수란인 떠났다. 이제는 어디선가 볼 수도 있을 곳이 아닌, 전혀 다시는 모습을 볼 수 없는 먼 곳으로 갔다. 오래전 윤희가 갔을 때도 나는 이를 악 물지 않았는가? 그리고 난 잊지 않았나? 수란이도 아마 오래지 않아 그리움은 남겠지만, 슬픔은 잊혀질 것이야! 그래…그녀가 쓴 일기는 이제부터 천천히 그녀를 음미하며 울지 않고 읽을 것이야! 동민은 생각은 그렇게 했으나, 모르긴 해도 아마 집으로 돌아가면 틀림없이 그녀의 일기장을 맨 먼저 펼쳐보고 한동안은 또다시 그녀에 대한 그리움과 슬픔이 한층 더할 것임을 알고 있었다.

어쨌건 동민은 마치 바쁜 일을 빠트린 것처럼 서둘러 가방을 꾸리고 체크아웃을 한 다음 모텔을 나와 차에 시동을 걸었다.

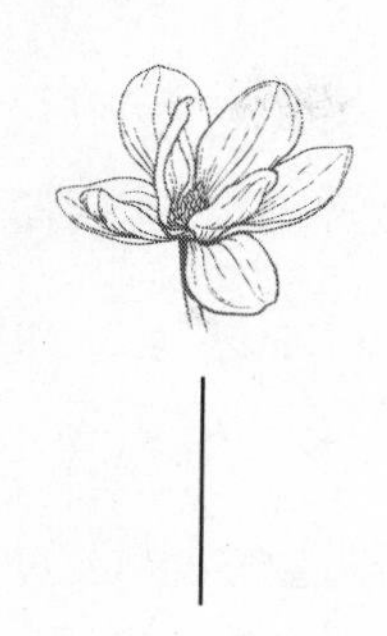

제9장
꿈꾸는 목련

1

지난 3박 4일이 마치 한 3년은 흘러간 느낌이었다. 집으로 돌아온 동민은 우선 회사에 전화를 걸어 국장에게 사과하고 그동안의 얘기를 짤막하게 전했다. 국장은 한참을 암말 없이 얘기를 듣더니 쯧쯧 혀를 찼다.

"당신은… 괜찮아?"

"그냥 좀 피곤하네요."

"사장한테는 휴가 냈다고 했으니 주말까지 쉬어요. 조리하고… 거, 차암!"

국장은 버릇처럼 다시 한 번 혀를 차곤 전화를 끊었다. 동민은 전화기를 던지곤 소파에 몸을 묻으며 마치 화난 사람처럼 소파 구석에 던져져 있는 민정옥이 가져온 수란의 멜빵 가방을 노려보았다.

'아저씨, 나 여기 있어요. 문 좀 열어 봐요'

수란이 가방 속 일기장에서 그를 찾고 있었다. 그는 이를 악 물었지만, 자신도 모르게 팔을 뻗어 가방끈을 끌어당겼다. 그리고 그녀를 찾아 일기장의 첫 페이지를 열었다. 맨 첫 장에는 이런 문구가 쓰여 있었다.

"우리가 할 수 있는 것은
사랑을 바라보고 사랑과 사랑에 빠지고
그리고 사랑을 모방하는 것뿐이다."

누군가가 쓴 문구인 듯했지만, 동민의 눈을 찌르고 가슴으로 총알처럼 박혀 왔다. 그리고는 이어져 단편적인 수란의 아픔이 나열되며 동민의 가슴을 후비기 시작했다.

췌장암이란다. 의사의 얘기를 듣고, 난 내가 곧 죽을 것이라는 사실을 알았다. 죽는다? 그런 생각이 드니 비로소 내 인생에서 무엇이 가장 중요한 것이었는지 되돌아본다. 엄마랑 오빠 등 가족들의 모습, 지난날 철없이 저질렀던 불장난에 대한 아픔과 회한, 캐시 아빠와의 소꿉장난 같은 결혼 생활, 이민, 애 아빠의 납득 안 되는 잦은 매질 등등. 모든 것들은 죽음 앞에서 무의미해졌고 나에게 남은 정말 중요한 것은 무엇일까 생각해 본다.

무엇을 잃고 무엇을 얻었을까… 모든 걸 잃고 동민 아저씨를 얻은 것일까…. 내 살아온 30년 동안 짧게나마 뭔가 얻었다면 그분일까. 하지만 이제 나 스스로 그분을 떠났으니 이제 더 이상 잃을 게 없을 것 같다. 남은 내 육신의 성한 장기나마 남을 위해 쓰고 가야지….

아저씨, 보고 싶어 죽겠다. 바보같이… 곧 죽을 테면서도 죽겠다는 건 또 뭐람? 그런데 아저씨, 죽음 앞에서 평온해지려면 어떻게 하면 되나요? 책을 보니 무슨 애플인가 전화기 만든 회사 주인이 나와 같은 췌장암으로 죽어가면서 이런 소리를 했더라고요. '죽음은 다가온 것이 아니라, 나는 죽음을 성취한 것이다'라고요, 알 것도 같고 모를 것도 같은 아리송한 말이지만…아저씨, 맞는 말인가요?

짧은 인생이었지만, 나는 한 여자로서 거의 모든 슬픔과 기쁨을 함께 맛보았다. 그리고 내 나이로는 감당하기 힘들고 부당한 일들도 스스로 감내하고 살았던 것 같다. 하지만 되돌아보면 내가 생각했던 '진정한 사랑'을 조금이나마 느낄 수 있었던 순간은 아주 짧고 적었다. 일테면, 첫 남자에게 처음 나를 주었을 때, 캐시 아빠와 함께 손을 잡고 여행을 갔을 때, 첫 아이가 태어났을 때, 그리고 그 후 다가왔던 불행의 나날을 보내다가 때늦게 동민 아저씨를 만났을 때 등…. 그런 얼마 안 되는 순간들이 그나마 나의 존재를 일깨우곤 했었다. 그런 순간들은 나에게 살게 할 수 있는 힘을 주었고 산다는 기쁨을 주었기 때문이다. 그리고 그것은 내가 삶에 아무리 고통이 덮쳐 와도 쉽게 사라지지 않는 지난 날의 기쁨이었다.

2

동민은 뭔가 가슴을 짓누르는 답답함으로 수란을 밀치고 뜨락의 텃밭으로 나왔다. 5월의 햇볕은 따사로웠다. 텃밭 주변 주변에 보라색 팬지꽃들이 '나를 생각해주세요' 하면서 그리움처럼 무더기져 피어 있었다. 지난 9월 회사 직원에게 모종을 받아 몇 군데 심었던 것이 지금에 와서 꽃으로 피어나 흐드러져 있었다. 그리고 팬지 꽃밭 뒤편 판자 울타리 옆의 백목련 두 그루도 막 가지에 꽃봉오리를 터뜨리고 있었다.

'모자원의 목련도 백목련이었나?'

동민은 혼자 중얼거리며 시선을 멈추었다. 마치 마중이나 나온 듯 나비 두어 마리가 그 주변을 날아다니고 있었다. 나비의 날갯짓 때문인지 바람도 없는데 목련 가지가 미세하게 흔들렸다. 불현듯 그 틈새로 수란의 모습이 연기처럼 떠올랐다. 그녀는 꿈을 꾸듯 노릇한 목소리로 동민의 목덜미를 어루만지며 '아저씨 내 생각나죠?' 속삭이는 것 같은 착각이 들었다. 문득 한 시인의 노랫말이 머리를 쳤다.

나래를 쳐라, 나래를 쳐

청산 가는 나비 훨훨훨 벌 지나 남빛 강 건너 또 계곡을 날고

나래 아프면 청무우 밭 쉬고

나래 지치면 절벽을 찾고 나래 부러지면 남빛 강에 떨져 죽고

나래 그 부드러운 나래 한 쌍으로 하늘 치며 하늘로 거슬러 오르는 나비의 꿈

눈부신 햇덩이 훈장으로 붙이고 하늘로 녹아버릴 나비의 가슴

비바람 가려서 달밤을 날고 달밤을 나를 땐 전설 꽃무늬

노을 속 지날 땐 불꽃 무늬, 남빛 강 건널 땐 청동무늬

모래처럼 쏟아진 별무리 밤하늘에 흘리고 간 바니의 유언

끝없는 잠, 숨죽은 밤하늘 어디서든지

반드시 고운 여인 하나 죽어 가리라는 어지러운 춤

하늘에서 흩뿌리는 눈물 하늘에 흐느끼는 나비의 시

뉘 시켜서 아니라 스스로 그 작은 목숨 걸고 나래치는 아름다운 넋

풀잎에 이슬지듯 소리도 없이 남몰래 나래 치며 사라질 너

너에게 끝 있음을 노래 부르고 나에게도 끝 있음을 노래 불러라

나래를 쳐라, 나래를 쳐

청산 가는 나비 훨훨훨 벌 지나 남빛 강 건너 또 계곡을 날고

청산에 불붙으면 나래에 불 당기고 불보래 속에서 나래를 쳐라

유경환 시 '나비' 인용

동민은 머리를 흔들었다. 그리고 그 환영을 떨치듯 도리질을 하며 눈을 껌벅이자 눈앞 뜨락의 손바닥만 한 감자밭엔 그동안 거두지 못한 잡초가 한 뼘이나 자라 있는 것이 눈에 들어왔다. 그 잡초는 수란이 이 집에 없다는 것을 다시 한 번 일깨워주었다. 동민은 쓸데없이, 만약 수란이 있었다면 이따위 잡초는 우리 텃밭에 클 수 없었을 텐데… 생각하였다. 그는 그냥 한숨을 한 번 크게 내뱉으며 담배 한 대를 뽑아 물었다.

3

수란이 떠난 지 어느덧 1년이 흘렀다.

흔한 말로 인간은 망각의 동물이었다. 동민은 처음 한 몇 주 동안은 수란에 대한 연민으로 몸을 뒤척이긴 했지만, 시간이 지나면서 그것도 서서히 사그라져 갔다. 그리고 일상으로 되돌아갔다. 가끔 캐시와 민정옥이 안부를 물어 왔지만, 그렇게 옛날처럼 사무치거나 콧등이 시큰하는 일은 차츰 엷어져 갔다.

그랬다. 생각해 보면 가깝거나 멀거나 사람이 곁에서 떠나버리면 짧으면 일주일, 길면 한 두어 달 지나면 대개 그의 환영에서 멀어지기 마련인 것 같았다. 그리고 그건 어쩌면 당연한 일이었다. 문상객들이 흔히 말하듯 “힘내라, 간 사람은 할 수 없고 산 사람은 살아야제!” 하는 것이 전혀 빈말이 아닌 것을 비로소 깨달았다고 할까.

잡지사 일은 참으로 세월을 잘 보내게 했다.

그달치가 발간되면 다음 날 바로 다음 호 편집회의를 하고, 일반적인 읽을거리를 챙기며 더불어 그달의 특집을 만들어야 했다. 그리고 필자 섭외해서 만나고, 인터뷰하고 기사 만들고 기타 등등…. 책이 나올 때까지는 별로 딴생각을 할 여유가 없는 생활이었다. 그야말로 주어진 일상日常이었다. 가끔 중간중간 잠깐씩 '지겨움'이 잔물결로 밀려오긴 했지만, 누구든 뭔가 일해서 먹고 산다는 일은 쉽게 포기할 수 있는 것이 아니었기에 하루하루를 그냥 습관적으로 바퀴를 돌릴 수밖엔 딴 도리가 없었다. 솔직히 어느 날 로또가 맞아 돈벼락을 맞는다 해도 가슴에 자리하는 '일상의 지겨움'은 그 또한 '일상적'일 것이 아닐까….

그러다가 동민은 수란의 1주기를 맞았다. 솔직히 깜박하고 있었는데, 그 며칠 전 민정옥이 전화를 해서 일깨워주었다. 그녀는 가끔 동민에게 안부 전화를 하곤 했지만, 그날 그녀와의 통화는 불현듯 새삼 수란을 떠올리게 했고, 지난 날 그녀와 함께했던 일들이 다시금 생각나 마음이 아릿해 왔다. 동민은 민정옥의 전화를 받으며 혼자서 중얼거렸다.

"벌써 그리됐네요. 세월이 참 빠르네…."

"그렇지요? 큰아빠는 어때요?"

그녀는 여전히 동민을 큰아빠라 불렀다. 생각해보면 참 웃기는 말이었다. 수란의 딸애인 캐시의 입장에서 보면 '새아빠'가 맞는 말이지만, 왜 죽은 수란이나 민정옥이 그를 '큰아빠'라 부르는지 처음에는 이해가 안 갔다. 마치 옛 시대 남자가 둘째 여자를 들여와, 본부인과 한집에서 살았던 시절에 그 본집 소생의 아이들이 둘째 여자를 '작은엄마'라 부르고 둘째 여자 소생의 아이들이 본부인을 '큰엄마'로 불렀다는 얘기는 들었지만, 제 엄마 새 남편을 '작은아빠'도 아니고 '큰아빠'라고 부른다면 좀 아귀가 안 맞는 게 아닌가…. 동민은 처음엔 다소 불쾌한 기분이 들었으나 하지만 어떠랴. 미상불 까놓고 얘기하면 캐시의 친아빠인 하영일과는 족보(?)상으로는 형이든 동생이든 동서 계열이 아니었던가…. 그는 웃고 그냥 그들이 '큰아빠'로 불러도 괘념치 않았었다.

"전 그냥 뭐…. 캐시와 타미는 어때요? 아이들 많이 컸죠?"

"그럼요. 마치 봄날 미루나무 같아요. 키들도 훌쩍 크고…. 캐시는 이제 처녀티가 나요. 글고 꼭 수란이 닮았어요. 보고 싶지 않으세요? 애들이 맨날 큰아빠 얘기하곤 해요."

"그래요? 보고 싶네요, 아이들. 근데 솔직히 문득 보고 싶어도 선뜻 연락하기가 좀 그랬어요."

"그랬군요. 전 큰아빠가 아이들을 잊었나 했지요, 호호. 하지만 이해해요."

민정옥은 동민의 마음을 금방 알아들었다. 그녀는 동민의 마음속에 늘 찜찜하게 아이들의 아빠가 남아 있을 거라고 생각했을 것이었다. 그리고 그것은 사실이었다. 상식적으로 엄마가 죽은 그 아이들이 아비가 보살피지 않는다는 건 납득이 가지 않았고, 그리고 당연히 아이들 곁엔 아빠가 있을 것이라고 생각하는 건 전혀 이상한 일이 아니지 않는가… 잠깐을 망설이던 민정옥이 말을 이었다.

"애들 아빠는 근 일 년을 방황하다가… 얼마 전 그냥 한국으로 돌아갔어요. 가면서 제 오빠인 민 원장에게 용서를 빌었고, 저한테 와서도 울면서 잘못을 빌었어요."

"그랬어요? 그런 일이 있었군요!"

"그랬어요. 그런데 캐시 아빠의 말이 진솔했고 더구나 솔직히 아이들 함께 데려가서 그곳에서 혼자서 아이들을 사랑으로 키울 자신이 없다고 하면서, 애들 문제는 제게 모든 걸 위임하겠다고 하더군요. 그러면서 가진 것 모두 정리해서 저에게 맡기더군요. 저도 처음엔 많이 당황했지만, 생각 끝에 오빠랑 의논해서 흔쾌히 받아들였어요. 우선 애들이 저와 오빠를 진짜 이모와 외삼촌처럼 따르고, 또한 자기 아빠랑 함께 한국 돌아간다는 건 싫다고 하고… 저 역시 혼자 살며 아이들이랑 정이 깊어졌고…."

동민은 적이 놀랐다. 그 일 년 동안에 보통의 인간관계에서 아무나 할 수 없는 아주 큰 변화가 있었음에 공연히 저릿한 전율을 느끼며 새삼 민정옥을 다시 생각했다. 그리고 아이들의 아빠인 하영일은 또 그이대로 뿌리가 선근善根이었음을 알 수 있었다. 그는 진심으로 수란에 대한 잘못을 뉘우치고 있었던 것 같았다.

"아아, 그랬군요. 전 그것도 모르고…. 연락 못 드려 죄송합니다."

"아닙니다. 저도 늘 동민 씨 생각을 많이 했지만, 저 역시 선뜻…."

민정옥은 이번엔 그의 이름을 불렀다. 그러면서 뭔가 느낌이 다른 한 옥타브가 내려간 낮은 목소리였다. 생각이 그래서인지, 문득 수란의 목소리를 드는 것 같은 착각이 들 정도라 노릿하면서 나긋했다. 동민은 순간 멈칫하며 대꾸를 할 수가 없었다. 그는 잠시를 침묵하다가 생침을 삼키며 그 느낌을 그냥 그대로 일러주었다.

"깜짝 놀랐어요. 마치 수란의 목소리 같아서…. 좀 당황했어요."

"어머… 그랬어요? 제가 수란의 빙의를 입었나 보네요. 수란이 생전에 하도 동민 씨 얘기를 자주해서 저도 모르게 남 같지가 않아 그런가 봐요. 죄송해요."

"죄송하긴 무슨 말씀…. 제가 오히려 좀 이상해졌나 봐요."

알 수 없는 것이 사람의 마음이었다. 동민은 뇌리에 수란과 정옥의 모습이 오버랩되며 혹 그녀의 영혼이 정옥에게 덮어씌워진 게 아닐까 하는 황당한 생각을 했다. 그러고 보니 언젠가, 수란이 캐시 아빠가 유학원 일을 할 때였다고 하면서 지나가는 말투로 이런 얘기를 했음을 기억했다.

"우리 원장님 여동생도 저와 생긴 것이 많이 비슷해요. 저는 좀 푼수가 없는 편이지만 그 언니는 아주 다부져요. 그래서인지 그 남편에게 몇 번 폭행당하고는 바로 가차 없이 경찰에 신고하고 변호사를 부르고 해서 바로 이혼해 버렸대요. 저보고도 헤어지라고 했어요. 남자랑은 딱히 사랑이 없더라도 분위기만 있다면 함께 살 수 있지만, 맞고는 못 산다고 하더라고요. 저하고 생긴 건 좀 닮았지만, 성격은 그 언니가 훨 나아요. 전 좀 헬렐레하잖아요? 근데 그 언니는 그런 면은 아주 딱 부러져요. 다른 인간관계는 참 다정다감한데…. 나중에 기회되면 한 번 만나게 해줄게요. 아니, 안 되겠어요! 그러다가 아저씨가 그 언니 보고 바람나면 안 되니까… 그 말 취소, 취소!"

그러고 수란은 혼자서 까르르 웃었었다.

그때 동민은 얘가 뭔 흰소리냐 싶어 귓등으로 흘리고 말았는데, 작년 수란의 장례식에서 그녀를 보곤 문득 참 닮았다는 생각은 했어도 그때는 그 당시 수란의 얘기는 전혀 기억하지 못했었다. 헌데 수란의 첫 기일을 며칠 앞두고 그녀의 전화 목소리 몇 마디에 느닷없이 수란의 옛 얘기를 떠올리고 또 그녀의 자매 같았던 민정옥의 모습이 다른 의미로 자신의 가슴에 밀려 들어오는 조화는 또 무엇인가? 동민은 머리를 흔들며 전화기를 바꿔 쥐었다.

4

수란의 잠자리는 조용했다.

성당의 본당에서 연미사가 끝나고 그들이 수란의 묘지에 도착했을 때는, 주변에 다른 장례 행사가 없어서인지 그녀는 그냥 그렇게 혼자서 심심하게 누워 있었다. 계절이 5월이라 어김없이 벌 나비가 날고, 햇살은 따사로웠지만 그래도 그녀의 주변은 적막했다. 하지만 누가 그랬는지, 그녀의 비석 앞에는 십자가가 조그맣고 새겨진 붉은 하트 모양의 조형물이 함께 꽂혀 있었다. 플라스틱으로 만든 장식물이었다.

"아빠가 가져다 놨나 봐요. 엄마 심심할까 봐…."

함께 따라온 캐시가 타미와 손을 잡은 채 별 표정 없이 말했다. 동민과 민정옥은 동시에 눈을 마주치며 함께 고개를 끄덕였다. 그리곤 들고 온 카네이션 꽃다발을 그 옆에 나란히 받쳐 놓았다.

그들은 함께 성호를 긋고 잠깐 묵념을 했고, 캐시는 타미의 손을 잡고 저희들 엄마의 잠자리 주변을 한 바퀴 돌며 오열을 삼켰다. 마치 다 큰 처녀처럼 슬픔을 참는 그녀의 모습이 애처로워 오히려 동민이 울컥했다. 아이들이 제자리로 돌아오자 그들 넷은 다시 한 번 함께 손을 이어 잡고 그녀의 묘 앞에서 한동안 눈을 감은 채 수란을 추억했다. 수란의 1주기는 그렇게 조촐하게 치러졌다.

에필로그

"이제 언제나 한번 뵐 수 있을까요? L시에 오실 기회는 없나요?"

행사를 마치고 늦은 점심을 먹은 후 일행을 전송하기 위해 공항 터미널에 도착하자 민정옥이 동민에게 물었다.

"글쎄요, 기회를 한번 만들어야겠지요. 안 그래도 민 원장께 인사도 한번 올려야 하고…."

"그럼 그 핑계로 한번 오세요! 애들 사는 것도 보고…."

민정옥이 눈을 내리깔며 조그맣게 말했다. 갑자기 캐시가 끼어들었다.

"큰아빠?"

"응?"

"그냥 여기 와서 이모집에서 함께 살면 안 돼?"

"…!"

동민이 화들짝 놀라며 그녀를 바라보았다. 덩달아 타미도 어리광을 부렸다.

“나도 그랬으면 좋겠다. 그치, 누나? 글고 이모도 그렇지?”

“아니, 얘들이….”

민정옥이 당황한 듯 애들을 제지하자 캐시가 잠깐 망설이더니 그냥 폭탄선언을 했다.

“접때 이모도 그랬잖아요. 큰아빠 같이 와서 우리랑 같이 살면 좋겠다고 했잖아요!”

“아니… 얘가….”

민정옥이 얼굴이 붉어지며 얼른 캐시의 입을 막았다.

분위기가 갑자기 어색해졌다. 민정옥이 민망한 표정으로 어쩔 줄을 몰라 하자 오히려 동민은 마음을 가다듬었다. 그리곤 민정옥과 캐시를 동시에 바라보며 부드럽게 물었다.

“캐시야, 큰아빠가 그래도 되겠니? 그리고 타미도?”

“정말요?”

이번엔 아이가 눈을 크게 떴다. 그리곤 또 한 번의 폭탄선언으로 짧은 기간이나마 그동안 서로 내뱉지 못한 동민과 민정옥의 마음속의 다리를 허물어 버렸다.

“엄마 살았을 때 이모랑 하는 말 들었어요. 이모에게 큰아빠 맡긴다고…. 큰아빠가 싫다고 안 하면 같이 지내면 어떠냐고 했어요. 이모도 좋다고 했어요. 그렇지, 이모?”

“아니, 정말 얘가….”

민정옥이 손에 땀이 나는 듯 손수건을 꺼냈다. 그리고 잠시 숨을 고르곤 직접 동민을 똑바로 바라보았다.

“사실 그랬어요. 수란의 얘기에 처음엔 유언이려니 생각하고 그냥 그러겠다고 했지요. 그런데 장례식 때 동민 씨 뵙고… 그리고 세월이 흐르다 보니 왠지 모르게 잊혀지지가 않고 그랬어요. 오빠에게 제 심정을 말했더니 직접 동민 씨에게 의논해 보라고 하더군요. 자기는 좋다면서… 운명인가 생각도 했고… 제가 잘못인가요?”

언젠가 수란의 말처럼 민정옥은 태도가 딱 부러졌다. 말하자면 그날, 하필이면 수란의 1주기 기일에 동민은 그녀에게 프러포즈를 받은 셈이었다. 물론 그녀 역시 이심전심으로 동민의 기미를 읽고 있었기에 가능한 일이었겠지만, 미상불 동민을 향해서도 태도를 분명히 해주기를 바란다는 압박이기도 했다. 동민이 머리를 긁적이며 나지막이 말했다.

“잘못 아닙니다. 오히려 고맙습니다. 제가 정옥 씨 생각 그대로 받아도 될는지 오히려 제가 여쭤보고 싶네요. 조만간 제가 L시로 찾아뵙겠습니다.”

생각해보면, 남녀 간의 인연이란 참 어렵다면 한없이 어렵고, 쉽다면 또 그렇게 쉬운 것인지 동민은 스스로 불가사의를 느끼며 자연스럽게 민정옥의 손을 잡으며 마주보고 웃었다. 곁에는 사실 그들 누구하고도 어떤 혈연적인 관계가 없는 두 남매가 초롱초롱 눈을 빛내며 그들을 쳐다보고 있었다. 〈끝〉